# País Vasco

**Autor y director de la colección**

Philippe Gloaguen

Cofundadores de la colección
**Philippe Gloaguen** y **Michel Duval**

Redactor jefe
**Pierre Josse**

Edición española
**Anaya Touring**
Editora de proyecto: **Ana Catherine Gómez Collins**
Editores de texto: **Luis Bartolomé, Esther García** y **Laura López**
Coordinación técnica y cubierta: **Mercedes San Ildefonso**
Equipo técnico: **Antonio Sereno**
Maquetación: **Luis Bartolomé**
Diseño tipográfico: *marivíes*




Depósito legal: M-17698-2014
ISBN: 978-84-15501-51-0
Impreso en España - Printed in Spain


La información contenida en esta guía ha sido cuidadosamente comprobada antes de su publicación. No obstante, dada la naturaleza variable de algunos datos, como horarios, recomendamos su verificación antes de salir de viaje. Los editores agradecen de antemano cualquier sugerencia u observación al respecto y declinan cualquier responsabilidad por los daños o molestias que pudieran ocasionar a los usuarios de la guía.

guiatrotamundos.es
La página web de Trotamundos ofrece un completo catálogo de publicaciones de las distintas colecciones de interés para viajeros independientes.

# Sumario



## > CÓMO IR



## > GENERALIDADES



## > GIPUZKOA (GUIPÚZCOA)

# > LOS SIGNOS DEL TROTAMUNDOS EN EL TEXTO

## TRANSPORTES

- Alquiler de coches
- Autobuses
- Avión
- Barcos
- Bicicletas
- Metro
- Motocicletas
- Taxi
- Tranvía
- Tren

## DIRECCIONES E INFORMACIÓN ÚTIL

- Bancos
- Cambio
- Compañías aéreas y agencias de viaje
- Consigna
- Correos
- Embajada
- Información turística
- Internet, cibercafé
- Piscina
- Sanidad/urgencias
- Varios

## ¿DÓNDE DORMIR?

- Cámping
- Hotel, B&B, albergue

## ¿DÓNDE COMER?

- Café/salón de té
- Comida para llevar
- Helados
- Pastelería
- Restaurante

## OCIO Y TIEMPO LIBRE

- Bodega
- Club, pub, copas
- Discoteca, conciertos

## CULTURA Y ESPECTÁCULOS

- Cine
- Teatro, ópera, ballet, festivales

## COMPRAS Y MERCADOS

## ¿QUÉ VISITAR?

### > Otros SIGNOS

- Atención
- Discapacitados
- E-mail
- Metro
- Página web
- Para niños
- Patrimonio Mundial
- Teléfono
- Visita

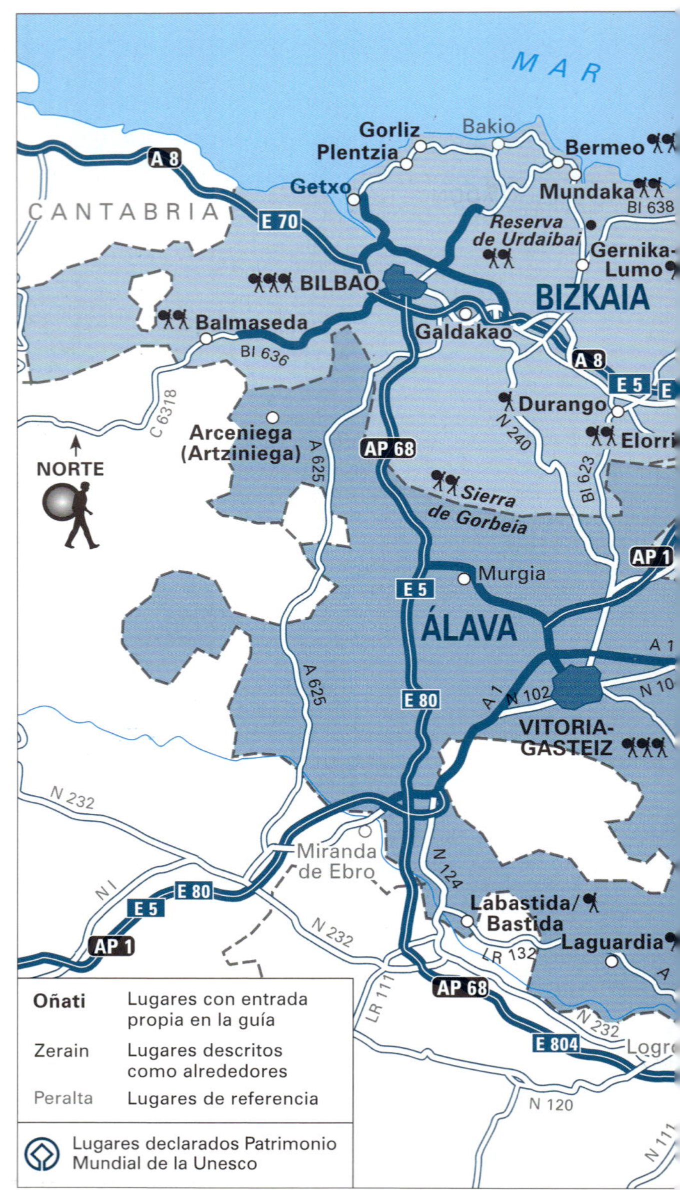


| | |
|---|---|
| **Oñati** | Lugares con entrada propia en la guía |
| Zerain | Lugares descritos como alrededores |
| Peralta | Lugares de referencia |
| ⊘ | Lugares declarados Patrimonio Mundial de la Unesco |

CANTÁBRICO
keitio
Deba
Pasaia
Hondarribia
DONOSTIA /
SAN SEBASTIÁN
ndarroa
Zumaia
Getaria
Zarautz
Irun
E 80
Mutriku
A 8
A 8
kina-
hein
N 634
Valle de Urola
GI 631
Orio
Valle de Oria
N I
Oiartzun
Valle de Bidasoa
Valle de Baztán
N 121a
GIPUZKOA
A 15
N 121a
Bergara
Tolosa
N I
NA 170
GI 632
GI 632
N 130
Oñati
El Goierri
Sierra de Aralar
Zerain
N I
GI 120
Lekunberri
A 15
Sierra de Ulzama
N 135
A 10
Salvatierra
Agurain
A 1
Sierra de Urbasa
Sierra de Andia
N 204a
AP 15
Sierra de Entzia
NA 120
PAMPLONA (IRUÑA)
Antoñana
Cizur Menor
A 12
Estella (Lizarra)
NA 6010
NA 132a
Puente la Reina (Gares)
NA 129
AP 15
N 121
Los Arcos
A 12
NA 132
iana
Tafalla
NA 129
Olite
NA 134
P 68
E 804
N 121
N 232
NA 134
NA 6240
Ebro
Aragón
Peralta

Cómo ir

## > EN AVIÓN

En el País Vasco hay dos aeropuertos con vuelos regulares de pasajeros: el de Bilbao-Loiu y el de Donostia-SanSebastián-Hondarribia. A los dos llegan vuelos de Madrid y Barcelona y al de Bilbao, además desde Galicia, Andalucía, Comunidad Valenciana y las islas Baleares y Canarias gracias a los enlaces operados por las compañías que citamos a continuación. El aeropuerto de Vitoria apenas recibe vuelos regulares, solo alguno de Iberia.

**Aeropuertode Bilbao-Loiu**
Situado a 12 km al nordeste de la ciudad.
☎ 913-21-10-00
🖳 www. aeropuertodebilbao.net

**Aeropuerto Donostia-San Sebastián-Hondarribia**
A 23 km al este de Donostia, frente a Hendaya. Solo vuelos domésticos.
➤ **Información:** ☎ 943-66-85-00.
🖳 www.aena.es

**IBERIA**
☎ 902-400-500.
🖳 www.iberia.es
Serviberia. Servicio de información y reservas nacionales e internacionales que funciona durante las 24 horas del día, todos los días del año. Cuenta con una amplia red de oficinas y sucursales en las principales ciudades españolas.

**AIR EUROPA**
☎ 902-401-501 (información y reservas). 🖳 www.aireuropa.com

**VUELING AIRLINES**
☎ 807-200-100 (información y reservas, teléfono de pago).
☎ 902-104-269.
🖳 www.vueling.com

**AIR NOSTRUM**
☎ 902-400-500 (información y reservas). 🖳 www.airnostrum.es
Compañía de bajo coste de Iberia.

## > EN TREN

Hay una gran línea norte-sur, la Madrid-París, con varias paradas entre Irun, Donostia y Vitoria-Gasteiz, y dos transversales: la línea Irun-Alicante (o Barcelona) y la línea Gijón-Vitoria-Barcelona. Y además está FEVE (gestionada por RENFE), que en el País Vasco tiene dos líneas que salen de Bilbao. La compañía autonómica **Eusko Tren** se encarga de las líneas regionales (principalmente Bilbao-Irun que recorre toda la costa y los valles).

**RENFE**
☎ 902-240-202. 🖳 www.renfe.es

**EUSKO TREN**
☎ 902-54-32-10.
🖳 www.euskotren.es)

**Bilbao (Bilbo)**
➤ **Estación del Norte** o **de Abando:** Plaza Circular. ☎ 944- 23-86-23. Para los trenes de **RENFE**.
➤ **Estación de Atxuri:** ☎ 944-33-95-00. Trenes de **Eusko Tren**.

➤ **Estación de La Concordia** o **de Santander:** ☎ 944-23-22-66. Los trenes de esta estación eran gestionados por FEVE, pero ahora dependen de Renfe.

**Donostia-San Sebastián**
➤ **Estación del Norte (RENFE);** paseo de Francia s/n. ☎ 902-320-320.
🖳 www.renfe.com
➤ **Estación de Amara (Eusko Tren);** plaza de Easo. ☎ 902-54-32-10.
🖳 www.euskotren.es

**Vitoria-Gasteiz**
➤ **Estación de RENFE:** Plaza de la Estación. ☎ 902-32-03-20, 🖳 www.renfe.es

**Irun**
➤ **Estación de RENFE:** calle de la Estación. ☎ 902-320-320 (nº nacional). 🖳 www.renfe.com

➤ **Estación Eusko Tren:** Colón Pasealekua. ☎ 902-54-32-10. 🖳 www.euskotren.es
Esta es la estación del tren conocido tradicionalmente como el «Topo» debido a la cantidad de túneles que tiene que atravesar. Es interesante para recorrer la costa porque hace el trayecto Hendaya - Bilbao.

## > EN AUTOBÚS

Son numerosas las compañías de autobuses que viajan al y por el País Vasco. No hay una página web específica y lo mejor es contactar directamente con la compañía que os interese pero podéis encontrar los datos e informaciones de muchas compañías en 🖳 www.turismo.euskadi.net o en 🖳 www.moveuskadi.com A continuación relacionamos algunas de las compañías y las estaciones de autobuses de las tres capitales vascas:

**ALSA**
☎ 902-422-242
🖳 www.alsa.es

**LA UNIÓN**
☎ 944-27-11-11
🖳 www.autobuseslaunion.com

**PESA**
☎ 902-10-12-10
🖳 www.pesa.net

**SOCITRANSA**
☎ 902-11-43-02
🖳 www.socitransa.com

**Bilbao (Bilbo)**
➤ **Termibus de Garellano**: c/ Gurtubay, 1. ☎ 944-39-52-05. Ⓜ San Mamés. Para los autobuses interurbanos e internacionales.

**Donostia-San Sebastián**
➤ **Estación de autobuses:** La mayoría en Paseo de Bizkaia, 16; pero también en Plaza de Pío XII y Sancho el Sabio 33.

**Vitoria-Gasteiz**
➤ **Estación de autobuses:** C/ Los Herrán, 50. ☎ 945-25-84-00.

## > AGENCIAS DE VIAJES EN INTERNET

Cada día aumenta el número de agencias de viajes que operan solo a través de Internet (las agencias *on line*). Un paseo por la red y encontraréis un sinfín de ellas. Una de las principales ventajas que ofrecen, casi todas, son los precios económicos, sobre todo en los billetes de avión, y la posibilidad de consultar, reservar y comprar directamente desde vuestro ordenador. Para que no os perdáis en la selva del ciberespacio, os proponemos algunas para empezar a buscar:

🖳 **www.agencias-de-viajes.com**
Ésta es una web especialmente interesante, ya que ofrece información de todas las agencias de viajes agrupadas por los destinos turísticos que ofertan o por la provincia o la localidad en la que están situadas, entre otros criterios. También suelen presentar de forma destacada las ofertas de última hora.

🖥 **www.rumbo.es**
Otra más de las agencias que operan en la red y que, desde su página, permiten reservar un vuelo, el hotel en el país de destino, un coche, etc. Además, ofrece información turística de interés sobre los principales destinos, con interesantes enlaces. También podéis contactar con ellos en el ☎ 902-123-999.

🖥 **www.edreams.es**
Una de las primeras en ofrecer sus servicios a través de la red. No es extraño, por lo tanto, que sea una de las más conocidas y de las que más aceptación tienen entre los «cibernautas viajeros». Recoge interesantes ofertas de vuelos y viajes. La gran variedad de resultados que suele ofrecer para cada solicitud (combina vuelos de casi todas las compañías) os permitirá escoger aquella que mejor se ajuste a vuestras necesidades de precio, día de salida, etc. Si tenéis que contactar con alguno de sus agentes de viajes, lo podéis hacer en el ☎ 902-887-107.

🖥 **www.es.lastminute.com**
Esta agencia nació con la idea de ofrecer pasajes pocas horas antes del despegue del avión a precios muy rebajados. De ahí que, en poco tiempo, se hizo muy popular. Obligada por la fuerte competencia de las agencias que han ido apareciendo en Internet, ha ampliado los servicios con los conocidos paquetes turísticos de vuelo más alojamiento.

🖥 **www.travelofertas.com**
Aquí ofrecen toda la información que reciben las agencias directamente de los mayoristas. En resumen, una forma de adelantarse y conocer, con cierta antelación, aquello que ofertarán las agencias.

🖥 **www.viajar.com**
Esta agencia virtual tiene también una oferta muy completa. Podréis buscar los vuelos que más os convengan (según vuestro destino) e incluso reservar el viaje y la estancia. Cuenta, también, con interesantes ofertas de última hora. También tienen un número de información y reservas: ☎ 902-902-522.

🖥 **www.viajarabajoprecio.com**
Conocida también como e-viajes, ofrece la posibilidad de buscar vuelos sin fecha fija para localizar las mejores ofertas, comprar el billete *on-line*, pre-reservar los vuelos o hacer el *check-in online* lo que permite imprimir la tarjeta de embarque evitando así largas colas de espera en el aeropuerto. Atención telefónica 7 días a la semana: ☎ 902-158-308.

## > EL PAÍS VASCO EN INTERNET

Un primer consejo: teclead en vuestro buscador «euskadi» o «euskal herria» y veréis aparecer decenas de páginas de las que podréis obtener mucha información. Estas son algunas que nos han gustado:

🖥 **www.ejgv.euskadi.net**
Página oficial del Gobierno vasco. Bastante austera pero con mucha información sobre la situación económica.

🖥 **www.turismo.euskadi.net**
Mucha información turística: rutas, gastronomía, alojamientos, restaurantes, destinos recomendados, compras... Además, folletos que se pueden descargar y también apps para teléfonos móviles.

🖥 **www.bilbao.net**
Esta página es la mejor introducción posible a Bilbao.

🖥 www.alava.net
🖥 www. alavaturismo.com
Páginas oficiales de Araba, muy bien hechas y prácticas (información cultural, turística, transportes, etc.).

🖥 www.sansebastianturismo.com
🖥 www.donostia.org
Páginas oficiales de Donostia-San Sebastián, con todo tipo de informaciones turísticas, culturales...

🖥 www.spain.info
Página oficial de turismo de España.

🖥 www.fedme.es
Página oficial de la Federación Española de Deportes de Montaña y Escalada: la biblia de los senderistas, con las últimas novedades sobre las GR y su acondicionamiento, refugios, etc.

🖥 www.mendikoweb.com
Web de la Federación Vasca de Montañismo con información sobre rutas, actividades, expediciones...

🖥 www.gazteauker.euskadi.net
Portal de Gazteaukera (gzt) del Gobierno vasco dedicado a la juventud: carnés, viajes, estudios, trabajos, campos de trabajo solidario...

🖥 www.nekatur.net
Página que informa sobre las casas de turismo rural del País Vasco, con fotografías, servicios que ofrece, actividades... Funciona también como central de reservas.

🖥 www.pilotaraba.com
🖥 www.gipuzkoapilota.org
🖥 www.bizkaiapilota.com
🖥 www.fipv.net
Sitios web de las Federaciones de Pelota de Álava, Guipúzcoa, Vizcaya e internacional, respectivamente, con toda la información sobre las competiciones, pelotaris, exhibiciones...

🖥 www.arabaherrikirolak.org
🖥 www.herrikirolakgipuzkoa.eu
🖥 www.herrikirolak.biz
Portales de las Federaciones de Pelota de Juegos y Deporte Rural de Araba, Gipuzkoa, Bizkaia que informan sobre fiestas y exhibiciones de deportes tradicionales vascos.

🖥 www.trafikoa.net
Página del Departamento de Interior del Gobierno vasco con información sobre tráfico, carreteras, incidencias...

# Generalidades

*H*erria es la palabra vasca que designa, a la vez, el país y el pueblo. En el inconsciente colectivo, País Vasco y país de los vascos significan lo mismo. Y, además, el vasco se denomina a sí mismo *euskaldun*, que literalmente significa «el que habla vasco».

Para poder comprender el País Vasco hay que entender la sutil alquimia que existe entre la lengua, el hombre y la tierra. Una alquimia que tiene algo de misterio, y que, por eso mismo, ejerce en el viajero una poderosa fascinación.

El misterio, como dice el periodista y escritor Manu Leguineche, «emana de la misma tierra, del roquedal o el hayedo, de la leyenda y la historia, de la gente».

El viajero lo advertirá en cualquier rincón del País Vasco, por poco que preste atención: cuando escuche las canciones tradicionales, cuando vea bailar el *aurresku* delante de una iglesia, cuando escuche el sonido de su ancestral lengua y el ritmo de dulzainas y atabales, o se acerque al frontón de un pueblo o a un puerto de pescadores en la costa, o vea en el paisaje verde un caserío blanco en medio de cuatro robles.

Así se le irán sucediendo poco a poco los signos que configuran la imagen de una incontestable cultura vasca. De una cultura, en la que, según el mismo Leguineche, «son referencias esenciales el misterio, la magia, la coherencia del paisaje consigo mismo, esos «helechos hechos llanto» de que nos habla Gabriel Aresti, ese «bosque encantado» de Oma, que es la metáfora de Euskal Herria, ese «salmo de fábrica» de Blas de Otero, el Zalakaín barojiano, esa poesía en el mus de los aldeanos a que se refiere Unamuno, esa fuerza interior en la obra de Oteiza o Chillida...».

Todo eso lo podréis percibir cuando recorráis esta tierra y conozcáis a su pueblo. Un pueblo de marineros que descubrieron América antes que Colón, de misioneros que buscaron la salvación en tierras hostiles, de pastores callados, de banqueros hábiles, de obreros decididos.

Según dice el mismo Leguineche, «no conozco a nadie que vuelva del País Vasco sin una sensación nueva, de plenitud y, quien sabe, sin una leyenda negra desmentida. Es la satisfacción de la alegría de vivir, de ver, de oler, de comunicar y comer, de querer».

En definitiva, en este viaje vais a descubrir una magia que os acompañará durante mucho tiempo.

## > SEÑAS DE IDENTIDAD

### DIVISIONES TRADICIONALES

- **Tres provincias:** Guipúzcoa (Gipuzkoa), Vizcaya (Bizkaia) y Álava (Araba).
- **Capitales:** Donostia-San Sebastián, Bilbao (Bilbo) y Vitoria-Gasteiz.

### DATOS GENERALES

- **Superficie:** País Vasco: 7 261 km$^2$ (Gipuzkoa: 1 997 km$^2$; Bizkaia: 2 217 km$^2$; Álava: 3 047 km$^2$).
- **Lenguas oficiales:** castellano y euskera.
- **Población:** País Vasco (2 193 1000 hab.): Donostia-San Sebastián (186 200 hab.), Bilbao (353 200 hab.) y Vitoria-Gasteiz (240 000 hab.).

## > ANTES DE PARTIR

### ■ DIRECCIONES ÚTILES

**➤ Gazteaukera (gzt)**
🖳 www.gazteaukera.euskadi.net
Es el portal en internet de la juventud del Gobierno vasco. En sus 66 oficinas encontraréis toda la información sobre carnés, viajes, campos de trabajo, cooperación, etc.

**➤ Oficina Joven de la Comunidad de Madrid (TIVE)**
Fernando el Católico, 88, Madrid.
☎ 91-543-74-12.
🖳 www.madrid.org.
Es la oficina de turismo juvenil de la Dirección General de Juventud de la Comunidad de Madrid. También hay oficinas en otras Móstoles, San Sebastián de los Reyes y Alcalá de Henares.

**➤ Agència Catalana de la Joventut (TIVE)**
Calàbria, 147, Barcelona.
☎ 93-483-83-83.
🖳 www.acjoventut.cat.
Es la agencia para la juventud de la Generalitat de Catalunya. En su página web se pueden encontrar enlaces especializados en la información de viajes para jóvenes, como jove.cat, carné joven…

**➤ Instituto Andaluz de la Juventud (IAJ)**
Bilbao, 8-10, Sevilla.
☎ 955-03-57-00
🖳 www.juntadeandalucia.es/institutodelajuventud
En su web, además de recursos e información, hay un enlace donde os podéis sacar el carné joven.

## > AVISO

**La *guía del Trotamundos* defiende valores como los derechos del hombre, la solidaridad entre los pueblos, la biodiversidad cultural y la protección del medio ambiente.**

## ■ CARNÉ INTERNACIONAL DE ESTUDIANTE (ISIC)

El carné de la International Student Travel Confederation (International Student Identify Card ISIC) sirve para estudiantes matriculados en cualquiera de los estudios del sistema educativo (bachillerato, ciclos formativos, universidad, etc.). Podréis demostrar que sois estudiantes en cualquier parte del mundo y podréis beneficiaros de todas sus ventajas: descuentos en museos, teatros, cines, alojamientos, etc. Además os proporciona descuentos en el precio de los billetes de avión, autobús y tren. Para más información, contactad con los organismos de Juventud de las Comunidades Autónomas, agencias de viajes y asociaciones juveniles o consultad en las páginas web:

- 💻 www.injuve.es
- 💻 www.isic.es
- 💻 www.isic.org (en inglés).
- 💻 www.madrid.org

### Para obtenerlo en España

Los requisitos para conseguir el carné ISIC son: acreditación de que eres un estudiante a tiempo completo matriculado en un curso académico reconocido oficialmente; DNI o pasaporte, ser mayor de 12 años y una fotografía tamaño carné. Cuesta 9 €.

## ■ CARNÉ INTERNACIONAL DE VIAJES PARA JÓVENES, GO'25 O IYTC

Administrado por la International Student Travel Confederation (ISTC) y reconocido por la Unesco como documento para la movilidad juvenil. Proporciona descuentos en transportes, cambio de moneda, servicios en telecomunicaciones, restaurantes, tiendas o actividades culturales. También ofrece las mejores tarifas en llamadas internacionales y servicio de buzón de voz y mensajes.

### Para obtenerlo en España

Los titulares del Carné Internacional de Viajes para Jóvenes, GO'25 deben reunir los siguientes requisitos: tener más de 14 años y menos de 26 años; disponer de una fotografía tamaño carné, copia del DNI y abonar 6 €. Este carné, cuya validez es de un año natural, se expide en las Direcciones Generales de Juventud, en algunos Ayuntamientos, asociaciones juveniles y agencias de viajes.

## ■ CARNÉ INTERNACIONAL DE ALBERGUISTA

La Red Española de Albergues Juveniles (REAJ), miembro de la antigua Federación Internacional de Albergues Juveniles (IYHF) que ha pasado a denominarse Hostelling International (HI), expide un carné de alberguista válido en más de cien países, que permite beneficiarse de los 4.500 albergues juveniles de la red Hostelling International repartidos por todo el mundo. Los periodos de apertura varían según los países y albergues. Hay que destacar que el carné de alberguista es interesante sobre todo en Europa, Estados Unidos, Canadá, Oriente Medio, Japón... Más información en:

➤ **Red Española de Albergues Juveniles (REAJ):** ✉ info@reaj.com 💻 www.reaj.com 💻 www.hostelpack.com
➤ **Oficina Joven Comunidad de Madrid (TIVE):** Fernando el Católico 88, 28015 Madrid. ☎ 91-543-74-12. ✉ juventud@madrid.org
➤ **Dirección General de la Juventud y Deportes:** Paseo de Recoletos 7-9, 28004 Madrid. ☎ 91-276-74-33
➤ **Teléfono joven:** 901-510-610.

## Para obtenerlo en España

Con una validez de un año natural, se expide en los puntos de información juvenil y en los albergues (los teléfonos de los puntos de información juvenil de las Comunidades Autónomas aparecen en la web de la REAJ). Basta con presentar el DNI y abonar el importe correspondiente según la categoría. Existen varias categorías diferentes de carnés de alberguista:
➤ jóvenes menores de 26 años (de 14 a 25 años): 6 €
➤ jóvenes de 26 años a 29 años: 6 €
➤ adulto (más de 30 años): 13 €
➤ grupo (mínimo de 10 personas): 16 €
➤ familiar (matrimonio e hijos): 25 €.

## ■ CARNÉ JOVEN EUROPEAN YOUTH CARD

Para jóvenes hasta 30 años. Proporciona a sus titulares descuentos en transportes, alojamientos, actividades culturales, compras. Válido en España y en la mayor parte de los países europeos. Más información en los organismos de Juventud de las Comunidades Autónomas, en la página web 💻 www.injuve.es/movilidad-y-ocio/noticia/carnes-para-jovenes o en la dirección de correo electrónico ✉ carnetjoven@injuve.es En Europa, el órgano de coordinación es la **Asociación Europea del Carné Joven (EYCA,** 💻 http://www.eyca.org).

## > ALOJAMIENTO

### Albergues juveniles

Aunque se denominan Albergues Juveniles (AJ), están abiertos a todos los que posean el carné emitido por la Red Española de Albergues Juveniles (REAJ; ved más arriba). No existe límite de edad, pero los jóvenes menores de 26 años siempre tienen prioridad. Las familias y los grupos deben poseer un carné diseñado especialmente para ellos.

La mayoría de albergues están en lugares con amplias posibilidades para la práctica de actividades deportivas y de recreo, culturales y medioambientales, pero también los hay en grandes ciudades, y éstos por lo general presentan algunos inconvenientes porque suelen encontrarse lejos del centro urbano y los horarios de cierre por la noche son muy estrictos: a partir de las 23 h solo abren cada hora para permitir la entrada a los trasnochadores.

Se espera de los alberguistas que respeten las normas de los albergues y que colaboren para que la convivencia sea agradable. El mutuo respeto y la ayuda espontánea son fundamentales para mantener los albergues con el mejor espíritu juvenil. Las tarifas varían en función de la edad (mayores o menores de 30 años). En realidad, los AJ son útiles cuando se viaja solo o en grupo, pues las tarifas para dos personas no son muy inferiores a las de una pensión mediana. Para los meses de julio y agosto es preferible reservar.

➤ **Hostelling International,** organización a la que pertenece la REAJ, ofrece a sus socios la posibilidad de reservar on line gracias a su sistema internacional de reservas ⌨ www.hihostels.com, con hasta 12 meses de antelación. ⌨ www.gazteaukera.euskadi.net Portal de la Juventud de Euskadi

## Cámpings

➤ La **acampada libre** en las playas no está permitida. Si queréis acampar en una propiedad privada, lo correcto es solicitar permiso a su propietario, no quedarse mucho tiempo (una noche) y, lógicamente, no dejar desperdicios.
➤ En el País Vasco hay 19 **cámpings** pero suelen ser pequeños (hay pocos que tengan más de 200 plazas). En julio y agosto es casi necesario reservar plaza. Muchos son de construcción reciente, por lo que están bastante bien equipados. Los emplazamientos suelen estar bien escogidos, no demasiado lejos de los centros urbanos y cuentan con fáciles accesos.
➤ Los **precios** y las **categorías** están establecidos por las administraciones públicas y, teóricamente, deben estar expuestos en un lugar bien visible a la entrada. Aunque los cámpings tienen un reglamento que os entregarán en la recepción, no son tan exigentes en su cumplimiento como en los albergues, porque a ellos se va a descansar o a divertirse y basta con respetar a los vecinos, y ser educado y amable con los campistas.
➤ Las **tarifas** se calculan normalmente sumando tienda + coche + adulto + niño. Otras veces se establecen sobre la base de la parcela (que incluye una tienda y un coche), añadiendo entonces el número de ocupantes. Las tarifas que se indican en esta guía están calculadas sobre la base de una tienda pequeña, un coche y dos adultos.
➤ Un **buen consejo.** Muchos cámpings ofrecen bungalows para 2, 4, 6, o incluso más personas. Aunque el término puede designar una habitación minúscula y adosada a otras compartiendo ducha y aseos con el resto del cámping, en otros casos se trata de auténticos chalets de madera con todas las comodidades (cocina, ducha, terraza...). Además suelen estar más retirados y en lugares más tranquilos que el resto del cámping. En conjunto, para una familia o un grupo de amigos, resultan más baratos que un hotel.
➤ Si no tenéis suficiente con los cámpings que recomedamos podéis consultar: ⌨ www.campingseuskadi.com, web de la Federación de Cámpings de Euskadi, o ⌨ www.guiacampingfecc.com, de la Federación Española.

## Hoteles

Por lo general, el nivel hotelero en el País Vasco es muy aceptable; los hoteles suelen estar bien situados en las ciudades y sus precios son bastante razonables. Lo más barato son las **fondas**. También abundan las **casas de huéspedes**, los **hospedajes** y las **pensiones** (a veces con pensión completa). Asimismo, se puede buscar en los **hostales** y las **residencias**.
A pesar de todas esas categorías de establecimientos, la terminología oficial solo reconoce la existencia de **pensiones** (que no tienen restaurante) y **hoteles**.

En cuanto a los **hoteles** de una a cinco estrellas, es mejor llegar temprano para estar seguro de encontrar habitación, y visitar la misma antes de depositar el carné de identidad en el mostrador. Los precios exhibidos en la recepción y las habitaciones pueden variar de acuerdo con las fechas del año turístico: temporada alta, media y baja (con la Semana Santa siempre en la primera categoría). Los periodos de fiestas se consideran como temporada alta, aun cuando se celebren en pleno invierno.

Las oficinas de turismo poseen una lista completa de hoteles y pensiones con los precios actualizados. Solicitadla. Estos folletos están también disponibles en la página 🖥 www.turismo.euskadi.net en el botón «Planifica tu viaje»

Último detalle para los hambrientos matutinos: en las pensiones no se sirven desayunos. Es aconsejable, pues, localizar la víspera un bar o un café, aunque los dueños de las pensiones casi seguro que os indicarán uno.

◉ **Atención:** en principio, los precios señalados no incluyen el IVA (el 10 %).

## Alojamientos rurales

En los últimos años se han puesto de moda los alojamientos rurales. En el País Vasco los hay de dos tipos: casas de agroturismo (*Nekazaritza-Turismoa*), alojamientos en explotaciones agrarias activas; y casas rurales (*Landetxeak*), las más numerosas. La mayoría acaban de ser remozadas, están estrictamente controladas y mantienen un nivel de calidad constante. Algunas tienen cocina a disposición, generalmente de pago (3-5 €). Como en el caso de los hoteles, los precios pueden variar según la temporada. Son un excelente sistema de alojamiento, sobre todo para los trotamundos, y conviene reservarlas con la máxima antelación.

El gobierno vasco publica un folleto excelente, que se distribuye en las oficinas de turismo y se puede consultar en 🖥 www.turismo.euskadi. net en el botón «Planifica tu viaje», donde referencia todos los establecimientos, con plano de acceso, precios, fotos, instalaciones...También se puede consultar la web 🖥 www.nekatur.net totalmente dedicada a estos establecimienos rurales.

**Central de Reservas**
**Nekatur,** edificio Pia, oficina 310, Juan Fermín Gilisagasti, 2, Zuatzu, 20018 Donostia-San Sebastián. ☎ 943-32-70-90. Abierto lun-vie 9-19 h. Teléfono de guardia (Semana Santa y verano): ☎ 610-25-60-60. 🖥 www.nekatur.net

## > ARTESANÍA

La artesanía vasca se caracteriza por la utilización de pocos materiales (madera, cuero, cobre, lino) y la solidez de los artículos. El aspecto estético es secundario o muy discreto.

### La cestería

Como hay pocos humedales, escasean los cañaverales y las mimbreras. De ahí que la cestería no sea una especialidad vasca. Eso os puede resultar sorprendente si habéis oído hablar de esos famosos «guantes de mimbre» que son las *xisteras* para jugar a la pelota vasca (cesta punta). Pero es que, curiosamente, las *xisteras* de mimbre se hacen fuera del País Vasco. Lo que trenzan los vascos son láminas finas de castaño con las que se hace el armazón, mientras que el cuerpo de la *xistera* es de paja trenzada que se encaja en la estructura de madera de castaño. El mimbre, por mucho que afirme lo contrario la inspiración de los poetas, no resiste el impacto de la pelota. Los fabricantes de *xisteras* que aún existen son *Casa Gonzalez*, en Anglet, así como *Rafael Egia* y *Yon*, en la población vizcaína de Markina. Con la salvedad de sus productos casi todo lo demás son artículos de pacotilla. Los grandes cestos también se hacen con castaño trenzado. Lo malo es que cada vez hay menos artesanos. No lejos de Bilbao, en Munguia hay uno, *Ergeazabal*, que merece la visita por sus cestos y canastos. También en la oficina de turismo de Zerain.

En lo que respecta a la cestería y la artesanía en general, encontraréis un motivo recurrente, el **lauburu** («cuatro cabezas», en euskera): cruz vasca de cuatro brazos curvos en forma de comas que salen desde el mismo centro. Según unos, representa el sol, para otros, el paso del tiempo....

## La *makila*

«El» bastón tradicional vasco, se elabora con madera de níspero silvestre y es espléndidamente tallado, conforme una técnica con siglos de antigüedad.

Al llegar la primavera se trabaja la madera de níspero a pie del árbol con una herramienta especial. Durante los meses siguientes, sobre las incisiones hechas aparecen dibujos en relieve. Estos dibujos, debidos a la cicatrización de la madera, son lo que caracteriza a la *makila* auténtica. La razón es que los dibujos tienen una forma de rodetes ligeramente redondeados, mientras que en las *makilas* de mala calidad las incisiones que se hacen no están cicatrizadas: la diferencia entre cicatrices buenas y malas se nota claramente al tacto. Hay que tener en cuenta que el níspero cicatriza de esta manera, pero el castaño, que es el que se utiliza para las imitaciones, no lo hace.

Después, en invierno se corta y se monda la rama, se baña en cal viva y se endereza. En la punta se pone una contera de acero envuelta en una funda de cuero, y en la empuñadura se encaja un pomo. La madera de la extremidad inferior está embutida en una punta de latón (a veces de plata) grabada con finos motivos vascos. Para equilibrarla, a veces se rellena con plomo.

Hay *makilas* de gala que se fabrican con empuñaduras plateadas (o de plata maciza) y pomos de forma heptagonal (cada uno de cuyos lados representa un territorio vasco). La elección del lema grabado en el pomo es muy importante, porque se considera que simboliza la personalidad de su propietario.

Los mejores fabricantes de *makilas* residen en el País Vasco francés, y son *Bergara*, en Larresore, *Leoncini*, en Bayonne, y *Harizpuru*, en Ibarolle.

## El cuero

En este país de pastores de ovejas existe una tradición artesanal antiquísima en el trabajo del cuero, con el que se confecciona un buen número de artículos que se pueden agrupar en tres categorías, según que sirvan como ropa de trabajo, como recipientes o como útiles de trabajo. En la ropa de trabajo se pueden citar los delantales, los espalderos (que se ponen los pastores, leñadores y carboneros para protegerse del frío), aparte de las abarcas, las polainas y otros artículos como los zurrones y las petacas. Las abarcas son una especie de sandalias primitivas que se confeccionan con un trozo de piel seca de forma alargada, ligeramente trapezoidal, y se sujeta al tobillo por medio de cordones. En la actualidad, las abarcas se usan para bailes folclóricos. Otro de los objetos más tradicionales y casi emblemáticos es la **bota de vino (*chahakoa*)**. Según la tradición, para impermeabilizarla se unta la piel con pez, que da un sabor espantoso al vino las primeras veces que se llena. *Las Tres ZZZ* de Pamplona es el único fabricante de botas que aún sigue utilizando la fórmula tradicional.

La pelota es también un artículo de cuero, que, aparte de servir para jugar, puede resultar un objeto muy decorativo. Un fabricante muy bueno: *Otero*, en Anoeta (Gipuzkoa).

## Las alpargatas

Este tipo de calzado, con la suela de cuerda de cáñamo, es muy popular. A la suela, cosida en espiral, se le cose una lona que cubre la parte delantera del pie. La alpargata es sólida, se adapta bien al pie y resulta ideal para caminar y bailar. Como la lona se da con el tiempo, conviene que sus alpargatas queden bien ajustadas al pie. El problema de un calzado tan popular como la alpargata es que hacen falta pocos materiales baratos y mucha mano de obra. Por eso es un producto ideal para las imitaciones que llegan desde Asia. La invasión ha llegado hasta el punto de obligar a los fabricantes locales a cerrar. La calidad de la alpargata se basa en la suela; cuanto más apretado sea su trenzado, más sólida será. Mientras que las alpargatas tradicionales resisten un año de utilización, las imitaciones duran dos o tres veces menos. Lo peor es que, con la generalización del asfaltado (que desgasta las suelas más deprisa), los fabricantes les ponen una protección de goma, por lo que ahora hay también falsas alpargatas que pasan por auténticas.

## La *txapela*

Hace décadas la *txapela* estaba muy presente en la vida diaria y las costumbres de este pueblo, formando parte de la indumentaria del *arrantzale* –marinero o pescador– que encontraréis en las villas costeras, o del *baserritarra*, el campesino vasco que veréis en cualquier caserío o casa rural vasca. Hoy en día, sigue siendo habitual que la utilicen –además de los *dantzaris* en actos folclóricos– las personas mayores, sobre todo en los pueblos, y los pastores, tipos solitarios, autosuficientes, y en algunos casos artesanos consumados, que han creado toda una cultura pastoril.

Las buenas *txapelas* están hechas con una lana de primera calidad, bien guarnecida, y bien caladas en la cabeza sirven para mantenerla caliente en invierno, fresca en verano y guarecerla de la lluvia. En cuestión de *txapelas*, hay una casa que marca la diferencia, es *Elosegui* de Tolosa. Pero el no va más es hacerse la *txapela* a medida, como los trajes (a medida, claro).

## Mantelerías

Vacas siempre ha habido, basta con ver la película *Vacas*, de Julio Medem. Son esos animales valiosos, encargados (entre otras cosas) de tirar de las carretas cargadas de heno, de madera y de forraje. A esos honorables rumiantes se les echaba encima mantas tejidas con lino para protegerlos del sol y las moscas. Esas mantas de lino eran de confección casera, porque no había caserío que se preciara que no tuviera entre los aperos de trabajo una rueca y un huso, posteriormente sustituido por el torno. De esta manera, tras un laborioso proceso de blanqueado, aclarado, secado y obtención del ovillo, se confeccionaban las susodichas mantas. Y como después se lavaban en el lavadero del pueblo y se tendían a veces en un rincón del huerto de cada casa, todas tenían su propia marca, que se distinguía por unas cuantas rayas azules o rojas de anchuras diferentes. Por su sencillez y armonía, esas mantas, hechas con hermosos materiales y bonitos colores, se fueron transformando en manteles, servilletas y tapetes que resultaban de lo más decorativo, y, por último, en todas las variedades habidas y por haber de la lencería del hogar. La lencería vasca tuvo su apogeo en la década de 1930, y otra vez en la década de 1960. Hasta que tropezó con el mismo problema que las alpargatas: la aparición de imitaciones procedentes de los trópicos; y, además, el lino fue sustituido por el algodón, más fácil de trabajar y de limpiar.

## > BEBIDAS Y BARES

### La sidra

Hay que reconocer que la sidra es, junto con el vino, una de las bebidas más populares en todo el País Vasco. La sidra vasca *(sagardoa)*, que se ha fabricado en Bizkaia desde la Antigüedad, es bastante verde y un poco astringente (dicen que raspa), pero muy refrescante. El secreto radica en una sabia proporción entre manzanas ácidas, manzanas dulces y manzanas amargas. Aunque, al parecer, la fabricación de sidra se remonta a tiempos remotos, la fabricación a gran escala empezó en el siglo X.

El consumo de sidra fue muy elevado en las provincias vascas y Navarra hasta que el cultivo de manzanos empezó a declinar hacia el siglo XVI como consecuencia de la introducción del maíz, y después de la extensión de los viñedos y el consiguiente aumento de la producción de vino, sobre todo en Álava y Navarra.

A mediados del siglo XIX, casi todas las sidrerías se localizaban en Gipuzkoa. Funcionaban como tabernas populares y eran lugares muy frecuentados por la población. Después, con los cambios producidos en las costumbres, perdieron clientela y estuvieron a punto de desaparecer, pero desde la década de 1980 se han puesto de moda otra vez y ahora se hallan presentes en casi todas partes, pero sobre todo en Gipuzkoa, en especial en los alrededores de Donostia-San Sebastián (ver capítulo sobre Gipuzkoa). Conviene saber que en las sidrerías se bebe de pie, acercando el vaso al chorro de la *kupela* (barrica) y que en casi todas existe un menú fijo tradicional.

### El vino

Por lo que respecta al vino *(ardoa)*, la producción del País Vasco se la reparten tres grandes denominaciones vinícolas:

El *txakolí* (chacolí) es un vino característico del País Vasco y puede definirse como un vino joven, fresco, afrutado y sensiblemente ácido, como consecuencia de las variedades de uva empleadas, procedentes fundamentalmente de la zona costera de Gipuzkoa y Bizkaia, aunque hoy en día también existe un número reducido de elaboradores en la provincia de Araba que, por lo que dicen algunos, hacen un txakolí que no se puede comparar con el de Getaria, donde se produce la quintaesencia de este tipo de vino.

En la actualidad, la producción de txakolí está regulada por dos denominaciones de origen, una de Gipuzkoa y la otra de Bizkaia. La primera, que engloba la zona de Zarautz y Getaria, es la getariako-txakolía, creada en 1989. La denominación de origen vizcaína es la *bizkaiko-txakolía,* chacolí de Bizkaia, y existe desde 1994. Las variedades de uva utilizadas son preferentemente las autóctonas, la hondarrabi-zuri para el txakolí blanco y la hondarrabi-beltza para el tinto, que se consideran las variedades preferentes, si bien también se utilizan otras. La denominación de origen bizkaiko-txakolía incluye además en su reglamento las variedades de uvas hondarrabi-zuri, hondarrabi-beltza y pode blaude. Esta denominación de origen elabora los tres tipos de vino, mientras que la denominación de origen getariako-txakolía se destaca por el txakolí blanco.

El *txakolí* aparece en escena cada año para la fiesta de Santo Tomás, degustándose de forma especial en su feria agrícola, que es también la fiesta del *txakolí* nuevo. Según los entendidos, el txakolí es el vino ideal para el aperitivo y para tomar con marisco.

El sur de Álava está integrado en la zona de la denominación de origen **Rioja** con el nombre de **Rioja Alavesa**. Los vinos son muy afrutados, con bastante grado de alcohol y son muy ricos en tanino. El perfeccionamiento de las técnicas vitivinícolas y la mejora de la comercialización de los vinos de La Rioja han conseguido situarlos en los primeros lugares del ranking mundial. Los mejores riojas de España se encuentran en las zonas de Labastida, Laguardia y, sobre todo, en la localidad de Elciego. Entre las grandes bodegas destacan las del Marqués de Riscal, Remelluri, Muga, Domecq, Faustino Martínez, etc.

A fin de refrescar la memoria a nuestros lectores, les recordamos que la cepa típica de La Rioja es la tempranillo, que únicamente da vinos tintos. Con el paso del tiempo, se añadieron otras cepas, como la garnacha, la viura y la graciano. La particularidad de los viñedos de La Rioja es que en aquellas tierras secas y ventosas, el viñedo no se rodriga en espaldera, por lo que las hojas protegen bien la uva de la desecación, a diferencia de la uva tempranillo que soporta mal el viento. En La Rioja veréis carteles que os invitan a beber moderadamente porque allí, como en cualquier otro sitio, se libra el eterno combate entre la tradición y la modernidad.

## Licores y aguardientes

El licor estrella es el *patxaran* (pacharán), originario de Navarra, obtenido de la maceración de endrinas en alcohol de anís. Como la producción de estos pequeños frutos silvestres no ha aumentado al mismo ritmo que la del licor, muchas veces os encontraréis con que el *patxaran* ha sido fabricado con una esencia aromática importada de los países del Este. Comprad solo botellas en cuyas etiquetas se vean endrinas. El licor de manzana se hace con manzanas verdes.

En cuanto al País Vasco francés, su licor más popular es el *izarra,* que se fabrica en Angers según la receta elaborada a finales del siglo XIX por un destilador de Hendaya que quiso sacar partido de la aceptación que tenían los *benedictines* y los *chartreuses*. El verde es un poco más seco y se bebe con hielo picado.

Por último, en la Rioja Alavesa tienen un **orujo** bastante fuerte, que se sirve en vasos cónicos sin pie. El vaso descansa en una jarra llena de hielo picado para conservar el orujo bien frío.

## La cerveza

Los vascos también beben mucha *garagardoa,* la popular cerveza. Precisamente, es la bebida que más se consume en el País Vasco. Y, como ocurre en todos los sitios, la cerveza de barril tiene más sabor que la de botella. Es habitual, cuando se hace la ronda de bares, tomarla en vasos pequeños y recibe entonces el nombre de **zurito.** Pero no es, desde luego, una bebida típica como la *sagardoa* y el *txakolí* de las que os hemos hablado antes.

## Los bares

En los bares, además de beber, muchas veces también se pueden picar numerosos y sabrosos *pintxos* o «banderillas», por cuya variedad y calidad es conocido el País Vasco. Pero es difícil poder sentarse para comer porque estos locales no son muy espaciosos y, por lo general, hay pocas sillas y mesas. Normalmente, lo mismo se puede desayunar un café y unas tostadas que tomar a media mañana un tentempié a base de tapas, bocadillos o platos de cocina, o a la salida del trabajo ir de tapeo o de *potes*.

La costumbre de ir de potes, a la que tan aficionados son los vascos, ha dado lugar en la mayoría de las ciudades a la creación de verdaderas «rutas de bares». Cada pandilla de amigos tiene su propia ruta, con un itinerario fijado en función de las especialidades en pintxos, banderillas, cazuelitas y otras tapas que ofrecen los bares incluidos en el recorrido. Esta costumbre de ir de tapas en pandilla en vez de cenar en casa o en un restaurante se convierte, al cabo del tiempo, en una «ruta». Evidentemente, los itinerarios varían según el día, la hora, la personalidad de cada cual, la frecuentación de los bares y la edad del que encabeza la pandilla. Así se explica que un bar que está vacío a las 21 h aparezca lleno de bote en bote una hora después, y que el bar que tiene una animación a tope un viernes por la noche, parezca una sacristía al día siguiente.

Para comprender esa sutil alquimia hay que sentirse un poco vasco, y si conseguís entrar en una cuadrilla de amigos, limitaos a seguir el movimiento sin intentar comprender el porqué la cuadrilla entra en un bar y no en otro.

En algunas ciudades y en muchos pueblos del País Vasco encontraréis bares adornados con la ikurriña (bandera vasca), con fotos de líderes políticos y carteles. Entre estos locales se encuentran el *batzoki,* que pertenece a la sede social del Partido Nacionalista Vasco (PNV), y la *herriko taberna,* de la antigua coalición Herri Batasuna, habituales en las localidades de la geografía vasca y en Navarra (fundamentalmente en la zona media y norte). Sus precios suelen ser ligeramente inferiores a los de los bares normales, aunque no vale como norma.

### El mus

El mus es un juego que los vascos y los navarros practicaban ya en el siglo XVII. Aunque en aquel entonces la gente jugaba al mus casi exclusivamente en las tabernas, ello no quiere decir que fuera un juego de beodos, como se dice en una célebre canción: «Los borrachos en el cementerio juegan al mus». De todas formas, aunque sigue siendo habitual encontrar cuadrillas de gente mayor «echando la partida» en un bar –sobre todo en las zonas rurales–, la imagen ya no es tan frecuente como antaño.

Algunos afirman que la palabra mus procede de la francesa mouche, que significa mosca, aunque muchos no ven más parecido entre uno y otro vocablo que el «mosqueo» que pueda sentir el jugador que pierde una partida. El juego ya tiene de por sí un vocabulario muy particular, y si los que juegan hablan en euskera, además de saber de qué va el juego, hay que entender también el idioma para poder seguir las alternativas de la partida.

En el juego está prohibido decir palabras distintas de lasque se utilizan en el mus. Pero sí se pueden hacer señas, que están perfectamente codificadas (morderse el labio inferior, sacar la punta de la lengua, torcer los labios hacia cualquier lado, levantar las cejas, guiñar un ojo). Las señas se han de hacer al compañero sin que lo vean los contrarios (aunque se puede querer que las vean para anunciar una parte del juego, y así, disimular el resto). Está estrictamente prohibido hacer señas falsas, pero, por el contrario, se puede mentir cuanto se quiera con las palabras, por lo que una buena partida de mus siempre la juegan cuatro mentirosos. El jugador que ha pasado no tiene derecho a ver el juego del contrario, por lo que siempre le cabrá la duda de si ha perdido de verdad. El público sigue expectante el juego y está pendiente de la habilidad de los jugadores en el desarrollo del juego.

# > LOS CAMINOS DE SANTIAGO

Los caminos de Santiago de Compostela, declarados itinerarios culturales europeos por el Consejo de Europa en 1987, y catalogados como patrimonio mundial de la humanidad por la UNESCO (en 1993 para el tramo español, y en 1998 para el francés), ya eran recorridos por numerosos peregrinos (cerca de 500 000 anualmente) hacia el año 1000. Precisamente, en el País Vasco el *camino* aún es una realidad viva desde hace diez siglos, aunque los viajeros de hoy lo conocen muy poco.

## Un poco de historia

Santiago el Mayor (que no hay que confundir con su hermano Santiago el Menor) fue uno de los doce apóstoles. En el año 44, el rey Herodes Agripa hizo decapitar con una espada (detalle importante) al apóstol Santiago el Mayor en Jerusalén. Colocado en una barca gobernada por ángeles, su cuerpo apareció en las costas de Galicia. Sus discípulos enterraron el cuerpo cerca de la playa de Padrón, una vez atada la barca a una enorme piedra (que puede verse hoy en día en la iglesia de Padrón). Después, el olvido (de la tumba, no del apóstol). Desde los albores de la cristiandad, Santiago es representado con la espada de su suplicio. De ahí a convertirlo en el patrono de los caballeros solo había un paso. Y además fue así como se le apareció a Carlomagno para ordenarle que fuera a combatir a los moros. En 813 una estrella indicó el emplazamiento del lugar santo, origen sin duda de Compostela, *campus stellae*, o campo de la estrella. Allí se construyó una iglesia y, en 844, en plena batalla de Clavijo, cuando los moros estaban a punto de alzarse con la victoria, apareció Santiago sobre su caballo blanco y los hizo añicos, razón por la cual se ganó el sobrenombre de *Matamoros*. La España cristiana acababa de dar, en el mejor momento, con un excelente santo patrón: compañero de Cristo, apóstol, matador de moros y enterrado en suelo propio. En torno al año 1000, era una bendición religiosa y política. El rey Alfonso II de Asturias y de Galicia ordenó la construcción de una primera basílica y realizó a pie el primer peregrinaje de la historia, de Oviedo a Santiago. Al aumentar la devoción, los árabes decidieron atacar Compostela y arrasar la iglesia. Pero eso poco importó, porque fue reconstruida.

El primer peregrino conocido fue el obispo Godescalco, de Puy-enVelay, quien, en el siglo X, salió de Auvernia y recorrió a pie 1 500 km para llegar al Atlántico. Aunque muchos siguieron su ejemplo muy pronto, hubo que esperar más de un siglo para que se organizara la peregrinación, dada la precariedad de los itinerarios practicables. Los Pirineos centrales eran demasiado elevados para ser accesibles. Tampoco se podía pasar por el valle del Ebro: Zaragoza aún estaba en poder de los musulmanes, y éstos, por más tolerantes que fueran, estaban en guerra con los cristianos.

Así pues, los primeros peregrinos, los del siglo X, no tenían más opción que atravesar los Pirineos occidentales. El paso principal era el puerto de Ibañeta, desde donde se puede llegar al llano de Álava a través de las montañas de Guipúzcoa y del famoso túnel de San Adrián, un túnel natural que une, a través de la montaña, Guipúzcoa y Álava. Desde allí los peregrinos podían dirigirse hacia el oeste. Los ingleses y los alemanes, para evitar unas largas jornadas de marcha, tomaban el barco y desembarcaban en Burdeos o en Bayona (pero la verdad es que muchos llegaron a las puertas del Paraíso antes de tiempo, por los numerosos naufragios que se produjeron). Así pues, la vía que recorría la costa por tierra era muy frecuentada.

Los primeros monasterios surgieron para acoger a los peregrinos y reforzar el poder de los reyes cristianos que luchaban en primera línea contra los musulmanes. Una bula papal les otorgaba el derecho de llevar la cruz roja y adoptar el título de cruzados en la lucha de la Reconquista. El interés de los monjes era evidente: cuanto más ayudaran a los peregrinos, más tierras y limosnas recibirían de la nobleza para llevar a cabo su santa misión.

El primer camino de Santiago, llamado camino real, no pasaba por Aragón ni por Navarra, por el peligro que entrañaba la proximidad del territorio musulmán. Por ejemplo, a principios del siglo X, el emir de Zaragoza organizó una razzia que llegó hasta Pamplona y devastó todo el sur de Navarra. Evidentemente, eso era algo que no gustaba a los peregrinos. Y, por otra parte, el camino vasco tenía la gran ventaja de que seguía parcialmente la antigua vía romana de Burdeos a Astorga, que aún se seguía utilizando y era fácilmente reconocible (todavía lo es en la actualidad, como veremos más adelante). Ésa era la ruta antigua, la clásica, la conocida. Había otro camino, más largo pero más seguro, conocido como el «camino de la costa», que seguía el litoral desde Bayona hasta Deba y pasaba por el interior de Bizkaia. Fue a finales del siglo XI, tras la reconquista de Huesca, cuando apareció el camino de Somport o camino aragonés. Por esa misma época empezaron los peregrinos a descender desde Roncesvalles hacia el hospital de Cizur, un arrabal de Pamplona. Los dos caminos confluían en Puente la Reina.

¿Por qué os contamos todo esto? Pues para que sepáis que en todo el País Vasco y Navarra hubo peregrinos, hospicios e iglesias hasta finales del siglo XII.

Pero he aquí que, a mediados del siglo XII, un monje desconocido llamado Aymeri Picaud publicó el relato de su peregrinación, que era en realidad una verdadera guía en la que describía los pasos peligrosos, las dificultades que había encontrado y los trucos que había utilizado para salir adelante. Hacía una lista de los buenos y los malos hospicios, denunciaba las estratagemas de los hospederos que tiraban la ración de agua de los peregrinos para venderles un vino peleón y señalaba a los guías que resultaban sospechosos. Algo así como La guía del trotamundos... El libro (no impreso, sino copiado y recopiado, porque Gutenberg no había nacido aún) se convirtió en una especie de *best-seller*. Picaud, que había pasado por los puertos de Cizé, describió también el camino de Somport. Y así fue como, a causa del libro, los peregrinos dejaron poco a poco los caminos del oeste, hasta el punto de que, pasados ocho siglos, nadie piensa en Guipúzcoa ni en Álava cuando se le habla de los caminos de Santiago. Resulta difícil imaginar cómo era la peregrinación en su apogeo durante los siglos XIII y XIV. Cada año, miles de europeos, para pedir perdón por sus pecados o para cumplir alguna promesa, se ponían en camino a pie, o a caballo los que podían pagárselo. El vestido de los peregrinos era el que se ve en las innumerables estatuas de Santiago que se encuentran en las iglesias vascas y en todas las del camino. En la Edad Media, los peregrinos iban cubiertos con una esclavina (que por fuerza tenía que llamarse «peregrina») y un gran sombrero para protegerse de la intemperie. De ahí que no deba sorprendernos que Santiago sea el patrono de los sombrereros... Según cuentan los cronistas de la época, llevaban una calabaza y empuñaban un bordón para defensa y apoyo. Lo que equivale a decir en castellano moderno que llevaban una cantimplora y un largo bastón con la punta de hierro para librarse de los ladrones y los bichos. El hospicio religioso los acogía gratuitamente. Y allí los peregrinos entonaban canciones sobre la calabaza, el bordón, la taberna y el hospicio del camino.

Los que no perecían en el camino regresaban, queridos y admirados, con una concha, la «venera», en el sombrero para demostrar su calidad de peregrino y que habían hecho la peregrinación. Así, la venera se convirtió en el símbolo del camino. Y, como tal, aparece en todas partes, en las imágenes del santo, en el tímpano de las iglesias, en el dintel de los hospitales. Pero, ¿por qué la venera? Pues porque, en aquella época, en la playa de El Padrón aún había veneras que se repartían entre los peregrinos en el atrio de la basílica como prueba de que habían llegado. En la actualidad, su precio en el comercio oscila entre 1 y 3 €, lo que no deja de ser un sacrilegio. Los turistas se las ponen a la ida... y a la vuelta.

El turista del siglo XXI puede encontrar la venera en casi cualquier parte, incluso muy lejos de lo que hoy se llama «camino de Santiago» que, en realidad, es uno de los varios caminos que hay. Porque el denso entramado de senderos, los errores de orientación, los cambios provocados en el último momento por el cierre de algún albergue o la desaparición de una senda, hacen que haya centenares de vías posibles. Los peregrinos abandonaban el camino principal para ir a visitar una ermita célebre o rezar sus plegarias en las capillas consagradas a sus santos predilectos. Así, en el sur de Navarra y en la llanura de Álava hay varias capillas dedicadas a San Martín de Tours. Tanto en el País Vasco español como en el francés, que se cristianizaron muy pronto y tienen un complejo relieve, abundaban las capillas en las que los peregrinos daban las gracias por haber superado, tras el paso obligatorio de los puertos, el gran obstáculo de las montañas salvajes pobladas por lobos y osos. Ya no les quedaba más que bajar hasta el Ebro y remontarlo para llegar al término de su periplo. Durante siglos, quienes querían iniciar el camino se impregnaban de los escritos de los peregrinos. El éxito de la guía de Picaud eclipsó las demás, como, por ejemplo, *Le chemin de Monsieur Saint Jacques*, de Jean Leclerq, publicada en 1621, con un itinerario que discurre por el País Vasco francés y después pasa por Guipúzcoa y Álava: Bayona / San Juan de Luz / Sainte-Marie-de-Urrin (Urrugne) / Hernani-Villeneuve (Villabona) / Villefranque (Villafranca) / Segura / San Adrián / Saldodon (Zalduondo) / Salvatierra/Agurain / Vitoria- Gasteiz / La Puebla de Arganzón / Miranda de Ebro.

Otra obra que cabe destacar es *El códice calixtino* de la catedral de Santiago, de Manuel Díaz Díaz (Ediciones Aldecoa, Burgos, 1988). Este tratado es uno de los varios publicados en España que se han acercado al célebre manuscrito, que data de muchos siglos atrás. La peregrinación continuó hasta que, en el siglo XVI, la irresistible ascensión del protestantismo en el norte de Europa cerró el flujo de peregrinos alemanes, suizos y holandeses. Así, por ejemplo, en Francia, tras el estallido de las guerras de religión, la zona del Bearn y Gascuña, que se hizo protestante, resultaba peligrosa para los católicos. Los monasterios se vaciaron, y el destino de la peregrinación se dirigió hacia Roma o Jerusalén.

El boom de los GR (Grandes Recorridos) en los años 1970 contribuyó a la reconstrucción de un itinerario que seguía aproximadamente el del gran camino. En España, el resurgir de la peregrinación se inició en la década de 1980 gracias al esfuerzo del profesor Millán Bravo Lozana. La publicación del libro *La aventura del camino de Santiago,* de los periodistas Jean-Noël Gurgand y Pierre Barret (Edición Xerais de Galicia, Vigo, 1982) marcó un hito en ese renacimiento, interesante pero incompleto: el camino original, el «verdadero» y viejo camino del siglo X, se ha olvidado sistemáticamente y de una manera injusta, como se puede apreciar cuando uno atraviesa el viejo túnel de San Adrián y sale a la luminosa llanura de Álava.

## En la actualidad

Cada año hay más peregrinos que encaminan sus pasos hacia Santiago. La mayoría de ellos rondan la cincuentena, pero no faltan ni gente muy joven ni octogenarios y, desde hace unos pocos años, hasta se ven japoneses haciendo el camino. Los hay que hacen la peregrinación con un fervor cristiano de lo más exaltado, mientras que otros lo único que pretenden es hacer negocio con la fe ambulatoria mediante beaterías, calculad unos 10 € por un bastón de peregrino. Hay mucho espabilado que «se disfraza» de peregrino.

Pero también hay muchos que consideran el camino de Santiago como una ocasión para hacer senderismo con un aliciente cultural, y combinan el esfuerzo físico con el descubrimiento del arte románico y los espléndidos paisajes de los altiplanos navarros y las sierras de Álava.

## Datos útiles

Desde el *Codex Calixtinus* de Aymeric Picaud hasta hoy son multitud los títulos publicados sobre el camino de Santiago.

➤ Para trazar el itinerario os recomendamos el mapa Michelin 442. En todas las oficinas de turismo os ofrecerán el mapa *Caminos de encuentro* (gratuito), en el que se detallan los itinerarios vascos. Lo mejor que podéis hacer es comprar los mapas a escala 1/50 000 del Instituto geográfico nacional para el País Vasco.

➤ A continuación ofrecemos una serie de direcciones donde podréis encontrar tanto las guías de viaje que mejor se adapten a vuestras necesidades como las lecturas que os permitan profundizar en la historia, el arte, la gastronomía o las tradiciones del Camino.

■ 🖳 **www.caminosantiago.org**

Es la web de la Federación Española de Asociaciones de Amigos del Camino de Santiago. Muy completa y con información de primera mano.

■ 🖳 **www.anayatouring.com**

Aquí se puede encontrar una guía para cada tipo de peregrino (a pie, en bicicleta, en coche o en moto), con información totalmente actualizada cada año y mapas detallados de cada una de las etapas de los distintos caminos.

■ 🖳 **www.jacobeo.net**

Es un exhaustivo servicio de información al peregrino y tienda on line de la editorial Buen Camino especializada en publicaciones jacobeas.

➤ Cada año se publican libros nuevos sobre el tema. Una buena idea es darse una vuelta por la **Librería Graphos** de San Sebastián (calle Mayor, 1, Información: ☎ 943-42-63-77), que tiene la más completa selección de obras sobre el camino en el País Vasco y os podrán aconsejar algún buen título. No venden por correo. Para facilitaros la búsqueda, ofrecemos aquí algunas de las obras que podéis encontrar:

■ *El arte románico en el camino de Santiago,* Isabel Frontón (Ediciones Jaguar, colección «El arte de viajar», Madrid, 1999). Pequeño libro de bolsillo, de formato alargado, compañero de ruta ideal que permite recorrer a través de sus fotografías, mapas e itinerarios el trazado del camino de Santiago desde Jaca hasta Santiago de Compostela.

■ *El peregrino de Compostela, diario de un mago,* Paulo Coelho (editorial Planeta, Barcelona, 1998). Como no podía ser de otra forma tratándose de este autor, la que ofrece es una visión muy personal y cargada de simbolismo del camino de Santiago, entendido como viaje iniciático.

■ *El camino de Santiago en bici,* E. Angulo y M. Gallastegui (Sua Edizioak, Bilbao, 1993). Trece etapas entre Jaca y Santiago, descritas con su correspondiente perfil y trazado, mapa, hoja de ruta y fotografía. Un libro aconsejable para quien elija peregrinar sobre dos ruedas.

➤ Además de los Ayuntamientos y oficinas de información y turismo de los pueblos por donde pasa el camino, podéis encontrar más información y documentación en:

■ **Asociaciones de Amigos del Camino de Santiago**
**En Araba:** avenida Gasteiz, 36, 8º izquierda, Vitoria-Gasteiz. ☎ 945-22-36-72.
**En Bizkaia:** avenida Mazarredo, 65, Bilbao. ☎ 944-24-08-66.
**En Gipuzkoa:** Dr. Camino, 5, 20006 Donostia-San Sebastián.☎ 943-42-97-45.

## Los itinerarios

El camino de Santiago está constituido por una verdadera red europea de itinerarios que, junto con el camino de Aragón y el camino de Navarra, convergen en Puente la Reina, desde donde arranca el llamado «camino francés» hasta Santiago de Compostela, a lo largo de 692 km que se cubren en 29 etapas.

Había peregrinos que salían del norte y el este de Europa, desde Sicilia e incluso desde los Urales y recorrían miles de kilómetros para hacer el camino. En Francia, los puntos de partida de las cuatro rutas jacobeas francesas son Arles, Le Puy, Vézelay y Orleans. La ruta de Arles pasa por Toulouse y Oloron y cruza los Pirineos por el puerto de Somport, donde se inicia el camino aragonés. Somport es un paso difícil, que está en fase de señalización, y el punto culminante de todos los caminos de Santiago de Compostela.

La ruta desde Somport pasa por las siguientes poblaciones: Jaca, Sangüesa, Puente la Reina, Estella, Los Arcos, Viana, Logroño, Navarrete, Nájera, Santo Domingo de la Calzada, Belorado, San Juan de Ortega, Burgos, Frómista, Castrojeriz, Carrión de los Condes, Sahagún, El Burgo Ranero, Mansilla de las Mulas, León, Villadangos del Páramo, Astorga, Rabanal del Camino, Ponferrada, Villafranca del Bierzo, O Cebreiro, Sarria, Portomarín, Palas de Rei y Arzúa entre otras hasta llegar a Santiago de Compostela.

Las otras tres rutas francesas se unen a la altura de Ostabat, desde donde se continúa por Saint-Jean-Pied-de-Port hasta entrar en España por el puerto de Cize (Ibañeta) y Roncesvalles, donde comienza el camino navarro que pasa por Larrasoaña y Pamplona, y en Puente la Reina ya se empalma con la ruta citada anteriormente.

El **itinerario del camino francés** se puede hacer andando, a caballo o en bicicleta, y también en coche para un viaje de contenido cultural. Eso depende de los gustos de cada cual.

➤ Caminando se necesita menos de una semana para recorrer el camino de Gipuzkoa, un poco más de una semana para el itinerario de Roncesvalles o el camino navarro, a razón de tres a nueve horas diarias en función de las etapas. El camino sigue a menudo la carretera asfaltada. Está señalizado por una línea blanca en el borde del arcén. Se han hecho nuevos trazados a través de los campos que, aunque tengan menos contenido histórico, permiten recrearse con el verdor de la vegetación.

➤ En coche hay que calcular una semana larga para poder visitar los numerosos monumentos que jalonan la ruta.

➤ **Consejos:** para poder combinar todas las ventajas del viaje, conviene airearse y hacer algunas etapas a pie. Si hacéis el recorrido desde Francia hasta España, el mejor itinerario es el del GR653, por el que podéis ir de Leire a Puente la Reina, o el que recorre las montañas abruptas de Gipuzkoa y la llanura de Araba.

## Etapas que vale la pena realizar

➤ **Camino de Roncesvalles:** Saint-Jean-Pied-de-Port – Roncesvalles – Burguete (38 km) – Zubin (20 km) – Pamplona (23 km) – Puente la Reina (28 km) – Estella (20 km) – Los Arcos (22 km) – Logroño (28 km).
➤ **Camino Francés:** Leire – Monreal (24 km) – Cizur (17 km) – Puente la Reina (22 km).
➤ **Camino de Gipuzkoa:** Bayona – Saint-Jean-de-Luz (24 km) – Urrugne (11 km) – Hernani (29 km) – Villabona (18 km) – Tolosa (11 km) – Ordizia (22 km) – Segura (11 km) – San Adrián (16 km) – Zalduondo (14 km) – Agurain (12 km) – Vitoria-Gasteiz (25 km) – La Puebla de Arganzón (19 km) – Miranda de Ebro (17 km).

## Últimas recomendaciones

Debéis ir provistos de la **credencial jacobea** y haced que os la firmen y sellen en las parroquias, municipios o monasterios por donde paséis. La credencial os servirá principalmente para poder alojaros en los albergues del camino. Sin esa credencial os sería imposible dormir en los albergues de peregrinos, cuyos precios suelen ser muy reducidos (de 4 a 11 € por persona). Pero, en cambio, no se puede reservar plaza. En los albergues únicamente se pueden alojar los peregrinos que hacen el camino a pie, a caballo (pero el caballo no tiene alojamiento) o en bicicleta.

En cada etapa importante os señalamos los **albergues de peregrinos**. De todos modos, debéis tener en cuenta que, aparte de los albergues «oficiales», existen también numerosas posadas particulares con la ventaja de que muchas de ellas son nuevas y, además, pasan bastante de que hagáis el camino por motivos religiosos o no. Os reseñamos unas cuantas.

Es posible que os encontréis con algún listillo que otro que deja el coche a la entrada de la localidad (o llega en autobús) y se presenta en el albergue como un peregrino que hace el camino a pie. Evidentemente, eso es muy poco solidario y no hay que hacerlo.

Una vez que lleguéis a Santiago, basta con que presentéis la credencial (sellada con el tampón tradicional en cada etapa) para demostrar que habéis hecho 100 km andando, y recibiréis el bien merecido diploma de **Compostela**.

## > LA CASA VASCA

No existe un único tipo de casa vasca *(etxe),* sino que hay varios. **En Bizkaia y Gipuzkoa,** la casa típica tiene el tejado a dos aguas y la fachada suele ser de piedra, aunque también las hay con un entramado de madera vista que recubre la fachada. Este tipo de casa se parece bastante al de la región de Labourd, en el País Vasco francés, de dos plantas, con tejados a dos vertientes desiguales y la fachada blanca y roja. Sin embargo, la casa navarra de la montaña, también blanca y roja, es más cuadrada y maciza y de piedra.

**En el sur de Navarra y en Araba** la arquitectura se parece más a la castellana, con unas pesadas casas de piedra (por lo general, de caliza gresosa ocre dorado), pero lo cierto es que abundan los casos de transición entre los estilos de casa vasco y castellano.

**La casa de la franja costera de Bizkaia y Gipuzkoa** se compone de una planta baja de piedra o de ladrillo revestido, sobre la que se elevan dos plantas con entramados de madera, rellenos de adobe o ladrillo. En los *baserri* –caseríos diseminados por el monte o agrupados en barrios cercanos a localidades en las zonas rurales– la planta baja está dedicada a los animales, la primera a las personas, y la segunda y tercera sirven de granero. Los muros se blanquean tradicionalmente con cal y el entramado de madera se pinta con sangre de buey (el famoso «rojo vasco») para protegerlo de los insectos y la humedad. Los tejados (generalmente con dos aleros desiguales) suelen ser de teja. La casa normalmente está orientada hacia el sur o el sureste, y el muro que da al oeste no tiene ninguna ventana a causa de las lluvias que llegan del oeste. Aunque la forma de la casa suele ser cúbica, no hay ninguna regla, ya que la forma general que se le dé depende de la idea que tengan sus moradores.

Los cambios se registran **en las ciudades costeras,** donde las casas ganan en altura y pierden en anchura debido a la escasez de terrenos y a que ya no hacen falta las piezas dedicadas al ganado. En ellas, la planta baja acoge la cocina y uno o dos dormitorios grandes. Aunque el estilo de construcción siga siendo el mismo, cambian los colores del entramado de madera: como los pescadores no disponían de sangre de buey, pero sí de pintura para los barcos, utilizaban la sobrante para adornar las casas, y de ahí los colores verdes y azules de los entramados que se ven en las localidades de la costa.

Al lado de la casa típica vasca, en el País Vasco se pueden ver numerosas **mansiones de estilo castellano;** son casas cuadradas, con tejado de cuatro aguas, grandes zaguanes con el suelo de guijarro, balcones y ventanas de hierro forjado y soberbias puertas labradas. Son las residencias de las nobles familias vascas que consiguieron amasar grandes fortunas durante los siglos XVII y XVIII. Los conquistadores y los administradores traían el oro de América, la nobleza tenía la facultad de trabajarlo (y no dejaba de hacerlo), las forjas funcionaban a pleno rendimiento, la ganadería y la industria lanera eran florecientes, y todo eso se reflejaba en la riqueza de la **casa solariega.** Como, por otra parte, los reyes de España se mostraban generosos en la concesión de títulos, no había casa solariega que no tuviera su escudo noblemente esculpido en la fachada.

La casa *(etxea)* es mucho más que una obra de arquitectura. Es la piedra angular del sistema social. Da nombre a la familia: la mayoría de los vascos llevan el nombre de sus casas *(Etxegarai* = la casa de arriba, *Mendiburu* = la cima de la montaña, *Etxeberri* = la casa nueva, etc., lo cual explica la abundancia de términos geográficos en los apellidos). Pero, por encima de todo, es una e indivisible, pues forma parte, junto con las tierras y los derechos, de la herencia que se transmite al primogénito (hombre o mujer) que se convierte en el *etxe jaun* (señor/a de la casa). Precisamente, en Navarra, el primer grado de nobleza, el de infanzón, está adscrito a las casas, las casas «infanzonas», que pierden sus derechos y riquezas si no se transmiten en línea directa.

Todo ello se explica por la tradición, pues antaño, la riqueza en el País Vasco procedía esencialmente de la ganadería. Excepto el trozo de tierra que rodeaba la casa y algún que otro terreno dedicado a cultivos de huerta, el resto eran pastos para el ganado, que pertenecían a todas las casas y su utilización estaba regulada por reglas muy estrictas fijadas por el consejo integrado por los *etxe jaunak* según el principio «una casa, un voto»; los derechos de utilizar los pastos, la trashumancia y el derecho de cortar madera pertenecían a la casa, por lo que resultaba imposible dividirla. El primogénito conservaba la casa, y sus hermanos se hacían curas o se marchaban a América o a la ciudad, y a veces fundaban una nueva casa con el consentimiento de los demás señores de las casas. El hermano que se quedaba con el primogénito se convertía en criado de éste.

Evidentemente, el Estado moderno se propuso cambiar ese estado de cosas. Pero los vascos, con la complicidad de los notarios, pusieron en marcha todo un sistema de renuncia de derechos con el que han conseguido que a principios del siglo XXI, nada haya cambiado.

Los vascos consideran que el primogénito es, no el propietario, sino el depositario de la casa, de modo que es frecuente que un hermano menor, que aunque desheredado haya hecho fortuna en América, envíe a su hermano (o hermana) el dinero necesario para el mantenimiento de la casa, ya que, para él, se trata de la perennidad de la familia y no de la propiedad de uno solo. Lo cual desespera a los agentes de la propiedad inmobiliaria; hay muchas casas rurales «para rehabilitar» que permanecen en estado ruinoso porque los hijos, mientras puedan pagar los derechos y los impuestos, no tienen ninguna intención de deshacerse de ellas. Así se ha visto incluso el caso de exilados que pagan a escote los derechos de sucesión de uno de ellos. Pero, a pesar de todo, empiezan a producirse algunos cambios. La agricultura moderna tiene muy poco que ver con los derechos de los pastos y la tala de los bosques está reglamentada ahora por el gobierno: la fundación de una nueva casa ya no depende del consejo del pueblo. Los hermanos que se casan con muchachas *etxe jaun* ya no adoptan los apellidos de la mujer. Las familias se dispersan y los bienes terminan cambiando de manos. La tradición ya solo continúa observándose en zonas de montaña.

## > CLIMA

En el País Vasco existe una acusada diferencia climática entre las zonas abiertas al Atlántico y las orientadas al valle del Ebro, y, por tanto, al Mediterráneo. Así pues, hay dos climas (e innumerables microclimas). A tener en cuenta que los Pirineos son una verdadera fábrica de nubes y lluvia. Si las nubes se enganchan a la montaña de Larrun, a caballo entre Francia y España, y llueve, cambiad de vertiente. Por lo general, siempre hace buen tiempo en una u otra vertiente de la cadena montañosa.

En Bizkaia y Gipuzkoa los ríos corren hacia el Atlántico, por lo que la influencia oceánica es muy acusada. Pero en Araba los cursos fluviales pertenecen a la cuenca mediterránea. Lo cual no quiere decir que en Vitoria, por ejemplo, haga el mismo tiempo que en Palma de Mallorca, aunque la vegetación de matorral y monte bajo haga pensar en un tipo de paisaje parecido al balear.

A grandes rasgos, se pueden distinguir dos zonas climáticas:

➤ La **zona oceánica** que comprende Bizkaia y Gipuzkoa, donde llueve más en invierno que en verano, y la temperatura media oscila entre 5 y 22 ºC, con puntas de hasta 38 ºC (en julio y agosto) y mínimas ligeramente inferiores a 0 ºC. Por consiguiente, debéis llevar un impermeable, y, a principio o final de temporada, alguna ropa de abrigo.

➤ Al sur de la divisoria de las cuencas fluviales se extiende una amplia banda en la que domina el **clima mediterráneo** templado por la influencia oceánica que aún se hace sentir; esta banda corresponde a Araba. Aunque en esta zona la temperatura media es la misma que en las demás, los contrastes son más acusados; en verano no es raro que se superen los 35 ºC, ni que se registren mínimas inferiores a -15 ºC en invierno.

## Los caprichos del clima vasco

La característica predominante del clima en todo el País Vasco es la imprevisibilidad. Los contrastes de temperatura son acusados. Todo depende, fundamentalmente, de la dirección del viento; en la región sur, la temperatura sube en unas horas, mientras que en el sector oeste se mantiene suave pero va acompañada de lluvia. Cuando sopla el viento del norte, el frío llega de sopetón. Así, no os extrañe que la gente tenga opiniones muy diferentes sobre el tiempo que hace; tanto si les hacéis caso como si no, estad siempre preparados para afrontar cualquier eventualidad.

## > COCINA

Ante todo, la cocina vasca se caracteriza por su sencillez y variedad. Es una cocina de artesanía. Aunque hay muchos que dicen que no hay una cocina vasca, sino dos: **la montaña,** donde se crían corderos y cerdos, y **la costa,** donde viven los pescadores. El mar siempre ha sido un elemento muy importante en la vida de los vascos, y por eso no es de extrañar que su gastronomía cuente con originales y exquisitos platos de productos del mar. El pescado es el alimento estelar de la cocina vasca tradicional y la base de las recetas más conocidas universalmente. Pero del ganado vacuno que se cría en el País Vasco también se obtienen ricas carnes, magras y sabrosas, ya sean chuletas o solomillos, además de otras especies como el cordero, el pollo y el cerdo, con las que se hacen platos de lo más sabroso. Pero la cocina vasca cuenta además con otros elementos característicos del país, entre los que figuran los quesos y derivados lácteos, como la cuajada, la repostería, los vinos como el txakolí y la sidra, y productos como las nueces, las castañas, las alubias o las habas que, condimentados de diversas formas dan lugar a un sinfín de platos deliciosos. Todo ello sin contar con que, aparte de estas diferentes tradiciones culinarias, en el País Vasco se ha creado una **nueva cocina vasca** que ocupa un lugar destacado en la gastronomía mundial.

El secreto radica fundamentalmente en la sabia selección de los productos. Pero, en el País Vasco, lo mismo que en cualquier otro lugar, la industrialización también pesa lo suyo y hay que tener las ideas claras para saber qué es lo que se quiere comer y para saber escoger el restaurante. Como es natural, los productos frescos son algo más caros, lo que puede repercutir bastante en la cuenta, sobre todo en las ciudades (mientras en el campo ocurre todo lo contrario).

## Costumbres locales

Si os gusta el tapeo, tenéis suerte porque en el País Vasco encontraréis una enorme variedad de tapas y de pintxos a cual más sabroso. En los bares de tapas, el público se sirve directamente en la barra sin tener que esperar a que lo haga el camarero; y a la hora de pagar, le decís lo que habéis consumido y os hará la cuenta. Esta costumbre de servirse uno mismo directamente es muy popular, sobre todo en Gipuzkoa.

## Cocina a la plancha *(planxa)*

¿Será la plancha el secreto de la cocina vasca? En realidad no es tan secreto visto el entusiasmo que provoca esta forma de cocción. Hoy, de Madrid a París, pasando por Londres y Nueva York, los chefs lo pasan todo por la plancha. También hay que decir que todo se presta a ello: la sepia, la ventresca de bonito, los calamares, mejillones, merluza, gambas, chuleta de buey, berenjenas, piquillos o champiñones... Una placa, de hierro fundido o acero inoxidable, calentada a muy alta temperatura (varios cientos de grados), permite preparar los alimentos al instante conservando todo su jugo y todo su sabor. No puede ser más sencillo.

## El pescado y la cocina de la costa

Ante todo, tened en cuenta que no por estar junto al mar vais a encontrar marisco en cantidades industriales. En el golfo de Vizcaya casi lo único que hay son almejas y pequeños crustáceos. En Vizcaya hay *txangurros* (centollos) y bueyes de mar. En el resto de provincias costeras vascas escasean y son caros, y su sabor es muy fuerte. Algunos productos proceden de las zonas vecinas: los mejillones de Galicia y las ostras, también de Galicia o de Arcachon. Las gambas, en su mayoría, proceden de los mares tropicales y, en el mejor de los casos, del Mediterráneo o de Huelva.

El pescado del golfo de Vizcaya es un pescado de mares fríos, y, según afirman los pescadores, el buen pescado hay que capturarlo en los meses que llevan «r». En verano, el agua se calienta y eso cambia la textura del pescado, lo cual hace necesario conseguirlo fresco ya que no se conserva tan bien. Siempre que podáis elegid pescados «de pincho»: los pescados capturados con redes son aplastados por el peso de otros pescados y con frecuencia deteriorados por las propias redes, mientras que el pescado con palangre o caña se conserva perfectamente y su gusto es más fino. La presencia de pescado de pincho en una carta es una garantía de calidad. Pero también es más caro. En cualquier caso, incluso comprado directamente a los pescadores en el puerto, el pescado es un producto caro. Por ello, un buen restaurante de pescado siempre será caro.

## Escoger según la temporada

➤ Las **anchoas** y las **sardinas** abundan de finales de abril a principios de agosto. Ésa es la época para comer unas buenas sardinas a la brasa, sobre todo en Santurtzi. Fuera de ese periodo, las que se venden son congeladas o de importación. El **bonito,** que se alimenta de anchoas, llega más o menos al mismo tiempo, de mayo a septiembre. El que se encuentra el resto del año es muy posible que sea congelado. A veces, como en 1999, las anchoas y el atún aparecen más tardíamente, aunque es poco frecuente.

➤ La **dorada** abunda sobre todo en otoño, aunque también se puede encontrar durante todo el año, lo mismo que el **besugo.** Pero cuidado con el pescado de piscifactoría, que es mucho más graso y tiene una carne menos firme.

➤ Lo mismo se puede decir de la **lubina;** para saber si la lubina es de mar abierto, hay que mirarle el lomo. Las lubinas de mar tienen la misma carne en el lomo que en el vientre, mientras que las de piscifactoría tienen los filetes inferiores excesivamente desarrollados.

➤ La **merluza** se pesca durante todo el año y no se cría en piscifactoría, al menos por ahora.

➤ El **chipirón** es abundante de finales de mayo a finales de agosto. Pero como los mejores se pescan con caña, su precio puede llegar a ser prohibitivo. Por eso, no cabe la menor duda de que la mayoría de los chipirones en su tinta que se venden en el País Vasco están congelados, pero eso lo disimula la salsa. Hay una receta de chipirones que está buenísima, a condición de que sean frescos. Consiste simplemente en pasarlos por la sartén con un poco de ajo. Si los probáis, desde luego que pasaréis de los congelados, que parecen de plástico.

➤ Hay poco **pescado plano,** y en cualquier caso nunca se encuentra en las semanas que siguen a una tormenta en el mar. El **rodaballo** suele ser de piscifactoría y para distinguir si es de mar abierto o de piscifactoría, basta con mirarle la piel: si está erizada de pequeñas púas, es rodaballo de mar.

➤ El **pescado de roca** también escasea, con excepción de los salmonetes que se pescan en septiembre-octubre. Solo se sirve en restaurantes especializados.

➤ Entre los **pescados de río** destaca el **salmón,** que cada vez abunda menos. Se pesca de abril a junio, en la misma época que la **trucha.** El resto del año, el salmón es de piscifactoría o congelado.

➤ El **sábalo** también es muy raro, ya que no se cría en piscifactorías.

➤ Por último, las **angulas** se capturan cuando remontan los ríos, de noviembre a marzo. Las angulas son un plato tradicional de Navidad en el País Vasco y son un plato típico del día de San Sebastián (20 de enero), y se preparan en cazuelitas con un poco de ajo, aceite de oliva y guindilla. A la vista del precio que alcanzan las angulas, hace algunos años que se comercializan **gulas,** un sucedáneo a base de bacalao y surimi (sucedáneo de cangrejo). La imitación es bastante buena (las gulas incluso tienen ojos hechos con tinta de sepia), y si el cocinero se pasa con la guindilla, es posible que uno no sepa si está comiendo gulas o angulas, aunque si el comensal tiene cierta afición a la buena mesa, será difícil engañarle.

Pero hay desaprensivos que las venden como si fueran angulas auténticas, a más de 150 € el kilo, o sea, a unos 30-40 € la ración. Eso se debe a que los japoneses se quedan con todas las angulas existentes para repoblar sus ríos y, así, los precios se disparan. Y, lógicamente, son muchos los que deciden sacar partido de la situación: una buena pesca puede suponer más de 3 000 € en una sola noche... En invierno veréis un gran número de coches transportando inmensos cedazos a lo largo de los ríos en busca de una pesca milagrosa.

## Pescado de piscifactoría: cuidado...

Si nos fijamos tanto en el pescado de piscifactoría es porque, al parecer la inmensa mayoría, sobre todo el salmón, ha sido modificado genéticamente. Para que los peces crezcan más deprisa y no se reproduzcan, los castran. Lo mismo que se hace con los terneros y los cerdos. Pero para castrar un pez, lo más sencillo es hacerle una pequeña manipulación genética que lo vuelve triploide (se le añade un cromosoma por cada par). Normalmente, el animal triploide no alcanza la edad adulta, lo cual no resulta grave a la vista de la rapidez con que crecen (algo normal, ya que están castrados y atiborrados de harina animal).

## Unas cuantas recetas

➤ **Marmitako:** guiso de bonito. Plato tradicional de los pescadores que, cuando salían a pescar, preparaban en el barco una marmita con caldo al que se añadían patatas y tomates. El primer pescado que capturaban lo ponían a cocer en la marmita y lo comían tras finalizar la faena. La receta tiene muchas variantes.

➤ **Sopa de pescado tradicional** *(ttoro):* la base es la merluza y el rape, y pescado variado para darle sabor. De vez en cuando aparece algún que otro mejillón, y casi nunca lleva pescado de roca. Hay muy pocos restaurantes que hagan la sopa tradicional, y en la mayoría se sirven platos precocinados.

➤ **Txangurro:** centollo relleno a la vasca. Solo se encuentra en los auténticos restaurantes de pescado porque tiene una elaboración larga y costosa (los restaurantes en plan industrial evitan este tipo de platos).

➤ **Merluza a la koskera:** merluza cocinada con almejas, acompañada de legumbres frescas, principalmente guisantes y espárragos.

➤ **Bacalao a la vizcaína:** bacalao hervido con legumbres, principalmente tomates, pimientos y ajo, más pimiento choricero.

De entre la gran variedad de mariscos que se pueden elegir en los restaurantes hay numerosas variedades típicas vascas: centollo, *txangurro, kiskillas,* nécoras y almejas. De estas últimas hay una sabrosa receta: almejas en salsa verde.

➤ El **besugo** más suculento no necesita de aditamentos excesivos, simplemente cocinado a la parrilla sobre brasa con un ligero toque de vinagre y un sofrito de aceite con ajos. Ésa es una receta fácil y exquisita. El besugo con mejor fama es el capturado en Bermeo.

## La cocina del interior

La cocina del interior, que se basa en la carne, es muy variada dada la abundancia de materia prima, desde la de vacuno pirenaico hasta la de cordero, pasando por el cerdo y el pollo y una serie de aves según la temporada.

➤ El **vacuno** pirenaico, que es la raza autóctona, proporciona una carne de gran calidad. Las recetas más tradicionales son las chuletas, los filetes y los solomillos, bien condimentados a la brasa o en salsa; hablando de chuletas, son famosas las de Berriz. Entre las recetas apreciadas por los aficionados a la buena mesa figuran la lengua en salsa, el rabo de buey y el *sukaldi* (ragú de carne de vacuno con hortalizas).

➤ El **cordero** se prepara al horno, en guiso o en chulletillas asadas a la brasa.

➤ El **cerdo** es una de las carnes más agradecidas. Dado que del cerdo se aprovecha todo, se obtienen del mismo numerosos productos. Se consume fundamentalmente fresco. Además, del cerdo se obtiene un estupendo jamón, aparte de morcillas (mezcla de sangre, cebolla, puerros y arroz), chorizos y una estupenda chistorra. Como, según dice el refrán, «del cerdo hasta los andares», también las patas del animal sirven para hacer sabrosos platos, como las manitas de cerdo a la vizcaína que llevan una deliciosa salsa. En cuanto al jamón, todo depende de lo que queráis pagar ya que se encuentra de todo tipo y procedencia.

➤ La cocina vasca saca un buen partido de la **volatería,** ya que con las aves se elaboran recetas muy variadas, como el pollo a la vasca, a la cazuela, al ajo, al chilindrón, etc.

➤ También, según la temporada, la mesa se enriquece con la **caza.** Las aves como el pato, la paloma, la codorniz, la perdiz, la becada, o los animales de pelo, como el jabalí, el ciervo o la liebre se preparan en magníficos platos.

➤ Los **caracoles** son una especialidad de la costa y se preparan fundamentalmente con una sabrosa salsa. Los puristas los prefieren a la guipuzcoana, que se distinguen por la calidad y la cantidad de jamón que se les pone. Un sitio donde los hacen muy buenos es en Hondarribia.

➤ Los **callos** son un plato tradicional del País Vasco que se caracteriza por la cantidad de especias utilizadas y por el tiempo de cocción. Son muchos los restaurantes de calidad que no dudan en incluirlo en sus cartas.

## Frutas y legumbres

Más adelante hablaremos de las huertas del valle del Ebro (sur de Navarra y de Araba), donde se cultivan unas legumbres excepcionales, en particular los famosos **cogollos** de Tudela y las no menos famosas **alcachofas** del mismo lugar, los **espárragos** de Navarra y los **pimientos del piquillo** de Lodosa, que están riquísimos tanto si se pasan por la sartén con ajo como si se cocinan rellenos con bacalao o con carne picada de cordero. Además, en el País Vasco, son famosas las **alubias** de Tolosa.

➤ La **menestra** es un sabroso plato con toda una gama de legumbres y verduras, que tiene variantes tan sabrosas como la *menestra a la bilbaína*. Las **alubias rojas**, cocidas con ingredientes como el chorizo, las costillas y la morcilla son uno de los platos clásicos.

➤ Las **patatas** tienen un sinfín de recetas: en salsa verde, con guisantes, con bonito, con pimientos rojos y chorizo, con puerros, etc. En Bizkaia se han convertido, junto con el bonito, en uno de los ingredientes principales del *marmitako*, plato que Bizkaia, en especial Bermeo, ha aportado a la cocina vasca. Cuando las patatas se cocinan con puerros dan lugar a una de las sopas más apreciadas, la llamada *porrusalda*. Otros ingredientes básicos en platos tradicionales son la acelga, el cardo, la coliflor y la berza.

El *pisto a la bilbaína* es un revuelto de huevos con diversas hortalizas, entre ellas las citadas anteriormente. La *piperrada* es una mezcla de pimientos verdes, rojos y piquillo con tomate que se usa como guarnición o se come con huevos y jamón.

➤ Los **pimientos** tienen un papel fundamental en la cocina vasca, sea como alimento propio o como ingrediente del pisto, la piperrada y de alguna de las salsas más extraordinarias, como «la vizcaína».

➤ Las **setas** se preparan de innumerables maneras, preferentemente a la plancha, al horno, en revuelto o como guarnición. Una de las especies más apreciada es la *perretxiko*, con la que se puede degustar un sabroso «revuelto de setas» (huevo y setas), que es una especialidad de Urduña. Otras variedades de setas son el níscalo, el champiñón, la pardilla, la platera, etc. En la nueva cocina vasca se utiliza mucho la **trufa** como ingrediente de algunas salsas y cremas que acompañan a otros platos.

## Quesos, lácteos y postres

➤ Empezaremos por la **cuajada,** uno de los postres vascos por excelencia, que es un producto suave y cremoso hecho con leche de oveja. Se suele acompañar con azúc, miel o mermelada. Otro postre tradicional es la intxaursaltsa, que se prepara a base de leche y nueces secas.

➤ El único queso vasco es el queso de oveja, hecho con leche cruda *ardi gazta,* queso de oveja. El método de elaboración es muy sencillo, a base de leche de oveja, cruda, no pasteurizada, que se deja curar de dos a seis meses. Sencillo, ¿verdad? Todo depende de la leche, de la raza de la oveja, de los pastos y de la experiencia de los pastores. Tanto es así que de este producto existen varias denominaciones de origen, lña de Ossau-Iraty en el País Vasco francés, Roncal en el valle navarro de Salazar y, sobre todo, Idiazábal en Gipuzkoa, en la zona de la localidad del mismo nombre.

El **queso de Idiazábal** tiene fama de ser uno de los mejores de España. Su producción se rige por unos criterios muy estrictos y tiene un carácter muy estacional: el queso empieza a prepararse a principios de la primavera, la época de la lactación, y en el verano los pastores lo ponen a secar quedando listo para el consumo a finales de agosto. Ésa es la época en que se celebra en Ordizia el concurso para elegir el mejor queso, que termina con la subasta de las piezas premiadas. Las pujas pueden llegar, y hasta superar, varios miles de euros el kilo por el mejor queso del año. Ése es el precio que pagan la gente importante o las empresas para presumir invitando a los amigos o los clientes a degustar el no va más de la producción de Idiazábal. Ahora, con los adelantos en la conservación de la leche, se consigue producir Idiazábal durante todo el año. Pero los mejores solo se encuentran a finales de verano en los mercados rurales.

El *ardi gazta* debe estar un poco seco y se sirve cortado en lonchas finas. Mucha gente le añade carne de membrillo, y en el País Vasco francés lo toman con confitura de cerezas negras. Así es como lo comían antes los pastores, cuando el queso se hacía muy viejo y tenía un sabor agrio la confitura lo endulzaba. Es costumbre que, si el *ardi gazta* está fresco, no se mezcla. Lo ideal es encontrar un queso bien curado (en la granja o un almacén donde lo hagan bien; los quesos industriales no tienen tiempo para curar) y servirlo en lonchas finas con confitura.

➤ Las **taloa** son unas tortas de harina de centeno o maíz, que se sirven tradicionalmente con huevos y jamón.

➤ Por último, el tradicional **pastel vasco** que se hace a base de hojaldre con almendras. El **arroz con leche** e infinidad de especialidades locales.

## El chocolate

Cuando los conquistadores españoles lo trajeron de América en el del siglo XVI, se preparaba a la manera azteca, mezclado con pimiento y especias, según una antigua receta azteca conocida en México con el nombre de *mole*.

Pero para hacer un buen mole había que disponer de unos productos cuyo comercio habían monopolizado los judíos, que eran los herboristas y médicos tradicionales en la España medieval. Y precisamente, los judíos, cuando fueron expulsados por los Reyes Católicos, se llevaron consigo todos esos productos. De todos modos quedaron, en Vizcaya, algunos judíos que se habían convertido al catolicismo (o lo simulaban) y mantuvieron el contacto con los que se habían instalado en el Labourd vecino.
Los canales de intercambio funcionaban bien, y el País Vasco se convirtió en la región desde la cual el chocolate se extendió por Europa. La tradición del chocolate fue generalizada por la corte española a los demás reinos europeos, y en el País Vasco se creó una floreciente industria chocolatera.

En la actualidad, hay numerosas empresas que trabajan a pleno rendimiento, tanto en Donostia como en Tolosa, donde se sigue la tradición de elaborar el chocolate con un alto contenido de cacao, dándole un sabor un poco amargo.

## Las sociedades gastronómicas

El origen de las sociedades gastronómicas hay que buscarlo en Guipúzcoa, a mediados del siglo XIX, y más concretamente en su capital, Donostia-San Sebastián.

El inicio de este tipo de asociaciones está relacionado con el declive de las sidrerías como lugar de reunión y esparcimiento y con el trasvase de población del campo a la ciudad. En efecto, en esta época –estamos hablando de la segunda mitad del siglo XIX– se produjo la industrialización de la capital de Guipúzcoa, lo que atrajo a una gran cantidad de trabajadores procedentes del medio rural. En las zonas agrícolas y rurales, la gente se reunía en las sidrerías para intercambiar opiniones y novedades al tiempo que disfrutaban de los placeres de la mesa. Y como no había establecimientos de este tipo en Donostia, surgieron las primeras sociedades gastronómicas, que en un principio eran simplemente lugares de distracción y recreo para sus afiliados, pero que pronto se dedicaron también a participar en la organización de numerosos festejos en la capital donostiarra, a los que aportaban, y continúan aportando su ambiente característico y buen humor.

La primera sociedad donostiarra fue «La Fraternal», fundada en 1843. A partir de aquella fecha, este tipo de sociedades fueron popularizándose en la capital y, ya en el siglo XX, surgieron más agrupaciones de este tipo por las provincias limítrofes de Álava y Vizcaya.

Actualmente, el fenómeno de las sociedades gastronómicas se ha extendido fuera del ámbito vasco, y se halla presente en Madrid o en cualquier otro punto de España, e incluso en países como Argentina o Uruguay, que cuentan con una importante colonia vasca.

Para crear una sociedad gastronómica basta con que un grupo de amigos o socios alquile un local con una gran cocina, donde prepararán sus propias recetas. Por lo general, todas las semanas o todos los meses, unos cuantos socios se meten en los fogones y cocinan un plato tradicional, que lo mismo puede ser un marmitako que una merluza a la vizcaína o cualquier otra especialidad. Y los demás se ocupan de poner la mesa, seleccionar el vino o lavar la vajilla. Tanta importancia tienen los preparativos como el banquete al que dan lugar. A estos ágapes las mujeres solo pueden asistir como invitadas en contadas ocasiones en el caso de las sociedades más antiguas, pero desde hace años las modernas sociedades gastronómicas son mixtas y están integradas por socios de ambos sexos.

¿Cuáles son los mejores cocineros? Para responder a esta trascendental cuestión existencial, las sociedades se retan en concursos de cocina sobre un tema culinario concreto que, por lo general, es el marmitako. Así pues, cada sociedad elaborará su propia receta que, en realidad, es una ligera variante de la receta tradicional. Después, el jurado falla cuál es el mejor equipo de cocineros, valorando el que mejor renueva la receta. Y, a continuación, los socios de todas las sociedades que participan en la competición vacían los platos en una completa fraternidad gastronómica, pero siempre sin presencia femenina alguna. La cosa puede llegar hasta la organización de campeonatos que tienen su reflejo en la prensa. Ni que decir tiene que el hecho de ser invitado a una de estas fiestas es todo un honor.

## La nueva cocina vasca

Mientras en las sociedades gastronómicas se sigue cultivando la cocina tradicional, la nueva cocina vasca surgió del esfuerzo y del interés por investigar nuevos sabores, combinaciones y maneras de preparar los platos de cocineros profesionales, aunque también se hacía sentir la influencia de la nueva cocina francesa. Y así, a mediados de la década de 1970 hubo un grupo de cocineros innovadores que quisieron combinar ambas cosas: la influencia francesa y la renovación de la cocina tradicional sin renunciar a las esencias de la misma. Incorporaron nuevos ingredientes, por lo general más ligeros desde el punto de vista dietético, e idearon nuevas formas de preparación, nuevos aromas y combinaciones. Además, la personalidad de cada cocinero contribuyó, y contribuye así, a enriquecer el número de recetas, buena parte de las cuales se consideran ya clásicas. Estos cocineros consiguieron formar una cocina muy creativa, dotada de una gran imaginación. Sus figuras emblemáticas son Arzak, Subijana, Berasategui, Lasa entre otros muchos. El fenómeno parece ser el equivalente para la hostelería de lo que han sido las sociedades gastronómicas, ya que la base son las recetas tradicionales en las que los mejores productos posibles se han reelaborado con ingredientes nuevos que los modifican ligeramente, pero sin alterar la esencia. Además, y salvo raras excepciones, las raciones son abundantes, y es que la cocina, por más nueva que sea, es por encima de todo cocina vasca.

### Las tapas o *pintxos*

También en los pintxos se deja sentir esa afición a la buena mesa que tienen los vascos, porque, por más que en toda España se puedan comer sabrosas tapas, que son una verdadera especialidad en cada región (como la del pescaíto frito en Andalucía), en ningún sitio como en el País Vasco está tan arraigada la costumbre del tapeo con una increíble variedad de tapas, pintxos, banderillas y cazuelitas inspiradas en los platos de la cocina vasca, en la que abundan los guisos suculentos con unas salsas riquísimas.

## > DEPORTES

Ante todo el fútbol. El Athletic de Bilbao, la Real Sociedad (Donostia) y el Deportivo Alavés (Vitoria) son un motivo de orgullo para sus respectivas ciudades, y los días de partido la gente se apiña en los bares y restaurantes para ver a sus equipos preferidos. Después del fútbol, el deporte más popular es el ciclismo, de modo que no hay prácticamente fiestas patronales que no incluyan una carrera ciclista, y cuanto más duro sea el recorrido tanta más aceptación tendrá por parte del público (aviso a los trotamundos cicloturistas: los recorridos en el País Vasco son duros y con muchas cuestas). También el baloncesto tiene sus seguidores y en la liga ACB hay tres equipos: Bilbao Basket, Saski Baskonia SAD (Laboral Kutxa) y Gipuzkoa Basket. Por último, hay deportes como el balonmano que también gozan de una fiel afición, como el Club Deportivo Bidasoa, de la comarca del mismo nombre.

Evidentemente, hay muchos otros deportes, empezando por los deportes vascos de fuerza y de pelota, y continuando con las regatas de traineras. Los juegos importados que han encontrado en el País Vasco un terreno abonado son el surfing, gracias al fuerte oleaje en la costa, y el golf, debido al clima y a una cierta anglofilia de la burguesía vasca, deporte que cuenta con figuras tan destacadas como Olazábal. En cuanto al tenis, se ha visto favorecido por la práctica de la pelota vasca, y da jugadores de categoría internacional como Berasategui.

### La pelota vasca

¿Es un juego nacional? No, responden los vascos; es un juego internacional que se practica en casi todas partes; así, en los campeonatos del mundo de 1994 había también un equipo mexicano. La pelota vasca es un juego fascinante, complejo y sencillo a la vez. No hay pueblo que no tenga su frontón. Quien no haya golpeado nunca una pelota con la mano o con una pala no es realmente vasco.

El juego de pelota es uno de los más antiguos de la región. Antaño se jugaba con pelotas de trapo tanto en una cancha como contra un muro cuadrado, o en un trinquete (por ejemplo, el trinquete de Markina data de 1798). Pero las pelotas de trapo no botaban, por lo que solo se podía jugar golpeándolas al vuelo y en espacios muy reducidos. Las pelotas se golpeaban con la mano o con unos gruesos guantes de cuero, dando lugar al *juego de pasaka,* que aún se practica.

A principios del siglo XIX se cambió la pelota; actualmente se hace poniéndole en el centro un corazón redondo de caucho, rodeado de piel de perro cosida (porque ese tipo de piel no tiene poros y eso le da mayor solidez). Este cambio resulta fundamental porque hace que la pelota alcance mayor velocidad y permite jugarla después del bote. En el siglo XIX la cancha de juego se alarga y se inventa el frontón moderno, añadiendo un semicírculo de mampostería por encima del antiguo muro cuadrado, un cambio que se aprecia en la estructura de la mayoría de frontones de pueblo. Después se dio un paso más con la invención de la *xistera,* una especie de guante de mimbre que permite lanzar la pelota a más de 200 m (y que los pelotaris que combatieron en el ejército francés en la Primera guerra mundial utilizaban en las trincheras para lanzar las granadas contra los alemanes, anticipando así lo que sería luego el lanzagranadas). La *xistera,* que tiene dos medidas (la grande, de 70 cm de longitud) y la pequeña, (de 50 a 60 cm de longitud), es uno más de los instrumentos utilizados para lanzar la pelota; los otros son la raqueta de madera o **pala,** y el *xare,* una especie de raqueta con red que se inventó en Argentina.

Ha sido a lo largo del siglo XX (es decir, en fecha reciente) cuando se dio forma definitiva a las diferentes modalidades de la pelota vasca. Tradicional-mente se jugaba tanto en una plaza al aire libre como en un trinquete. En el primer caso, hay una sola pared contra la que se lanza la pelota, mientras que en el segundo los jugadores tienen cuatro paredes, lo cual permite numerosas combinaciones. La pelota, tanto en la plaza al aire libre como en el trinquete, ha de golpear la pared siempre por encima de una línea situada a unos 80 cm del suelo. En el saque, la pelota ha de botar en una zona situada más allá de una línea que varía en función del instrumento de propulsión utilizado. En el trinquete está claro que puede botar contra todas las paredes que delimitan el área de juego. Por influencia española, a la estructura inicial se ha añadido un pared izquierda. Se trata de un frontón cubierto, muy largo, en el que se ha suprimido la pared de la derecha para que los espectadores puedan contemplar el juego. Estos frontones reciben el nombre de *jai-alai* cuando se utilizan fundamentalmente para jugar a cesta punta.

En las paredes de la izquierda y en los jai-alai siempre hay una línea trazada sobre el frontón, y además dos líneas de juego, una situada a unos 15 m del frontón que es la *línea de falta* y que la pelota ha de sobrepasar en el saque; y otra, a 25 m, que es la *línea de pasa,* que la pelota nunca debe sobrepasar en el saque. Las dos líneas obligan al jugador a contro-lar la fuerza en el saque de la pelota. No llegar a la línea de falta cuenta como una penalización, y sobrepasar la línea de pasa, cuenta como media falta. En resumidas cuentas, hay cinco posibilidades de relanzar la pelota: a mano, con guante de cuero, con raqueta de madera, con raqueta de red, con guante de mimbre curvo, y tres áreas de juego: pared al aire libre, tres paredes cubiertas, cuatro paredes cubiertas. Pero no todos estos elementos son combinables (sería demasiado fácil).

## Los juegos de pelota

Según en qué localidad estéis, hay modalidades del juego de pelota que no podréis ver porque no se practican allí. Así, se juega mucho a la cesta punta en la costa, pero rara vez en otras zonas. Por lo demás, hay juegos que un no iniciado puede seguir perfectamente, pero no ocurre lo mismo con otros que son muy complicados; es el caso del rebote, donde intervienen como mínimo seis árbitros para decidir los puntos dudosos y aplicar las reglas.

➤ **Rebote:** dos equipos de cinco jugadores cada uno se enfrentan en un espacio dividido en dos partes desiguales por una línea trazada en el suelo, llamada línea de paso. Cerca del frontis se ha trazado en el suelo un rectángulo regular, que es la zona del «barne», «barren» o dentro. Cada equipo está integrado por un lanzador, con guante de cuero, y cuatro jugadores más que utilizan la *xistera* pequeña. El equipo atacante tiene un espacio de 80 m de largo, mientras que el equipo defensor ocupa un espacio de 30 m, al fondo del cual está el frontis. El lanzador tira la pelota contra el frontis utilizando una paleta de madera. Cuando la pelota ha rebotado contra la pared, los defensores han de devolverla al campo contrario, que, a su vez, ha de lanzarla de nuevo contra la pared y así sucesivamente hasta que se cometa falta. Si la falta es del equipo defensor (el que está contra la pared), solo se cuenta como media falta. Entonces se transporta simbólicamente (por ejemplo, con una rama) la línea de paso al sitio de la falta y el equipo atacante debe confirmar el punto. Evidentemente, lo malo para el equipo defensor es que con cada falta se va reduciendo su campo. El punto se ha de confirmar con una segunda falta de los defensores. Tras lo cual, los dos equipos cambian de campo. Tradicionalmente, los partidos de rebote empiezan a las 11 h, se interrumpen para el ángelus de mediodía y continúan después.

➤ **Pelota Mano:** éste es el juego de pelota por excelencia. Se juega en plaza al aire libre, con una pared a la izquierda, o en el trinquete, con equipos de dos jugadores. Cada equipo debe enviar la pelota dentro de los límites del área de juego y por encima de la línea trazada en el frontis. Las partidas se suelen jugar a 30 puntos, pero hay competiciones en las que los partidos se juegan a 50 puntos. En el saque, la pelota debe sobrepasar la línea trazada a unos 15 m de la pared. En algunos casos, con pared a la izquierda, las partidas pueden disputarse entre solo dos jugadores.

➤ *Joko garbi:* este nombre significa «juego limpio», porque los jugadores no pueden retener la pelota con la *xistera* que llevan en la mano. El guante se utiliza para lanzar la pelota al vuelo sin retenerla lo más mínimo *(atxiki).* Los partidos se juegan a 50 puntos. Las reglas son tan sencillas como las de los partidos a mano, pero la cancha de juego es mucho más larga. La línea de juego se encuentra a unos 25 m del frontis.

➤ *Xistera grande:* se juega en plaza al aire libre, entre dos equipos de tres jugadores cada uno (dos delanteros y un zaguero). Las reglas son las mismas que en la pelota mano. La línea de juego está a 30 m del frontis y los partidos se disputan a 50 puntos. La *xistera grande* ha sido desbancado últimamente por la cesta punta.

➤ **Pala:** se juega con unas paletas de unos 50 cm de largo, los equipos están formados por dos jugadores cada uno y se disputa en plaza al aire libre. La línea de juego está a 15 m del frontis y se juega a 50 puntos. La **pala corta** utiliza el mismo tipo de pala pero con pared a la izquierda, mientras que la **paleta de cuero,** a pesar de su nombre, es una pala de madera de tamaño más reducido. Se diferencia de la **paleta goma** por el tipo de pelota: una es de cuero, y la otra de caucho, maciza.

➤ **Remonte:** se juega entre equipos de dos jugadores con una *xistera* casi plana, de madera de rota trenzada, no de mimbre. La pelota se golpea exactamente igual que a mano, sin retenerla con la *xistera.* Los partidos se disputan, con pared a la izquierda, a 40 puntos.

➤ **Cesta punta:** se juega entre dos equipos de dos jugadores, en partidos a 35 puntos, con *xistera* grande. Las reglas son las mismas que en todas las demás modalidades con pared a la izquierda. Éste es el juego más especta-

cular porque requiere toda la potencia y esfuerzo físico de la *xistera* grande, pero en un espacio reducido donde el espectador puede verlo todo, y además reúne todas las variedades tácticas que permiten las tres paredes.
➤ *Xare:* se juega en trinquete por equipos de dos jugadores. La raqueta argentina es una raqueta con las cuerdas no tensadas. Cuando se recoge la pelota, queda en la red y se debe lanzar de nuevo. Esta modalidad es menos espectacular que el *joko garbi* y la pala, pero resulta muy vistosa. En el saque, la pelota ha de rebotar en la parte derecha del trinquete.

## Las reglas del juego

En plaza al aire libre no hay ninguna dimensión reglamentaria. Los frontones de los pueblos son diferentes unos de otros tanto por el tamaño como por los materiales o el revestimiento de las paredes. De modo que cada frontón tiene su propio carácter, y eso, lógicamente, beneficia a los jugadores del lugar. Lo mismo ocurre con los trinquetes.

Si bien las pelotas de cada tipo de juego tienen todas el mismo peso y diámetro, son completamente diferentes de las demás, y pueden ser más o menos «vivas». El equipo que lanza tiene derecho a escoger la pelota entre las del cesto que le presenta el árbitro. Así pues, el lanzador escogerá la pelota que se ajuste más a sus características para tener más posibilidades de ganar. Pero las pelotas se calientan durante el juego y pueden cambiar de comportamiento, por lo que es muy frecuente que durante un partido los jugadores que tienen que hacer el saque pidan una pelota nueva, la hagan botar durante un rato y la sopesen. Dilaciones que son también una manera de poner nervioso al adversario. El precio de las pelotas hechas a mano es aproximadamente de 50 €, pero hay ciertos artesanos que las venden a un precio alrededor de los 100 €.

Los equipos se diferencian por los colores, que son tradicionales. Así juegan blancos contra rojos (por el color de las camisas) o rojos contra azules (por el color de los cinturones).

En los juegos en los que se utiliza pala o *xistera* es obligatorio llevar casco. Hay que tener en cuenta que en la cesta punta la pelota sale de la *xistera* a 300 km/h, lo que le convierte en el juego de pelota más rápido del mundo.

El jai-alai más grande del mundo era el de Pekín. Como en la pelota vasca se apuesta mucho, y a los chinos les chifla apostar, la cesta punta se hizo muy popular en China. Y sin necesidad de conocer las reglas, porque en los tickets de las apuestas se ponen los caracteres chinos correspondientes a «rojo» y «azul». Los mejores jugadores de cesta punta se hacen profesionales en Estados Unidos, donde ganan enormes sumas en Miami, Orlando o Las Vegas. Pero en verano vuelven al País Vasco.

En los juegos con *xistera* grande, la pelota se recoge con el guante, y después se lanza tomando impulso. Por el contrario, en los juegos con *xistera* pequeña, la pelota se ha de golpear. El público y los árbitros observan escrupulosamente que la pelota no permanezca en el guante, ni siquiera una décima de segundo. Lo cual explica que se pierda un punto a pesar de que os parezca que el jugador no había cometido falta. El público lo sabe... por el oído. El sonido de la pelota es diferente, por lo que el público enterado puede seguir la puntuación de un partido sin mirar.

Si no sabéis euskera, os podréis librar de la fiebre de las apuestas. En un trinquete se ponen en juego miles de euros. Basta con una palabra o un gesto para que se formalice la apuesta y se pague al ganador sin necesidad de ningún papel. Eso explica la enorme animación que despiertan algunos partidos.

## ¿Cómo escoger un partido de pelota?

La mejor manera de iniciarse es presenciar un partido de cesta punta. Los puristas consideran que éste es un juego desnaturalizado, que hasta se transmite por televisión y gusta a los turistas. Es preferible en la parte de atrás de la cancha, porque es el lugar ideal para ver de cerca cómo se ganan y pierden los puntos. Los frontones de Pamplona, Vitoria, San Sebastián, Tolosa y Bilbao, donde se celebran importantes torneos, también son cita ineludible para quien quiera disfrutar de un buen partido. Un excelente modo de introducirse en el juego de pelota mano consiste en asistir a los partidos de los numerosos torneos y campeonatos que se disputan a lo largo de todo el año.

Para conseguir entrada hay que reservarla con antelación. Después de los partidos, reina un ambiente extraordinario en los restaurantes. A lo largo del verano se disputan partidos de pelota vasca en todas partes y sobre todo en las fiestas de los pueblos. El precio de las entradas es bastante reducido: de 3 a 6 € en los partidos en plaza libre, y hay mucho ambiente y comprenderéis por qué la pelota vasca es casi una religión.

En el País Vasco hay canchas de frontón en casi todos los pueblos, y los días de mercado se disputan partidos de pelota a mano con pared a la izquierda. Ni que decir tiene que algunas canchas son más populares que otras. Ante todo están las de Azpeitia y Tolosa en Gipuzkoa, y las de Gernika y Markina en Bizkaia. Entre los mejores jugadores figuran Goñi II, Elkoro, Atano, Beloki, Mugui, Errandonea, Arretxe y Retegui.

Si en un frontón llega un señor que os reclama el sitio que ocupáis, levantaos y buscad otro, porque los habituales ocupan siempre el mismo sitio y todo el mundo respeta su costumbre, y aunque ya lleveis sentados allí un buen rato eso no cuenta, porque ellos llegaron cincuenta años antes. Para más información:

➤ **Federación Alavesa de Pelota Vasca:** plaza Amadeo García de Salazar, s/n, 01007 Vitoria-Gasteiz. ☎ 945-13-05-72. 🖥 www.pilotaraba.com

➤ **Federación Vizcaína de Pelota Vasca:** Egaña, 18, 2º, 48010 Bilbao. ☎ 944-10-55-60. 🖥 www.bizkaiapilota.com

➤ **Federación Guipuzcoana de Pelota Vasca:** Anoeta pasealekua 5, KIROL ETXEA (oficina 58), 20014 Donostia-San Sebastián. ☎ 943.47.14.63 🖥 www.gipuzkoapilota.org

➤ **Federación Internacional de Pelota Vasca:** Bernardino Tirapu, 67 31014 Pamplona (Navarra). ☎ 948 164080 🖥 www.fipv.net

## Los deportes rurales vascos

Durante el verano, en muchos pueblos se celebran deportes rurales. Estos deportes se basan en competiciones tradicionales inspiradas en las actividades propias de las zonas rurales, desde cortar troncos hasta la siega, y combinan la fuerza y la habilidad. Como espectáculo, su organización se remonta a 1951, cuando el cura de Saint-Palais, en el País Vasco francés, organizó el primer festival de deportes rurales conocido, para mejorar las finanzas de su parroquia. El cura codificó las competiciones en las que antaño se enfrentaban los jóvenes de los caseríos y organizó un movimiento que difícilmente le pasará inadvertido al viajero. Y es que resulta todo un espectáculo ver cómo tiran de una cuerda hasta casi romperla ocho tiarrones de Saint-Martin-d'Arberroue, vencedores desde 1980 (más de una tonelada entre los ocho), por un extremo, y por el otro, otros ocho mozarrones de Ezpeleta (apenas más delgados pero más jóvenes) alentados por un millar de espectadores.

➤ *Sokatira* (tirar de la cuerda): es la prueba reina porque en ella compiten los pueblos, no los jugadores. Una cuerda con ocho hombres en cada extremo, que llevan los colores de su localidad, entrenados como luchadores de sumo, corpulentos, pesados, musculosos. Se trata de obligar al equipo contrario a traspasar la línea mediana. El juego, a pesar de las apariencias, es bastante sutil, porque se trata de resistir al equipo contrario y arrastrarlo a la vez, y para eso los ocho componentes de cada equipo han de coordinar bien el esfuerzo y saber aprovechar cualquier fallo del adversario para intentar arrastrarlo.

➤ *Aizkolari* (cortadores de troncos): el deporte preferido. Existen dos variantes: en una, los concursantes, colocados de frente, deben cortar con la mayor rapidez posible un tronco de roble, subidos encima de él. Para hacer avanzar el corte, van moviendo los pies mientras cortan el tronco con una cadencia impresionante. Así, el campeón de Euskadi, Jose Mari Olasagasti, es capaz de cortar 12 troncos de 60 pulgadas con 1 400 hachazos en menos de 35 minutos. La otra variante es aún más espectacular: el leñador debe hacer una entalladura en un tronco puesto de pie en la plaza. La entalladura se hace a 1 m del suelo, y en ella encaja un plancha de madera sobre la cual se sube para hacer una segunda entalladura. Así hace una especie de escalera: cuando está hecha la entalladura, se agacha, retira la plancha que tiene debajo, la vuelve a colocar y empieza de nuevo. Hacen falta de seis a ocho entalladuras para llegar hasta la cima del árbol, a más de 8 m del suelo. Entonces, con unos cuantos golpes precisos, corta la copa del árbol y baja por donde ha subido. Es francamente impresionante.

➤ *Zakulari* (acarreo de sacos): es una carrera de 120 m, en la que los concursantes van cargados con sacos de trigo de 75 kg. Otra variante consiste en dar dos veces la vuelta a la plaza con dos bidones de leche de 20 l en cada brazo. También se puede organizar la carrera haciendo correr a los concursantes de dos en dos, lo que da lugar a espectáculos de titanes.

➤ *Lasto altxari* (levantamiento de balas de paja): es el menos espectacular. Los concursantes deben levantar el máximo número de veces posible una bala de paja de 100 kg en menos de dos minutos a la altura de un primer piso, valiéndose de una garrucha.

➤ *Orga joko* (juego de la carreta): se trata de hacer girar sobre su eje, levantándola al mismo tiempo, una carreta de 350 kg. Un buen jugador le da como mínimo dos vueltas, y un campeón puede darle más de cinco.

➤ *Sega:* se trata de cortar el mayor número de kilos de hierba, utilizando guadañas, en un prado de una superficie determinada, durante un tiempo previamente establecido.

➤ *Trontza* (sierra): los concursantes, en equipos de dos, deben tronzar lo antes posible un madero de roble.

➤ *Idi probak:* varios bueyes compiten entre sí tirando de unas piedras de considerable tamaño, a las que se les ha amarrado con una cuerda, y que han de arrastrar a lo largo de una distancia determinada.

➤ **Pruebas de perro pastor:** en este caso los protagonistas son los perros dedicados a cuidar rebaños. La prueba consiste en que el pastor y el animal demuestren su compenetración, de manera que siguiendo las indicaciones del primero, el segundo consiga introducir un rebaño de ovejas en un redil circular a través de una pequeña entrada.

➤ A estas ocho pruebas básicas se añade el *harri jasotzea,* levantamiento de piedras, bastante parecido a la halterofilia, en el que unos muchachotes forzudos consiguen levantar piedras de 100, 200 y hasta 300 kg sobre los hombros. Es una competición en la que se enfrentan dos concursantes, *harri jasotzailes,* con piedras de un peso determinado, y gana el que levanta más veces la piedra. El campeón indiscutible de esta modalidad es Iñaki Perurena, que en 1999 alcanzó un récord histórico al levantar 1 000 veces seguidas una piedra de 100 kg en 5 horas, 4 minutos y 4 segundos. Récord homologado, en público, ante las cámaras de televisión, sin dopaje. De todas formas se está lejos de la halterofilia olímpica.

El éxito alcanzado por estas pruebas ha provocado su proliferación, pero conviene no confundir exhibición y competición. En muchos carteles se omite el número de pruebas y de concursantes. Por lo general, las competiciones suelen anunciarse, aunque no se trate de programas completos. Las exhibiciones son mucho más discretas en lo que respeta a los nombres y calidad de los participantes. A lo largo del verano, las fiestas de numerosos pueblos son un buen momento para disfrutar de estos deportes.

Desde hace algunos años las exhibiciones de deporte rural son parte significativa de los programas de fiestas populares de casi todos los pueblos y ciudades del País Vasco. Lo mejor es consultar los programas oficiales de fiestas o consultar en las diferentes federaciones de herri kirolak para elegir la exhibición que más os apetezca presenciar.

➤ **Federación Vizcaína de Juegos y Deportes Vascos**: Martín Barua Picaza, 27, 3º. 48003 Bilbao. ☎ 944-21-77-81. ▭ herrikirolak.biz
➤ **Federación Alavesa de Deporte Rural:** Cercas bajas, 5, bajo (Casa del Deporte), 01001 Vitoria-Gasteiz.

☎ 945-13-02-27.
▭ www.arabaherrikirolak.org
➤ **Federación Guipuzcoana de Juegos y Deportes Vascos:** paseo de Anoeta, 5, 20014 Donostia-San Sebastián. ☎ 94347-25-74.
▭ www.herrikirolakgipuzkoa.eu

## Las regatas de traineras

Este deporte, nacido de las tradiciones marineras, tiene muchos seguidores en el País Vasco, donde todos los pueblos de pescadores tienen uno o dos equipos. La trainera es una barca de pesca (antes eran de madera, y ahora, de fibra de vidrio) en la que caben trece remeros y un timonel. La trainera es la descendiente directa de las barcas de los balleneros que salían a arponear los cetáceos a principios del siglo XIX. Lo cual da una idea de la fuerza que deben tener los remeros para hacerla avanzar deprisa. Las regatas de traineras se celebran generalmente durante las fiestas de los pueblos y en ellas compiten varias tripulaciones. El recorrido es diferente en cada caso. Se trata de un itinerario de ida y vuelta con viraje alrededor de una boya, pero también hay carreras en línea a lo largo de la costa, y carreras que van de un puerto a otro. La temporada de competiciones de verano sirve para proclamar a las mejores tripulaciones, que se disputan la Bandera de la Concha en las regatas de traineras que se celebran en Donostia, en el mes de septiembre.

Si vais a ver una regata de traineras, llevad unos prismáticos y colocaos donde veáis gente, pues en esos lugares es desde donde se ve mucho mejor el espectáculo. Los lugareños los conocen y, además, podréis escuchar comentarios y explicaciones para saber de qué va la cosa, porque, por si no lo sabéis, la fuerza de los remeros no es el único criterio: también cuentan el viento, las corrientes y el silencio del mar. Las mejores tripulaciones son tradicionalmente las de Orio, Pasaia y Santurtzi.

## El golf

Ya hemos hablado de la anglofilia de muchos vascos y del clima húmedo. A eso se debe añadir los turistas de un cierto poder adquisitivo. Eso es todo lo que hacía falta para convertir el golf en un deporte vasco. Los primeros campos de golf se instalaron en Bilbao a principios del siglo XX. Este deporte fue un tanto elitista durante mucho tiempo, pero después, gracias a la (muy relativa) democratización de este deporte, los campos de golf se han multiplicado. En la actualidad hay unos cuarenta, casi todos en la costa, excepto los tres clubs emplazados cerca de Vitoria.

Los recorridos más antiguos, y más elegantes también, son el Royal Golf Club de Hondarribia y Neguri cerca de Bilbao.

## El surf

El surf llegó a Biarritz a mediados de los años 1950, cuando el cineasta estadounidense Peter Viertel, que estaba rodando una película, hizo que le enviaran su tabla porque las playas se prestaban para surfear. Al principio, este deporte lo practicaban solo unos cuantos turistas de familias acomodadas. Pero después, los lugareños se pusieron también a practicarlo y pronto destacaron porque contaban con la ventaja de conocer bien el mar y las playas, y así pudieron empezar a competir con las figuras estadounidenses.

Tanta es la relevancia que ha adquirido esta práctica en las costas vascas, que Sopelana y, sobre todo, Zarautz, han convertido su prueba internacional de surf en una de las citas anuales más importantes para los aficionados de todo el mundo. En vez de las pesadas planchas de las primeras épocas, ahora son más ligeras y pequeñas, y llevan dos o tres derivas, con lo que el surf se ha convertido en un deporte de múltiples facetas: *long board, short board, bodyboard,* etc.

Ahora, el surf ya no se limita a un espacio reducido como las playas de Biarritz, porque es un deporte que se ha generalizado a toda la costa vasca; desde Mundaka hasta Anglet hay todo un rosario de tiendas, fabricantes y talleres de reparación de planchas, escuelas y cursillos de iniciación. El surf ya tiene un próspero mercado, y el *surfwear* (la ropa deportiva que os dará pinta de californianos) también. La marca más conocida es *Quiksilver,* fabricada en San Juan de Luz por un grupo de avispados australianos.

## > DINERO, BANCOS

### Tarjetas de crédito

Como es habitual, las tarjetas de crédito se pueden utilizar en la práctica totalidad de ciudades y pueblos. Las entidades más comunes son Telebanco, ServiRed, BBVA, Kutxa, etc. Todas ellas admiten las tarjetas MasterCard y Visa.

➤ **MasterCard:** en caso de pérdida o robo de vuestra tarjeta, llamad inmediatamente al teléfono ☎ 900-97-12-31.

➤ **Visa:** si os roban o extraviáis la tarjeta, el problema se solucionará llamando al ☎ 900-99-11-24. Es recomendable que llevéis apuntado o recordéis el número de la misma porque, en estos casos, os lo solicitarán para cancelarla.

➤ **American Express:** por lo que respecta a esta tarjeta, el número a marcar en caso de extravío o robo es el ☎ 900-81-45-00.

### En caso de apuro

De hallaros ante una necesidad urgente de dinero en efectivo (por pérdida o robo de billetes, cheques de viaje o tarjetas de crédito), se puede salir del apuro en pocos minutos gracias al sistema **Western Union Money Transfer.** Si estáis en Euskadi podéis llamar al ☎ 900-633-633 (Fexco España), al ☎ 902-197-197 (Correos) o al ☎ 902-365-024 (Caja España de Inversiones).

## > DISCAPACITADOS

Nuestros lectores encontrarán señalados con el logo los establecimientos que cuentan con accesos o habitaciones adaptados para las personas discapacitadas. Los hay que están equipados con las instalaciones más modernas y otros, más sencillos y antiguos, que, aun sin cumplir las normas más recientes en la materia, facilitan el acceso y la instalación de las personas discapacitadas a las habitaciones o al restaurante. Como las discapacidades pueden ser muy diferentes, es evidente que las facilidades de acceso para unas personas no lo serán para otras. De modo que, antes de ir a un hotel o a un restaurante, conviene enterarse de si reúnen las condiciones adecuadas a vuestro nivel de movilidad.

A pesar de los esfuerzos realizados por numerosas asociaciones, la integración de los discapacitados a la vida diaria aún está en pañales. A todos nos corresponde hacer lo necesario para que cambie la situación, ya que esta ineludible toma de conciencia nos afecta a todos.

## > ECONOMÍA

El País Vasco ha visto cómo se desarrollaban potentes cooperativas obreras, una de las más conocidas es la de Fagor en Arrasate-Mondragón que la actual crisis ha puesto en grandes dificultades. Como un resurgimiento de la antigua tradición igualitaria de los pueblos, la mayoría de las cooperativas fueron creadas en los años 1950 por iniciativa de curas, como el padre Arizmendi en Mondragón. Pero lo que marca la actualidad económica del País Vasco es sobre todo la violenta crisis económica. Es cierto que es una comunidad bastante rica (el PIB de Euskadi es el más elevado de España) y que resiste mejor que otras regiones. Por ejemplo, su tasa de paro es claramente más baja. En 2012 había un 15,80 % de paro en Euskadi frente a casi un 26 % para el conjunto de España. Además, el País Vasco ha sido menos afectado que el resto del país por el hundimiento del sector de la construcción porque allí es la industria la que tira de la actividad económica. Aunque el País Vasco haya resistido mejor, eso no significa que no lo esté pasando mal. En los años 2000, el paro no pasaba del 4-5 % de la población activa y ahora numerosas empresas han tenido que recurrir a despidos parciales... a al trabajo en negro. Finalmente, aunque la comunidad autónoma ha podido negarse a aplicar las reformas liberales del sistema sanitario o de la educación promovidas por el gobierno conservador de Madrid, ha tenido, como en otras partes de España, que repercutir en los precios un fuerte aumento del IVA. Los precios han subido pero no los salarios ni las pensiones...

## > EMIGRACIÓN Y DIÁSPORA

Éste es un tema del que los vascos hablan poco, pero del que encontraréis testimonios en cualquier sitio. Cuando vayáis de paseo y veáis una espléndida casa al final de pueblo, es muy posible que ésa sea la del *amerikanoa* o *indianoa,* el vasco emigrado a América y que volvió al pueblo cargado de pasta. El mito aún sigue vivo. La emigración, con la ilusión de prosperar, desangró al País Vasco, y la imagen del indiano enriquecido es el árbol que oculta el bosque.

La abultada emigración vasca contemporánea empezó en los años veinte del siglo XIX, continuó creciendo hasta los cincuenta del mismo siglo y luego decayó para remontar a partir de 1875 y hasta la guerra civil española (1936-1939). Para hacerse una idea de la importancia de esa emigración, basta con recordar que en 1910 había 250 000 vascos residentes en Argentina, y que en la actualidad sus descendientes son más de un millón. Entre ellos figuran varios presidentes de Argentina entre 1900 y 1950 y algún dictador (el general Lanusse).

A este fenómeno se le han dado diversas explicaciones. En primer lugar, la imposibilidad para los segundones de establecerse, por lo que se veían obligados a emigrar (ved «La casa vasca»). A esto hay que añadir las profundas transformaciones en la estructura económica y social que provocaron las dos guerras carlistas y la consiguiente supresión de los fueros. Así se originó una intensa emigración de agricultores vascos perdedores, que no querían trabajar en las fábricas de los liberales vencedores, a América, principalmente Uruguay y Argentina, donde podían convertirse en propietarios de tierras. A lo cual hay que añadir que, a partir de 1876, una ley obligó a los jóvenes vascos a prestar el servicio militar obligatorio en las mismas condiciones que los demás españoles. Por último, hay quienes ven en el «alma vasca» una especie de atavismo que impulsa a marchar a tierras lejanas. A pesar de que todos esos factores desempeñen su papel, lo decisivo siempre ha sido la pobreza. La pérdida de tierras y la falta de oportunidades en el suelo natal obligaron a muchos vascos a emigrar para mejorar sus condiciones de vida.

A un trotamundos moderno no le cabe en la cabeza que un campesino de Gipuzkoa o de un rincón perdido en las montañas, pobre e iletrado, que solo hablaba vasco, pudiera abandonar su caserío para ir a San Francisco o Montevideo. Había que pasar por un intermediario, el cual adelantaba el dinero del viaje (exigiendo como garantía el salario que debía percibir el emigrante en el futuro o los bienes de la familia), organizaba la travesía en unos barcos sobrecargados (una tercera parte de los viajeros morían durante el viaje), se encargaba de instalarlo en el punto de llegada y le buscaba trabajo. Cuando el emigrante llegaba a la «Tierra prometida», ya estaba cargado de deudas. Muchos se iban a trabajar de pastores en las tierras altas de Nevada o de gaucho en la pampa argentina. La mortalidad era muy elevada. Durante veinte años, de 1900 a 1920, 430 000 vascos emigraron a Estados Unidos. La colonia vasca en Norteamérica se calcula actualmente en 100 000 personas, lo que quiere decir que hubo muchos que no se quedaron en aquellas tierras.

Tras la guerra civil española, la emigración a América aumentó con el exilio de muchos vascos, que encontraron en las asociaciones vascas allí existentes el marco para rehacer su vida. Después, se redujo el movimiento migratorio por el desarrollo económico de Europa y el agravamiento de los males endémicos de América latina (inflación y devaluaciones) que restaron atractivo a la emigración y provocaron la ruina de centenares de emigrados que habían regresado al país con sus ahorros.

Pero la diáspora y la conciencia de la propia identidad siguen presentes. Ya empezó en la época de la conquista y colonización de América, cuando los «vizcaínos» siguieron a Almagro en la conquista de Chile. Y después se consolidó tras la creación, en 1612, de la primera *euskal etxea* americana en el convento de San Francisco, en Lima (Perú), a la que muy pronto siguió otra en Ciudad de México y muchas más. A finales del siglo, esa reafirmación de la identidad de los vascos afincados en América se había extendido por todo el continente y en cada gran ciudad, y en cada país donde hubiera una colonia vasca, ésta siempre estaba organizada. En la actualidad, la diáspora se muestra activa, y en este sentido cabe mencionar la celebración en 1999, en Vitoria-Gasteiz, del «II Congreso mundial de colectividades vascas en el exterior», con el objeto de afirmar la identidad vasca al tiempo que se intenta fomentar que tales colectividades actúen como «embajadores de lujo» (Juan José Ibarretxe dixit) del País Vasco en los respectivos países donde están ubicadas.

También pervive el mito del emigrado que se hizo rico. El mito lo alimentan algunas grandes fortunas: entre los cincuenta argentinos más ricos, doce son de origen vasco. También los apellidos famosos, alguno siniestro, como el de Pinochet (cuya madre era vasca) que asesinó al vasco Allende; en cuanto a la poeta Gabriela Mistral, su nombre es Lucía Arcayaga. En Estados Unidos, Robert Laxalt, gobernador de Nevada y miembro de una de las familias más influyentes del estado, fue consejero privado del presidente Reagan. En la lista de dirigentes políticos de países como México, Venezuela o Uruguay abundan los apellidos vascos Aguirre, Echeverría, Ortiz, Iturri, descendientes de los emigrados que consiguieron triunfar.

En la mayoría de las ciudades americanas donde vive una colonia vasca organizada hay centros culturales vascos, se editan periódicos, se mantienen a grupos folclóricos y frontones. Así se explica la introducción de la cesta punta en Estados Unidos o que los mayores *jai alai* del mundo se encuentren en Miami, Orlando y Tijuana. La figura del pastor vasco en el Oeste norteamericano, que pasó de cuidar unas cuantas ovejas en el caserío a pastorear miles de cabezas de ganado en las tierras áridas de este territorio, dio lugar a la creación del Centro de Estudios Vascos en la Universidad de Reno (Nevada).

## > EXCURSIONES POR EL PAÍS VASCO

Existe una red de senderos GR (gran recorrido), aunque a veces la señalización no es muy de fiar y apenas hay mapas o están agotados.

Hay numerosos senderos de pequeño recorrido (PR), lo mismo que innumerables pequeñas rutas por todo el país. A juzgar por los mapas y los folletos editados, da la impresión de que la red española de senderos es densa y está bien conservada, pero cuando se está sobre el terreno, se ve que las señalización a veces es incompleta, y algunas marcas son incoherentes o contradictorias. Los senderos no se incluyen en los mapas a escala 1/50 000 del Instituto Geográfico y no hay prácticamente mapas de ningún itinerario. El único camino que está correctamente cartografiado y señalizado es el camino de Santiago.

Citamos a continuación algunos libros que podrán seros de gran utilidad:
➤ *Rincones singulares de Araba, Rincones singulares de Bizkaia, Rincones singulares de Gipuzkoa, Rincones singulares de Iparralde,* de Santiago Yániz (Sua Edizioak, Bilbao, 1995 y 1996. Cada uno de estos libros incluye la descripción de varias rutas seleccionadas, acompañadas de una breve historia del lugar, infografía del recorrido y una guía práctica de cómo llegar (ocio, arte, etc.).
➤ *La montaña vasca,* de Miguel Angulo (Elkarlanean, Donostia, 1999). Nada menos que cuatrocientos itinerarios por los siete territorios históricos que

conforman Euskalherria están recogidos por este autor, gran conocedor de estas tierras. Cuidada presentación y buenas fotografías, rutas con datos prácticos y trazados del itinerario. Un libro práctico para consultar antes de salir de excursión, pues su tamaño y peso lo hacen poco aconsejable para cargarlo en la mochila. Por lo general, las obras de Miguel Angulo son muy útiles para conocer la montaña vasca.

➤ **Mapas: IGN serie azul a escala 1/25 000** (mucha precisión, muy legibles).

### Direcciones y consejos

➤ **Librería Graphos:** calle Mayor 1, Donostia. ☎ 943-42-63-77. Encontraréis prácticamente todos los libros y mapas publicados sobre la montaña vasca.

➤ **Federación Vasca de Montañismo:** paseo de Anoeta 24, 20014 Donostia-San Sebastián. ☎ 94347-42-79. ✉ emf.donosti@mendikoweb.com 🖳 www.mendikoweb.com

➤ **Consejos:** llevad un calzado apropiado (nada de bambas ni zapatillas de tenis), os resultará muy útil una brújula, salid siempre acompañados y empezad la excursión lo más temprano posible (para hacer la mayor parte antes de que apriete el calor y disfrutar del fresco de la mañana), no bebáis agua de los arroyos (que puede haber contaminado algún rebaño aguas arriba), llevad agua (lógica consecuencia del punto anterior) y provisiones ligeras y nutritivas, no hagáis fuego en la medida de lo posible, llevad una bolsa de plástico para guardar los desperdicios (en caso contrario, enterradlos en un hoyo profundo), dejad bien cerradas las barreras...

### Carreteras

Las carreteras están muy bien conservadas en casi todas partes y, por lo general, la red es bastante buena. De todas formas, debéis tener en cuenta que los días de lluvia se ha de conducir con mucha prudencia, incluso en las autopistas, porque el drenaje del agua es insuficiente y se corre el riesgo de derrape. En la medida de lo posible, evitad las autopistas porque cobran unos peajes exagerados. Las autovías pueden ser una alternativa ya que son gratuitas. Atención a la Ertzainza, (la policía vasca) porque los fines de semana se dedica a la caza de los conductores ebrios. Si os paran y lleváis alguna copa de más, os habréis ganado una buena porque imponen unas multas de aquí te espero.

### Señalización de tráfico

Según vayáis recorriendo carreteras os percataréis de que, en apariencia, no hay uniformidad a la hora de emplear el castellano, el euskera o ambos para denominar pueblos y ciudades en los indicadores. Vamos a intentar aclararlo.

En Euskadi la toponimia oficial es en euskera, excepto en los casos en que el nombre castellano y el vasco no se parecen en nada (como Donostia-San Sebastián, Orreaga-Roncesvalles, etc.), caso en que se recurre al bilingüismo. Como decimos, esto es lo oficial. No obstante, cada vez es más común encontrar carteles indicadores bilingües de los nombres de los pueblos y ciudades.

En esta guía hemos optado por respetar el orden de los indicadores tal como se encuentran en la carretera. En principio, la cosa funciona, salvo en casos excepcionales. Hay uno en Behovia que es una verdadera trampa, porque en ese importante nudo de comunicaciones, el más frecuentado, es fácil confundir Irun, el nombre de la ciudad fronteriza, con Iruña (que es Pamplona). Pero en Behovia solo se indica ese nombre porque allí se aplica la regla del nombre únicamente en euskera. De modo que es cuestión de tenerlo en cuenta. Así de sencillo.

## 🏃 LOS FAVORITOS DEL TROTAMUNDOS

➤ Descubrir el bello paraje natural de Donostia-San Sebastián y, por supuesto, la propia ciudad, con su seductora arquitectura Belle Époque y lo mejor de la gastronomía vasca.

➤ Iniciarse en una tradición invernal: desde finales de enero hasta abril, en las sidrerías que hay en los alrededores de Donostia-San Sebastián se prueba la sidra del año.

➤ Impregnarse del ambiente marítimo en las pintorescas localidades portuarias de la costa vasca, como Getaria, Lekeitio, Ondarroa y Bermeo.

➤ Tomar una gran bocanada de naturaleza en la Reserva de la Biosfera de Urdaibai: excursiones a pie, paseos y observación de aves.

➤ Atravesar el bello hayedo de la sierra de Aralar y llegar hasta el puerto de Lizarrusti para recorrer alguno de los senderos que parten de la Casa del Parque.

➤ Acodarse en la barra o sentarse a la mesa en uno de los numerosos bares de pintxos repartidos por toda la geografía del País Vasco y disfrutar de la comida y del ambiente.

➤ Finalmente, admirar, tanto por fuera como por dentro, el magnífico Museo Guggenheim de Bilbao.

## > FACERÍAS

Con este nombre se designa los acuerdos en la Edad Media alcanzados entre los valles pirenaicos a uno y otro lado de la frontera hispanofrancesa. Durante el verano, los pastos de montaña eran frecuentados por los rebaños de los valles, y las facerías reglamentaban estrictamente la relación entre los vecinos y lo que había que hacer y no hacer con los animales. Con este sistema se impedía que los vecinos de Baigorri se quedaran con las vacas de Elizondo o que las mulas de Roncal terminaran en Montory.

Cada año, al principio del verano, los caseríos se reunían para celebrar una gran fiesta en la que se prorrogaban los acuerdos, no sin que se produjeran interminables discusiones sobre tal o cual punto en concreto, y sobre las disputas y razzias de ganado. Pero un año tras otro, los acuerdos se siguen respetando. Por ejemplo, todos los veranos se organiza una gran fiesta en Roncal con los pastores de Baretous.

## > FIESTAS Y MANIFESTACIONES

En primer lugar están la **fiestas nacionales,** como la del 12 de octubre. Además, hay que contar con los **días festivos** que se celebran en casi todos los países, como la fiesta del Trabajo y el día de Año Nuevo, y los que corresponden a festividades católicas, como el 25 de diciembre y el 15 de agosto. Sobre esa sólida base, que todos conocéis, se sustentan las grandes **festividades religiosas,** en especial la de Semana Santa y las fiestas de Navidad, que duran hasta el día de Reyes. El calendario festivo se completa con algunas **fiestas laicas,** como el día de la Constitución, que se celebra el 6 de diciembre.

A continuación, vienen las **fiestas de los santos patrones** de cada localidad. Por ejemplo, en Irun se celebra con festejos el día de San Marcial, lo mismo que San Ignacio lo es de Gipuzkoa (cuya festividad se celebra el 31 de julio) y San Prudencio lo es de Araba, aparte de otras festividades como la de la Virgen Blanca en Vitoria.

Todo eso sin contar con todas las **fiestas marianas** (en septiembre y diciembre) y todas las romerías y peregrinaciones a un montón de santuarios, amén (nunca mejor dicho) de otras festividades de menor importancia. El cuadro de la celebración es siempre el mismo: los bares se llenan a reventar, la música suena a tope en toda la localidad, la gente canta y baila, hay encierros, parte del pueblo asiste con fervor a las ceremonias religiosas mientras que otra parte considerable ni se acerca a las mismas, y nadie se acuerda de que existan las oficinas, las tiendas ni las fábricas. Ése es el momento en las grandes ciudades del País Vasco en que se celebran las mejores corridas de toros, como las de la Semana Grande de Bilbao.

Al final resulta que hay un montón de días de fiesta. Para calcular el total en el País Vasco, basta multiplicar 6 días de fiesta por el número de aglomeraciones importantes, añadiendo los cinco días de Semana Santa por el número total de pueblos, y sumando de 2 a 3 días de fiesta en centenares de localidades secundarias.

Todo ello sin olvidar los **carnavales,** algunos tan animados como los de Lantz, Zalduondo y Altsasu/Alsasua, que atraen a miles de personas. Para que el carnaval no paralice a todo el país, las ciudades se ponen de acuerdo para escalonar los días de fiesta, con lo que hay carnavales a lo largo de más de un mes. Por último, añadir las «ocasiones festivas», como la de santa Águeda, durante las cuales se va cantando de casa en casa, pero sin que la jornada sea considerada día festivo.

Estas celebraciones provocan grandes atolladeros, sobre todo con motivo de las fiestas de Donostia-San Sebastián hacia el 20 de enero.

¿Son las fiestas una respuesta a las dificultades que plantea la vida, al paro o a la presión económica y social? Eso es lo que piensan una serie de eminentes y sesudos sociólogos, pero lo que no tienen en cuenta es que las fiestas han existido siempre, también cuando la vida no resultaba tan difícil como ahora. Por nuestra parte, creemos que la fiesta está vinculada al funcionamiento social de los vascos porque en ella se combinan íntimamente los retos (encierros, partidos de pelota, deportes rurales, concursos de perros de pastor) y los momentos de comunión grupal, como un vestigio de los tiempos en que los dueños de las casas se reunían para hablar de sus conflictos y solventarlos.

Por su parte, las autoridades eclesiásticas se quejan a veces de los excesos paganos en las festividades religiosas. Pero lo cierto es que no hay fiesta en la que no intervenga el cura, ya sea para oficiar la misa, bendecir todo lo bendecible y más (el gentío, los barcos, los toros, las cosechas), organizar las procesiones y, a veces, hasta para jugar un partido de pelota. La dificultad para el viajero es que resulta muy difícil saber dónde acudir, y cuándo. Porque es de idiotas aburrirse en un sitio perdido cuando hay fiesta en otro.

El calendario que os reseñamos a continuación incluye las principales fiestas que no hay que perderse, teniendo en cuenta que las fiestas patronales son días festivos en las ciudades y pueblos donde se celebran. Pero es necesario que comprobéis las fechas *in situ,* porque hay muchas fiestas que, si caen a mediados de semana, se trasladan al fin de semana. Por otra parte, las fiestas de importancia secundaria aparecen reseñadas en la parte dedicada a los pueblos donde se celebran.

### Enero

1 enero: **Año Nuevo.**

6 enero: **Epifanía.**

17 enero: **fiestas del txakoli** (Getaria).

20 de enero: **fiestas de San Sebastián,** en Donostia-San Sebastián.

Última semana de enero: **feria de san Blas,** en Laudio/Llodio.

Último domingo, lunes y martes de enero: **carnavales** de Ituren y Zubieta.

### Febrero

A lo largo del mes se celebran los carnavales que no hay que perderse por nada: Zalduondo, Altsasu/Alsasua, Lantz, Tolosa, Markina-Xemein.

2 febrero: romería de San Nicolás, en Bilbao.

4 febrero: fiestas de santa Águeda. En muchas localidades, grandes y pequeñas, hay grupos de hombres, mujeres y niños que van a cantar delante de las casas de la gente para recoger alimentos con los que se prepara una merienda.

### Marzo

19 marzo: **fiesta de San José.** Día festivo en el País Vasco.

### Abril

1er domingo de abril: **fiestas de los Pastores,** en Ordizia.

Semana Santa, con celebraciones especialmente en Balmaseda y Hondarribia.

27-28 abril: fiestas de San Prudencio, en toda Araba, principalmente en Vitoria-Gasteiz.

### Mayo

1 mayo: fiesta del Trabajo.
Fiesta de la virgen de Estíbaliz, en Vitoria-Gasteiz.

2º domingo de mayo: día del Gaitero, en Laguardia.

Último domingo de mayo: fiesta del Mar, en Getaria.

### Junio

3er domingo de junio: fiesta del Corpus Christi, en Oñati.

24 de junio: fiesta de San Juan, en numerosas localidades, principalmente en Salvatierra/Agurain, Tolosa y Bermeo.

24 de junio: romería de San Juan de Gaztelugatxe.

Del 24 al 29 de junio: fiestas de San Juan y San Pedro en Laguardia.

29 de junio: peregrinación en barco desde Bermeo hasta la isla de Ízaro.

29 de junio: fiestas de la Kaxarranka, en Lekeitio.

30 de junio: alarde de San Marcial, en Irun.

### Julio

2 de julio: romería de la Antigua, en Zumarraga, *ezpatadantza.*

16 de julio: procesión marítima, en Bilbao.

22 de julio: fiesta marinera, en Bermeo.

25 de julio: Santiago, patrón de España. Fiesta del ajo, en Vitoria.
Fiesta de la Kutxa, en Hondarribia.

26 de julio: fiesta de la Sidra, en Astigarraga; fiestas de santa Ana, en Ordizia.

31 de julio: fiesta de San Ignacio. Festivo en Gipuzkoa. Procesión en el santuario de Loyola. Numerosas fiestas en honor del patrón de Gipuzkoa.

## Agosto

4 de agosto: festividad de la Virgen Blanca, en Vitoria-Gasteiz.
1er sábado de agosto: gran mercado agrícola, en Gernika.
Semana del 15 de agosto: Semana Grande de Donostia-San Sebastián.
15 de agosto: Asunción de la Virgen. Numerosas romerías a los monumentos dedicados a la Virgen.
Sábado siguiente al 15 de agosto: Semana Grande de Bilbao.
15 de agosto: fiesta de San Roque, en Llodio.

## Septiembre

9 de septiembre: Euskal jaiak (fiestas vascas), en Zarautz y Ordizia.
Del 1 al 8 de septiembre: fiestas de San Antolín, en Lekeitio.
7-11 de septiembre: fiestas de la Virgen, en todo el País Vasco, principalmente en Ochagavia, Arantzazu, Estíbaliz, Bermeo.
    Alarde, en Hondarribia.
8 de septiembre: fiesta del pescador, en Bermeo.
Mediados de septiembre: fiesta de la Vendimia, en Labastida.
29 de septiembre: fiestas patronales de San Miguel, en Oñati.

## Octubre

12 de octubre: Virgen del Pilar, fiesta nacional española.
13 de octubre: fiestas de San Fausto, en Durango.
Finales de octubre: fiesta del bacalao, en Gernika.

## Noviembre

1 de noviembre: fiesta de Todos los Santos.
11 de noviembre: fiestas de San Martín, en Ataun.
Mediados de noviembre: fiesta de la Virgen del Campo, en Lanciego.

## Diciembre

1ª semana de diciembre: festival del Libro Vasco, en Durango.
6 de diciembre: día de la Constitución.
8 de diciembre: Inmaculada Concepción.
Del 16 al 25 de diciembre: fiestas de las Marijeses y día del Caracol, en Gernika.
24 de diciembre: fiesta de los Pastores, en Labastida.
24 de diciembre: **fiesta del Olentzero.** Esta tradición de origen navarro se basa en la leyenda del carbonero que llegó a los valles para anunciar el nacimiento del Niño Jesús, y durante la fiesta se forman en las calles de cada localidad grupos de cantores y músicos que dan escolta a un carbonero.
25 de diciembre: **Navidad.**
31 de diciembre: celebración del **rito del agua** en Bidasoa.

## Particularidades festivas

### El alarde

Desfile marcial cuyo origen se remonta a los tiempos en que Gipuzkoa tenía una especie de milicia popular. Esas milicias, que se crearon para asegurar la defensa de las poblaciones fronterizas en momentos de peligro, desempeñaron un papel destacado en las guerras carlistas y durante la guerra de Independencia contra las tropas napoleónicas. Las milicias adoptaron la costumbre de desfilar cada año con uniforme de gala, realizando una descarga de fusil cuando lo ordenaba su comandante. Aunque ya no hay ninguna milicia, los descendientes de aquellos soldados improvisados siguen manteniendo viva la tradición.

Los participantes en el alarde cuidan con el mayor esmero sus vistosos uniformes y ensayan el desfile a lo largo de todo el año, para que el día señalado se realice con la máxima brillantez. Porque la gente se lo toma muy en serio, y el festejo hay que organizarlo a fondo. Tan a fondo que también en algunos lugares las mujeres exigen desde hace algunos años su derecho a desfilar de uniforme en nombre de la igualdad de sexos. Y cuando los hombres se niegan rotundamente a que desfilen con ellos, ellas desfilan el mismo día con otro recorrido en plan desafiante, en cuyo caso la cosa puede terminar de malos modos si a los milicianos se les ocurre llamar a la policía para evacuar manu militari a estas mujeres.

### La tamborrada

Desfile con tambores siguiendo un repertorio histórico. Parece sencillo, pero contando con que suele haber cerca de 10 000 participantes, como en Donostia-San Sebastián, la cosa resulta bastante impresionante, aparte del ruido que organizan. El origen de la tamborrada parece remontarse a la derrota de las tropas napoleónicas. Cuando éstas abandonaron las ciudades del País Vasco, intentaron hacerlo de forma disciplinada con banda de música y tambores. Pero la población les siguió en son de burla, improvisando una parodia de marcha militar con lo primero que tenían a mano, sobre todo pequeños barriles. La costumbre se mantuvo año tras año, y cada vez fue cobrando mayor envergadura.

En Donostia-San Sebastián y en Azpeitia los participantes desfilan con uniformes de militares napoleónicos y de cocineros. La tamborrada se ensaya durante todo el año, y la gente que la prepara se organiza por barrios o por asociaciones. La tamborrada es siempre un motivo de jolgorio. Incluso se organizan tamborradas infantiles y los niños se lo pasan en grande, porque pueden armar un ruido de mil demonios sin que nadie les reprenda.

### Las romerías

Aunque unas romerías son más importantes que otras, todas se parecen. Desde las más modestas, en las que los vecinos de un pueblo van en peregrinación a una ermita en la montaña, hasta las más grandiosas (por ejemplo, Arantzazu), en las que se congregan romeros a millares.

A nosotros nos gustan mucho las de los pueblos y ver cómo los romeros se reúnen para merendar. Es muy frecuente ver en las cercanías de la ermita barbacoas de cemento para que la gente pueda asar unas chuletas y comerlas después de la misa. Entre trago y trago de tinto, la gente canta al son de un acordeón, y siempre hay alguien que organiza un partido de bolos. Ya hace siglos que eso dura. Si os mezcláis con los romeros, lo pasaréis bien.

## > FIGURAS CÉLEBRES

Para figuras, las que menciona Pío Baroja en un conocido pasaje: «Yo no sabría definir de un modo sintético el carácter de los vascongados. Sí sé que casi todos tienen un fondo guerrero, que hablan poco, que peroran poco, que son serenos, pensativos y silenciosos. Tienen estos montañeses un santo que representa la voluntad de la raza: San Ignacio; un militar que representa su instinto guerrero: Zumalacárregui; un marino que representa el heroísmo: Churruca; un político que representa la prudencia y la diplomacia: Legazpi; un hombre que da la vuelta al mundo: Elcano». Pero hubo, y hay más.

## Marinos y conquistadores

Los pescadores vascos ya estuvieron en Norteamérica mucho antes de que se descubriera el Nuevo Mundo (tal como lo demuestra Portaux-Basques, el más antiguo yacimiento arqueológico canadiense), aunque la historia no haya conservado el nombre de ninguno de ellos. El primer gran marino vasco fue Juan Sebastián Elcano (1487-1526), nacido en Getaria, que fue lugarteniente de la expedición de Magallanes, y, tras la muerte de éste, asumió el mando de la flota, siendo el primer navegante que dio la vuelta al mundo a principios del siglo XVI. En la conquista española de América participaron numerosos vascos, algunos tan famosos como Aguirre (1515-1561), que organizó una expedición para conquistar Eldorado, en la que se inspiró la película *Aguirre o la cólera de Dios,* dirigida por Werner Herzog e interpretada por Klaus Kinsky. También era vasco Zabala, conquistador de Uruguay y fundador de Montevideo en 1726.

En la Armada de Castilla sirvieron muchos marinos vascos. Y cuando Felipe II organizó la Armada Invencible contra Inglaterra, la puso bajo el mando del almirante Oquendo (1577-1640). En 1799, en la batalla de Trafalgar, Churruca (1761-1805), nacido en Mutriku, fue quien se enfrentó a la flota británica hasta que fue alcanzado por un disparo de cañón, lo que provocó la desbandada de la flota franco-española.

## Clérigos y misioneros

El primer santo jesuita fue un vasco. Ignacio de Loyola (1491-1556), que decidió abrazar la vida religiosa tras sufrir una herida en el asedio de la ciudad de Pamplona, fue el fundador de la Compañía de Jesús.

Entre los jesuitas siempre ha habido numerosos vascos, entre ellos el padre Arrupe (1907-11991), que fue misionero en Japón y llegó a ser prepósito general de la Compañía de Jesús.

## Escritores, artistas y creadores

Para ceñirnos únicamente a los últimos cien años, entre los **escritores vascos** ocupan lugares destacados Miguel de Unamuno (18641936), Ramiro de Maeztu (1875-1936) y el novelista Pío Baroja (1872-1956), cuyo sobrino Julio Caro Baroja (1914-1995) es una figura destacada en el campo de la antropología. Y grandes poetas como Blas de Otero (1916-1979) y Gabriel Celaya (1911-1991). En la literatura contemporánea destaca Bernardo Atxaga, premio nacional de Literatura, premio de la Crítica y premio Euzkadi, y (con tanto premio) una de las figuras más sobresalientes de la narrativa actual, autor de *Obabakoak* y de *El hombre solo.* También destacó en su momento la obra de la escritora donostiarra Lucía Etxebarría, premio Planeta 2004.

En el campo de la **escultura** sobresale la figura del «padre fundador» Jorge Oteiza (1908-2003), autor de una obra poderosa que desde los años 1920 fue evolucionando hacia la abstracción en sus últimas obras. Y, sobre todo la de Eduardo Chillida (1924-2002), uno de los escultores con más proyección en todo el mundo, que ha dejado en su ciudad natal, Donostia-San Sebastián, la famosa escultura *El peine de los vientos.* Otro representante ilustre de la escultura vasca es Agustín Ibarrola, entre cuyas obras destaca *el bosque animado de Oma,* cerca de las cuevas de Santimañine.

En cuanto a la **pintura** vasca, dos grandes figuras, Ignacio de Zuloaga (1870-1945) y Aureliano Arteta (1879-1940), este último autor de una vigorosa pintura de inspiración proletaria, aunque poco conocida. También cabe mencionar a los hermanos Arrúe, especialmente Ramiro (1892-1971), que han sabido adaptar la técnica cubista para reproducir hasta el infinito paisajes intensamente verdes y escenas de danzas populares.

La **música** vasca, que tanto arraigo popular tiene, cuenta con magníficos compositores, como Guridi (1886-1961) y Usandizaga (18871915), autores de obras tan inspiradas como «El caserío» y «Las golondrinas»; todo ello sin contar con la obra, de corte clásico, de Arriaga (1806-1826), el «Mozart vasco», muerto en plena juventud. En cuanto a los compositores actuales, Carmelo Bernaola (1929-2002) es una figura destacada. Por otra parte, el arraigo popular de la música se manifiesta en la vitalidad del canto coral y en el nivel alcanzado por agrupaciones polifónicas como el Orfeón Donostiarra. Y hablando de popularidad, el cantante de Irun, Luis Mariano (1914-1970), se convirtió en la década de 1950 en un famoso intérprete de operetas y en el protagonista, en compañía de Carmen Sevilla, de películas musicales como *Andalucía mía* y *Violetas imperiales*.

Por último, en el **panorama cinematográfico** abundan los nombres vascos, con una larga lista de directores y productores como Pedro Olea, Eloy de la Iglesia, Imanol Uribe, Julio Medem, Montxo Armendáriz, Álex de la Iglesia y Elías Querejeta, además de que Donostia-San Sebastián cuenta con un festival de cine que goza de gran prestigio internacional.

## Políticos y militares

Entre los militares destaca sobre todo Tomás Zumalacárregui (1788-1835), general de las tropas carlistas muerto en el sitio de Bilbao. Zumalacárregui, que tenía mucho arrojo y una gran habilidad estratégica, reorganizó el ejército carlista para darle movilidad y practicar la guerra de guerrillas. Su muerte supuso la pérdida de la iniciativa del bando carlista en la guerra. En las guerras carlistas se distinguieron muchos militares vascos que lucharon en uno y otro bando; así, en el ejército cristino, a cuyo mando estuvo el navarro Espoz y Mina (1781-1836) en algunas campañas, hubo también jefes vascos como Jáuregui y Oraa.

En el terreno de la política, la figura señera es Sabino Arana (18651903), creador en 1894 del Partido Nacionalista Vasco (PNV), cuyo dirigente José Antonio Aguirre (1904-1960) el primer presidente del gobierno autonómico vasco cuando se proclamó la autonomía durante la II República, cargo que continuó ejerciendo en el exilio. En la guerra de independencia de la América española destaca la figura del político de origen vasco Simón Bolívar (1783-1830). Pero no solo ha habido hombres en la política vasca, también ha habido mujeres como Dolores Ibarrurri (1895-1989), La Pasionaria, de origen vasco, que se convirtió en símbolo de la República y la lucha contra el fascismo.

## También...

Ha habido, y hay destacados deportistas. Uno de los más famosos es Abraham Olano, campeón mundial de ciclismo. El mundo del boxeo cuenta con el mítico Paulino Uzkudun, y la figura de trágica fama, Miguel Urtain. En el mundo del fútbol son innumerables los nombres de figuras que han dado sobre todo los clubes del Atlethic de Bilbao y la Real Sociedad de San Sebastián. En el capítulo de los deportes rurales (de los que ya hemos hablado) destacan Iñaki Perurena y Mikel Saralegi, hombres capaces de levantar 100 toneladas en cinco horas. Y ya en un ámbito tan diferente como el económico, desde financieros como Cabarrús (1752-1810), ministro de Finanzas de Carlos IV, hasta figuras destacadas de la industria y la banca como los Sota, Goicoechea, Aznar, Toledo, entre otros.

## > FUEROS

Es la palabra clave o casi. Los fueros se acordaban entre los habitantes de una ciudad, un pueblo o un valle y el rey. Eran documentos muy detallados en los que todo estaba previsto y se especificaban las libertades de que disfrutaban los habitantes y que el rey se comprometía a respetar. En los fueros se concretaban los impuestos, la autorización para celebrar ferias y mercados, y las obligaciones militares. Los fueros de cada lugar se inscribían en el contexto más genérico del fuero general. El primero fue el de Navarra, y después le siguieron los de Vizcaya, Guipúzcoa y Álava. En todos ellos se detallaban los respectivos derechos y obligaciones del rey y sus súbditos. Cuando se procedía a coronar un rey, éste estaba obligado a jurar el cumplimiento del fuero general, visitar todos los lugares del reino y en cada ciudad o valle jurar el fuero particular vigente. Éste era un asunto muy importante para sus habitantes. Hasta el punto de que los fueros continuaron aplicándose cuando los reyes de Castilla conquistaron las provincias vascas y Navarra.

Navarra aún sigue denominándose «comunidad foral» en la actualidad, y en las facultades de derecho se estudia derecho foral. En cuanto a las tres provincias vascas, están regidas por Diputaciones forales. Evidentemente, las exenciones fiscales han cambiado con el tiempo, lo mismo que las obligaciones militares. Pero aún queda algo de la mentalidad foral en las jóvenes generaciones, de modo que quienes, por ejemplo, defendieron la insumisión, a menudo la justificaron recurriendo a los fueros medievales. Asimismo, en los valles de montaña, la utilización de la tierra se rige aún por los fueros. Por lo general, se considera que la fecha de otorgamiento del fuero coincide con la creación de la ciudad.

Los fueros tuvieron gran importancia en la Edad Media. Pero, en el siglo XVIII, un pensador económico y gran señor llamado Joaquín de Munibe extendió la idea, en Vizcaya y Guipúzcoa de que no se podía construir una economía moderna sobre la base foral, e influenciado por la filosofía de la Ilustración, afirmó que los fueros eran la causa de la desigualdad social.

Pero los fueros también preservaban las libertades. De ahí que surgiera la idea de una economía liberal (no es ninguna coincidencia que los primeros que la defendieran fueran los capitalistas de Vizcaya de aquel entonces), desgajada de los fueros, aunque éstos seguirían garantizando las libertades individuales. El principio liberal fue el que inspiró la Constitución de Cádiz de 1812. Pero cuando Fernando VII recuperó el poder, abolió la Constitución e impuso el régimen absolutista. Tras su muerte en 1833, la proclamación de su hija Isabel como reina contra las pretensiones del infante Don Carlos, provocó que los partidarios de éste en las provincias vascas y Navarra se alzaran en armas. Y, en respuesta, el gobierno de la reina Isabel II derogó los fueros.

### > AVISO

**La *guía del Trotamundos* defiende valores como los derechos del hombre, la solidaridad entre los pueblos, la biodiversidad cultural y la protección del medio ambiente.**

Durante la primera guerra carlista, Muñagorri propuso un programa de reconciliación llamado Paz y Fueros, y en 1839 se restauraron los fueros. Pero entonces empezó un lento proceso de recortes del sistema foral como lo demuestra, por ejemplo, la instalación de una aduana unificada en 1841.

Con el tiempo se crearon las instituciones nacionales y los fueros fueron sustituidos por un nuevo sistema legislativo. Pero se produjeron numerosas convulsiones. Cada retroceso de los fueros era contestado con disturbios y hasta con guerras. El tema, muy moderno, sigue estando de actualidad porque plantea el problema de los poderes respectivos del Estado y los ciudadanos, y el de la proximidad de los centros de decisión. Los foralistas argumentan que los fueros estaban adaptados a la situación concreta de cada lugar y que quienes los negociaban y aceptaban eran pequeños grupos de ciudadanos que se conocían bien entre sí. Pero los antiforalistas afirman que ninguna sociedad moderna puede hacerse cargo de los particularismos si no quiere verse abocada al desgobierno. El debate, que se inició hace varios siglos, continúa todavía abierto, con el planteamiento de tesis soberanistas.

## > HISTORIA

La historia del País Vasco cuenta con elementos comunes aglutinados fundamentalmente en torno a las nociones de lengua y cultura, lo que explica la formulación de la divisa *Zazpiak Bat,* que se podría traducir por «los siete son uno», según el cual las tres provincias del País Vasco español (Araba, Bizkaia y Gipuzkoa), Navarra y los tres territorios franceses (Basse-Navarre, Labourd y Soule) pertenecientes al departamento de Pyrénées-Atlantiques están indisolublemente unidas. Esa unidad cultural y lingüística, forjada desde los tiempos antiguos, se ha mantenido a lo largo de los siglos a pesar de que los avatares de la historia, los trazados de fronteras y las diferencias en la organización política y administrativa de España y Francia las hayan constituido como entidades territoriales con características específicas cada una de ellas.

### Fechas importantes

**Paleolítico:** los yacimientos del paleolítico superior (Santimañine, Ekain) demuestran la presencia humana en el País Vasco, principalmente en la costa.

**Neolítico:** los vestigios de este periodo son perceptibles sobre todo en las regiones cársticas de Álava (dólmenes). El País Vasco estaba poblado por una civilización de pastores que practicaban la trashumancia.

**Siglo III a.C.:** a mediados de siglo se distinguen dos grupos humanos: los vascones, firmemente establecidos en la zona pirenaica, que son el grupo más importante, y los várdulos, emparentados con ellos, situados ya en Guipúzcoa.

**202 a.C.:** ocupación romana de España. Construcción de la vía romana de Burdeos a Astorga.

**484 d.C.:** el reino de los visigodos se extiende por toda España. Comienzo de la cristianización del País Vasco.

**Siglos VI-VII:** Leovigildo organiza una expedición militar para someter a los vascones (581), a la que seguirán, en diferentes periodos, las de Viterico, Suintila y Recesvinto.

**711:** desembarco de los árabes en Tarifa; el rey don Rodrigo se ve obligado a levantar el sitio de Pamplona para dirigirse a detener a los invasores.

**732:** batalla de Poitiers, en la que Carlos Martel detiene el avance de los musulmanes y los obliga a replegarse al sur de los Pirineos.

**778:** batalla de Roncesvalles, en la que los vascones infligen una grave derrota al ejército de Carlomagno.

**Hacia 900:** primeros indicios de la peregrinación a Santiago de Compostela.

**1000-1035:** reinado de Sancho III, durante el cual Navarra alcanzó la hegemonía entre los reinos hispanocristianos. Sancho es proclamado «rey de todas las Españas».

**1174:** Navarra pierde Vizcaya, que pasa a formar parte de Castilla.

**1199:** Castilla conquista Álava y Guipúzcoa.

**1212:** Sancho el Fuerte derrota a los musulmanes en la batalla de las Navas de Tolosa, tras aliarse con el rey de Castilla.

**1250:** se inicia una política de repoblamiento y construcción de plazas fuertes. Navarros y castellanos se observan.

**1348:** la peste negra causa estragos en la población.

**1468:** matrimonio de Fernando de Aragón e Isabel de Castilla. Unión de los dos reinos anteriormente rivales.

**1492:** caída del reino de Granada el 2 de enero. Descubrimiento de América por Cristóbal Colón. Expulsión de los judíos «para salvaguardar la unidad religiosa de España» (unos 200 000 judíos marcharon al norte de África, Italia y territorios del Imperio otomano).

**1511:** Fernando el Católico se sirve del precedente de Juan II para invadir Navarra y anexionarla a la Corona de Aragón (con excepción de las Merindades de Ultrapuertos, que constituyen la baja Navarra y pasarán a Francia).

**1516-1556:** reinado de Carlos I de España y V de Alemania. Creación de un inmenso imperio en Europa y América.

**1639:** la milicia popular de Hondarribia obliga al ejército de Condé a levantar el sitio de la ciudad.

**1659:** tratado de paz entre España y Francia.

**1700:** durante la crisis sucesoria abierta por la muerte sin descendencia de Carlos II, el virreinato de Navarra se declara partidario del duque de Anjou, a quien en 1701 reconoce como Felipe V de España.

**1713:** tratado de Utrecht e instauración en España de la dinastía de los Borbones con Felipe V.

**1808:** Napoleón pone en el trono español a su hermano «Pepe Botella» y decreta la incorporación de Guipúzcoa al departamento francés de Pyrénées-Atlantiques. Madrid, ocupada por las tropas francesas, se subleva. Inicio de la guerra de Independencia.

**1814:** tras la derrota francesa en la batalla de Vitoria, las tropas napoleónicas pasan la frontera y Fernando VII recupera el trono español.

**1820:** en abril, y como respuesta al pronunciamiento de Riego y el restablecimiento de la Constitución de 1812, estalla en Navarra el primer alzamiento por «religión y fueros».

**1833:** muerte de Fernando VII y comienzo del reinado de su hija Isabel II. El infante Don Carlos reclama el trono invocando la ley sálica. Empieza la primera guerra carlista.

**1839:** el convenio de Vergara pone fin a la primera guerra carlista.

**1853:** el matrimonio de Napoleón III con Eugenia de Montijo pone de moda las playas de Biarritz. La reina Isabel II y la corte española veranean en San Sebastián y Zarautz.

**1868:** revolución de septiembre y abdicación de Isabel II.

**1872-1876:** Segunda guerra carlista.

**1876:** las Cortes españolas aprueban una ley por la que se derogan los fueros del País Vasco y Navarra.

**1894:** Sabino Arana funda el Partido Nacionalista Vasco y diseña la ikurriña.

**1902-1931:** reinado de Alfonso XIII, marcado por el crecimiento económico en el País Vasco y Cataluña, y el régimen dictatorial (entre 1923 y 1930) del general Primo de Rivera. Las playas donostiarras y las vascofrancesas están de moda.

**1931:** las elecciones municipales dan la victoria en las grandes ciudades a la izquierda, que reclama la república. Abdicación del rey y proclamación de la II República.

**1935:** constitución del Frente Popular, formado por los partidos de izquierda, pero sin participación de los anarquistas.

**Febrero de 1936:** victoria del Frente Popular en las elecciones legislativas.

**Julio de 1936:** el general Franco, al frente del ejército de Marruecos, cruza el Estrecho. Comienzo de la guerra civil.

**Septiembre de 1936:** los requetés navarros ocupan Irun y cortan cualquier posible retirada a los republicanos.

**Octubre de 1936:** primer estatuto de autonomía vasco. El PNV accede al poder en Bilbao. José Antonio Aguirre se convierte en el primer presidente vasco de la historia.

**1937:** bombardeo de Durango y Gernika. Caída de Bilbao en poder de los requetés el 19 de junio de 1937. El gobierno vasco se refugia en Bayona.

**1939:** El 1 de abril Franco entra en Madrid. Fin de la guerra.

**1959:** un grupo de disidentes del PNV crea ETA (Euskadi Ta Askatasuna «País vasco y libertad»); tres años después, ETA celebra su primera asamblea.

**1969:** Franco designa como sucesor al príncipe Juan Carlos, nieto de Alfonso XIII.

**1970:** proceso de Burgos, en el que seis militantes de ETA, acusados del asesinato de un comisario de policía, son condenados a muerte. La opinión pública se conmociona.

**1973:** «operación Ogro». El almirante Carrero Blanco, brazo derecho de Franco, muere en un atentado de ETA.

**1975:** muerte de Franco el 20 de noviembre. El 22 de noviembre, Juan Carlos se convierte en rey de España. El euskera, el catalán y el gallego son reconocidos como lenguas oficiales de España.

**1978:** entra en vigor la nueva Constitución del Estado español «social y democrático». Amnistía de los presos políticos. En el referéndum sobre la Constitución, en el País Vasco se abstiene más del 50 % de la población.

**1979:** entrada en vigor de los estatutos de autonomía del País Vasco, Cataluña y Galicia.

**1980:** constitución del primer Parlamento vasco y elección del lehendakari Carlos Garaikoetxea.

**1982:** victoria del PSOE en las elecciones legislativas; Felipe González es nombrado presidente del gobierno. Acciones de los GAL en territorio francés con asesinatos de refugiados etarras.

**1984:** graves disensiones entre el gobierno autónomo vasco y los foralistas. Garaikoetxea dimite y le sustituye Ardanza.

**1986:** entrada de España en el Mercado común; elecciones legislativas. El PSOE conserva la mayoría absoluta. Felipe González continúa como presidente. En el País Vasco, gobierno de coalición entre el PNV y el Partido Socialista de Euskadi (PSE-PSOE).

**1989:** en enero, ETA declara una tregua unilateral. Negociaciones en Argel, que se rompen el 4 de abril.

**1996:** derrota socialista después de trece años en el poder, frente a José María Aznar del Partido Popular. El nuevo presidente del gobierno, que no cuenta con mayoría absoluta, negocia el apoyo de los nacionalistas vascos y catalanes.

**1997:** ETA asesina en julio a un concejal de la localidad vizcaína de Érmua. Dos millones de personas se manifiestan en toda España y el País Vasco contra el asesinato. La reacción popular da lugar al nacimiento del «espíritu de Érmua».

**1998:** el 12 de septiembre, el PNV, EA, EH y diversos grupos nacionalistas vascos firman la declaración de Lizarra (Estella). El 18 de septiembre ETA declara una tregua unilateral e indefinida. El 25 de octubre se celebran elecciones autonómicas en el País Vasco, de las que sale una mayoría nacionalista; Juan José Ibarretxe es nombrado lehendakari.

**1999:** elecciones municipales y forales en el País Vasco, sin que se produzcan variaciones significativas. Traslado de 105 presos etarras, 27 de ellos al País Vasco. En noviembre, ETA anuncia el fin de la tregua.

**2000:** el asesinato de un concejal del Partido Popular en el Ayuntamiento de Durango provocó una crisis entre el PNV y EH, y se planteó la disolución del pacto de Lizarra (Estella). Otros atentados con víctimas mortales acabaron con la esperanza que muchos habían albergado con la tregua.

**2001:** las elecciones anticipadas consagraron a la vez el rechazo a la violencia (Batasuna, escaparate político de ETA, perdió el 10 % de los votos) y la implantación del nacionalismo, ya que la suma de sus dos corrientes (la moderada del PNV y la radical de Batasuna) se acercó al 60 % de los votos.

**2002:** el lehendakari Ibarretxe reclamó el apoyo de Europa para que se celebrara un referéndum de autodeterminación que permitiera al País Vasco ser «estado asociado a España».

**2003:** la «marea negra» ocasionada por el naufragio, en noviembre de 2002, del petrolero Prestige en las costas de Galicia alcanzó las playas vascas durante el verano de 2003.

**2004:** persiste la tensión entre las fuerzas nacionalistas vascas, Madrid y París. El lehendakari insiste en la necesidad de sacar adelante su proyecto de autodeterminación, conocido como «Plan Ibarretxe».

**2005:** en abril los vascos desautorizan a Ibarretxe en las elecciones autonómicas, dando el mismo número de escaños a los partidos nacionalistas y no nacionalistas, lo que lleva al abandono del «plan Ibarretxe». En mayo, el Parlamento español, con la opoosición del Partido Popular, autoriza a Zapatero a iniciar conversaciones de paz con ETA a condición de que ésta deponga las armas.

**2006:** en marzo, ETA anuncia un «alto el fuego permanente». El 30 de diciembre ETA atenta de nuevo en la T4 del aeropuerto de Barajas y el diálogo se rompe de nuevo. El puente Vizcaya es declarado Patrimonio Mundial de la Unesco.

**2008:** el 9 de marzo el PSOE gana las elecciones legislativas y Zapatero es designado de nuevo presidente del Gobierno.

**2009:** tras las elecciones autonómicas, el PP y el PSOE forman coalición y Patxi López es nombrado nuevo lehendakari.

**2011:** el 20 de octubre ETA anuncia el fin de su lucha armada que incluye el desarme en su agenda. El Partido Popular de Mariano Rajoy arrasa en las elecciones generales del 20 de noviembre y, a finales de diciembre, pone en marcha un nuevo plan de austeridad (subida de impuestos, recortes en el gasto público,  etc.).

**2012:** en las elecciones autonómicas, los nacionalistas (PNV y la izquierda abertzale) consiguen 49 escaños de 75. Íñigo Urkullu, del PNV, es designado lehendakari.

## Los tiempos antiguos

Estrabón, geógrafo griego del siglo I a.C. habla de los vascones y de su modo de vida rústico. Ésa es una de las pocas menciones que se tiene de un país sobre cuyos orígenes se sabe muy poco. Así, las huellas del paleolítico superior son bastante escasas, aunque las cuevas de Santimamiñe, en Vizcaya, encierran hermosas pinturas rupestres, que se pueden relacionar con las de Altamira, en Cantabria. La revolución neolítica no dejó muchos vestigios, pero hay numerosos megalitos que demuestran la ocupación de las zonas montañosas y, algunos, basándose en que la palabra *aritz* (piedra en euskera) aparece en muchos lugares, han deducido, quizá de un modo precipitado, que se trataba de vascos que hablaban su propio idioma. Por los indicios existentes, cabe deducir que hace entre 2 000 y 4 000 años existía una población de cazadores-ganaderos-recolectores diseminados a uno y otro lado de los Pirineos. Según cálculos realizados por los arqueólogos, la población del territorio que hoy ocupan el País Vasco español, Navarra y el País Vasco francés sería de unas 9 000 personas. Se cree que formaban grupos que practicaban una cierta trashumancia. Cuando los pueblos celtas invadieron Europa en la Edad del Hierro, los primeros ocupantes del territorio se vieron obligados a replegarse hacia las montañas. Los arqueólogos mantienen diversas opiniones sobre esas épocas oscuras. Según algunos, los vascos estarían emparentados con los pictos, pueblo celta poco conocido. Para otros, los vascos serían descendientes de los íberos. Pero ninguna de esas teorías se sustenta en pruebas sólidas, hay pocos textos pictos y pocas inscripciones ibéricas. En cuanto a los yacimientos arqueológicos, no proporcionan mucha información sobre esta época, salvo en algún caso concreto como en el del yacimiento de la Hoya, en Álava

Los lingüistas admiten la existencia de una lengua «autóctona» extendida por todo el Pirineo y gran parte del valle del Ebro, que sería el antecedente directo del euskera. Precisamente, en el mismo lugar donde nació el castellano, San Millán de la Cogolla, se encuentran documentos escritos en vascuence.

Por otra parte, los romanos, y entre ellos Julio César, escribieron mucho acerca de esta región. Pero a pesar de que todos los autores de la época describen con pelos y señales cómo funcionaba su sociedad, ninguno menciona la existencia de una lengua extraña, por lo que cabe suponer que conocerían dicha lengua o, al menos, que les resultaría familiar.

## De los romanos a los visigodos

Cuando llegaron los romanos, allí había no solo pueblos celtas; Pompeyo, antes de fundar Pamplona, se las tuvo que ver con los cántabros. Estrabón menciona a los bardietas, y Ptolomeo a los várdulos. Pero los romanos, lo mismo que los celtas, solo ocuparon la franja costera, los valles y algunos pasos montañosos. Es de suponer que el núcleo de los primeros habitantes vivía en las montañas.

La ocupación romana se prolongó seis siglos y cambió la faz del país, a juzgar por los numerosos vestigios que dejó (Veleia, Andelos y Oiasso), y aunque haya emplazamientos como en Pamplona donde nunca se han hecho excavaciones, el origen romano de la ciudad es incuestionable. Hay villas, termas y sobre todo calzadas, aparte de una importante ruta marítima de cabotaje, la via maris, que unía los puertos de la fachada atlántica, desde el de Castro Urdiales hasta el puerto comercial de Oiasso (Irun).

La gran vía romana de Burdeos a Astorga, que conectaba esta ciudad con la «ruta de la plata», que ascendía desde el sur peninsular, cruzaba el País Vasco y fue, durante siglos, la gran vía de paso de los Pirineos occidentales. Además, había una serie de rutas NorteSur, que garantizaban la articulación del territorio como, por ejemplo, la que llegaba hasta Castro Urdiales pasando por enclaves tan destacables como Las Ermitas (Espejo, Álava), o la que llevaba de Irun a Pamplona. Los romanos explotaron la riqueza mineral del territorio y, como han puesto de manifiesto las excavaciones arqueológicas, el hierro vasco fue el mineral utilizado por los fundidores romanos instalados en Burdeos. Los romanos también introdujeron la viña y el olivo. Parece, por tanto, que la época romana fue un periodo de paz y prosperidad. De paz porque, gracias a un texto del siglo II sobre las guarniciones militares del Imperio, solo había estacionada una cohorte (500 hombres) en Vitoria, lo que es bastante poco para todo aquel territorio; la guarnición más cercana era la de Bayona (también con 500 hombres). En ese mismo texto se menciona la existencia de cohortes vasconas incorporadas al ejército romano, estacionadas en Inglaterra.

El cristianismo se difundió lentamente en el País Vasco, y su difusión estuvo relacionada con dos fenómenos, uno militar, la invasión de los godos, y otro filosófico, la difusión del arrianismo, una herejía que rechazaba el misterio de la Trinidad. Aquella época fue muy importante, ya que en ella vivieron los santos Saturnino, Prudencio, Fermín, Emeterio y Celedonio, es decir, fue la época en que se originaron todas las grandes fiestas patronales que alegran el verano vasco.

En el siglo IV, los vándalos se instalaron en España, y poco después lo hicieron los alanos y los suevos. Todos ellos eran arrianos y, por tanto, una parte de España se hizo arriana (hay quien dice que los restos de Santiago pertenecen en realidad, a un obispo arriano). El emperador Teodosio, cristiano de pura cepa, no se contentó con prohibir el paganismo, sino que se empeñó, además, en acabar con el arrianismo, para lo cual tuvo la ocurrencia de destruir todos sus santuarios, estatuas y demás obras de arte. Por si eso no bastara, decidió hacer limpieza a fondo, y se alió con los visigodos, que eran arrianos, y les encargó que liquidaran a los vándalos.

Hay innumerables anécdotas de aquel tiempo, relatadas por Prudencio (poeta nacido en Calahorra y futuro San Prudencio), como la de los hermanos Emeterio y Celedonio que, por negarse a abjurar, fueron martirizados y después beatificados.

Los visigodos, que ocuparon la mitad meridional de Francia y la mayor parte de España, establecieron su primera capital en Toulouse. Según los cronistas de la época, aquel fue un periodo de prosperidad cuando se promulgó el código de Alarico que mezclaba las leyes romanas y las costumbres germánicas y se impuso en todas partes.

A principios del siglo VI, la presión de los francos desalojó a los visigodos de Toulouse y la capitalidad del reino visigodo se trasladó a Toledo; después, Leovigildo, que intentaba asegurar el dominio del territorio, derrotó a los vascones y fundó Vitoria. Al mismo tiempo, su hijo Hermenegildo se convirtió al cristianismo, y poco después, lo hizo todo el reino visigodo.

El País Vasco de aquella época era una especie de tierra de nadie donde, según los cronistas (como Fregedario o Gregorio de Tours), las relaciones que los vascones mantenían con los francos y los visigodos eran inestables. Y es que, al parecer, existían dos tipos de sociedad vascona; la ubicada en los llanos y los valles, que se relacionaba más o menos con los francos y los visigodos, y la replegada en las montañas y los bosques, que descendía a las llanuras para saquear las ciudades francas y visigodas. Lo cierto es que, por aquella misma época, tanto al norte como al sur de los Pirineos, se difundió el modelo familiar vasco, consistente en la transmisión íntegra de la heredad familiar al primogénito (ya fuera hombre o mujer) y en la imposición a los segundos de fundar su propia casa en otra parte. En esa misma época, los vascos consiguieron ampliar su territorio a pesar de sus poderosos vecinos. Cabe destacar, asimismo, un hecho de capital importancia, y es que ningún cronista habla de la existencia de un jefe vasco, a pesar de que los textos están llenos de nombres de duques, condes y señores. Lo cual constituye una prueba de que entre ellos existía una organización igualitaria desde muy antiguo.

## La Edad Media

El desembarco en 711 de los musulmanes en Tarifa es un acontecimiento clave en la evolución histórica posterior de toda la península Ibérica. Tras la batalla del Guadalete, en la que murió el rey godo Don Rodrigo, los invasores progresaron rápidamente y, en menos de diez años, llegaron a los Pirineos. Pero los musulmanes nunca consiguieron alcanzar la costa cantábrica, poblada por astures, cántabros y vascos, y protegida por la cordillera Cantábrica. En el valle del Ebro, los musulmanes conquistaron Zaragoza y Tudela, pero Jaca y el alto Aragón se resistieron. Pamplona fue saqueada varias veces, pero nunca quedó en poder de los musulmanes. Éstos, en realidad, únicamente pretendían controlar los valles, y, así, se estableció una especie de colaboración mitigada. En la llanura dominaba la gran familia de los Beni Casi, unos romanos (Casius) islamizados, que practicó una política de alianzas con las primeras grandes familias vascas. La hija del primer «rey de Pamplona» que mencionan las crónicas se casó con el emir Musa ibn Musa, de la familia de los Banu Qasi.

Se seguía utilizando la vía romana de Burdeos a Astorga. Fue la que siguieron los árabes para invadir la Aquitania franca, y por ella pasó también Carlomagno en su fracasada expedición a Zaragoza. En su retirada arrasó Pamplona y los vascones le esperaron en Roncesvalles para que se enterara de lo que vale un peine por muy emperador que fuera.

La pretensión de Carlomagno de unir la cristiandad en una nueva versión del Imperio romano no consiguió neutralizar a los grandes señores de las marcas del Imperio carolingio, quienes resistieron tanto a los francos como a los musulmanes. Carlomagno, que se había aprendido la lección de Roncesvalles, maniobró para ganarse la confianza de los vascones, y según cuentan las crónicas, mandó a su hijo, el futuro Ludovico Pío, que se vistiera como los vascones «con una capa corta y amplia, las mangas de la camisa abiertas, un pantalón ancho, las espuelas fijadas a las botas y con una lanza en la mano». Pero a pesar de todo, no consiguió que los vascones le acompañaran a guerrear contra los musulmanes.

De todos modos, Ludovico Pío rey de Aquitania y Vasconia se fue a la guerra contra los moros y conquistó Pamplona. Pero como ya sabía cómo las gastaban aquellos vascones, hizo todo lo posible por mantener buenas relaciones, y les confió el control de la región. Ese control sobre el territorio llegó a ser tan intenso que a principios del siglo IX aparece un primer rey de Pamplona, llamado Íñigo Arista, que consiguió liberarse de la tutela carolingia y, concertó alianzas matrimoniales con los musulmanes. Lo cual no quita para que fuera un rey católico y permitiera la fundación de los primeros monasterios, sobre todo en los puertos montañosos. No es que su «reino» fuera muy extenso, pero controlaba los pasos pirenaicos. Los comienzos de la peregrinación a Compostela a través de Guipúzcoa anunciaban el inicio de una fase de desarrollo económico y de consolidación de los lazos políticos con los demás señores feudales de la región. Así empezó a gestarse el reino de Navarra, que en pocos años se convertiría en el eje de la Reconquista cristiana de la península Ibérica.

Pero las alianzas no impidieron las guerras, y los musulmanes saquearon Pamplona varias veces e incluso llegaron hasta el Adour. A finales del siglo IX, se produjo un cambio de alianzas y, quizá debido a la presión de los monasterios, los señores feudales escogieron como enemigos a los musulmanes. Había sonado la hora de la Reconquista, en la que se comprometieron los Arista y los Mitarra. Los dos linajes concertaron numerosos y fructíferos matrimonios y sus descendientes libraron batallas contra los musulmanes que quedaron ampliamente reseñadas en las crónicas árabes. Cuando a principios del siglo XI murió sin descendencia el último Mitarra, le sucedió su pariente Sancho III el Mayor, como rey de Navarra y recuperó las tierras del norte. La extensión del reino llegó entonces a ser excepcional: al norte de los Pirineos abarcaba toda la Aquitania hasta Arcachon, por el este comprendía el alto Aragón (con capital en Jaca), Sobrarbe y Ribagorza, al oeste Vizcaya, y al sur La Rioja. Lo único que los musulmanes conservaban en territorio navarro era Tudela.

Así se comprende que a Sancho III le llamaran «el Mayor» y le otorgaran el título de «rey de todas las Españas». Evidentemente, se trataba únicamente de la España cristiana, cuya extensión era bastante reducida, frente a los territorios musulmanes. Pero el peso político de Sancho y sus descendientes sobrepasaba con mucho lo exiguo de su territorio. Por eso eran invitados a la coronación de los reyes de Francia y concertaban alianzas matrimoniales con los grandes señores del norte. Para fortalecer su reino, Sancho III creó gobernadores, entre ellos los señores de Labourd, Vizcaya y Guipúzcoa. Los poderes de las abadías fueron reforzados concediéndoles nuevos dominios, y el obispo de Pamplona era siempre escogido entre los monjes de Leire.

Pero la política de alianzas matrimoniales y la concepción patrimonialista de la monarquía llevó a la desmembración del primer Estado cristiano importante de la Península tras la muerte de Sancho III. Gracias al reparto que hizo Sancho de sus dominios, uno de sus hijos, Fernando, se convirtió en rey de Castilla, León y Asturias. Precisamente, para que ese reparto no fuera perjudicial, Sancho el Mayor organizó el trazado del camino de Santiago para que sirviera de vía de comunicación e intercambio comercial a las villas que legaría a sus hijos como centros del territorio que articulaban su gran reino. El camino, por lo tanto, debía pasar por Pamplona y por el reino que dejaba a su primogénito García y que se extendía desde la bahía de Santander hasta los montes de Oca, el Ebro y las tierras jacetanas. Igualmente debía unir Jaca, donde reinaba su hijo natural Ramiro I de Aragón, con el centro del reino de Pamplona. Y el camino debía también pasar por Burgos, donde residía la corte de su hijo Fernando, conde de Castilla.

El nieto de Sancho III el Mayor, Alfonso VI (hijo de Fernando), sacó partido de la situación para apoderarse de La Rioja, Vizcaya, Álava y Guipúzcoa e incorporarlas a la corona de Castilla. Tras lo cual, mandó asesinar a Sancho IV, y uno de sus sobrinos, Sancho Ramiro, se convirtió en rey de Navarra y Aragón. Aunque muchas veces se presenta la Reconquista como una gran epopeya en la que se produjo la unión sagrada de todos los príncipes cristianos españoles, lo cierto es que no fue así del todo. Aclarado lo cual, hay que reconocer que Alfonso VI fue el primero que puso toda la carne en el asador en la lucha contra los musulmanes. El rey Alfonso se las tuvo que ver con Rodrigo Díaz de Vivar, más conocido como el Cid Campeador, que no acababa de fiarse de su rey, por lo que, antes de jurarle fidelidad, le exigió que jurara a su vez que no había tenido nada que ver en el asesinato de su hermano. Exigencia que Alfonso VI cumplió en Santa Gadea. Tras el juramento, el Cid se marchó a guerrear en nombre de su rey, gozando de la libertad de acción de un señor feudal al frente de sus mesnadas. Las glorias y azañas de don Rodrigo Díaz de Vivar fueron narradas en el *Cantar de Mio Cid*.

Pero, volviendo a la historia del País Vasco, lo cierto es que durante tres siglos estuvo íntimamente unida a los avatares de la Reconquista y de la política de las familias reinantes. Las tres ramas descendientes de los hijos de Sancho III el Mayor reinaban en Navarra, Castilla y Aragón. Periódicamente, siempre había uno u otro rey que partía en una cruzada contra los musulmanes. Y periódicamente también, siempre había algún hijo o sobrino que aprovechaba la ocasión para hacerse con algo más de territorio. Evidentemente, los señores feudales se aliaban con quien les pudiera reportar mayores beneficios. Así se consolidaron las grandes familias que se incorporarían a la historia de España: los Mendoza, los Guevara, los Ayala, los Haro, los Rada, todas ellas originarias del valle del Ebro y las tierras vecinas. Los reyes, para asegurarse la fidelidad de las ciudades, les concedían fueros, basándose en el principio de que si sus habitantes se enriquecían, los tendrían de su lado. Y, claro, la conquista de cada ciudad iba acompañada de la confirmación de sus fueros e incluso de su mejora por otro rey.

Uno de los descendientes de Sancho III el Mayor, Alfonso el Batallador, consiguió recuperar Guipúzcoa y Vizcaya y conquistar Tudela, y reunió bajo su cetro Navarra y Aragón. Muerto sin descendencia, le sucedió un bastardo, Sancho el Sabio, quien, a pesar de las dificultades que tuvo que afrontar al inicio de su reinado a causa de su origen (el Papa se negó a reconocerlo como rey), supo aplicar una política que le valió el nombre de Sabio. Este rey impulsó la creación de ciudades y plazas fuertes, promovió los monasterios, apoyó la peregrinación a Santiago de Compostela y casó a su hija Berenguela con Ricardo Corazón de León.

El hijo de Sancho el Sabio, Sancho el Fuerte, además de fuerte era muy alto, como lo demuestra su sepulcro en Roncesvalles, hecho para un hombre robusto, de más de 2 m de altura. Pero su hazaña más gloriosa fue ganar la batalla de las Navas de Tolosa contra los musulmanes en 1212 y volver a Navarra con las cadenas que rodeaban la tienda del emir y la esmeralda que adornaba su turbante. Símbolos que apartir de entonces pasaron a formar parte del blasón de Navarra.

Mientras Sancho estaba distraído guerreando en Andalucía, los castellanos le arrebataron Vizcaya, Álava y Guipúzcoa. Según la explicación dada por los cronistas, la cosa ocurrió del modo siguiente: el rey de Navarra había dejado de respetar los fueros, y los vascos pidieron ayuda a los castellanos para restaurarlos. Las grandes familias de los Haro, los Guevara y los Rada, que apoyaron a Alfonso VIII de Castilla, fueron recompensadas con largueza por el rey. Fernando III, hijo de Alfonso VIII, desmembró los monasterios y repartió sus tierras entre los grandes señores. A pesar de ello, y por una de esas ironías de la historia, ese mismo Fernando pasó a la posteridad con el sobrenombre de Fernando III el Santo. Aquel acto de desamortización explica la escasez de grandes monasterios en las provincias vascas.

La situación existente en el siglo XIII consolidó la división del territorio vasconavarro entre Navarra, como reino independiente hasta su anexión parcial a Castilla en 1515, y las tres provincias vascongadas (Álava, Vizcaya y Guipúzcoa), como parte integrante de la corona de Castilla desde el reinado de Alfonso VIII.

Con ello se veía realizado el proyecto de la Corona de Castilla de tener una salida al mar, que ya venía de lejos. Avilés vio confirmado su fuero en 1156 en una fecha cercana a la fundación de la ciudad transeática de Lübeck, y contemporánea a la apertura del canal de Zwin, y a finales del siglo XII las villas santanderinas tenían listas sus flotas y los principales puertos gallegos eran un hervidero de actividad.

Alfonso VIII unió a las fundaciones costeras de Castro Urdiales (1163) y Santander (1187), la conquista de Vitoria y el sometimiento de toda Guipúzcoa a partir del año 1200. Poco después, en 1205, se autoproclamó señor de Gascuña. El rey castellano se había adueñado de la primera villa costera de los vascos como era San Sebastián (1180), aunque no pudo dominar Bayona, Burdeos ni La Rochelle. La conquista de la costa y el establecimiento de fronteras terrestres con la Gascuña abrió las aspiraciones comerciales y marítimas de Castilla. Como sostén de las mismas, el rey concedió fueros a Hondarribia, Mutriku, Getaria, San Vicente de la Barquera, Laredo y Santillana del Mar. Pronto el hierro y la lana se convertirían en el cargamento exclusivo enviado hacia Francia y Flandes.

Una vez asegurados los puertos de la costa, los sucesores de Alfonso VIII trazaron los caminos que unirían la meseta con el mar. Alfonso X el Sabio fundó en 1256 las villas de Salvatierra, Segura, Ordizia y Tolosa, que se rigieron por el mismo fuero que Vitoria. La fundación de esas ciudades consolidó la ruta de comunicación por la que salían los productos laneros de la Mesta castellana, organizados en la Hermandad de las Marismas de 1296. Una vez afianzada la ruta guipuzcoana, se trataba de organizar otra ruta por Vizcaya, que, en este caso, tenía su base en Burgos. Así, aparte del puerto de Bermeo, el más antiguo de todos, que data de 1236, surgieron los de Plencia en 1299, Bilbao en 1300, Portugalete en 1322 y Ondarroa en 1327.

Poco a poco, los guipuzcoanos y los vizcaínos se especializaron en los transportes y coparon el comercio internacional. Se hicieron con los registros del transporte de vino en Burdeos, de la sal de Setúbal y centralizaron el transporte de los productos ingleses. Para ello contaban con una numerosa flota mercante, alimentada por la construcción naval de los astilleros de Deba, Mutriku, Orio, Pasaia, Donostia-San Sebastián, lo mismo que Lekeitio y Bilbao. Según el portulano de Grazioso Benincasa de Ancona, realizado en 1467, San Sebastián, Mutriku, Bermeo, Castro Urdiales, Santander y Avilés eran puertos internacionales con derecho a carga y descarga de mercancías extranjeras. El mismo portulano menciona como puertos secundarios los de Hondarribia, Pasaia, Getaria, Deba, Lekeitio, Portugalete, Laredo, Santoña, Galizano, San Vicente de la Barquera, etc. Mientras las provincias vascas se integraban en la corona de Castilla, tras la muerte de Sancho el Fuerte (en 1234) se entronizó en Navarra la dinastía de Champagne. Con el advenimiento de los«reyes franceses», Navarra quedó desligada de la Reconquista que, a partir de entonces, corrió a cargo exclusivamente de Castilla y Aragón, hasta la conquista de Granada en 1492.

## Dos reinos

Así, sobre la renovada red urbana existente a finales de la Edad Media se asentó a lo largo del siglo XVI una poderosa industria que se articulaba sobre dos polos: la construcción naval y el hierro, que se beneficiaría del tirón que supuso el descubrimiento de América y el papel hegemónico de Castilla. De Guipúzcoa, como de otros territorios vascos, salieron barcos, clavos, herramientas, armas, etc. Igualmente, se potenció la actividad comercial y portuaria. Pero además, los guipuzcoanos destinaron buena parte de su potencial laboral a los servicios administrativos. A cambio, la monarquía ofreció al País Vasco un vasto campo de participación económico-laboral: mercados para sus productos, puestos en la administración, plazas de soldados, expediciones, etc. Así se fraguó el estereotipo clásico a lo largo de toda la Edad Moderna del «vizcaíno» (vasco) como sinónimo de productor de hierro y de alto funcionario. Los hubo que llegaron a desempeñar el cargo de virrey, como Martín de Arrese, que lo fue de Sicilia durante el reinado de Felipe II; Sancho López de Otalora fue oidor del Consejo real, y su hermano Miguel, presidente del Consejo de Indias. El historiador Esteban de Garibay fue cronista de Felipe II, por solo citar algunos casos.

En el País Vasco todo el mundo estaba volcado hacia América. Los grandes señores vascos, como los Mendoza, los Guevara, los Ezpeleta y muchos otros, colaboradores de Castilla, se incorporaron al proceso de la conquista y la colonización. Y llevaron consigo a unos hombres fieles y aguerridos que realizaron verdaderas hazañas. A pesar de que los hubo que se rebelaron, como Aguirre, enloquecido en su busca del mítico Eldorado, hubo otros que fundaron ciudades, como Zabala que exploró el territorio actual de Uruguay y fundó Montevideo. En cuanto al papel de los marinos vascos, baste con citar a Elcano, quien, tras dar la vuelta al mundo, arribó a Cádiz con los restos de la flota de Magallanes. Ignacio de Loyola, por su parte, que resultó herido en el sitio de Pamplona, fundó después la Compañía de Jesús, que se convertiría no solo en un instrumento de la Contrarreforma en Europa, sino también en una importante fuerza de la cristianización de América, sobre todo con las misiones que organizó en Paraguay.

La situación fronteriza del País Vasco y de Navarra entre España y Francia convirtió muchas veces sus territorios en campo de batalla y en escenario de las intrigas de las cortes española y francesa. Precisamente, el origen del alarde en muchas localidades vascas es algún hecho de armas contra las tropas francesas; así, por ejemplo, en Hondarribia, cuyo alarde conmemora el éxito de la lucha de sus habitantes y el levantamiento del sitio al que las tropas del príncipe de Condé habían sometido a la ciudad en 1639.

El fin de las hostilidades entre las coronas española y francesa se alcanzó con el matrimonio de Luis XIV y la infanta María Teresa en San Juan de la Luz, con lo que se pacificó el territorio, amén de otras consecuencias, como la de instalar una monarquía borbónica en España tras la muerte de Carlos II y la guerra de Sucesión española. Con la monarquía borbónica llegaron también la filosofía de la Ilustración y la aparición de reformadores de la sociedad. Uno de los más significados en el País Vasco fue Xavier María de Munibe e Idiáquez, conde de Peñaflorida. El conde, cuyo palacio de Azkoitia aún puede visitarse, se propuso transformar la aristocracia vasca en una nobleza negociante e industrial. Munibe se apoyó en la riqueza agrícola y ganadera y en la red de forjas existente en Guipúzcoa, impulsó el desarrollo del puerto de Bilbao y fue uno de los principales socios fundadores de la «Real Sociedad Bascongada de los Amigos del País», nacida con el fin de lograr la innovación social y la superación de la crisis económica en que estaba sumida la sociedad vasca, mediante la incorporación de los últimos adelantos en la agricultura, la industria, la arquitectura, la medicina, etc., y la adopción de una nueva ciencia, la economía política.

La iniciativa de la Bascongada que alcanzó más resonancia fue el Real Seminario de Bergara, inaugurado el 4 de noviembre de 1776, que fue la primera institución de investigación en España y precursora de las actuales Escuelas de Ingenieros, y en cuyo laboratorio químico los hermanos Fausto y Juan José de Elhuyar descubrieron y aislaron el wolframio.

La Bascongada también extendió su acción al virreinato de Nueva España, donde los vascos allí residentes constituyeron una Delegación que tuvo una señalada presencia en el proceso que llevaría a la independencia de México.

## Las transformaciones del siglo XIX

El siglo XIX supuso numerosas transformaciones en todos los aspectos, y una de ellas fue los fueros, que quedaron abolidos. Después entró en escena Napoleón y quiso organizarlo todo a su manera, también en la península Ibérica. Cuando decidió poner manos a la obra, reunió en Bayona a Carlos IV y su hijo Fernando VII, y, tras conseguir su abdicación, incorporó una parte de Guipúzcoa a Francia y puso en el trono de España a su hermano «Pepe Botella». Pero el estallido de la guerra de Independencia y las victorias españolas de Vitoria e Irun obligaron a las tropas napoleónicas a abandonar el territorio español. Tras la derrota de Napoleón en Waterloo y las negociaciones de paz, las fronteras recuperaron su antiguo trazado. Mientras tanto, las Cortes españolas habían votado la Constitución de 1812, de corte liberal, que, siguiendo el ejemplo francés, preveía la unidad de jurisdicción en España, y en definitiva, la abolición de los fueros. Pero en cuanto Fernando VII regresó a España en 1814, una de las primeras medidas que tomó fue derogar la Constitución. Salvo durante el trienio liberal (1820-1823), el reinado de Fernando VII se caracterizó por el absolutismo del monarca y el agravamiento de los problemas del país, además de la insurrección de las colonias de América, impulsada por los criollos, es decir, los descendientes de los colonizadores españoles, quienes, inspirados en los ideales de la Revolución francesa, tenían como meta la independencia. Muchos de esos criollos eran de origen vasco, y entre ellos destaca la figura de Simón Bolívar como impulsor del movimiento de independencia de Venezuela, Colombia, Perú y Bolivia (llamada así en su honor).

En cuanto al País Vasco, que había quedado un tanto al margen de los acontecimientos durante el reinado de Fernando VII, tras la muerte del monarca se convirtió en el escenario de las guerras carlistas de 1833-1839 y 1872-1876 que dieron pie a la abolición de los fueros, por primera vez en 1841, y ya de forma definitiva en 1876. Las guerras carlistas, por tanto, no planteaban solo un problema dinástico, sino también la oposición entre los principios de la sociedad tradicional y los inspirados en la Revolución francesa.

Fernando VII tenía una hija, Isabel, y un hermano, Carlos. Según la ley sálica vigente entre los Borbones, Carlos debía acceder al trono a la muerte de su hermano. Pero Fernando abolió la ley y fue su hija quien le sucedió con el nombre de Isabel II. Así empezó la guerra carlista. La sublevación de

Navarra en defensa del pretendiente Carlos arrastró consigo a los tradicionalistas de Guipúzcoa y Vizcaya. A la cabeza de los combatientes navarros (los famosos requetés) figuraba Tomás de Zumalacárregui. Era un ejército mal equipado, cuyos combatientes, como no tenían unos uniformes decentes, se teñían las boinas de rojo y los correajes de negro para poder reconocerse (ése es el origen del vestido típico de fiesta de los navarros, que después se extendió al País Vasco). Los carlistas, pese a su debilidad, pero gracias a los suministros que recibían del País Vasco francés que les servía de santuario, consiguieron infligir varias derrotas a las tropas realistas y pusieron sitio a Bilbao, donde Zumalacárregui encontró la muerte. Ése fue el principio del fin. El ministro Mendizábal (vasco y liberal), mientras tanto, había aprovechado el tiempo para abolir las órdenes religiosas y decretar la desamortización de los bienes eclesiásticos.

El convenio de Bergara de 1839 puso fin a una guerra en la que se evidenció la existencia de una profunda brecha social entre una clase liberal, industrial y comerciante, implantada básicamente en Vizcaya, y una clase rural y tradicionalista, radicada en las demás provincias vascas y en Navarra. Muchos años después, ese papel de la Navarra rural y tradicionalista lo supo aprovechar el general Franco con el apoyo del también general Mola. En el sitio de Bilbao, en 1937, fueron los requetés navarros quienes estuvieron en primera línea.

En 1847-1848 se produjo una intentona carlista aprovechando la grave situación creada principalmente por la *guerra dels matiners* en Cataluña contra los abusos del poder central y la instauración del servicio militar obligatorio. Pero la situación existente no impidió que la corte española y la alta sociedad invadieran en verano las playas vascas, que se pusieron de moda, principalmente las de San Sebastián y Zarautz. Paralelamente, en el País Vasco francés, Napoleón III y Eugenia de Montijo veraneaban en Biarritz. Esta afluencia dio pie a los hermanos Pereyre, que ya se habían enriquecido con el negocio de los ferrocarriles en España, para construir una línea de ferrocarril de Biarritz a Donostia, al tiempo que se construía en esta última ciudad (ya en los comienzos del siglo XX) un hotel de lujo que se llamó, y sigue llamándose, Hotel María Cristina, en honor de la madre de la reina. Pero en España la situación política andaba muy revuelta y la revolución de septiembre de 1868 obligó a abdicar a la reina. Tras algunos episodios como el asesinato del general Prim, el reinado de Amadeo de Saboya y la instauración de la I República (que solo duró 11 meses), la fractura social entre liberales y tradicionalistas siguió agrandándose y las posiciones se hicieron cada vez más extremistas. La segunda guerra carlista, que se inició en 1872, terminó en 1876, cuando ya reinaba Alfonso XII, y ese mismo año las Cortes españolas abolieron los fueros.

La derogación de los fueros, que prohibían la exportación del mineral de hierro, abrió las puertas a su extracción y exportación masivas, lo que conllevó un intenso proceso de industrialización, primero en Vizcaya en torno a la industria siderúrgica (Altos Hornos de Vizcaya), la industria naval (astilleros Euskalduna) y la aparición de la gran banca (banco de Bilbao, banco de Vizcaya, etc.), y después, en Guipúzcoa (fábricas de armas, mecánica de precisión, etc.), que originó un intenso movimiento inmigratorio desde las zonas rurales de España y la emergencia de un proletariado industrial y urbano.

En ese nuevo contexto se plantearon unos problemas que siguen siendo de máxima actualidad: conciliar la libertad individual con la justicia social, y la tradición con la modernidad. El nacionalismo apareció como una posible solución, y con ese espíritu Sabino Arana fundó el Partido Nacionalista Vasco en 1894.

## El siglo XX

Si estáis de acuerdo en que el siglo XX empezó realmente con el estallido de la Primera Guerra Mundial, en ese caso Bizkaia y Gipuzkoa entraron con buen pie en el nuevo siglo, sobre todo los bancos y las navieras, porque como ni Francia ni Alemania ni el Reino Unido estaban en condiciones de exportar, la industria vasca se quedó con el mercado peninsular para surtirlo con productos que ya no se podían importar. Pero tras la guerra llegó la crisis, y las cosas no mejoraron hasta que la política de obras públicas de la dictadura de Primo de Rivera impulsó de nuevo la industria y la construcción. Después, en 1931 llegó la II República, con su efímera y trágica historia. El asesinato del líder monárquico Calvo Sotelo en julio de 1936 fue el detonante de la insurrección del ejército. El general Franco desembarcó en España con las tropas marroquíes, y el país quedó dividido en dos: la zona republicana, leal al poder constituido, y la zona rebelde, que pasó a denominarse nacional. Navarra cayó enseguida en manos de los rebeldes, y desde allí se abrió pronto un frente para la conquista de los centros industriales vascos.

Y fueron precisamente a los requetés a quienes recurrió Franco para lanzar el ataque contra Gipuzkoa. Irun cayó en manos de los falangistas en septiembre de 1936. Y mientras la República aprobaba la autonomía del País Vasco y José Antonio Aguirre se convertía en el primer lehendakari de la historia, las tropas franquistas organizaban una ofensiva que terminaría poniendo cerco a Bilbao, cuya caída supuso poner a disposición de Franco el mayor potencial industrial del país.

Franco, que en los primeros meses de guerra, consiguió controlar más de la mitad del territorio de España, no pudo alcanzar el objetivo de entrar rápidamente en Madrid, que resistió hasta el final de la guerra, ni apoderarse en la primera embestida de las regiones industriales de Cataluña y el País Vasco, donde existía una numerosa y organizada clase obrera que se alzó en armas y desarrolló las bases de la revolución. En el País Vasco, a pesar de la escasa organización del ejército republicano y de que los gudaris del gobierno autónomo eran poco numerosos, había una poderosa industria que representaba un objetivo difícil, y Franco la quiso conquistar a toda costa.

En marzo de 1937, los aviones nazis de la legión Cóndor bombardearon la villa de Durango, siguiendo la nueva táctica que Goering había elaborado para desmoralizar a la población civil. Un mes después le llegó el turno a Gernika, el símbolo de la libertad para los vascos porque en dicha ciudad se reunían las Juntas Generales de Bizkaia y acudían los reyes para jurar los fueros. El bombardeo de Gernika tuvo una enorme repercusión internacional, lo que no impidió que otras ciudades, como Éibar, fueran también bombardeadas por la aviación alemana. Dos meses después, los requetés entraron en Bilbao, y el gobierno vasco tuvo que exiliarse en Bayona.

En enero de 1939 cayó Barcelona, y el 1 de abril de ese mismo año Franco entró en Madrid, al tiempo que capitulaba la franja levantina que se mantuvo fiel a la República hasta el final. Le guerra dejó un país arrasado (un millón de muertos), la élite intelectual se dispersó por todo el mundo y los republicanos que no fueron capturados tuvieron que exiliarse. Entre ellos los gudaris que, una vez en Francia, se incorporaron a la Resistencia contra la ocupación nazi; los que se enrolaron en la Corps Franc Pommiès, que operaba en Aquitania, formaron el batallón Gernika, que tuvo un papel decisivo en la región de Burdeos. Al final de la guerra, desfilaron con la bandera vasca por las calles de Burdeos, y De Gaulle rindió homenaje a la ikurriña. Los años de posguerra fueron realmente duros. El franquismo cubrió España con una losa, y en la lucha contra la dictadura se abrió paso también el activismo nacionalista que se tradujo en el nacimiento de ETA (Euskadi Ta Askatasuna, «País Vasco y libertad») en 1959.

## Del terrorismo a la autonomía

La durísima represión que el franquismo ejerció en España estuvo acompañada, por la derogación de toda la legislación de la República y la anulación de los estatutos de autonomía, y por la consiguiente prohibición del uso de la propia lengua y todos los elementos constitutivos de la identidad de la población vasca. Tener una ikurriña constituía un delito penado con la cárcel. La oposición de los partidos políticos al franquismo, que se articuló principalmente en la década de 1950, se planteó como una lucha política en la que se descartaba la violencia, y así lo entendió el PNV. Pero en el seno del PNV había un grupo de jóvenes que, en el verano de 1959, se apartaron de la disciplina del partido y crearon ETA.

En 1962 se celebró la primera asamblea de ETA, que se definió como una organización clandestina y revolucionaria. Para ETA, la violencia separatista era la respuesta a la violencia franquista.

Las primeras acciones estuvieron dirigidas contra la policía y la guardia civil como símbolos del franquismo. Esas acciones eran selectivas y, hasta cierto punto, comprensibles para amplios sectores de la población en la medida en que se consideraba que los cuerpos policiales eran los órganos represivos de la dictadura franquista. Era una época en que los independentistas contaban con el apoyo del movimiento Enbata, que les facilitaba alojamiento y apoyo logístico en el País Vasco francés. Allí había entonces un proceso generalizado de toma de conciencia de la identidad vasca, aunque la mayor parte de la población rechazaba la acción terrorista. Y, por otra parte, al mismo tiempo aparecía una prensa vasca bien estructurada, se creaban ikastolas y renacían los estudios vascos.

En 1969, la designación de Juan Carlos, nieto de Alfonso XIII, como sucesor de Franco no supuso ningún cambio, ni siquiera entre los carlistas de Navarra que no reconocían su legitimidad y tenían otro pretendiente al trono. En 1970, el proceso de Burgos, en el que seis militantes de ETA fueron condenados a muerte por el asesinato de un comisario de policía, conmocionó a todo el mundo y provocó un intenso movimiento de repulsa, que forzó la conmutación de las penas. ETA, que se sentía apoyada, alcanzó la máxima resonancia con la operación Ogro, cuando el 20 de diciembre de 1973 consiguió hacer saltar por los aires en pleno centro de Madrid al almirante Carrero Blanco, presidente del gobierno y mano derecha de Franco. En noviembre de 1974 se produjo una escisión entre los «polimilis», partidarios de la insurrección popular, y los «milis», que propugnan una violencia selectiva.

Con la muerte de Franco, en 1975, tras la ejecución en septiembre de cinco activistas pertenecientes a ETA y al FRAP empezó a cambiar el panorama en España y se produjeron las primeras sorpresas. En octubre de ese mismo año, y mientras el caudillo agonizaba, Juan Carlos asumía la jefatura del Estado y dictaba, entre otras medidas, la legalización del uso del vasco, el catalán y el gallego, convertidos en «lenguas oficiales» junto con el castellano, al aprobarse la Constitución.

Una vez proclamado rey, Juan Carlos escogió como presidente del gobierno a Adolfo Suárez, quien inició el proceso de transición que desembocó en la promulgación de una nueva Constitución y la restauración de la autonomía en el País Vasco y Cataluña.

Pero este proceso no tuvo la misma repercusión en el País Vasco que en el resto del Estado español. Cuando se celebró el referéndum sobre la Constitución, hubo allí una abstención superior al 50 %. Para los vascos, el texto constitucional hablaba de libertad pero no de sus libertades. Y así fue creciendo la oposición entre los legalistas, que consideraban interesantes los avances logrados, y los activistas, que querían única y exclusivamente la independencia.

A partir de entonces, los activistas contaron con el apoyo en el País Vasco francés de los miembros de Iparretarak («los del norte»), que firmaban los atentados y las pintadas con las siglas IK.

En 1979 se constituyó la Comunidad autónoma de Euskadi, formada por las tres provincias vascas de Araba, Bizkaia y Gipuzkoa. Navarra, que rechazó formar parte de ella, se organizó a su vez como comunidad autónoma. En 1980 se instaló en Vitoria el nuevo Parlamento vasco y tomó posesión como lehendakari el líder del PNV Carlos Garaikoetxea, cuarenta años después de Aguirre.

En cuanto a los independentistas radicales, para no quedar aislados en el juego político, se organizaron como partido con el nombre de HB (Herri Batasuna, el «pueblo unido») y concurrieron a las elecciones, pero no asistieron a las sesiones parlamentarias. HB se convirtió en un medio para que ETA pudiera conocer su propio peso político. Por otra parte, a principios de la decada de 1980 se produjo la autodisolución de ETA politicomilitar (tras una intensa campaña terrorista) por considerar que la lucha armada ya no tenía sentido en el seno del Estado democrático existente en España, y ETA comenzó una segunda etapa en su estrategia que coincidió con la llegada al poder estatal del PSOE. La victoria de Felipe González en 1982 transformó por completo la escena política española. Los primeros años de gobierno socialista coincidieron con la actuación de los GAL y las incursiones en territorio francés para desarrollar la guerra sucia contra ETA. Después, Madrid y París llegaron a un entendimiento para combatir el terrorismo y se inició la colaboración entre las policías francesa y española que cada vez iría en aumento..

Mientras tanto, la cuestión de los fueros siguió estando de actualidad. Las tres provincias estaban regidas por diputados forales designados por las respectivas diputaciones forales contempladas en el Estatuto de Autonomía. Y, en nombre del espíritu foral, estalló en 1984, el conflicto para dirimir cuáles eran las prerrogativas del gobierno de Vitoria y cuáles las de disposiciones provinciales. Algunos pensaban que si se habían liberado de la tutela de Madrid, no era para caer en la de Vitoria, y que había que revitalizar los fueros. Garaikoetxea, de talante centralizador, se vio obligado a dimitir, lo que provocó una escisión del PNV de la que nació un nuevo partido, EA, y le sustituyó Ardanza, mucho más conciliador. Dos años después, en 1986 se celebraron elecciones anticipadas en el País Vasco de las cuales salió un gobierno de coalición PNV-PSOE, presidido por Ardanza, que se mantuvo en el poder hasta 1998.

La estrategia de ETA durante los años de gobierno socialista, fue apuntar a nuevos objetivos que desembocaron en un verdadero terrorismo de masas con atentados como los de Hipercor (en Barcelona) y los cuarteles de la guardia civil de Zaragoza y Vic, entre otros muchos, que dejaron un reguero de cadáveres y produjeron una profunda conmoción social. En enero de 1989 ETA declaró una tregua unilateral y se entablaron negociaciones en Argel, pero el diálogo se rompió en abril. La lucha antiterrorista cobró un nuevo giro tras los acuerdos de colaboración entre los gobiernos español y francés, una colaboración que con los años se fue haciendo cada vez más estrecha.

En el intervalo se celebraron elecciones generales en 1993, que el PSOE ganó por la mínima, y la oposición del Partido Popular puso en marcha una campaña de desgaste del gobierno acusándolo de corrupción y de organizar los GAL. En ese contexto se celebraron las elecciones generales de 1996, que dieron el triunfo a la derecha y José María Aznar se convirtió en presidente del gobierno estatal. Durante esta etapa, al tiempo que la derecha, para desestabilizar al PSOE, acusaba a González de haber organizado la guerra sucia contra ETA, se produjo el procesamiento de antiguos miembros de los GAL y la condena a graves penas de prisión de varios responsables políticos, incluido un antiguo ministro de Interior. Pero el asesinato en julio de 1997 de un joven concejal del PP en el Ayuntamiento de Érmua provocó una intensa reacción popular y manifestaciones de miles de vascos, que dió lugar a lo que se ha dado en llamar «el espíritu de Érmua». ETA, a pesar de los resultados electorales de HB (en torno a un 16-20 %), se quedó cada vez más aislada. La sociedad vasca manifestó un intenso deseo de plantear su identidad en términos únicamente políticos.

Pero el crecimiento económico volvió a ser satisfactorio, tras unos años de estancamiento. Las empresas vascas prosperaban, los bancos vascos (desde la fusión de los bancos Bilbao y Vicaya) desempeñaban un papel líder en el sector, y la reconversión de la economía y el urbanismo de Bilbao, impulsada por el éxito del Museo Guggenheim, daban pie al optimismo y a las esperanzas puestas en el plan estratégico para hacer de Bilbao una metrópoli europea en 2010.

En el plano político, la declaración de Lizarra en septiembre de 1998 marcó un giro importante. Dicha declaración, impulsada por el llamado Foro de Irlanda, y suscrita por el PNV, EA, IU, varios sindicatos y organizaciones populares, establecía nuevas bases para lograr la pacificación del País Vasco. Poco después, ETA declaró una tregua unilateral e indefinida y su rama política, EH (coalición electoral en torno a HB) aceptó incorporarse al Parlamento vasco y otras instituciones autonómicas. En este estado de cosas, las elecciones municipales y forales de 13 de junio de 1999 crearon un complicado panorama, ya que la coalición PNV-EA no consiguió los resultados esperados, y Euskal Herritarrok (EH) aumentó su porcentaje.

Ese panorama se mantuvo después de las elecciones autonómicas de octubre de 1999, lo que llevó al lehendakari Ibarretxe a formar un gobierno de coalición PNV-EA con el apoyo de EH.

Mientras tanto, quedaban sin plasmarse las expectativas de lograr algún tipo de acuerdo que diera carácter definitivo a la tregua declarada por ETA. En ese contexto, el acercamiento de unos pocos presos vascos en el mes de septiembre de 1999 fue un gesto que no tuvo resultados. Y dos meses después ETA anunció el fin de la tregua. Desde entonces se produjo un constante forcejeo entre el PP y el PNV, en el que el PP intentaba forzar la celebración de nuevas elecciones para desbancar a los nacionalistas del gobierno autonómico, y el PNV intentaba sacar adelante el proyecto de Lizarra con un gobierno de coalición con el apoyo de EH.

En este sentido, los atentados cometidos por ETA durante el año 2000 agravaron aún más ese enfrentamiento y pusieron en una difícil posición al PNV, que se vio obligado a poner en tela de jucio su política de alianzas. A este respecto, los esfuerzos del lehendakari Ibarretxe se encaminaban a abrir una mesa de diálogo entre todos los partidos políticos existentes en el País Vasco con el objetivo de encontrar vías de solución política a los problemas que afectan al país. El estancamiento político condujo a la convocatoria de elecciones anticipadas para mayo del 2001. El resultado de estas elecciones, ganadas por los partidos nacionalistas (el PNV cerca de la mayoría absoluta) supuso un retorno al punto de partida. El PP y el PSOE ya habían anunciado que no gobernarían con el PNV, y éste, a pesar de su carácter moderado, se alió en el ejecutivo autonómico con Izquierda Unida. Poco antes de las elecciones municipales celebradas en 2003, el gobierno de Aznar promovió la ilegalización de Batasuna, por lo que los nacionalistas de izquierda no pudieron participar en los comicios. El PNV ganó en las tres provincias y consiguió la alcaldía de Bilbao (Odón Elorza, del PSOE, conservó la de Donostia).

En septiembre de 2002, el lehendakari Ibarretxe, reforzado por el resultado de las elecciones, presentó un plan encaminado a convertir al País Vasco en «estado asociado a España». El plan, fue rechazado tanto por el gobierno popular de Aznar como por el gobierno socialista de Rodríguez Zapatero, originando una considerable controversia política.

En 2006, ETA declaró un «alto el fuego permanente» y comenzó las conversaciones con el gobierno español. Dichas conversaciones no siguieron el rumbo esperado porque a finales de ese mismo año se produjo un atentado en el aeropuerto de Barajas que acabó con la vida de dos personas. Ese atentado y otros posteriores terminaron con las posibilidades de diálogo. En 2007, mediante un comunicado, ETA rompió definitivamente la tregua. Hubo que esperar hasta el 2011 para que la organización terrorista decretara el «cese definitivo de la actividad armada». Por su parte, la izquierda abertzale, a través del partido Amaiur, fue la segunda fuerza más votada en el País Vasco durante las elecciones generales de noviembre de 2011, consiguiendo 7 diputados.

## > IDIOMA

Os señalamos algunos de los términos que se utilizan con más frecuencia, aunque no incluimos los que se entienden fácilmente por su parecido con el castellano como, por ejemplo, *aireportua* (aeropuerto) o *museoa*. En cuanto a la pronunciación, tened en cuenta que la **tx** se pronuncia como la ch (*txistera* se pronuncia chistera); la pronunciación de la **s** está entre la s y la che, como la del inglés sh; así, *milesker* (gracias) se pronuncia mileshker. La **z** se pronuncia como la s (ertsaintsa por *ertzaintza*), la **g** seguida de e o i se pronuncia como gue, gui (guison por *gizon*).

Por último, el acento tónico siempre recae en la penúltima sílaba (que, como sabéis desde la primaria, es la primera sílaba en las palabras de dos sílabas).

# > VOCABULARIO BÁSICO

FÓRMULAS DE CORTESÍA Y EXPRESIONES HABITUALES

| | |
|---|---|
| adiós / hola | *agur* |
| bienvenido | *ongi etorri* |
| buenas noches | *gabon* |
| buenos días | *agur* |
| gracias | *milesker* |
| hasta la vista | *ikusi arte* |
| no | *ez* |
| sí | *bai* |
| usted perdone | *barkatu* |

INDICADORES

| | |
|---|---|
| abierto | *irekita* |
| aparcamiento | *aparkalekua* |
| área de servicio | *zerbitzugunea* |
| aseos | *komunak* |
| atención | *kontuz* |
| avenida | *etorbidea* |
| ayuntamiento | *udaletxea* |
| barrio, aldea | *auzoa* |
| biblioteca | *liburutegia* |
| caja | *kutxa* |
| calle | *kalea* |
| calle mayor | *kale nagusia* |
| cámping | *kanping* |
| carretera, camino | *bidea* |
| casa | *etxe* |
| casco antiguo / viejo | *alde zaharra* |
| centro | *hiriaren* |
| centro | *erdialdea* *(Er en los indicadores de tráfico)* |
| centro urbano | *hiriaren erdialdea* |
| cerrado | *itxita* |
| ciudad | *hiri* |
| dispensario, centro sanitario | *osasun-zentroa* |
| entrada | *sarrera* |
| ermita | *baseliza, ermita* |
| estación | *geltokia* |
| este | *ekialdea* *(E en los indicadores de tráfico)* |
| iglesia | *eliza* |
| mar | *itsaso* |
| mercado | *azoka, merkatu* |
| montaña | *mendi* |

| | |
|---|---|
| norte | *iparralde* <br> *(I en los indicadores de tráfico)* |
| oficina | *bulegoa* |
| oeste | *mendebaldea* <br> *(M en los indicadores de tráfico)* |
| playa | *hondartza* |
| plaza | *enparantza* |
| policía municipal | *udaltzaingoa* |
| policía vasca | *Ertzantza* |
| puente | *zubi* |
| puerto | *kaia* |
| restaurante | *jatetxea* |
| río | *ibaia* |
| salida | *irtera* |
| sur | *hegoalde* <br> *(H en los indicadores de tráfico)* |
| trabajos | *lanak* |
| valle | *haran* |

### CALENDARIO

| | |
|---|---|
| año | *urte* |
| día | *egun* |
| mes | *hilabete* |
| semana | *aste* |
| lunes | *astelehena* |
| martes | *asteartea* |
| miércoles | *asteazkena* |
| jueves | *osteguna* |
| viernes | *ostirala* |
| sábado | *larunbata* |
| domingo | *igandea* |
| enero | *urtarrila* |
| febrero | *otsaila* |
| marzo | *martxoa* |
| abril | *apirila* |
| mayo | *maiatza* |
| junio | *ekaina* |
| julio | *uztaila* |
| agosto | *abuztua* |
| septiembre | *iraila* |
| octubre | *urria* |
| noviembre | *azaroa* |
| diciembre | *abendua* |

### EN EL RESTAURANTE

| | |
|---|---|
| agua | *ura* |
| ajo | *baratxuri* |

| | |
|---|---|
| bacalao | *bakailao* |
| carne | *haragi* |
| cerdo | *urdai* |
| cerezas | *gereziak* |
| cerveza | *garagardo* |
| huevo | *arrautza* |
| jamón | *urdaiazpiko* |
| leche | *esne* |
| manzana | *sagar* |
| merluza | *legatza* |
| pan | *ogi* |
| pescado | *arrain* |
| pollo | *oilasko* |
| queso | *gazta* |
| sal | *gatz* |
| sidra | *sagardo* |
| trucha | *amuarrain* |
| vinagre | *ozpin* |
| vino | *ardo* |

### ALGUNOS TÉRMINOS

| | |
|---|---|
| abajo | *behe, behera* |
| amarillo | *hori* |
| arriba | *gora* |
| azul | *urdin* |
| blanco | *zuri* |
| derecha | *eskuin, eskubi* |
| izquierda | *ezker* |
| negro | *beltz (referido al vino, tinto)* |
| nuevo | *berri* |
| rojo | *gorri (referido al vino, rosado)* |
| verde | *berde* |
| viejo | *zaharra* |

### LOS NÚMEROS

| | | | | |
|---|---|---|---|---|
| 1 | *bat* | 11 | *hamaika* |
| 2 | *bi* | 12 | *hamabi* |
| 3 | *hiru* | 13 | *hamahiru* |
| 4 | *lau* | 14 | *hamalau* |
| 5 | *bost* | 15 | *hamabost* |
| 6 | *sei* | 16 | *hamasei* |
| 7 | *zazpi* | 17 | *hamazazpi* |
| 8 | *zortzi* | 20 | *hogei* |
| 9 | *bederatzi* | 100 | *ehun* |
| 10 | *hamar* | 1 000 | *mila* |

## La lengua vasca

La falta de una verdadera historia escrita y la existencia de una cultura esencialmente oral son factores que han convertido la lengua en la bandera de la identidad vasca. Pero no es ése un hecho reciente: los vascos han afirmado siempre que ser vasco suponía, ante todo, hablar en vasco, en euskera.

Pero ¿cuáles son las características del euskera? No se sabe prácticamente nada de sus orígenes, a pesar de las numerosas hipótesis que se han formulado, a cual más errónea. En realidad, el euskera no se parece a ninguna otra lengua conocida, aunque se ha hablado de su origen preindoeuropeo por lo que cuesta encontrar parecidos de las palabras en euskera con las del castellano y con las de cualquier otro idioma. Eso se traduce, en la práctica, en la imposibilidad para el viajero de enterarse de muchas cosas. Por ejemplo, de los festejos que se celebran en una localidad donde el programa esté editado únicamente en euskera. Porque, ¿quién es capaz de saber que *Lekorne herriko jaiak* es el anuncio de las fiestas que se celebran cada año en Mendionde (Lekorne)? Por eso os indicamos a continuación algunas nociones para que podáis entender los carteles y letreros en euskera que aparecen en algunas fachadas.

La estructura lingüística del euskera es parecida a la de las lenguas uraloaltaicas, como el japonés, en las que las palabras cobran sentido por la adjunción de partículas. Así, la partícula **-ko /-koa:** indica el lugar de donde se es, y la partícula **n**, el lugar donde se está. Lo cual evita el empleo de preposiciones, de manera que como **ren** marca el genitivo, se puede tener **Peioren zaidi** (el caballo de Peio) como *mendiko zaidi* (el caballo de la montaña), donde, en un caso, la partícula marca la pertenencia, y en el otro, la localización. La partícula **rara** indica el desplazamiento hacia alguna cosa, como en la expresión herrirara «hacia el país». Así pues, la pintada *Euskal presoak, euskal herrirara* significa «los presos vascos al País Vasco», ya que la marca del plural es la letra **k**; así, el plural de *lorea* (flor) es *loreak* (flores); y el de *presoa* (preso) es *presoak* (presos). En cuanto a la partícula **-dik,** indica el desplazamiento hacia el exterior.

Todo ello da a la lengua una gran maleabilidad, ya que el valor gramatical de la palabra depende de la partícula y no del lugar que aquélla ocupa en la oración. De ahí que lo que se enuncia primero es lo que tiene importancia y, como en todas las lenguas aglutinantes, se pueden añadir cuantas partículas sea necesario.

Aunque los nombres tienen género, hay algún caso en que no es así y el género lo da el verbo, que se conjuga de manera diferente según que el sujeto sea masculino o femenino. Así se explica que les cueste tanto hablar en castellano a los vascos de los caseríos que hablan euskera y apenas conocen el otro idioma, y que también cueste tanto entenderlos porque la mezcla de gramática castellana y sintaxis euskera se hace incomprensible.

Por lo demás, el euskera ha incorporado a su vocabulario muchas palabras del castellano. Para eso hay una fórmula muy sencilla, y es añadir el sufijo a que desempeña la función del artículo; así, el museo se convierte en **museoa;** otras veces, basta con cambiar la ortografía como en **bizikleta** por la palabra castellana bicicleta. En algunos casos, la elección del término esconde algo de malicia, como ocurre con la palabra **truke** en euskera, que significa «cambio» en el sentido bancario del término. Y es que, en un país en el que tanto se desarrolló el contrabando durante mucho tiempo, la cosa tiene algo de «truco».

## > LIBROS DE RUTA Y MAPAS

### Libros

➤ *Obabakoak* (1989) y *El hombre solo* (1995), de Bernardo Atxaga. Dos libros muy bien escritos. Las dos obras, densas y bien documentadas, reflejan fielmente el modo de ser y de actuar de los vascos. *Obabakoak* («los de Obaba») es un conjunto de relatos cortos ambientados en un caserío vasco imaginario. En cuanto a *El hombre solo,* relata la vida de un antiguo terrorista retirado en Cataluña, llamado Carlos, que se ve obligado a dar cobijo a una pareja de activistas de ETA buscados por la policía. Es una reflexión sobre el hombre implicado, a su pesar, en una situación de violencia.

➤ *País Vasco desde el cielo* (de la dirección general de Planificación y Estudios del Grupo Santander, colección «España desde el cielo»). Estas dos obras de biblioteca ofrecen imágenes difíciles de conseguir habitualmente. Tierras verdes, paisajes áridos, montañas, regadíos, núcleos urbanos... todo a vista de pájaro en unas cuidadas y clásicas ediciones. Incluyen citas literarias de autores que han escrito sobre esta tierra.

➤ *El Gran Libro del País Vasco,* de Juan de Madariaga Orbea (Salvat, Barcelona, 2000). Espléndido reportaje fotográfico y cartográfico sobre el País Vasco, esta obra presenta distintos territorios históricos y sus capitales respectivas, ofreciendo una visión inédita de la naturaleza, entorno rural y urbano de la Comunidad tanto en el aspecto cartográfico como en el fotográfico.

➤ *Navarra, historia del euskera,* de José Mª Jimeno Jurío (editorial Txalaparta, Tafalla, 1997). La obra de este historiador, uno de los mejores estudiosos y conocedores de la lengua vasca, va recorriendo la evolución que ha conocido el euskera, la *lingua navarrorum.* Desde sus orígenes hasta la influencia que han ejercido sobre ella capítulos históricos como la ocupación musulmana o la guerra civil.

➤ *Cuentos tradicionales vascos,* seleccionados por Lurdes Auzmendi y Koldo Biguri (editado por José J. De Olañeta, Palma de Mallorca, 2000). Otra forma de acercarse a este pueblo. La obra, prologada por Bernardo Atxaga, recoge 43 relatos de Euskadi, Navarra y el País Vasco francés. Por ellos transitan personajes o arquetipos como el cura Axular, el párroco molinero, el patrón de barco y la bruja. Leyendas, encantamientos y lugares misteriosos se entretejen en estos cuentos populares.

➤ *Brujería vasca,* de Julio Caro Baroja (editorial Txertoa, Donostia,1992). El reconocido antropólogo recoge textos antiguos de la época en que se castigaba a las «brujas» con la hoguera. Autos de escribanos, escritos de inquisidores, declaraciones de acusadas... Un interesante punto de vista sobre algo que realmente ocurrió hace siglos.

➤ *Nosotras, las brujas vascas,* Karmele Saint Martin (editorial Txertoa, Donostia, 1999). Estos diecinueve relatos se nutren de la tradición oral, los recuerdos de personas con las que ha hablado la autora y cuentos antiguos. La bruja que no quiso serlo, La sepultura, Los arqueólogos son algunos títulos que pueden orientar acerca del contenido del libro.

### Mapas de carreteras

➤ Mapa del **Norte de España** de **Anaya Touring,** escala 1:340.000, con todas las carreteras principales y secundarias. Muy útil si se va a hacer una ruta por toda la costa cantábrica.

➤ Se puede utilizar el **Michelin nº 442** del norte de España a escala 1/400 000, que está muy bien, salvo para las carreteras más pequeñas. El mapa

**Firestone Navarra-País Vasco-Rioja** a escala 1/200 000 es más legible, aunque no mucho más detallado, con el inconveniente de que no incluye la numeración de las carreteras.

➤ Las oficinas de turismo del País Vasco tienen mapas generales en los que están perfectamente detalladas las carreteras de la comunidad autónoma; bien hechos, puestos al día, con la numeración de las carreteras y planos esquemáticos de las ciudades. Y además son gratuitos.

➤ **Mapa provincial Guipúzcoa, Álava y Vizcaya** (Ministerio de Obras Públicas, Transportes y Comunicaciones, Instituto Geográfico Nacional), escala 1/200 000.

## > MEDIOS DE COMUNICACIÓN

Junto a la prensa editada en castellano, que comprende tanto los diarios de difusión estatal como las revistas de información general y la llamada prensa del corazón, encontraréis innumerables publicaciones que vienen siendo editadas en euskera desde el momento en que se produjo el reconocimiento oficial de la lengua vasca.

➤ En el País Vasco se editan numerosas versiones regionales de la **prensa** nacional. *El País* y *El Mundo* tienen páginas regionales bastante completas en castellano. *El Diario Vasco* y *El Correo* (vendidos mayoritariamente en Euskadi) son únicamente regionales, pero son diarios muy bien hechos y completos. Son una excelente fuente de información, sobre todo en lo referente a las fiestas. *Egunkaria* (moderado) se escribe únicamente en vasco, lo que restringe su difusión. *Deia* (afín al PNV) es bilingüe. Incluye unas páginas culturales que os proporcionarán numerosos datos útiles. Por último, *Gara* (independentista, proetarra y bilingüe) ha sustituido a *Egin,* prohibido legalmente por defender las posiciones de ETA.

➤ Las **radios** locales son exclusivamente vascófonas. Las hay prácticamente en todos los valles. Algunas difunden buenos programas musicales. Destacan: Euskadi Irratia, Radio Euskadi, Radio Vitoria, Euskadi Gaztea y Eitb Musika.

➤ La **televisión vasca** está compuesta por las cadenas ETB1, ETB2, ETB3, ETB Sat/Euskadi TV y Canal Vasco.

## > MUSEOS Y MONUMENTOS

En muchos casos son gratuitos, principalmente los museos públicos de Álava, aunque cada vez son más los que están poniendo precio al acceso de visitantes.

En lo referente a los **museos privados** y los **monumentos,** el precio de la entrada es muy similar en todas las localidades y oscila entre 4 y 8 €, pero hay muchos pequeños museos que tienen unos precios razonables (menos de 5 €) y con frecuencia hacen descuento a los estudiantes y jubilados.

En cuanto a las **iglesias,** plantean un problema. Aunque en algunas hay que pagar una entrada, por lo general la visita es gratuita, pero en muchos casos están cerradas y hay un personal voluntario que se encarga de abrir la iglesia para que la visitéis y que os indicará el importe del óbolo, alrededor de 1 €, que se dedica a costear los gastos de mantenimiento (luz, flores, limpieza de los accesos, etc.) que corren por cuenta de la parroquia, incluso en el caso de algunos monumentos catalogados.

Los **horarios** son escrupulosamente respetados, aunque no faltan excepciones. La mayoría cierran el lunes. Hay que tener en cuenta que durante los días festivos (sobre todo fin de año y Semana Santa) los horarios cambian y se reducen los tiempos de apertura: en las principales ciudades, las oficinas de turismo disoponen de una ficha con los horarios temporales. Las pequeñas ermitas generalmente abren una sola vez al año: el día del santo al que están dedicadas.

## > MÚSICA Y DANZA

Los vascos tienen un gran sentido musical y son muy aficionados al canto. Pero, por paradójico que parezca, tendréis pocas ocasiones de escucharlos. Para escuchar cantar a la gente en el País Vasco hay que esperar a las fiestas locales y estar en los pueblos. Con un poco de suerte, podréis ver algún espectáculo musical o alguna velada organizada con cualquier motivo.

Si queréis escuchar cantar a los vascos, la solución más sencilla es asistir a una misa en euskera; se celebran en todos los pueblos y sobre todo en los grandes santuarios, como los de Arantzazu y Estíbaliz, así como en todos los pueblos del interior. No debéis perderos las grandes festividades religiosas, como la celebración del Corpus Christi (Phesta-Berri) a finales de mayo o principios de junio. En ellas se entonan a voz en grito, algo que vale por todos los sermones del mundo, unos extraordinarios cánticos vascos, impregnados de una serena gravedad y gran fervor. Y, por si eso no bastara, también hay soldados de opereta, con trajes de fantasía, algunos pasos de danza, instrumentos de viento y tambores.

Informaos previamente (además hay otros acontecimientos culturales y religiosos en muchas localidades; ver el epígrafe «Fiestas y manifestaciones»).

### Instrumentos tradicionales

En primer lugar, el **tamboril,** un instrumento musical que también está muy extendido por toda España, y que se toca con el *txistu* o **chistu,** una flauta recta de madera con embocadura de pico que el txistulari toca acompañándose del tamboril. Hay otra especie de flauta que está hecha de caña, madera y cuerno, y cumple un papel parecido al txistu, que se llama *alboka;* suena de un modo muy diferente al del txistu y, según algunos, puede volverle loco a cualquiera.

En cuanto a la *txalaparta,* consiste en un conjunto de tablas alarga- das de madera que son percutidas por pequeños bastones de madera; es seguramente uno de los instrumentos más antiguos que existen y tiene un sonido muy característico.

Por último, la *trikitrixa* es un tipo de acordeón muy popular en el folclore vasco, que suena mucho en las romerías y las fiestas populares. En cues- tión de instrumentos tradicionales, eso es prácticamente todo lo que hay, aunque por suerte los principales instrumentos musicales de los vascos son las cuerdas vocales.

### El canto coral

Más que una tradición es una pasión. Hay una infinidad de corales masculi- nas. Aunque hay quien dice que en cuanto tres vascos se juntan forman un orfeón, la verdad es que lo más frecuente es que las agrupaciones corales estén formadas por ocho personas, generalmente hombres, que se llaman **otxotes.** Tampoco es nada raro que esas agrupaciones lleguen a contar hasta con cincuenta y ochenta vozarrones, pero siempre con las voces bien colocadas y perfectamente diferenciadas, y cada cual canta su parte. Ciertamente que escucharéis grupos de canto llano, pero sus prestaciones se parecen a las canciones de taberna.

El otro tipo de agrupación musical que está muy arraigado en el País Vasco es el **orfeón,** formado por numerosas voces masculinas y femeninas, acompañado o no por una orquesta sinfónica, y que pueden interpretar todo tipo de música. Por ultimo, también existen **coros mixtos,** que se dedican principalmente a la interpretación de música religiosa.

Nuestros grupos preferidos: el Orfeón Donostiarra, Coro Easo, Choeur Oldarra, Coro Leidor, Errobi Kanta, Coro Ametza.

## La música moderna

Entre los jóvenes cantantes vascos existen varias tendencias. Naturalmente, también los **cantautores** tienen un sitio en una sociedad hipersensibilizada como la vasca, y en sus canciones se da mucha importancia a las letras. Sus conciertos atraen a un numeroso público, y sus tomas de posición son muy esperadas y seguidas. Su audiencia desborda el marco del País Vasco: el autor más vendido de **Ocora,** la casa de discos étnicos de Radio France, es Beñat Achiary. Vale la pena escuchar la recopilación de *Euskal Herriko Musika.* Los más famosos: Beñat Achiary, Benito Lertxundi, Erramun Martikorena, Imanol, Amaia Zubiria, Mikel Laboa.

La lengua vasca se presta para el **rock.** Su sonido áspero combina bien con el ritmo y la música, y hay numerosos grupos que tienen un público fiel. La discográfica **Esan Osenki Records** tiene una compilación de rock vasco.

Los más conocidos: Anje Duhalde, Akelarre, Itoiz, Negu Gorriak, Su Ta Gar. Cabe destacar: Potato y Skalariak han inventado el *reggae* vasco, que suena bastante bien.

Existe una tendencia **folk** en todas las formas posibles, desde las adaptaciones de los clásicos vascos hasta la simple utilización de la lengua para interpretar temas musicales extranjeros. Nuestros preferidos: Oskorri, Alaitz eta Maider, Sustraia, Kepa Junkera, Gozategi, Haritzak.

## Danzas y tradiciones

Las danzas vascas son de lo más variado, y los trajes con que se bailan son muchas veces extraordinarios. Hay dos tipos principales de danza: las que se ejecutan en corro abierto y las de combate. En las **danzas de corro abierto,** los hombres y las mujeres se enlazan con las manos o con los pañuelos, y bailan juntos mientras los *dantzaris* (bailarines) ejecutan espectaculares y originales pasos. En las grandes ocasiones, se puede contemplar la danza del *aurresku* o baile de honor, en la que el bailarín, hierático, vestido de rojo y blanco y armado con dos puñales, ejecuta una variedad de saltos, elevando las piernas a gran altura, y pasos codificados delante de la personalidad a la que se rinde homenaje. El aurresku se baila muchas veces delante del altar durante la celebración de una misa solemne.

En las **danzas de combate** participan normalmente dos bandos armados con espadas, palos o arcos, simulando una escena de lucha. Algunas de esas danzas componen un ciclo de ocho o nueve coreografías diferentes. El tamaño de los grupos de bailarines varía notablemente, y las espadas que se utilizan pueden ser tanto cortas como largas. En Navarra hay una danza de las espadas con unos pasos muy estilizados.

En Markina se celebra una típica danza llamada «**de arretxinada**», en la cual se representa la lucha entre los ángeles buenos y los malos, que termina con la victoria del arcángel San Miguel.

También hay danzas típicas para cada época del año, como la célebre *kaixarrankaque* que se celebra en Lekeitio el día 29 de junio con motivo de las fiestas de San Pedro y San Pablo. Es una danza de origen marinero en la que el *dantzari* baila encima de un baúl, con la particularidad de que va vestido de frac y lleva una chistera en una mano y una bandera en la otra.

Por otra parte, al final de la recolección de la manzana se baila la **sagardantza** o baile de las manzanas.

Aquí debemos mencionar un grupo que no está constituido exactamente por bailarines; nos referimos a los **zanpanzares,** que seguramente veréis en alguna fiesta que otra. Van vestidos con pellizas de piel de cordero, cintas rojas en las pantorrillas y un curioso sombrero puntiagudo, y llevan sobre las nalgas dos grandes cencerros que hacen un ruido de mil demonios cuando se ponen a andar en grupo moviendo mucho las caderas.

### Los *bertsolaris*

Vale la pena dedicarles un párrafo porque los vascos hablan bastante de los *bertsolaris,* les gustan mucho y a menudo veréis carteles anunciando concursos de *bertsos.* Se trata de poesías improvisadas, cantadas, sobre temas previamente establecidos. Al parecer, es algo muy sutil. En realidad, se trata de una especie de «duelo de cantos» que se celebran en una parte de la cornisa atlántica vasca y en los que los participantes se responden unos a otros, muchas veces en tono burlesco. Para quien no hable vasco resulta completamente críptico.

## > NATURALEZA VASCA

Si echáis a faltar el aire puro, soñáis con bosques o queréis hacer barranquismo, el País Vasco es el escenario ideal. Gracias a su clima y a su estructura geológica, presenta una gran diversidad de paisajes salvajes. Pasaréis de los inmensos bosques de los Pirineos a los desfiladeros de la costa. Una vez que salgáis de las grandes carreteras, podréis pasar toda la jornada sin ver a nadie más, y eso es lo que ha permitido la conservación de varias especies en peligro de extinción, como el buitre leonado, y razas antiguas de caballos (el pottoka). Y como, además, los montes vascos son uno de los grandes corredores de migración europeos, el panorama cambia constantemente.

### Parques naturales

En el País Vasco abundan los parques naturales, aparte de la reserva de la biosfera de Urdaibal creada por iniciativa de la Unesco, hay una buena docena de parques naturales, cada uno de ellos con su propia especificidad: proteger el robledal como en Aralar, el biotopo cárstico como en Valderejo, los lagos endorreicos como en Laguardia... Naturalmente, cada parque aparece reseñado en el capítulo correspondiente. Pero estos parques, de reciente creación, aún presentan deficiencias estructurales, a pesar de que el gobierno autonómico ha hecho el máximo esfuerzo posible. Aquí, como en todas partes, se enfrentan las dos tendencias que favorecen el equipamiento o la protección integral. Basta decir que no resulta demasiado difícil andar por los parques del País Vasco, aunque tendréis que cuidar muy mucho la cuestión del avituallamiento y el alojamiento (en todos los parques está prohibida la acampada al aire libre).

### El *pottoka*

En las laderas de los montes pirenaicos os encontraréis con este caballo rústico, de tamaño pequeño, libre como el viento. Su nombre *pottoka* (pronunciar potioka) deriva de *Euskualdun pottoka,* que es su verdadero nombre en vasco. Vive en la región desde el paleolítico y parece que éste fue el primer caballo conocido. Según cuentan, los mustang del Oeste norteamericano llevan en sus venas sangre pottoka (llevado a América por los conquistadores españoles). Aunque el pottoka se crió antaño por su carne, en la actualidad lo utilizan cada vez más los centros ecuestres para hacer excursiones a caballo.

## > PATRIMONIO MUNDIAL DE LA UNESCO

Para figurar en la lista del Patrimonio Mundial de la Unesco, los monumentos o lugares deben tener un valor universal excepcional y cumplir al menos con uno de los diez criterios de selección. Protección, gestión, autenticidad e integridad de los bienes son, asimismo, consideraciones importantes.

El patrimonio es la herencia del pasado que disfrutamos en la actualidad y que transmitimos a las generaciones futuras. Nuestro patrimonio cultural y nuestro patrimonio natural son dos fuentes irreemplazables de vida y de inspiración. Estos bienes pertenecen a todos los pueblos del mundo, sin tener en cuenta el territorio en el que se encuentran situados. Para más información, consultad: 🖥 http://whc.unesco.org

En nuestra guía hemos indicado estos lugares mediante el icono ◈. A continuación, os relacionamos los que tienen esta calificación: el **puente de Vizcaya** (2006), la **Cueva de Santimamiñe** (2008)y la **Cueva de Ekain**(2008).

## > PELIGROS Y CONTRATIEMPOS

Los mismos que en todas partes, pero no más que en cualquier otro lugar. En las ciudades grandes y los centros de vacaciones hay ladrones que desvalijan los coches. O sea, que se han de adoptar las medidas de rigor (nada de radios en los coches si no se tienen mecanismos de seguridad, nada de dejar objetos de valor a la vista en los asientos traseros, etc.). En las ciudades grandes, los aparcamientos vigilados son una buena solución, aunque cara.

Por lo demás, la mejor forma de aprovechar la estancia en el País Vasco, que tiene sus propias costumbres y tradiciones, es tenerlas en cuenta porque, como dice el refrán, «donde fueres haz lo que vieres». Porque así es cómo podréis disfrutar de aspectos tan típicos de la vida vasca como sus fiestas patronales, llenas de animación y colorido, así como comprender y valorar sus deportes tradicionales, desde los rurales hasta las modalidades más desconocidas de la pelota vasca, y tanto sus danzas populares como sus costumbres. Y si procedéis de algún lugar donde no se suele beber sidra, aquí tendréis, por poner un ejemplo, una excelente ocasión para probar esta bebida tan refrescante y, además, hacerlo en unos locales tan típicos como son las sidrerías, sobre todo en Gipuzkoa, y más aún, en los alrededores de Donostia-San Sebastián.

## > PRESUPUESTO

### Hospedaje

Cada vez es más difícil encontrar hoteles modestos con la habitación doble por menos de 50 € por noche. El verano se considera temporada alta, lo mismo que la Semana Santa, y durante las fiestas locales los precios se disparan. En algunas zonas no es muy abundante. La mejor solución son las casas rurales (ver apartado «Alojamiento»). De todos modos, la mejor época para viajar es fuera de temporada. Los precios bajan a partir de septiembre, cuando aún hace buen tiempo.

Los **precios** indicados en esta guía son los de una habitación doble y, generalmente, incluyen el IVA (10 %). De todos modos, en los alojamientos preguntad si está incluido en las tarifas que anuncian. No incluimos (salvo si lo especificamos) el desayuno. En las casas de turismo rural suelen ofrecerlo pero lo facturan aparte.

He aquí, grosso modo, nuestra **escala de precios** en cada categoría:
- ➤ **Cámpings:** entre 15 y 30 € la noche por dos adultos, tienda y coche.
- ➤ **Barato:** menos de 25 € por persona o 50 € dos personas. En los albergues juveniles, la noche oscila entre 12 y 25 € por persona según temporada y edad.
- ➤ **Precios medios**: entre 50 y 70 €.
- ➤ **Selecto:** entre 70 y 100 €.
- ➤ **Más selecto:** entre 100 y 150 €.
- ➤ **Mucho más selecto:** más de 150 €.

## Comida

Evidentemente, se puede comer a diferentes precios en casi todas partes. En el País Vasco se come correctamente durante el mediodía por unos 10 €, escogiendo un menú del día que consta de dos platos, postre, pan y vino. La comida también se puede solucionar a base de tapas, pinchos y cazuelitas.

No es fácil fijar una horquilla de precios porque un establecimiento puede ser barato al mediodía, gracias al menú, y más caro por la noche cuando se come a la carta. Los precios que indicamos se entienden por persona por un menú completo o comida a la carta que incluya entrante, un plato y postre (más el IVA del 10 %), pero sin incluir la bebida.

- ➤ **Muy barato:** menos de 12 €.
- ➤ **Barato**: entre 12 y 20 €.
- ➤ **Precios medios**: entre 20 y 30 €.
- ➤ **Selecto:** entre 30 y 40 €.
- ➤ **Más selecto:** más de 40 €.

## > TELÉFONO

- ➤ **Urgencias:** el ☎ 112 es el número de todos los servicios de urgencias (bomberos, SAMU, policía).
- ➤ **Información local:** siempre que tengáis alguna duda o necesitéis alguna información concreta sobre cuestiones como transportes urbanos de la localidad donde estáis o cualquier otro dato de interés, información, etc., llamad al ☎ 010, donde os informarán directamente o bien os dirán cómo podéis conseguir la información buscada.
- ➤ **Información general:** ☎ 11818 o ☎ 11888.
- ➤ **Cabinas con tarjeta:** todavía bastante numerosas. Las tarjetas se compran en los quioscos de periódicos y estancos. Dos tarifas: 6 y 12 €:

## > TIENDAS

Las tiendas tienen el horario normal, o sea, que están abiertas por la mañana hasta las 13.30-14 h, y por la tarde desde las 17 h hasta las 20-21 h.

## Compras

En general, los precios en Euskadi no son precisamente bajos en comparación con otras regiones españolas. Los productos locales merecen algo más que un simple vistazo, sobre todo la artesanía y los productos gastronómicos de los que ya os hemos hablado.

## > TRANSPORTES

### El tren

En el País Vasco, la compañía autonómica **Eusko Tren** se encarga de las líneas regionales (principalmente Bilbao-Irun que recorre toda la costa y los valles principales), mientras que **RENFE** se ocupa de las líneas de largo recorrido. Álava, que está subequipada en líneas de ferrocarril y está poco poblada, es un caso aparte. Eusko Tren también tiene una red de autobuses. Número de teléfono nacional de RENFE: ☎ 902-320-320 🖥 www.renfe.com

Como en muchos países, el precio de un billete de tren depende del día y la hora, de la clase de reserva...También hay reducciones por la edad (niños y jubilados). Y siempre es más económico un billete de ida y vuelta que comprarlos por separado.

Para desplazarse a lo largo de la costa la mejor solución es el **Eusko Tren,** con unos precios bastantes económicos, con trenes frecuentes y regulares. Antes de emprender viaje conviene comprobar en qué estaciones tiene parada, ya que varían si es un directo, un semidirecto o un ómnibus. A veces hay que hacer trasbordo (por ejemplo, en Durango para ir a Bermeo). Por regla general, se indica cuál es la línea que va a cada localidad. Y ya es asunto vuestro averiguar dónde hacer el trasbordo.

Para más información: ☎ 902-54-32-10. 🖥 www.euskotren.es

Para simplificar, hay una gran línea norte-sur, la Madrid-Irun, con varias paradas entre Donostia y Vitoria-Gasteiz. Y además está FEVE (gestionada por RENFE), la línea de ferrocarril de vía estrecha, que en el País Vasco tiene dos líneas que salen de Bilbao. ☎ 944-25-06-15. 🖥 www.renfe.com/viajeros/feve

Por lo demás, todos los trenes de las grandes líneas cumplen los estándares europeos y, además, casi todos los trenes tienen aire acondicionado, hasta los de cercanías (excepto en los vagones antiguos). En los trenes rápidos es absolutamente necesario reservar plaza.

### El avión

**Iberia** y su filial, **Air Nostrum,** son las principales compañías nacionales en España. Hay numerosos vuelos entre Bilbao, Donostia-Hondarribia (y en menor medida Vitoria) y las principales ciudades españolas. Para contactar con ellas ver «¿Cómo ir?» al comienzo de esta guía.

La Compañía *low cost* **Vueling** 🖥 www.vueling.com vuela a Bilbao y Donostia desde Madrid y Barcelona.

### El autobús

El autobús sale a veces el doble de barato que el tren, por lo que os irá muy bien si queréis economizar en el transporte. Las líneas de las compañías de autobuses cubren tanto las carreteras principales como las secundarias, donde a menudo son el único medio para desplazarse. Al ser un medio de transporte muy utilizado, las estaciones y las compañías de autobuses están muy bien organizadas.

No hay una página web específica pero podéis encontrar los datos e informaciones de muchas compañías en 💻 www.turismo.euskadi.net

### El coche

En casi todas las gasolineras podréis pagar con tarjeta de crédito, lo mismo que en cualquier otro lugar. Lo mejor para circular son las carreteras nacionales y las autovías, principalmente la espléndida autovía 15 de Donostia-Irurtzun-Pamplona. Por esta carretera se puede ir a los puntos de interés sin ninguna dificultad, salvo a la costa. La A1 Donostia-Vitoria tampoco está mal. La red secundaria de carreteras es bastante desigual.

### La moto

Es un medio de transporte ideal. Se puede ir fácilmente a cualquier sitio, pararse y contemplar las espléndidas vistas que hay, sobre todo en la costa. Sin embargo se debe andar con mucho cuidado cuando llueve, porque tal como está el firme es fácil derrapar. No vayáis cargados con mochila a la espalda y llevad siempre puesto el casco.

### El autostop

En las pequeñas carreteras de montaña, en las que a menudo escasean los transportes colectivos, es posible que pare algún lugareño curioso, aunque por lo general solo os lleve unos cuantos kilómetros... Aparte de eso, resulta bastante difícil. Y, por lo demás, enseguida os daréis cuenta de que a los vascos les gusta caminar y nunca hacen autostop.

# CÓDIGO DEL TROTAMUNDOS

Cuando salimos de nuestro país, los extranjeros somos nosotros. Con este refrán en mente, una actitud correcta caerá por su propio peso.

**Los usos y costumbres del país:** respetad sus costumbres o creencias aunque os sorprendan. La discreción y la humildad permiten a menudo evitar algún malentendido. Bastará con observar las actitudes de los demás y adaptarse a ellas. Informarse de las tradiciones religiosas resulta siempre interesante. Un atuendo discreto, una sonrisa, algunas palabras en el idioma local, son detalles que facilitan el intercambio y el establecimiento de una verdadera relación. Estos pequeños gestos constituyen un paso hacia el otro. Y somos los visitantes quienes debemos darlo. La consigna: tolerancia y derecho a la diferencia.

**Visitante/visitado:** una relación de fuerzas desequilibrada: el pasado colonial o las abismales desigualdades económicas pueden conllevar tensiones. La diferencia de poder adquisitivo es enorme entre el Norte y el Sur. No exhibáis vuestro dinero, sobre todo billetes grandes, que muchos no habrán tenido jamás entre las manos.

**El turismo sexual:** es inadmisible que los occidentales utilicen sus medios económicos para aprovecharse sexualmente de la pobreza. Nuevas leyes permiten perseguir y juzgar en sus países de origen a aquellos culpables de abusos sexuales, especialmente a menores. Apelamos a la conciencia personal y al simple respeto al prójimo. Combatir estos comportamientos es fundamental. Boicotead los establecimientos que favorecen este tipo de relaciones.

**¿Foto o no foto?:** hay que informarse bien sobre la relación que los habitantes del país establecen con esta cuestión. Algunos pueblos consideran que la fotografía roba el alma. Limitaos a fotografiar paisajes o pedid permiso antes de apuntar con vuestro objetivo. No ignoréis la opinión de la gente. No dudéis en apuntar la dirección de la persona retratada para enviarle una copia. Un objeto mágico: dejadle una foto polaroid.

**Cada uno, su traje:** querer comprender un país para apreciarlo mejor es una actitud encomiable, pero a veces conviene mantener cierto distanciamiento (que no distancia), permaneciendo en el lugar que nos corresponde. No es preciso llevar un traje beréber para demostrar que nos gusta el país. La idea misma de «imitar» a los habitantes locales será mal recibida. Asimismo, los atuendos demasiado escuetos les resultan a menudo molestos.

**Cada uno, su ritmo:** los viajeros tienen siempre demasiada prisa. No puede verse ni hacerse todo. Hay que aceptar los imprevistos, a menudo más ricos en recuerdos que los periplos sin sorpresas. Las mejores relaciones humanas nacen con el tiempo y no con el dinero. Tomaos tiempo para sonreír, hablar, comunicaros... Ahí radica el secreto de un viaje memorable.

**Evitar las actitudes moralistas:** el trotamundos «aleccionador» resulta molesto. Observad, comparad e informaos antes de expresar opiniones. Y, sobre todo, escuchad.

**El exotismo adulterado:** denunciad a las empresas turísticas que tratan a los autóctonos de forma degradante y rechazad las excursiones que suponen el disfrute de una curiosidad malsana. No alentéis los espectáculos turísticos que adulteran las tradiciones y pervierten a los habitantes.

Gipuzkoa
(Guipúzcoa)

Gipuzkoa es una tierra rica, con unos valles escondidos en los que florece la agricultura, una costa con abundantes playas que atraen el turismo y unas zonas donde se asienta la industria. Visitar esta provincia densamente poblada (más de 700 000 habitantes en menos de 2 000 km$^2$) es intentar ir más allá de las apariencias. Para llegar a los puertos pesqueros, a los que vuelven las típicas gabarras llenas de un pescado reluciente, hay que atravesar a veces los puertos industriales en los que se amontonan viejas carrocerías de coche. Y hasta puede ocurrir que la brisa del mar os haga respirar los efluvios de alguna papelera cercana.

Bien es verdad que la carretera N 634, que sigue el curso del río Deba, es prácticamente una larga sucesión de talleres y de instalaciones industriales. Pero hay que ser lo bastante curioso como para salir del asfalto y adentrarse por el corazón de las ciudades, para poder apreciar la belleza de los cascos viejos y las iglesias románicas. Desde Donostia-San Sebastián hasta Mutriku se suceden hermosas villas, muchas de ellas con parques impresionantes, que se asoman al mar.

En los valles guipuzcoanos, de colorido verde esmeralda, la vida continúa siendo la misma de siempre. Gipuzkoa es como una hermosa muchacha que tras el maquillaje del modernismo esconde unos rasgos de una gran autenticidad.

## Un poco de historia

Guipúzcoa tiene una historia antigua un tanto oscura. Comienza con dos auténticas perlas de 15 000 años de antigüedad: las cuevas de Ekain y de Altxerri cubiertas de pinturas rupestres de caballos salvajes y otros animales. También se han encontrado dólmenes más recientes (Neolítico, unos 5 000 años a.C.), como en casi todo el litoral atlántico de Europa. El único vestigio que dejaron los romanos está en Irín, en el antiguo puerto de Oiasso.

La alta Edad Media fue igualmente oscura. En el siglo X la región dependía de la diócesis de Bayona y, un siglo más tarde, el rey de Navarra otorgó el monasterio de San Sebastián al monasterio de Leire. Años después, tras la muerte de Sancho el Mayor, se tiene noticias de Eneco Lupis, señor de Guipúzcoa y de Vizcaya, cuyo hijo jurará fidelidad al rey de Castilla, con lo que Guipúzcoa dejó de pertenecer a Navarra. A cambio, el rey de Castilla lo colmó de honores y concedió fueros a las ciudades, a saber, a Hondarribia en 1203, a Mutriku y Getaria en 1208, a Zarautz en 1237 y a Tolosa y Ordizia en 1256. El fuero de Donostia, por ejemplo, regulaba de una manera muy explícita los intercambios con los mercaderes de Bayona y, en particular, la exoneración mutua de impuestos entre los dos puertos. Lo que explica las especiales relaciones que Bayona y Donostia han mantenido a lo largo de los siglos.

Como zona fronteriza que Guipúzcoa era entre las coronas de Castilla y Francia, muchas de sus ciudades se fortificaron, entre ellas Donostia y Hondarribia. Y durante el periodo en que España y Francia se disputaron la hegemonía en Europa a lo largo de los siglos XVI y XVII, Guipúzcoa desempeñó un papel importante; así, tras la captura de Francisco I en la batalla de Pavía, el rey francés pasó su cautiverio en Donostia; y cuando se concertó la boda de Luis XIV con la infanta española María Teresa de Habsburgo, fue en Hondarribia donde el monarca francés se encontró con su esposa. Más tarde, durante la guerra de Independencia, Napoleón decretó la incorporación de Guipúzcoa a Francia. En 1813, al final de esa misma guerra, las tropas angloportuguesas, al mando del Wellington, acudieron a liberar la ciudad del dominio galo y los franceses se retiraron. Todos los datos indican, que este mismo ejército destruyó prácticamente toda la ciudad. En estos acontecimientos tiene su origen la tamborrada que tiene lugar el día de San Sebastián.

Desde el punto de vista económico, Guipúzcoa basó su desarrollo a partir del siglo XVIII en las minas de hierro, dando lugar al nacimiento de verdaderas conurbaciones industriales. Por último, a mediados del siglo XIX, San Sebastián se convirtió, por la influencia de la reina regente, en la ciudad veraniega más importante de España. En cuanto a los valles del interior, se mantuvieron al margen del movimiento y siguen manteniendo una agricultura cuyos productos pronto alcanzaron una excelente reputación. Después, Guipúzcoa quedó debilitada por las guerras carlistas, y durante la guerra civil de 1936-1939 estuvo en primera línea desde los inicios del conflicto. En la actualidad, Guipúzcoa basa su desarrollo en sus tres puntos fuertes tradicionales: la zona costera, que juega la carta del turismo; los valles, donde radica la industria, y la zona de montaña, dedicada a la agricultura.

## MAPA DE GIPUZKOA (GUIPÚZCOA)

C
D
NORTE
CANTÁBRICO
Hondarribia
(Fuenterrabía)
GI 3440
543
Monte
Jaizkibel
Behobia
Hendaye
1
Pasaia
Lezo
GI 636
Irun
DONOSTIA/
SAN SEBASTIÁN
Errenteria
E 80
E 5
E 70
E 80
GI 631
A 8
E 5
E 70
E 80
Fuerte de
San Marcos
Oiartzun
Parque Natural
de Aia
atz
A 8
Orio
Usurbil
Astigarraga
N 634
Lasarte-
Oria
Hernani
37
Aia
GI 3710
Otsiñaga
GI 3410
ue Natural
Pagoeta
Urnieta
GI 131
Andoain
2
NA 4150
VALLE DE ORIA
Villabona
N I
A 15
Tolosa
GI 2130
GI 2634
NA 170
Albiztur
Altzo
N 130
A 15
NA 1320
N I
GI 3670
Leitza
3
Abaltzisketa
NAVARRA
Zaldibia
GI 2133
Ermita
de Larraiz
aun
Martín
Lekumberri
Parque Natural de Aralar
NA 751
A 15
biena
Puerto de
Lizarrusti
120
62
0
NA 120
4
Uharte
Arakil
Irurtzun
Etxarri-
Aranatz
N 240
N 240
sasua
AP 15
C
D

# >La zona fronteriza

La zona fronteriza, más conocida como Bidasoa-Txingudi, comprende una amplia franja de terreno que se extiende desde la misma frontera hasta la capital donostiarra, y en la cual hay ciudades con una vieja historia, como Hondarribia e Irun. Cuando paséis por allí, siempre encontraréis numerosos grupos de franceses que acuden a las tiendas guipuzcoanas, sobre todo las de Behovia e Irun, a hacer la compra, aprovechando la diferencia de precios sobre todo en lo que a vinos y licores se refiere. Una vez lleno el maletero, regresan a Francia. Eso suele ocurrir los fines de semana. Entre semana es más tranquila.

## Un poco de geografía

Todo empieza en el Bidasoa, un río perezoso que separa España y Francia entre el macizo de Ibardín y el mar. El río fue la frontera geográfica hasta que Carlos V fortificó Hondarribia para proteger las provincias vascas, y desde entonces el río se convirtió más en una frontera política que en una barrera geográfica. El Bidasoa desemboca en la bahía de Txingudi. A un lado de la desembocadura está Hendaya y al otro, Hondarribia, pero mientras la primera era un pueblecito que había prosperado gracias al impacto de la industria del veraneo, la segunda era una ciudad antigua, poderosa y venerable. Al fondo de la bahía se encuentra Irun, que quizá sea una de las más antiguas ciudades vascas, y el pequeño barrio de Behovia que ha aprovechado su situación de puesto fronterizo para prosperar. Detrás, el macizo de Larrun y sus abruptas laderas. Entre los siglos XVI y XVIII éste fue el lugar donde se intercambiaban las princesas que se habían de casar con los herederos de cada uno de los dos tronos, se retenía a los rehenes políticos y se hacía pasar a los ejércitos de uno y otro país. La bahía, poco propicia para la navegación de grandes barcos, era una especie de tierra de nadie entre los corsarios de San Juan de Luz y los de Pasaia. Y no hace mucho tiempo que aún se dejaba que la bahía quedara convertida en una verdadera marisma, para que la frontera política quedara reforzada por una barrera natural.

En la actualidad, en torno a Txingudi se está desarrollando uno de los más interesantes experimentos del País Vasco con la formación en 1998 del Consorcio del Txingudi, integrado por Irun, Hondarribia, y Hendaya, que constituye la primera comunidad urbana transfronteriza de Europa. ¿Cómo poner en marcha el tratado de Maastricht? ¿Cómo administrar un conjunto de poblaciones que viven en ósmosis independientemente de su nacionalidad? ¿Cómo administrar mancomunadamente la energía, los residuos, los transportes públicos? Es ésta una apasionante iniciativa en la medida en que intenta reconducir el discurso político dominante en los hechos y la vida diaria. Y además está funcionando bastante bien.

# HONDARRIBIA (FUENTERRABÍA)

16 500 HAB. (C. POSTAL: 20280, *D1*)

Hondarribia es una verdadera joya. Pero, en primer lugar, es una ciudad antigua, fortificada en tiempos de Carlos V para proteger la frontera del reino de España. En segundo lugar, es un activo y vistoso puerto pesquero. Y, por último, una playa en la que se remansa el estuario del Bidasoa. De modo que no tiene nada de extraño que se haya convertido en centro de veraneo de un público bastante selecto y en uno de los lugares preferidos por los franceses que cruzan la frontera para pasar un día de asueto. Pero si vais al barrio de los pescadores, veréis que aquello no ha cambiado lo más mínimo, ni las aseadas casitas con el entramado acabado de repintar, ni las tabernas donde sirven un pescado delicioso ni los críos que juegan en la calle. Lo cual quizá se deba a que la ciudad ha sabido mantener la antigua división de sus barrios. La gente acomodada y los turistas de paso ocupan el casco viejo fortificado, los pescadores, el viejo barrio del puerto, «La Marina», y los nuevos vecinos, los edificios modernos al borde de la playa. La gente va de visita de un barrio a otro, pero sus vidas no se mezclan.

La ciudad se extiende, a lo largo, al pie del *casco viejo,* de forma que se pasa sucesivamente de los barrios nuevos al barrio del puerto, a la carretera de la playa y a la misma playa, que dista 2 km del centro urbano.

## DIRECCIÓN E INFORMACIONES ÚTILES

### ⓘ **Oficina de turismo**
*(Plano B3):* Arma Plaza, 9. ☎ 943-64-36-77. ⌨ www.bidasoaturismo. com En la plaza principal del casco antiguo. Abierta todos los días julio-sept 10-13.30 h y 15.30-20 h; 16 sept-junio, mar-sáb, 10-13.30 h y 15.30-19 h, dom 10-14 h, lunes cerrado. Buena información sobre Bidasoa. También organiza visitas guiadas de la ciudad vieja en verano (duración: 1h; precio: 3 €). Hay otra en el Puerto Deportivo *(fuera de plano por B1),* Minatera, 9. ☎ 943-64-54-58.
➤ El **autobús** E 25 de Ekialdebus comunica cada 15 minutos Irun, el aeropuerto y la playa, y un barco hace la travesía entre el centro de Hondarribia (paseo Butrón; plano B1-2) y Hendaya, (cada 30 minutos en julio-agosto; frecuencia reducida en invierno; 1,70 €).

## ¿DÓNDE DORMIR?

### Cámpings

#### 🔺🏐 Cámping Jaizkibel

*(Fuera de plano por A2, 10):* ctra Guadalupe, km 22. ☎ 943-64-16-79. 🖥 www.campingjaizkibel.com A 1,5 km del centro de la ciudad, en la GI 3440 dirección Jaizkibel. No hay autobús entre el cámping y el centro de la ciudad. Abierto todo el año. 2 pers con tienda y coche 20 €, con tienda grande o caravana 30 €. Bungalow hasta 6 pers 117 € en julio-agosto. Wifi. Pequeño cámping rodeado de colinas, muy bien mantenido. Espacio cubierto con barbacoa. restaurante y bar.

#### 🔺🏐 Cámping Faro de Higer

*(Fuera de plano por B1, 11):* Higer bidea (ctra del Faro), 58. ☎ 943-64-10-08. 🖥 www.campingseuskadi.com/faro A unos 3 km al norte del centro de la ciudad, en el cabo, al lado del faro. Hay que tomar el autobús de la playa, desde donde queda aproximadamente la mitad de camino. 2 pers, tienda y coche, unos 23 €. Wifi. La primera visión del cámping es una sucesión de techos de bungalows y caravanas... Pero las parcelas reservadas para las tiendas se encuentran al fondo, con vista aérea sobre el mar Muy agradable. Bonita piscina, aseos numerosos e impecables. Hay un caminito que baja hasta el mar. Es nuestro cámping preferido.

### Albergues juveniles

#### 🏠 Albergue juvenil Juan Sebastián Elkano

*(Fuera de plano por B1, 12):* Higer bidea (ctra del Faro), 7. ☎ 943-41-51-64. 🖥 www.gipuzkoa.net/albergues Al norte del centro, al inicio de la carretera que conduce al cámping Faro de Higer (situado 2 km más lejos). Noche 15-21,30 € según la edad, desayuno incluido. Alberge juvenil de 152 plazas en habitaciones de 2 a 16 camas en un edificio moderno de 3 pisos. Aseos brillantes.

#### 🏠 Albergue Capitán Tximista

*(Fuera de plano por A2, 13):* barrio Jaizubia, 14. ☎ 943-64-38-84. 🖥 www.capitantximista.com A 3-4 km al suroeste de la localidad (plano de acceso en su web). 16-21 €/pers según edad y temporada, deasyuno incluido. Wifi. En un antiguo molino del siglo XVI completamente restaurado. Solo tiene dormitorios, de 4, 16 y 20 camas, con aseos comunes, todo bien cuidado. Pequeño  bar. Muy agradable, ideal para peregrinos y otros caminantes.

# HONDARRIBIA (FUENTERRABÍA)

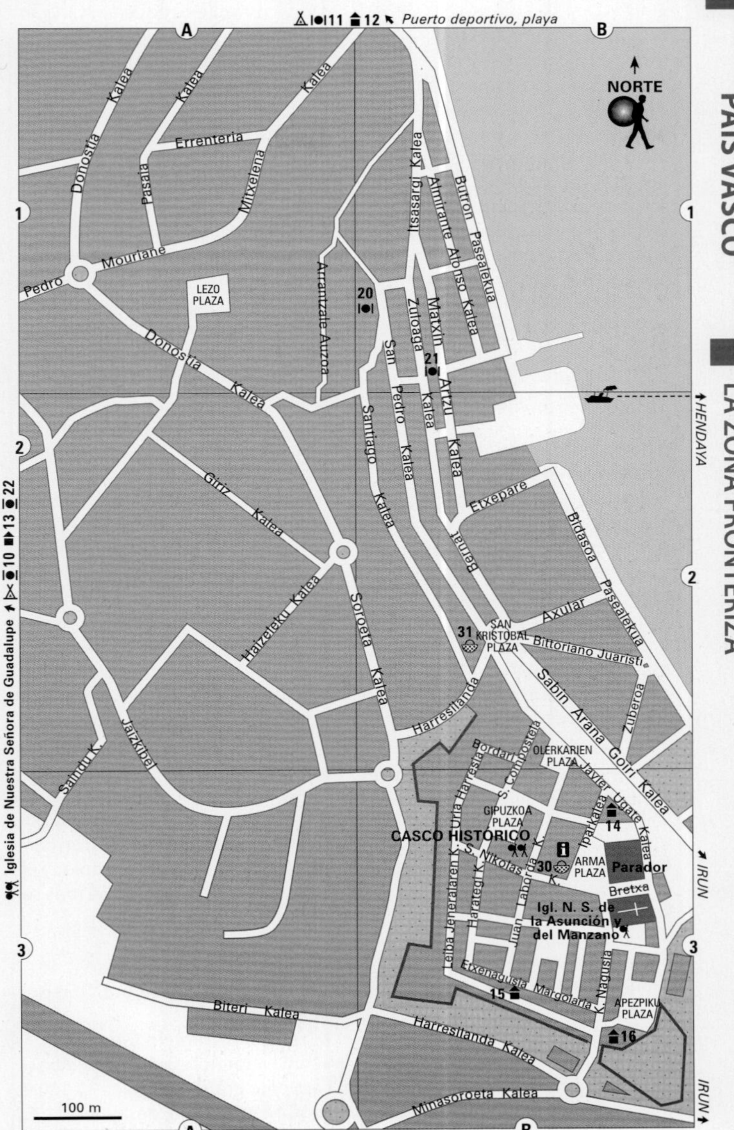

## De barato a precio medio

### Agroturismo Artzu

*(Fuera de plano por A2, 13)*
Montaña auzoa, barrio Gornutz. ☎ 943-64-05-30. 🖥www.euskalnet. net/casartzu a 5-6 km del centro de la ciudad. Hay que seguir la carretera del Jaizkibel (GI 3440), y después la señalización. Vacaciones en Navidad. Dobles 46-52 € según comodidades y temporada, desayuno 3 €. Una casa rústica perdida en las alturas del Jaizkibel, desde la que se ve el mar. Habitaciones sin florituras pero económicas. Solo la más cara tiene cuarto de baño. Desayuno ligero.

### Iketxe

*(Fuera de plano por A2, 13):* Arkoll auzoa 61, apdo 343. ☎ 943-64-43-91. 🖥www.nekatur.net/iketxe Cerca de la ermita de Santiago, A unos 3 km al suroeste de la localidad, por la GI 3440 y despuées a la izquierda por caminos rurales (plano disponible en su web). Dobles 55-66 € según temporada, desayuno unos 5,50 €. Wifi. Nos gusta esta gran casa apartada en el campo, con su interior de madera y piedra, 6 agradables habitaciones con vigas en el techo y terraza o un balcón. Por la mañana se toma el desayuno en una magnífica veranda. Buena relación calidad-precio.

## Precio medio a más selecto

### Haritzpe Baserria

*(Fuera de plano por A2, 13):* Zimizarga auzoa, 49. ☎ 943-64-11-28. 🖥www.haritzpe.net 🧭 En la misma zona que el agroturismo Iketxe. Vacaciones: Navidad. Dobles 70-75 € según temporada, familiar 100 €, desayuno completo 6 €. Wifi. Un poco más cerca de la localidad que Iketxe, y no obstante, se encuentra ya en un bello paraje natural. Se trata también de una gran casa rural, con 6 habitaciones impecables y construidas con materiales nobles, bonito mobiliario de madera y cuartos de baño decorados con azulejos de cerámica. Gran salón para los huéspedesi, con chimenea y mullidos sofás para relajarse. Proprietarios muy hospitalarios.

### Ostatua Zaragoza

*(Plano B3, 14):* Javier Ugarte, 1. ☎ 943-64-13-41. ✉hostalzaragoza@ gmail.com Cerrado 15 nov-15 marzo. Dobles 60-80 € según comodidades (con o sin baño y TV) y temporada, desayuno 6 €. Wifi. Gran edificio blanco bastante antiguo, en el centro del casco viejo. Situado al lado del Parador, formaba parte del castillo, antes de convertirse en casa natal del escritor Eduardo Ugarte y de recibir de vez en cuando a García Lorca. Hoy es una pensión con unas cuantas habitaciones con personalidad, todas diferentes y la mayoría con vistas al mar. Vista, espléndida, que se disfruta también desde la terraza donde se toma el desayuno. Un alojamiento especial en Hondarribia.

### Txoko Goxoa Pentsioa

*(Plano B3, 15):* Margolari Etxenagusia s/n. ☎ 943-64-46-58. 🖥www.txoko-goxoa.com Vacaciones: 1ª quincena de octubre. Dobles con baño 65-81 € según temporada, desayuno 5 €. Internet y Wifi. Encantadora casita situada en el centro de la casco viejo. El interior y las habitaciones (con parquet brillante) sencillos, limpios y el trato muy agradable. ¿Qué más se puede decir?

### Hotel Obispo

*(Plano B3, 16):* plaza del Obispo. ☎ 943-64-54-00. ✉ recepcion@hotelobispo.com 🖥www.hotelobispo.com 🧭 Aparcamiento gratuito. Dobles 90-180 € según temporada, desayuno 11 €. Ofertas especiales regularmente distribuidas por Internet. Internet y Wifi. Este obispo está instalado en un edificio histórico muy bien restaurado, uno de cuyos lados da a un minúsculo

jardín. Habitaciones confortables y elegántes con sus antiguas vigas y paredes de piedra. Como anécdota, el obispo es Ricardo de Sandoval, que nació en esta casa y llegó a ser arzobispo de Sévilla y capellán de Carlos V.

## ¿DÓNDE COMER?

**Por supuesto que en el barrio de los pescadores. Hay varios restaurantes y bares de pintxos en la pequeña San Pedro Kalea, que conserva todo su encanto de antaño. Todos están muy bien. Menús del día entre 12 y 20 €. A la carta, entre 20 y 35 €.**

### Taberna Gran Sol

*(Plano B1, 20):* San Pedro, 65. ☎ 943-64-27-01. ✉ info@bargransol.com Todos los días, 11-23 h, excepto lunes. Tapas 2-3,50 €, menú del día unos 14 €, fin de semana 25 €. Para pintxos y raciones es uno de los mejores (si no el mejor) bares del centro de la ciudad. Probad ante todo el *huevo mollete oro* (hay que pedirlo), es único. También tienen un restaurante al lado (abierto solo a mediodía y viernes y sábados por la noche)... recomendable y todavía asequible.

### Hermandad de Pescadores

*(Plano B1, 21):* Zuloaga kalea, 12. ☎ 943-64-27-38. Cerrado martes por la noche y miércoles. Se recomienda reservar. Platos 13-24 €. Los pescadores se reunían antaño en este restaurante para hablar del trabajo y echar un trago. El local se ha vuelto más selecto (aunque la decoración sigue siendo rústica) pero sigue siendo un restaurante muy apreciado. Estrella indiscutible: la sopa de pescado, sin duda la mejor en kilómetros a la redonda. El bar, muy popular, da al comedor, lo que propicia un ambiente muy cordial.

### Guadalupeko Kantina

*(Fuera de plano por A2, 22):* Gomutz Montaña auzoa, 27; al lado de la iglesia de Nuestra Señora de Guadalupe (ver más adelante), a 4 km al oeste del centro en la GI 3440. ☎ 943-64-12-11. ✉ guadalupekokantina@gmail.com Cocina 13-15 h, viernes y sábados también 19-21 h. Cerrado los miércoles. Vacaciones en noviembre. Se recomienda reservar (sobre todo si se trata de un grupo). Menú del día 11-12 €; carta el fin de semana: entrantes 2-4 €, platos 3-6 €. Una auténtica cantina rural en la que, si hace bueno, se come fuera, bajo los árboles, en grandes mesas; si no en su sala rústica. Local muy agradable y precios casi ridículos. En el menú: sopa de pescado (una sopera llena por menos de 3 €), tortilla de perejil, pimientos rellenos, albóndigas, chuletas... No es alta cocina, pero con esos precios está prohibido quejarse. Local muy apreciado por los lugareños. Reservad o llegad temprano.

## ¿DÓNDE COMPRAR PRODUCTOS LOCALES?

### Salanort

*(Plano B3, 30):* Arma plaza, 8. ☎ 943- 64-61-87. Abierto todos los días 10-19 h. Está situado al lado de la Oficina de turismo. Productos en conserva de lujo.

### Solbes Gourmet

*(Plano B2, 31):* Santiago, 2. ☎ 943-64-55-51. Lun-sáb 9-14.30 h y 17-21 h; dom por la mañana. Especializado en productos locales: vinos, charcutería, quesos y conservas de pescado.

# FIESTAS Y MANIFESTACIONES

### ◔ Procesión del Viernes Santo
Fecha variable. Famosa en toda Gipuzkoa.

### ◔ Fiesta medieval
Segundo o tercer fin de semana de junio (comprobad en la Oficina de turismo). Ambiente medieval en el casco viejo, decorado para la ocasión, con música, mercado tradicional...

### ◔ Fiesta de Santiago
El 25 de julio se celebra el rito de la **Kutxa,** antigua tradición de los pescadores. El punto culminante es la danza de la reina de la *kutxa,* que da vueltas llevando en la cabeza el cofre *(kutxa)* en el que antaño la cofradía de pescadores guardaba el dinero. Cuantas más vueltas dé la reina antes de que caiga el cofre, tanto más abundante será la pesca durante el año.

### ◔ Fiestas patronales
El 8 de septiembre se celebra el **alarde** (desfile pseudomilitar con disparo de salvas) para conmemorar la derrota de las tropas francesas tras el sitio que sufrió la ciudad durante dos meses en 1638. Esta celebración incluye la visita al santuario de Guadalupe, en el monte Jaizkibel.

# ¿QUÉ VISITAR?

◉ **Pequeño recordatorio:** la Oficina de turismo organiza visitas guiadas de la ciudad vieja (ver «Dirección e informaciones útiles»).

**Casco Viejo** *(plano B3):* está muy bien conservado y relativamente poco reformado. Para constatarlo basta con ir a ver los balcones y los aleros de Konpostela Kalea, que sale de la preciosa plaza de Gipuzkoa. La subida de la Javier Ugarte Kalea ofrece una hermosa vista de la bahía. Si vais al parador subiendo por la Kalea Nagusia, veréis unas pintorescas viviendas y vistosas tiendas cuidadosamente decoradas según el estilo de la ciudad, la calle desemboca en la plaza de Armas, epicentro del Casco Viejo, y en el magnífico Parador de Hondarribia, instalado en el castillo de Carlos V

**Iglesia Nuestra Señora de la Asunción y del Manzano** *(plano B3):* en el casco viejo. Abierta solo a las horas de misa, los sábados y domingos por la mañana. (No es broma, así es como se llama exactamente, aunque vete tú a saber qué pinta aquí el manzano). Es una hermosa iglesia gótica con una torre barroca añadida en el siglo XVIII. En ella se celebró el enlace por poderes del rey francés Luis XIV con la infanta española María Teresa. Después de lo cual, hubo que atravesar el Bidasoa para ir a San Juan de Luz, donde se celebró la verdadera boda. La iglesia es conocida asimismo no solo por su retablo barroco, sino también por las dos enormes conchas de la entrada, que sirven de pilas de agua bendita.

**Iglesia de Nuestra Señora de Guadalupe** *(fuera de plano por A2):* A unos 4 km del centro, por la GI 3440. Esta capilla, dedicada a la patrona de la localidad, está situada en el monte Jaizkibel, en un paraje bellísimo desde el que, además se ve la ciudad. El lugar es también punto de partida de numerosos senderos (ver más abajo).

➤ Los senderistas pueden hacer bastantes excursiones en la zona: el ayuntamiento ha balizado nueve senderos que salen desde Nuestra Señora de Guadalupe y tienen una longitud de 5 a 12 km. Por una módica cantidad se pueden comprar las fichas de los diferentes senderos en la Oficina de turismo.

➤ Para los más atrevidos hay un sendero a lo largo de la costa que permite llegar a Pasajes en 7 horas (21 km) y, 8 km más adelante (unas 3 horas más) a San Sebastián.

Finalmente, la **espléndida playa** al lado del Puerto Deportivo.

# IRUN

**61 000** HAB. (C. POSTAL: **20300**, *D1*)

Irun ha sido durante siglos un apéndice de Hondarribia. Y eso a pesar de que se trata de una de las ciudades más antiguas de la bahía y de que en ella se han encontrado los vestigios del puerto romano de Oiasso. Fue probablemente el cegamiento de la bahía lo que provocó el desplazamiento del puerto hacia Hondarribia, y el que Carlos V fortificara esta ciudad no benefició a Irun. En los archivos hay abundantes testimonios de las querellas y disputas entre ambas ciudades. Por otra parte, el rey había prohibido que se fortificara Iruún ante la posibilidad de que el enemigo (o sea, Francia) se apoderara de la ciudad. Hubo de esperar hasta finales del siglo XVIII para que Irun consiguiera liberarse de la tutela de la ciudad vecina. En 1813 se libró la batalla de San Marcial, la última de la guerra de la Independencia. Y las tropas napoleónicas se volvieron por donde habían llegado.

El verdadero despegue económico de la ciudad se produjo en el siglo XIX, cuando se inauguró  la línea ferroviaria Madrid-París. La estación de Irun se convirtió al cabo de poco tiempo en la primera estación de mercancías del norte de España. La línea ferroviaria atrajo a las industrias y los servicios. Pero esa importancia económica tuvo su reverso. Irun fue destruida en 1874, durante la segunda guerra carlista, y vivió un verdadero infierno en la guerra civil. Los bombardeos franquistas destruyeron más de la mitad de la ciudad y provocaron un verdadero éxodo hacia Hendaya.

En la actualidad, Irun es sobre todo un importante centro comercial, aglutinado en torno a los barrios nuevos y los jardines de Luis Mariano. Porque fue en Irun donde nació el rey de la opereta que cantaba aquello de «Andalucía mía...» y hacía películas con Carmen Sevilla...

## TRANSPORTES

**Atención:** en Irun hay dos estaciones de tren: la de **RENFE** y la de la red de ferrocarriles vascos **Eusko Tren.** Si cuando lleguéis a Irun preguntáis por la estación sin especificar cuál de ellas, nueve de cada diez veces os enviarán a **Eusko Tren.**

### En tren

**RENFE:** calle de la Estación. ☎ 902-320-320 (nº nacional).. 🖥 www.renfe.com En dirección a Hondarribia, tenéis que llegar hasta el final del paseo Colón (la arteria más grande) para ver el indicador a la izquierda tras el puente que cabalga la vía del ferrocarril.

➤ Trenes a Tolosa y el interior de Gipuzkoa, Pamplona, Vitoria, Barcelona, Madrid y Francia. También se utiliza como estación de autobuses para los trayectos de larga distancia.

**Estación Eusko Tren:** Colón Pasealekua. ☎ 902-54-32-10. 🖥 www.euskotren.es Entrada por el paseo de Colón, a la derecha en dirección a la estación de Renfe, pero se llegar más fácilmente por la calle Cipriano Larrañaga, paralela al paseo de Colón.

➤ Tren popularmente conocido como «el Topo» que recorre todas las estaciones de la costa desde Hendaya a Bilbao.

## DIRECCIÓN ÚTIL

### ⓘ Oficina de turismo

Plaza Luis Mariano, 3, en pleno centro. ☎ 943-02-07-32. 🖥 www.bidasoaturismo.com Todos los días excepto domingo por la tarde y lunes en temporada baja.

## ¿DÓNDE COMER?

### Bar Gaztelumendi

Plaza San Juan Harri, 1. ☎ 943-63-05-12. Está en el centro, frente al ayuntamiento. Pintxos fríos y calientes 2-6 €. Este bar ofrece un buen surtido de buenos pintxos, bastante imaginativos (sobre todo los calientes; hay que pedirlos). En resumen, uno de los mejores locales para comer informalmente. Tiene también restaurante, prestigioso pero más caro.

### Bar Don Jabugo

Plaza del Ensanche, 8. ☎ 943-61-50-89. En pleno centro, en la gran plaza frente a la Oficina de turismo. Pintxos 2 €, platos 10-16 €. Bar especializado en jamón de calidad. Lo ideal es pedir un plato grande de jamón (no es regalado pero está exquisito) y acompañarlo con un vaso de vino. Tiene también una buena oferta de pintxos y raciones. Terraza bajo los plátanos.

## ¿DÓNDE IR DE MARCHA POR LA NOCHE?

Irun está muy animada los fines de semana. De las ciudades cercanas llega cantidad de gente joven, tanto del norte como del sur de la frontera. Eso tiene una explicación, y es que el ambiente es menos pijo que en Donostia y los precios son más bajos.

Los bares tradicionales (como el Gaztelumnedi, ver «¿Dónde comer?») están en la **calle Mayor** que sube desde la plaza del Ayuntamiento, y en la **plaza Urdanibia**, y calles adyacentes, zona conocida popularmente como plaza de Moscú. Echad un vistazo al **Deportivo**, donde tocan rock vasco y reggae.

Más cerca de la estación, en la **calle Cipriano Larrañaga** hay unos cuantos bares de salsa y una discoteca.

# FIESTAS

### Fiestas patronales

Por una afortunada casualidad, el día que los franceses pusieron pies en polvorosa en 1813, en Irun coincidió que era la **fiesta de San Marcial.** Como más vale festejar dos acontecimientos que uno solo, los dos se celebran al mismo tiempo y la ciudad deja de trabajar durante dos días hacia el 30 de junio. Hay procesiones y se celebra el *alarde* (desfile de escopeteros y pífanos en conmemoración de la batalla de San Marcial). Durante las fiestas, Irun se llena de visitantes procedentes de toda la costa.

### Euskal Jira

Fiestas vascas el primer sábado de agosto.

## ¿QUÉ VISITAR? ¿QUÉ SE PUEDE HACER?

**El mercado:** los sábados por la mañana en la plaza Urdanibia. A este animado mercado no solo van a comprar los vecinos de Irun y alrededores, sino también muchos franceses que aprovechan la diferencia de precios y se llevan un poco de todo, principalmente piezas de cordero lechal, leche, queso de oveja o legumbres de la Ribera. En cuanto al **mercado cubierto (mercado Mendibil,** plaza del Ensanche, en la planta sótano del centro comercial; lun-vie 8.30-13.30 h y 16.30-20 h y sáb 8.30-14 h), resulta demasiado aséptico.

**Oiasso – Museo romano:** Eskoleta, 1. ☎ 943-63-93-53. ⌨ www.oiasso.com Abierto abril-agosto, Mar-sáb 10-20 h; domingo 10-14h. Sept-marzo, mar-dom 10-14 h y también vie-sáb 16-19 h. Visita guiada previa reserva: a diario a las 10 h, 12 h y 17 h; el sábado a las 11 h y 17 h. Entrada: 6 €; descuentos; ½ tarifa para todos el domingo. Entrée + visita guiada: 7,50 €.

Este moderno museo alberga el resultado de las excavaciones arqueológicas realizadas en Irun, que han desvelado la importancia de esta localidad y de su puerto en época romana, gracias a la explotación de sus minas de plata y la situación estratégica de la ciudad. La exposición está presentada de una manera clara y multimedia. Una película de 15 minutos (con personajes vestidos de época) ilustra la historia de la localidad.

➤ En verano, martes, miércoles, jueves y viernes a las 17 h y domingos 11 h, un pequeño **tren turístico** va del Museo romano a las minas de Irugurutzeta (ques se visitan de paso). Es necesario reservar, 3 €. Información en Oiasso – Museo romano o en la Oficina de turismo.

**Ermita de Santa Elena (Ama Xantalen):** Es una segunda sede del Museo romano. En la ermita, bello edificio del siglo XI, se conservan los restos de un templo romano y una necrópolis indígena.

**Iglesia de Santa María del Juncal:** avda Nafarroa, al lado de Oiasso. Solo se puede ver durante la visita guiada de la ciudad organizada por la Oficina de turismo. Alberga un hermoso retablo barroco con una preciosa Virgen románica en el centro. En su parte posterior se conservan restos de termas romanas.

# >Donostia-San Sebastián y alrededores

En solo unos cuantos kilómetros cuadrados se da la concentración urbana más sorprendente de Gipuzkoa. Donostia-San Sebastián no es solo una gran ciudad de veraneo de la gente selecta, sino también una capital universitaria. En Errenteria o Pasaia Antxo domina la industria y los barrios obreros de los primeros años del franquismo. Pero en cuanto se pasa Oyarzun, se llega a las zonas rurales en las que el paisaje aparece moteado por rebaños de ovejas. Bastan tan solo unos pocos kilómetros para llegar a la montaña casi desierta del parque natural de Aiako Herria. El campamento base para este viaje de descubrimiento es, naturalmente, Donostia-San Sebastián. Pero se siente uno tan bien allí que a veces resulta difícil irse.

## DONOSTIA-SAN SEBASTIÁN

186 000 HAB. (435 000 HAB. LA AGLOMERACIÓN) (C. POSTAL: 20000, C1)

Donostia-San Sebastián es la ciudad de veraneo más elegante de España. Y conserva un toque muy Belle Époque, de cuando la aristocracia española tenía a gala disponer en la costa vasca de al menos dos villas de recreo para las vacaciones, una en Biarritz y otra en Donostia-San Sebastián.

## Un poco de historia

La historia de la ciudad está inscrita en su urbanismo. El puerto, aunque estaba protegido por la rada, tuvo durante mucho tiempo bastante menos importancia que el de Pasaia, más profundo y mejor abrigado. Por lo demás, en el siglo XI, Donostia-San Sebastián no era más que un monasterio que pertenecía a la abadía de Leyre. La localidad, a la que Sancho el Sabio otorgó los fueros en 1180, tardó lo suyo en crecer y desarrollarse. Durante mucho tiempo fue una gran aldea que tenía, sobre todo, interés estratégico porque dominaba el acceso a la costa y a las poblaciones del interior a través del valle de Oria. En 1813, durante los estertores de la guerra de la Independencia, la ciudad fue incendiada por los ingleses tras la expulsión de los franceses por parte de las tropas anglo-portuguesas.

Pero la instalación de la pareja imperial en Biarritz y la moda de los baños de mar, impulsada por la reina regente María Cristina, que decidió pasar los veranos en la ciudad, supuso el despegue de Donostia-San Sebastián a mediados del siglo XIX. Así, al casco viejo, escondido al pie del fuerte y contra el puerto, se le añadió un barrio nuevo a lo largo de la playa de la Concha. Por esa misma época (1854), Donostia-San Sebastián arrebató a Tolosa la capitalidad de la provincia. Como es lógico, ésa fue una oportunidad que la burguesía donostiarra no dejó escapar y, apoyándose en su próspera agricultura y su industria metalúrgica, consiguió convertir la ciudad en una verdadera metrópoli.

## Donostia-San Sebastián en la actualidad

Donostia-San Sebastián sigue siendo una ciudad de veraneo. Es conocida la estampa que ofrece el conjunto espléndidamente conservado de la bahía, la playa de la Concha, los grandes hoteles del siglo XIX, todavía en activo y a un paso del mar (como el hotel Alemana), los comercios elegantes de la zona moderna (o sea, todo lo que constituye el centro, también llamado Barrio romántico) y la animación del Casco viejo de la ciudad. Los días de fiesta se producen grandes atascos y la ciudad está animada a lo largo de todo el año, sin que la actividad decaiga ni siquiera en invierno.

En 1999 la ciudad decidió rejuvenecer un poco inaugurando un palacio de Congresos junto al puente de Zurriola, al este del Casco viejo, llamado «Kursaal» en recuerdo de los tiempos en que los alemanes frecuentaban los casinos de la costa. El Kursaal, del arquitecto Rafael Moneo, es un gran bloque paralelepipédico junto al mar. Sus equipamientos técnicos, de una gran calidad, lo han convertido en un verdadero éxito y arrastra tras su estela al barrio del Gros donde está construido. No pasa un mes sin que se inauguren en el Gros bares de pintxos, restaurantes, tiendas de vanguardia... En Illunbe, la plaza de toros cubierta, sirve también para acoger conciertos y grandes acontecimientos musicales en los límites de la ciudad, cerca del estadio de Anoeta.

Los carriles bici y para patinadores se multiplican, la Universidad y sus estudiantes añaden dinamismo a la ciudad. Y para confirmar este estatuto de gran ciudad dinámica, abierta al mundo, San Sebastián será en 2016 Capital Europea de la Cultura.

◉ **Atención:** por lo general, los nombres que aparecen en los mapas, planos y folletos son los oficiales. Pero en las calles no hay placas bilingües, unas están en euskera y otras en castellano. Así, es posible que encontréis en un mapa el nombre *Hondarribia Kalea* y en la placa el de *calle de Fuenterrabía*.

# PLANO GENERAL DE DONOSTIA-SAN SEBASTIÁN

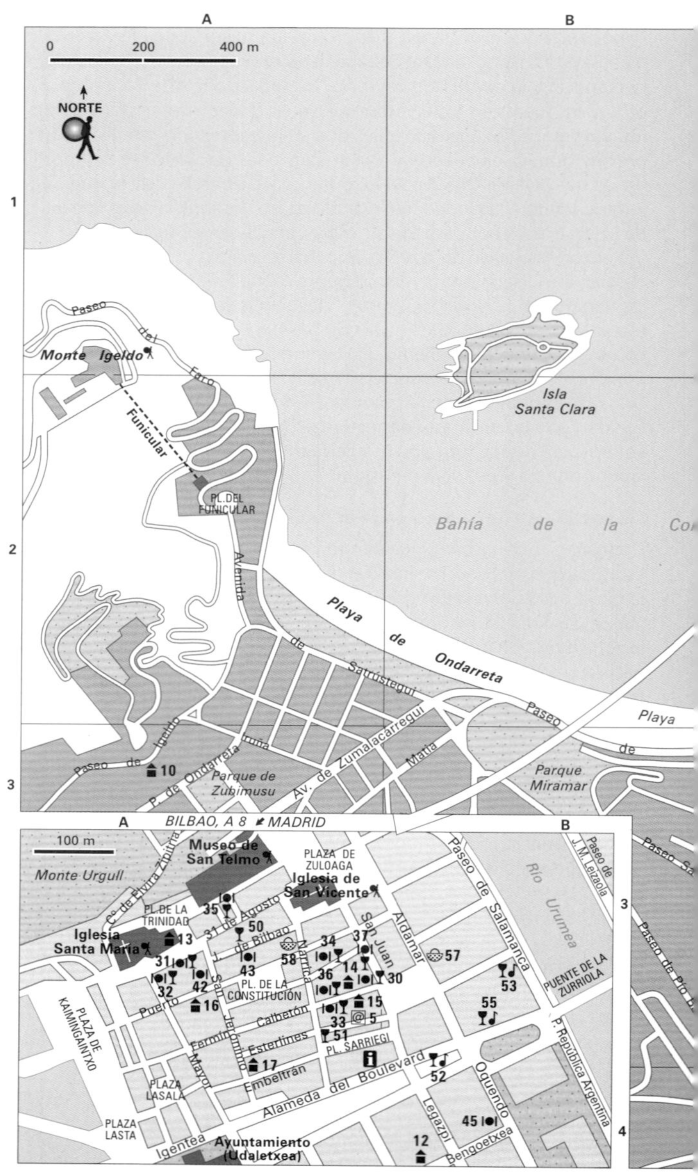

**Direcciones útiles**
1 Oficina de Turismo
2 Estación RENFE
3 Estación Eusko Tren
5 Zarr@net

**¿Dónde dormir?**
10 AJ Ondarreta – La Sirena
11 Albergue Juvenil Ulia
12 Urban House Hostal – Enjoyeu
13 Pensión Amaiur
14 Pensión Izar Bat
15 Bretxa Hospedaje
16 Pensión Edorta
17 Pensión Anne
18 Pensión Urkia
19 Pensión La Perla
20 Pensión Fany
21 Pensión Kursaal
23 Hostal Alemana

**¿Dónde comer pintxos?**
30 Goiz Argi
31 A Fuego Negro
32 Atari Gastroteka
33 Txondorra
34 Bar Txepetxa
35 La Cuchara de San Telmo
36 Borda Berri
37 Zeruko
38 Garbola
39 Bergara Bar
40 Alex
41 Bar Casa Valles

**¿Dónde comer sentados?**
42 TTUN-TTUN Taberna
43 Suhazi
44 Kaskazuri
45 Café Oquendo
46 Restaurante Ni Neu

**¿Dónde tomar una copa?**
**¿Dónde salir?**
50 Herria
51 Bar Txiki
52 Museo del Whisky
53 Be-Bop Bar
54 Uda. Berri
55 Altxerri

**Compras**
57 Aitor Lasa
58 Vinos Martínez

**¿Qué visitar?**
60 Iglesia San Vicente
61 Museo Municipal S. Telmo
62 Iglesia de Santa María
63 Koldo Mitxelena
64 Museo Naval
65 Aquarium
66 Monte Igeldo
67 ¡Eureka! Zientzia Museoa

# TRANSPORTES

## En avión

**Aeropuerto** *(fuera de plano por D3):* situado en realidad en Hondarribia, a 23 km al este de Donostia, frente a Hendaya. Solo vuelos domésticos.

- **Información:** ☎ 943-66-85-00. 💻www.aena.es
- **Iberia:** ☎ 943-66-85-21.
- **Varias agencias de alquiler de automóviles:** *Avis,* ☎ 943-66-85-48; *Hertz,* ☎ 943-66-85-66; *Europcar,* ☎ 943-66-85-30; *National-Atesa,* ☎ 943-98-80-08.

➤ **Madrid:** 6-8 vuelos/día con *Air Nostrum.* 1 h de vuelo.

➤ **Barcelona:** unos 3 vuelos/día con *Air Nostrum* y *Vueling.* 1h de vuelo.

➤ **Para llegar al centro en autobús:** 1 cada hora (un poco menos el fin de semana), 6-20.15 h, con el autobús E21 de *Ekialdebus* (💻www.ekial-debus.net). En sentido aeropuerto (salida de la plaza de Gipuzkoa en Donostia), primer autobús a las 6.30 h, último a las 21.10 h. Trayecto: unos 30 minutos. Billete: 2 €.

## En tren

La línea de alta velocidad, en construcción, comunicará en unos años las principales ciudades vascas con la red de alta velocidad europea. Los tiempos del trayecto entre Paris y Madrid se reducirán más que sensiblemente; habrá menos de 40 minutos entre Donostia y Bilbao, frente a más de 2.30 h en la actualidad:

**Estación de RENFE** (estación del Norte; *plano D2, 2):* paseo de Francia s/n. ☎ 902-320-320 (nº nacional). 💻www.renfe.com

> ### > AVISO
>
> **Los horarios que se indican en la guía corresponden al momento de la edición de la misma y, por tanto, son orientativos.**

➤ **Grandes líneas: Madrid, Pamplona, Barcelona** y trenes hacia el interior de Gipuzkoa (**Tolosa, Ordizia, Zumarraga** y **Legazpi**).

➤ **París:** no hay comunicación directa, hay que pasar por Irun o Hendaya. Solo 4 TGV/día en dirección de Paris.

➤ **Madrid:** unos 5 enlaces/día (por la mañana y por la tarde).

➤ **Barcelona:** unos 2 enlaces/día (por la mañana y por la tarde).

**Estación Eusko Tren** (estación de Amara; *fuera de plano por D3, 3):* plaza de Easo. ☎ 902-54-32-10. 💻www.euskotren.es

➤ En la **línea Hendaya-Zumaia** (que pasa por **Irun** y **Donostia**, mínimo 2 trenes/hora, 6-22.30 h), y la **línea Donostia-Bilbao** (1 tren/hora, 6-20.15 h).

## En autobús

**Estación de autobuses de Amara** *(fuera de plano por D3, 3):* plaza Pio XII (se accede con el autobús nº 28 desde la Alameda del Boulevard). Salidas hacia todas las localidades grandes y medianas y hacia el sur hasta Madrid. Hay que informarse directamente en cada compañía para saber qué autobús realiza el trayecto al destino requerido.

➤ **Madrid:** unos 10 autobuses/día 7.15-18.30 h con *Alsa* (☎ 902-42-22-42; 💻www.alsa.es).

➤ **Barcelona:** unos 3 autobuses/día con *Vibasa* (💻www.vibasa.com).

➤ **Línea Bayonne – Biarritz – Saint-Jean-de-Luz – Hendaya – Irun – Donostia:** 2 autobuses/día (excepto domingos); trayecto de 2 h de Bayonne a Donostia. Línea asegurada por la compañía *Pesa* (☎ 902-10-12-10; 💻www.pesa.net), que realiza el servicio con otras ciudades de la costa.

➤ **Pamplona:** cada 60-90 minutos 7-22h con *Alsa.*

➤ **Bilbao:** unos 10 autobuses/día 7-21.30 h con *Alsa.*

# ¿DÓNDE APARCAR?

No es fácil aparcar en San Sebastián, sobre todo en las inmediaciones del casco viejo. Además, si se encuentra un sitio, siempre hay que pagar, en todas las partes y todos los días de 9 h a 20 h (18 h el domingo), con una pausa entre 13.30 h y 15.30 h.

Un truco: además de los dos aparcamientos gratuitos que hay a unos 30 minutos a pie del centro (Loiola e Illumbe, desde donde se puede tomar un autobús hasta el centro), se puede aparcar 5 horas por 7 € durante el día y, sobre todo, encontrar fácilmente una plaza gratuita por la noche en el paseo Nuevo *(plano C1)*, a un paso del casco viejo. No dudéis en dejar ahí vuestro vehículo si os alojáis en esa zona, el precio en los aparcamientos cubiertos oscila entre 20 y 25 €.

# DIRECCIONES ÚTILES

### Oficina de turismo
*(Zoom A4):* alameda del Boulevard, 8. ☎ 943-48-11-66. 💻www.sansebastianturismo.com Abierta todos los días excepto domingo por la tarde fuera de temporada. Personal eficaz y políglota. En ella se puede comprar la *San Sebastián Card* (válida para 3 o 5 días, 8-15 €), que da derecho a descuentos en numerosos museos y restaurantes así como a 6 o 12 trayectos gratuitos en autobús. La oficina organiza también visitas guiadas temáticas (el cine, los bares de pintxos...) e itinerarios a pie o en bici (previa reserva en ☎ 902-44-34-42 o en 💻www.sansebastianreservas.com). También puede ayudaros a encontrar una habitación de hotel.

### Turismo Rural (Nekazal Turismoa )
Edificio Pia Araikina, Juan Fermín Gilisagasti, 2, Zuatzu, 20018. ☎ 943- 32-70-90. 💻www.nekatur.net Lun-vie 9-17 h (19 h en julio-agosto), además, en julio-agosto, atención telefónica el fin de semana10-21 h. Central de Reservas de alojamientos rurales en Euskadi.

### Correos
*(Plano D2):* Urdaneta. Lun-vie 8.30-20.30 h y sáb 9.30-13 h.

### Internet
Hay cibercafés en el casco viejo, como **Zarr@net** *(zoom A3, 5)*, San Lorenzo, 6. Lun-sáb 10-22 h (Cerrado 14.30-16 h en invierno), domingo 16-22 h.

# ¿DÓNDE DORMIR?

Como en otras partes, los precios varían en función de la temporada. Los más altos se dan en julio y agosto, a finales de septiembre por el festival de cine y en Semana Santa. Además, en estos periodos todo está más que completo por lo que es imprescindible reservar con antelación.

## Cámping

### Monte Igueldo-Garoa
☎ 943-21-45-02. Padre Orkolaga, 69. ✉ info@campingigueldo.com 💻www.campingigueldo.com 🅿 A 5 km de la ciudad. En coche, seguid la dirección de Ondarreta y, después, de Igeldo; el cámping empieza a estar señalizado en las inmediaciones del AJ oficial. En autobús, tomad el nº 16 («Igeldo») en la Alameda del Boulevard. Pasa cada 30 minutos. Abierto todo el año. 18-30 € 2 pers,

tienda y coche, según temporada. Internet y Wifi (de pago). Cámping aislado en el monte, agradable, tranquilo y con una bella vista hacia el interior. Parcelas bien sombreadas y aseos niquelados. Bar-restaurante, supermercado y lavandería. También alquila bungalows (mínimo 5 noches en temporada alta).

## Albergues juveniles

### ⌂ Albergue juvenil Ondarreta – La Sirena

*(Plano A3, 10):* paseo de Igeldo, 25, 20008. ☎ 943-31-02-68.
✉ ondarreta@donostia.org
🖥 www.donostialbergues.org 🐾
A 200 m de la playa de Ondarreta. El autobús nº 16 «Igeldo» desde la alameda del Boulevard para delante. Noche 16-23 €/pers, según edad (más o menos de 30 ans) en verano, 12,70-19,70 € en invierno, desayuno incluido. Internet y Wifi. Gran edificio de fachada rosada en un acalle en pendiente. Dormitorios, unisex o no, de 6 a 18 camas, 2 habitaciones triples y 3 quádruples, la mayoría con cuarto de baño. Superlimpio y con buenas instalaciones (cocina y lavandería). Trato muy servicial.

### ⌂ Albergue juvenil Ulia

*(Fuera de plano por D1, 11):* paseo de Ulia, 297, 20013. ☎ 943-48-34-80.
✉ ulia@donostia.org
🖥 www.donostialbergues.org
A 6 km del centro. Desde el puente de Santa Catalina, tomad Miracruz (que más adelante se convierte en avda José Elosegi) durante 2 km, después el paseo Ulia (a la izquierda) unos 4 km; el AJ está al final. Noche 17,60-20,70 €/pers en verano, 14,10-17,60 € en invierno, desayuno incluido. Internet y Wifi. Bastante lejos del centro, en lo alto de una colina, pero las vistas que tiene sobre Donostia y el mar lo Además hay un camino que conduce a la playa de Zurriola en ape-

nas 10-15 minutos (que serán unos 20 minutos a la vuelta porque está en cuesta). habitaciones modernas de 4 a 6 camas... plegables, bar-restaurante (con menús completos), cocina, rincón biblioteca y futbolín, y naturalmente, una terraza... panorámica.

### ⌂ Urban House Hostal – Enjoyeu

*(Zoom B4, 12):* plaza Gipuzkoa, 2.
☎ 943-42-81-54 y 619-31-27-36.
✉ info@enjoyeu.com
🖥 www.enjoyeu.com
Recepción en el entresuelo. Noche 14-35 €/pers según temporada (pero fuera de los periodos festivos) y tipo de habitación; desayuno incluido. Internet y Wifi. Un AJ privado, instalado en 3 plantas de un edificio que da a la agradable plaza de Gipuzkoa, a dos pasos del casco viejo. Unas veinte habitaciones de 3 a 8 camas, 2 cocinas equipadas y una sala de Internet. Menos tranquilo que los AJ oficiales, pero con un ambiente más cordial, propicio para hacer amistades. Buen aspecto en general. También tiene 2 anexos pero solo los abren en verano.

## De barato a precio medio

### ⌂ Pensión Amaiur

*(Zoom A3, 13):* 31 de Agosto, 44, 20003. ☎ 943-42-96-54.
✉ info@pensionamaiur.com
🖥 www.pensionamaiur.com
Recepción en el 2º piso. Cerrado en enero. Dobles 45-90 € según vistas y temporada. Wifi. En pleno casco viejo, esta bonita caasa de fachada florida alberga una adorable pensión de 12 habitaciones repartidas entre 2 pisos. El ambiente recuerda un poco esas casas de las abuelas pero menos kitsch porque la decoración está muy conseguida. Papel pintado de flores o liso en los pasillos y habitaciones muy confortables, con parquet y cuadros en las paredes. Comparten varios

cuartos de baño (uno por cada 2 habitaciones de media), también muy cuidados. Las más caras, con balcón y cristal doble, dan a la calle. Además, en cada piso hay una pequeña y bonita cocina (sin placas eléctricas pero con micro-ondas), con café, té y condimentos a disposición, y un pequeño salón que hacen de esta pensión un lugar muy sociable. Una casa niquelada donde uno se siente entre amigos gracias al trato de Virginia.

### Pensión Izar Bat

(Zoom A3, 14): Fermín Calbetón, 6, 20003. ☎ 943-43-15-73. pensionizarbat@gmail.com www.pensionizarbat.com Dobles 30-75 € según temporada. Wifi. Una pensión renovada que ofrece 6 habitaciones impecables y coquetamente decoradas, en tonos estivales, con sala de duchas alicatada flamantemente nueva. José María, su simpático propietario, ha llevado su preocupación por la comodidad hasta el punto de instalar, además de frigorífico y TV en cada habitación, un secador de cabello y hasta una radio que se puede manipular desde las camas. Si podéis, evitad las que dan a la calle, un poco ruidosas a pesar del doble cristal. Excelente relación calidad-precio.

### Bretxa Hospedaje

(Zoom A3, 15): Fermín Calbetón, 5, 20003. ☎ 943-43-04-70. info@hospedajebretxa.com www.hospedajebretxa.com Vacaciones: segunda quincena de octubre. Dobles con baño común 53-60 € según temporada. Wifi. Cobijada en una de las callejuelas más animadas del casco viejo, esta minipensión ofrece 5 habitaciones no muy grandes pero limpias. Comparten los 2 cuartos de baño de la casa. Nos gusta mucho la nº 2, con su pequeño balcón y su vista sobre la calle. Otras permiten el alojamiento de 3 o 4 personas.

### Pensión Edorta

(Zoom A3, 16): Puerto, 15, 20003. ☎ 943-42-37-73. www.pensionedorta.com En el primer piso. Dobles 40-70 € sin baño, 60-100 € con. Wifi. En la casa natal (de unos 150 años) de la proprietaria. Los materiales nobles (madera, piedra natural y ladrillo), son una constante que se encuentra en cada habitación, no solo confortables y muy bien cuidadas sino también muy personales. Un poco más cara que sus vecinas del sector, pero la diferencia está plenamente justificada. Una excelente elección.

### Pensión Anne

(Zoom A4, 17): Esterlines, 15, 20003. ☎ 943-42-14-38. www.pensionanne.com En el 2º piso. Dobles con lavabo 52-69 € (62-80 € la que tiene baño), desayuno incluido (servido en la cafetería de abajo). Wifi. La pensión se esconde tras la puerta antigua más bonita de la calle. Unas pocas escaleras y se descubre este pequeño nido tranquilo. Sus 7 habitaciones son claras y sencillamente amuebladas (solo una tiene cuarto de baño). Pequeña cocina a disposición de los huéspedes. El propietario tiene también la Pensión Urgull, en el nº 10 de la misma calle (mismos precios y habitaciones un poco más grandes). Últimamente ha habido problemas para reservar, es una lástima.

### Pensión Urkia

(Plano D2, 18): Urbieta, 12, 20006. ☎ 943-42-44-36. www.pensionurkia.com Dobles con baño 40-65 € según temporada, desayuno 2,30-4,50 €. Internet y Wifi. En el tercer piso de un elegante edificio con ascensor, está esta pensión de una gran limpieza y llevada por un simpático joven. Las habitaciones, sobriamente decoradas, tienen todas frigorífico, TV, aseos privados y hasta un micro-ondas. Máquina de café a disposición. Tranquilidad asegurada porque el barrio está poco animado por la noche.

### ⌂ Pensión La Perla

*(Plano D2, 19):* Loiola, 10, 20005. ☎ 943-42-81-23. ✉ info@pensionlaperla.com 💻 www.pensionlaperla.com En el primer piso. Cerrado 10 días en noviembre. Dobles con baño 42-72 € según temporada. Internet y Wifi. Una decena de habitaciones bastante pequeñas pero agradables, confortables (TV, frigo) y muy cuidadas, en un bonito edificio de la zona comercial. Ambiente bastante familiar. Un poco ruidosa en verano, cuando se abren las ventanas. Té y café en la recepción. Trato muy cálido.

### ⌂ Pensión Fany

*(Plano D2, 20):* San Bartolomé, 6, 20007. ☎ 943-42-11-28 y 617-77-13-55. ✉ reservas@pensionfany.com 💻 www.pensionfany.com Vacaciones: enero y nov. Dobles con lavabo 35-55 €, con baño 40-65 €, según temporada. Internet y Wifi. En el primer piso de un edificio elegante. Pequeña pensión llevada con seriedad por la hospitalaria y enérgica Fany. Habitaciones tranquilas con AC y TV, 4 con aseos privados y las otras 2 comparten un cuarto de baño niquelado. Aparcamiento realmente barato y bien situada, cerca del centro.

### De precio medio a selecto

### ⌂ Pensión Kursaal

*(Plano D1, 21):* Peña y Goñi, 2-1° dcha, 20002. ☎ 943-29-26-66. 💻 www.pensionesconencanto.com Dobles con baño 50-91 € según temporada; desayuno 4 € (servido en la habitación). Aparcamiento (de pago). Internet y Wifi. En el barrio de Gros, a un paso de la ciudad vieja y del Kursaal pero dans una calle muy tranquila. Ambiente refinado y decoración contemporánea con tendencia *design*. Bonitas habitaciones reformadas e impecables, y colores vivos en los cuartos de baño. Muy buen trato. Buena relación calidad-precio, sobre todo en temporada baja.

### ⌂ Hostal Alemana

*(Plano C2, 23):* San Martín, 53-1°. ☎ 943-46-25-44. ✉ reservas@hostalalemana.com 💻 www.hostalalemana.com Dobles con baño 65-120 € según temporada; desayuno 7 €. Garaje 16 €. Wifi. Hotel inmaculado y próximo a la playa, interior renovado y muy confortable. Habitaciones amuebladas en tonos grises y decoradas con fotografías en blanco y negro de San Sebastián, con minibar, TV, AC, caja fuerte, en resumen, de todo. Trato profesional.

## EN LOS ALREDEDORES

### ⌂ Casa rural Igeldo

Erdiko Borda, 68, Bentas de Orio, **Orio.** ☎ 645-72-25-37. ✉ jose@igeldoturismo.com 💻 www.igeldoturismo.com A unos 10 km al oeste de Donostia, antes de llegar a Orio. En coche, seguid la dirección de Ondarreta y después, de Igeldo; tras el pueblo de Igeldo, continuad 4 km, girad a la derecha y seguid unos 800 m; ya habéis llegado. Cerrado enero-febrero. Dobles 55-59 € según temporada, desayuno 4,50 €. Internet y Wifi. Pequeña debilidad por esta villa perdida entre las colinas que dominan el océano entre Donostia y Zarautz. Una vez superada su pesada puerta de madera, se descubre una casa encantadora, construida con materiales nobles. 6 habitaciones de estilo rural con sus paredes bellamente coloreadas, baldosas de barro cocido, un mobiliario selecto y un bonito cuarto de baño moderno. Las nº 1 y 2 tienen una fantástica vista sobre el mar. Por lo demás, espléndida cocina a disposición, con una gran mesa, terraza común que da a un pequeño jardín, también con vistas al mar. Merece el desplazamiento.

## ¿DÓNDE COMER LOS MEJORES PINTXOS DE LA CIUDAD?

**Comer en San Sebastián es ante todo recorrer los excelentes bares de tapas de la ciudad. En el casco viejo son incontables los locales que, lo mismo a mediodía que por la noche, están llenos de gentes ávidas de saborear los famosos pintxos que lascivamente se despliegan ante sus atónitos ojos. Los precios oscilan en torno a 2-2,50 € los pintxos fríos y 2,50-4 € los calientes (que se piden en la barra), según la complejidad de su elaboración y los ingredientes utilizados. Pero, cuidado: están deliciosos, se toma uno, se prueba otro, después el último (para el camino) y, al final, lo que no se digiere muy bien es la cuenta...**

### Goiz Argi

*(Zoom A3, 30)*: Fermín Calbetón, 4. ☎ 943-42-52-04. ✉ bar.goizargi@gmail.com Este establecimiento nuevo y ya famoso despliega sobre su barra deliciosos pintxos ligeros, creativos y no muy caros. Las especialidades de la casa son las brochetas de gambas (acompañadas de un txakoli), o la marijuli, deliciosa. Se come de pie, pisando servilletas y palillos en una alegre algarabía.

### A Fuego Negro

*(Zoom A3, 31)*: 31 de Agosto, 31. ☎ 650-13-53-73. ✉ jan@afuegonegro.com Cierra los lunes. Vacaciones: 15 días en febrero. Tapas 3,50-4 €, menú mínimo 15 €. No admite tarjetas de crédito. Este bar de pintxos de decoración negruzca, en muy poco tiempo ha sabido labrarse una excelente reputación hasta convertirse en uno de los preferidos de los donostiarras. Es verdad que no las regala, pero sus tapas son innovadoras, muy equilibradas y presentadas con mucha originalidad. Buena selección de vinos. Además tiene un espacio en la parte de atrás donde poder sentarse con un poco más de tranquilidad. Algunos lo agradecerán.

### Atari Gastroteka

*(Zoom A3, 32)*: Mayor, 18. ☎ 943-44-07-92. Pintxos 3-4 €. ¿Una gastroteca? El nombre es adecuado pues los pintxos y raciones del Atari son bastante notables. Probad el huevo cocido «a baja temperatuta» con champiñones o el solomillo al vino tinto. Éstos siempre están disponibles; los demás cambian con frecuencia. Y, como guinda del pastel, una terraza que da a la iglesia de Santa María y permite saborear estas golosinas saladas viendo pasar a la gente.

### Txondorra

*(Zoom A3, 33)*: Fermín Calbetón, 7. ☎ 943-42-07-82. Cierra los lunes. Pintxos 2-5 €, platos 12-20 €. Se puede tomar un montón de excelentes pintxos en la barra o sentarse en la parte de atrás para pedir platos calientes bien elaborados. Decoración clara y agradable, bastante tendencia.

### Bar Txepetxa

*(Zoom A3, 34)*: Pescadería, 5. ☎ 943-42-22-27. ✉ nuneiri@hotmail.com Todos los días excepto lunes y martes a mediodía. Vacaciones: 2ª quincena de junio. Pintxos

unos 2 €. Están especializados en las anchoas desde hace 80 años. Así que pintxos de anchoas, el más famoso es uno que va cubierto por una crema de txangurro y que se toma con un vaso de txakoli. La pared del fondo está tapizada de fotos de famosos que han pasado por el local y recortes de prensa.

### La Cuchara de San Telmo

*(Zoom A3, 35):* 31 de Agosto, 28 Bajos. ☎ 943-42-08-40. Todos los días excepto lunes. Vacaciones: febrero. Pintxos 3-4 €. Uno de los bares de tapas con más solera de Donostia, considerado también como uno de los mejores desde hace bastantes años. Aquí, más que de simples pintxos, hablamos de tapas gastronómicas. Excelente, pero en las horas punta hay que usar los codos para llegar a la barra. Si no, cabe la posibilidad de sentarse en una de las mesas de la terraza que tiene en la calle, pero hay que tomar al menos media ración (5-9 €).

### Borda Berri

*(Zoom A3, 36):* Fermín Calbetón, 12. ☎ 943-43-03-42. Todos los días excepto lunes. Pintxos unos 3 €. Al entrar uno se pregunta si se trata de un bar de pintxos porque no hay nada sobre la barra. Pero buscad la pizarra donde anuncia las tapas del día, excelentes, no muy caras y además abundantes. Probad la *zurrukutuna*, una sopa de bacalao al ajo, o las orejas de cerdo al romescu; ya nos diréis.

### Zeruko

*(Zoom A3, 37):* Pescadería, 10. ☎ 943-42-34-51. Cerrado domingo por la noche y lunes. Pintxos 3-7 €. Es difícil hablar de bares a tapas del casco antiguo sin citar el Zeruko porque aquí se alcanzan las más altas cimas gastronómicas. Tiene un surtido sorprendente de pintxos fríos (canelones a la mousse de boletus,

oricios, terrina de calamar...), pero también una gran selección de pintxos calientes (probad el risotto de bogavante), de una originalidad que te deja perplejo. Casi se le podría reprochar que lleve la complejidad tan lejos pero, al final, se entra en el juego... y se disfruta.

### Garbola

*(Plano D1, 38):* paseo Colón, 11. ☎ 943-2 8-50-19. Todos los días excepto domingos. Situado en el barrio de Gros, apartado del frenesí del casco viejo. Un gran clásico que no se duerme en los laureles. Se advierte un verdadero esfuerzo de innovación, como en el pintxo de tiburón o la trufa de mariscos (una deliciosa croqueta rellena de un picadillo de mariscos), o la exquisita croqueta de pistachos. Es también un bar de cócteles con una carta larga y bastantes creaciones de la casa, como la caipirinha al ron canario. El dueño, con grandes bigotes, es muy expansivo.

### Bergara Bar

*(Fuera del plano por D1, 39):* General Artetxe, 8, en el barrio de Gros, a 5 minutos del puente de Santa Catalina. ☎ 943-27-50-26. 🖥 www.pinchos@pinchosbergara. es Todos los días a mediodía y por la noche. Vacaciones: 2ª quincena de octubre. Pintxo 2,50 €. Bonita sala con decoración moderna muy conseguida, en blanco y negro. La barra está cubierta de pintxos (de precio único) a cual más sabroso. Probad por ejemplo la tortilla de champiñones y langostinos, para chuparse los dedos. Ha recibido premios, sobre todo de la «cofradía del pintxo» de la ciudad».

### Alex

*(Plano D2, 40):* Larramendi, 10. ☎ 943-46-02-25. Detrás de la catedral, en la zona de los bares nocturnos. Todos los días excepto domin-

gos. No admite tarjetas. Según algunos, uno de los mejores de la ciudad, pero cada maestrillo tiene su librillo. Decoración casi inexistente: aquí prima la alimentación y los pintxos, calientes o fríos, son creativs pero sin ser demasiado complejos.

### ☺☺ Bar Casa Valles

*(Plano D2, 41):* Reyes Católicos, 10. ☎ 943-45-22-10. Una verdadera leyenda que existe desde 1942. Especializado en charcutería (jamón, chorizo) y quesos locales. Comparado con otros establecimientos, los pintxos son bastante sencilos pero son baratos y, además, parece que es aquí donde se creó el primer pintxo de la ciudad: la *gilda,* un palillo con pimientos dulces, una aceituna y una anchoa, que ahora se encuentra por todas partes. Ambiente auténtico y algo turístico, con decenas de jamones colgados del techo.

## ¿DÓNDE COMER SENTADO?

**No hace falta decir que en San Sebastián hay también excelentes restaurantes: la ciudad es la capital de la nueva cocina vasca y, si incluimos los de los alrededores, en 2012 contaba con dos de los diez mejores restaurantes del mundo (Mugaritz, en Errenteria, y Arzak). También habría que citar el Akelarre y el emblemático Martín Berasategui, en Lasarte. Evidentemente, comer en estos establecimientos resulta bastante caro, por lo que preferimos no incluirlos a continuación.**

### De barato a precio medio

#### ☺ TTUN-TTUN Taberna

*(Zoom A3, 42):* San Jerónimo, 25. ☎ 943-42-68-82. ✉ ttunttunak@gmail.com Abre solo a mediodía. Menú del día 11 €, 15 € el fin de semana. Wifi. Se incluye aquí porque es uno de los pocos que ofrece un menú completo barato a mediodía. No es alta cocina, pero es correcto y a un precio justo. Siempre hay mucha gente; lo mejor es llegar al empezar el servicio (hacia las 13 h) para encontrar sitio.

#### ☺ Suhazi

*(Zoom A3, 43):* Juan de Bilbao, 17. ☎ 943-42-17-80. ✉ alona943@hotmail.com Vacaciones: 2º quincena de junio. Abierto todos los días. Menús a mediodía y por la noche 11-13 €. Platos 5,50-9 €. Otro menú barato para los que quieran comer sentados. Bar en la planta baja y comedor en el primer piso, rústico y agradable. Bastante concurrido a la hora de comer, más apagado por la noche.

#### ☺ Kaskazuri

*(Plano D1, 44):* Salamanca Pasealekua, 14. ☎ 943-42-08-94. Abierto todos los días. Menús 18-33 €. Decoración contemporánea clásica. De nuevo un restaurante que incluimos por su menú, pero esta vez por el de la noche, servido de domingo a jueves, por 20 €. No solo es muy completo (incluye el vino) sino también muy bueno. Además trato y servicio muy amable.

#### ☺ Café Oquendo

*(Zoom B4, 45):* Okendo kalea, 8. ☎ 943-42-07-36. ✉ restauranteoquendo@gmail.com Abierto todos los días. Menús 18 € (10 € en la cafetería), 27 € viernes y sábado por la noche. Si no, pintxos, raciones y ensaladas 2-16 €. Situado frente al teatro y el hotel María Cristina, es un poco un local dedicado al festival de San Sebastián (reparad en la pared cubierta de fotos de gente del espectáculo y famosos que han pasado por él). Se le podría incluir en los bares de pintxos pero, con su

gran y cálida sala, amueblada con mesas de mármol y sillas de madera, invita más a sentarse que a quedarse en la barra. Cocina cuidada y los pintxos calientes deliciosos: probad el tempura de gambas, las croquetas de bacalao o la morcilla de Burgos al queso de cabra y pimiento rojo. También buenas ensaladas. Servicio simpático y ambiente cordial. Para frecuentarlo sin moderación.

Os recordamos que algunos de los bares de pintxos mencionados más arriba también sirven platos o menús en la sala, como el *A Fuego Negro* (menús a partir de 15 € los laborables a mediodía ), el *Atari Gastroteka* (raciones 8-22 €) o el *Txondorra* (platos 12-20 €).

### Selecto

#### Restaurante Ni Neu

*(Plano D1, 46):* Zurriola, 1. ☎ 943-00-31-62. ✉ info@restaurantenineu. com En el Kursaal. Todos los días excepto lunes. Reserva necesaria el fin de semana. Menú de medio-día, laborables 18 €, si no 27-39 €. El Kursaal, gran palacio de Congresos y Auditorio que acoge entre otras actividades el Festival de Cine, tiene que tener un restaurante de altos vuelos. Como la concesión se renueva cada 5 años, los chefs cambian regularmente, pero son siempre cocineros con talento. En este momento, Aduriz y Arrieta defienden con brío los colores de la nueva cocina vasca, mezcla de sencillez y creatividad. Su huella se encuentra, por ejemplo, en el bacalao confitado a la crema de cebollas o en el txangurro a la Donostiarra (carne de buey de mar desmigada con tomate). Una delicia, y sin embargo, a precios asequibles. Ambiente minimalista de bar en la planta baja y elegante sala acristalada en la parte de arriba, desde la que se ve romper las olas en la desembocadura del río Urumea. Si queréis probar la cocina de la casa sin tomar un menú completo, también es posible sentarse en el bar o en la terraza y degustar un plato de pintxos o platillos a precios moderados.

## ¿DÓNDE TOMAR UNA COPA? ¿DÓNDE ESCUCHAR MÚSICA? ¿DÓNDE IR DE MARCHA?

Salvo algunos bares y clubs diseminados por la ciudad, es en el casco viejo donde se encuentra más animación por la noche. Por supuesto, todos los bares de pintxos mencionados más arriba constituyen otros tantos locales agradables donde tomarse una caña o una copa de vino.

#### Herria

*(Zoom A3, 50):* Juan de Bilbao, 14. ☎ 943-42-22-63. ✉ herriakultur@ gmail.com En pleno centro del casco viejo. Abierto todos los días 11-24 h (4 h el fin de semana). Platos 10-12 €; pintxos: 1,60 €. No admite tarjetas de crédito. Lleno de jóvenes que picotean pintxos en la barra. Ambiente local, muy politizado pero bastante simpático; una buena ocasión para recabar distintas opiniones sobre la política vasca.

#### Bar Txiki

*(Zoom A4, 51):* San Lorenzo, 11. Abierto desde las 19 h. En el casco viejo, bar muy pequeño y ruidoso, con ambiente un poco abertzale pero sobre todo rockero. Para tomar un trato y jugar a los dardos.

#### Museo del Whisky

*(Zoom B4, 52):* alameda del Boulevard, 5. ☎ 943-42-64-78. ✉ info@museodelwhisky.com Todos los días excepto domingo

15.30-3 h (4 h vie-sáb). Cambio total de ambiente con este bar de whisky de noche, decorado con madera lustrada tirando a elegante. Presume de ser el lugar donde se puede ver más etiquetas de *whiskies* diferentes del mundo. Aunque solo sirven una parte, unos 200... También tiene el récord (homologado por el Guinness Book) del vaso mezclador de cócteles más pequeño jamás concebido. Si tomáis un whisky, os concederán un diploma de catador profesional... y si no os gusta el whisky, probad el café con hielo con azúcar de caña líquido, ¡sorprendente! Pedid también que os enseñen el juego del aro, será divertido. Todas las noches (hacia las 23 h) un pianista desgrana temas de los de toda la vida. Nuestro bar preferido en Donostia.

### Altxerri

*(Zoom B3-4, 55):* Reina Regente, 2. ☎ 943-42-16-93. Todos los días excepto lunes 17-2 h. La sala está en un sótano. Conciertos de jazz, rock, salsa, música brasileña... casi todas las noches, excepto los fines de semana. Muchos días hay que pagar entrada.

## COMPRAS

### Aitor Lasa

*(Zoom B3, 57):* Aldamar, 12. ☎ 943-43-03-54. Tienda de alimentación de calidad. Aquí hay de todo: charcutería, quesos, aceite de oliva, conservas, etc. Aunque no lo regalan.

### Be-Bop Bar

*(Zoom B3, 53):* paseo de Salamanca. ☎ 943-42-98-69. ✉ bebop@barbebop.com Todos los días 16-5 h. Gran sala con un enorme espejo en la pared del fondo. Jazz, blues o funk live de octubre a julio, una vez a la semana. También veladas con DJ de tendencia pop-rock. El resto del tiempo se pone la música que pide la clientela. Local *cool*, que existe desde hace casi 30 años.

### Uda. Berri

*(Plano D2, 54):* esquina Reyes Católicos y Larramendi. Todos los días 8-1.30 h (2.30 h el fin de semana). Uno de los bares del barrio de la catedral. No es un lugar al que se vaya a propósito pero, si pilla de paso... Buen ambiente vagamente retro. Música alternativa... o indefinible. DJ todos los fines de semana.

Finalmente, la localidad cuenta con varias discotecas, sobre todo en el paseo de la Concha (**Bataplan,** templo del *techno*, o **La Rotonda).** También hay que citar varios clubs en la calle Larramendi, como **El Nido,** que no duda en poner música bailable.

### Vinos Martínez

*(Zoom A3, 58):* Narrica, 29. ☎ 943-42-08-70. Si estáis buscando un vino de cualquier denominación de origen española o vasco... o solo una botellita de txakoli, éste es el sitio.

> ## > AVISO

Los establecimientos relacionados en esta guía están acompañados de una referencia que indica su situación en el PLANO de la ciudad. Por ejemplo, **Altxerri** (*zoom, B3-4, 55)* significa que dicho establecimiento se halla situado en el zoom del plano de **Donostia-San Sebastián,** entre las cuadrículas **B3** y **B4** del plano, y que está referenciado mediante el número **55.**

# FIESTAS Y MANIFESTACIONES

### Fiesta de San Sebastián

El 20 de enero. La fiesta empieza la víspera a medianoche, con *tamborradas* prácticamente ininterrupidas durante 24 horas.

### Festival de Jazz

Durante la segunda quincena de julio. ☎ 943-48-19-00. 🖥 www.jazzaldia.com Siempre hay una buena programación (aquí han actuado varias veces los míticos Miles Davis, James Brown y Wynton Marsalis, por ejemplo).

### Fiesta de San Ignacio

A finales de julio. Fiesta en honor del patrono de Gipuzkoa con una gran tamborrada el 31.

### Semana Grande

La semana del 15 de agosto se celebra con una sucesión ininterrumpida de conciertos, fuegos artificiales, etc.

### Quincena musical de Donostia

Una parte de agosto y comienzos de septiembre (en realidad, esta quincena dura casi un mes). ☎ 943-00-31-70. 🖥 www.quincenamusical.com Festival de música clásica que se viene organizando desde 1939. El programa incluye: ópera, ballet, corales, orquestas sinfónicas, etc. Han participado, entre muchos otros, Monserrat Caballé y Placido Domingo.

### Fiestas vascas (Euskal Jaiak)

El primer y segundo fin de semana de septiembre. Entre otras manifestaciones folclóricas, regatas de traineras los dos domingos.

### Festival international de Cine (Donostia Zinemaldia)

La 2ª quincena de septiembre. ☎ 943-48-12-12. 🖥 www.sansebastianfestival.com Este festival, que ha conmemorado su 60ª edición en 2012, se ha convertido en una importante cita en el mundo del séptimo arte. Programa estrenos, obras de jóvenes realizadores pero también ciclos dedicados a un cineasta o un tema determinados. En total, los espectadores pueden acceder a más de 250 sesiones. La sección oficial reúne unas 20 películas que compiten por la Concha de Oro. Las localidades se ponen a la venta a partir del viernes anterior al comienzo del festival.

## ¿QUÉ VISITAR? ¿QUÉ SE PUEDE HACER?

**La ciudad vieja:** *(zoom):* Es un barrio popular formado por calles estrechas y casas pequeñas. Aquí no veréis impresionantes casas blasonadas, como en Bergara u Hondarribia. El ambiente a la vez turístico y juvenil. El centro neurálgico es *la plaza de la Constitución,* una bella plaza de planta cuadrada del siglo XVIII que, como se puede apreciar por los números de los balcones, fue utilizada como coso taurino.

**Iglesia San Vicente** *(zoom A3):* Abierta 9-13 h y 18-20 h.

La más antigua de la ciudad, reconstruida en estilo plateresco durante el siglo XVI. Posee un impresionante retablo de la escuela de Miguel Ángel, que apenas se puede distinguir en la penumbra de esta maciza iglesia gótica con reminiscencias de la arquitectura propia del románico.

**Iglesia de Santa María** *(zoom A3):* 31 de Agosto. Abierta 10.15-13.10 h y 16.45-19.45 h.

Templo del siglo XVIII, con una hermosa fachada de estilo churrigueresco y, en lo alto, un san Sebastián asaeteado por un montón de flechas. Desde fuera falta espacio para poder abarcar y apreciar en su conjunto la construcción barroca con indudables influencias coloniales. En su interior alberga varios retablos, ricos y complejos.

**Museo Municipal de San Telmo (San Telmo Museoa - STM)** *(zoom A3):* plaza de Zuloaga, 1; en el antiguo convento de San Telmo. ☎ 943-48-15-80. 💻 www.santelmomuseoa.com Todos los días excepto lunes 10-20 h. Cerrado 1 y 20 de enero y 25 de diciembre. Entrada: 5 €; descuentos; gratuito el martes. Audioguía incluida.

Este antiguo convento dominico del siglo XVI y restaurado en 2011, al que se ha añadido un pabellón moderno (arquitectos Nieto y Sobejano), alberga en sus tres plantas colecciones relacionadas con el pueblo vasco. La visita visita comienza en la iglesia, donde 11 enormes lienzos (784 m$^2$) pintados por Josep Maria Sert, evocan la cultura y el carácter vascos. En la misma planta, otra sala pasa revista a la historia a través de gran número de objetos, entre los que destaca el primer diccionario trilingüe vasco-castellano-latín (1745). En la primera planta se encuentra la sección etnográfica, dedicada al mundo rural, la evolución de la sociedad vasca y la industrialización de la región, vista un poco como la locomotora económica de España durante toda aquella época. Entre otras cosas, nos enteramos de que San Sebastián fue la primera localidad española en disponer de teléfono automático. Finalmente, la segunda planta alberga una colección de pintura de los siglos XV al XIX. No tiene muchos grandes nombres (aunque hay alguna obra de El Greco o Rubens), pero sí presenta un panorama de la historia de la pintura a través de los siglos.

**Centro** *(plano D2):* elegante barrio comercial que se extiende en torno a la moderna catedral del Buen Pastor. Tiene preciosos edificios del siglo XIX, algunos de estilo modernista, como los balcones y la farmacia 1900 que hay en el nº 21 de Garibay. En el nº 14 de Getaria Kalea hay una espléndida cordelería de principios del siglo XX, en la cual solo venden hilo (de todas las clases y colores, habidos y por haber).

**Centro Cultural Koldo Mitxelena** *(plano D2, 63):* Urdaneta, 9, justo detrás de la iglesia del Buen Pastor. Mar-sáb 11-14 h y 16-20 h.

Alberga una biblioteca y, en el sótano, salas de exposiciones temporales (entrada libre), sobre todo de arte contemporáneo.

Algunos de los itinerarios obligados son: el **paseo de la Concha** *(plano B-C2-3),* que bordea la playa. Y cuando os hayáis cansado de observar las diferentes variedades de veraneantes, subid hasta el **monte Urgull** *(plano C1)* para disfrutar de una hermosa panorámica de la ciudad. El camino sale de la iglesia de Santa María, en el casco viejo. La colina está coronada por los restos de un castillo del siglo XVIII.

**El puerto** *(plano C1):* al final de la playa, adosado al monte Urgull y al casco viejo. Vale la pena esperar la llegada de los barcos y el desembarco del pescado. Hay también algunos restaurantes pero no nos parecen de los mejores de la ciudad. Desde el puerto se accede al Museo Naval y al Aquarium.

**Museo Naval - Untzi Museoa;** *(plano C1):* al final del puerto, antes del Aquarium. www.untzimuseoa.net Mar-sáb 10-14 h y 16-19 h; domingo 11-14 h. Entrada: 1,20 €; descuentos; gratis el jueves.

Si os gustan las cosas de la mar, no os perdáis este pequeño museo. Presenta exposiciones temporales de calidad que, más o menos, va repitiendo a lo largo del año.

**Aquarium** *(plano C1):* en el puerto. ☎ 943-44-00-99. www.aquariumss.com Abierto todos los días: 10-21 h julio-agosto; 10-20 h (21 h el fin de semana) abril-junio y septiembre; 10-19 h (20 h el fin de semana) octubre-marzo. Cerrado 1 y 20 de enero y 25 de diciembre. Entrada: 13 €; niños 4-12 ans 6,50 €; descuentos.

Alberga varios miles de peces, tanto del golfo de Vizcaya como de aguas tropicales, con numerosas especies, algunas de ellas muy curiosas, como la murena estrellada, la escorpena (cabracho) voladora, la medusa inmortal, la piraña vegetariana, el nautilo, los tiburones vaca, peces trompeta, pez ananás, pez torpedo, pez jabalí... sin olvidar las clásicas estrellas marinas, erizos de mar, bancos de anchoas, congrios y, por supuesto, el tradicional túnel transparente rodeado de tiburones. Gustará a los amantes del mar porque el lugar alberga también un museo multimedia sobre el mar y la pesca, con la pieza estrella del esqueleto de la penúltima ballena pescada en el País Vasco (1878), magníficas maquetas de barcos de diferentes épocas y muy bellas colecciones de conchas y fósiles marinos.

El aquarium tiene también, en el último piso, una bonita **cafetería** y un elegante restaurante, el **Bokado**, con una terraza que da a la bahía de San Sebastián. Es muy agradable para tomar una copa de vino o picar unos pintxos, aunque no se visite el aquarium.

➤ Desde el puerto se puede hacer una excursión en barco por la bahía de la Concha, con **Motoras de la Isla** (1-2 salidas cada hora; duración: 30 minutos; precio: 6 €), o con el **catamarán Ciudad de San Sebastián** (40 minutos; 8,50 €), que además va hasta la playa de Zurriola.

**El Monte Igeldo** *(plano A1-2):* es un paseo clásico de los donostiarras. En él se instaló a comienzos del siglo XX un parque de atracciones con montañas rusas, laberinto de espejos y palacio del terror. Es más divertido llegar en el **funicular** (sale desde el final de la playa de Ondarreta; cada 15 minutos 10-21 h en verano, menos frecuente en invierno; 2,80 € Ida/Vuelta), pero también se puede ir en coche (aparcamiento de pago), siguiendo la carretera donde está el albergue juvenil. No hay abono, se paga por atracción. A los niños les chifla, aunque las atracciones no se puedan comparar con las de Port Aventura y otros parques más modernos. Desde el parque se disfruta de una magnífica vista de la ciudad.

**Playa de Ondarreta** *(plano A-B2):* al final de la Concha, al pie del monte Igueldo, donde Eduardo Chillida, hijo predilecto del país, ha incorporado al paisaje una escultura monumental: *el Peine de los vientos.*

**Playa de Zurriola** *(plano D1):* se extiende más allá del Kursaal, en el barrio de Gros, y atrae a numerosos surfistas. Si queréis disfrutar de las gruesas olas de este lugar, tenéis la posibilidad de alquilar el equipo en la tienda **Pukas** (qure también ofrece cursos), enfrente de la playa (avda Zurriola, 24; ☎ 943-32-00-68; abierta todos los días 10-21 h; unos 25 €/día). Antes de lanzaros al agua, consultad el panel informativo, muy bien hecho, que detalla los diferentes tipos de olas y las normas de prioridad en vigentes.

**¡Eureka! Zientzia Museoa** (Museo de la Ciencia; *fuera de plano por C3):* Mikeletegi Pasealekua, 43-45. ☎ 943-01-24-78. www.eurekamuseoa.es Al sur de la ciudad, en el parque tecnológico. Autobús nº 28 desde la alameda del Boulevard o nº 31 desde el paseo de Colón. En coche, no es fácil de encontrar: desde la N 1, tomad la salida nº 7 hacia Amara; desde el centro, subid la pequeña calle Aldapeta. Cerrado 1, 6 y 20 de enero y 25 de diciembre. Entrada: 9 € (11 € con el planetarium); descuentos.

Museo de la Ciencia bastante pedagógico. Como siempre en este tipo de lugares, distintos módulos permiten comprender los principios básicos de la física. No dejéis de experimentar las bolas de plasma, la cama de fakir (posibilidad de probarla, con un acompañante) y las ilusiones ópticas. Ni ese globo terrestre de 3 toneladas que gira solo sobre un lecho de agua de 0,5 mm... Justo al lado, un contador os informará de que entre el principio y el final de vuestra visita, la población mundial ha aumentado en varios millones de almas. En la primera planta una exposición sobre el cuerpo humano, con diversos módulos ilustrando su funcionamiento, autopsias filmadas y cuerpos de plástico. Un **planetarium** (Entrada: 3,50 €) y una cafetería completan esta agradable cita con los descubrimientos.

# ALREDEDORES DE DONOSTIA-SAN SEBASTIÁN

Son un puzzle de barrios obreros y lugares alejados de todo. Puertos llenos de humo y colinas de un verde esmeralda. El mejor ejemplo de ese mundo de contrastes es Pasaia. En realidad, los alrededores de Donostia-San Sebastián se reducen a un pequeño pedazo de costa entre Irun y la capital, el valle del río Urumea y el valle bajo del Oria. Las zonas por las que discurren las grandes vías de comunicación están intensamente industrializadas y urbanizadas, al igual que ocurre en todo el resto de Gipuzkoa. Pero también es verdad que basta con meterse por una pequeña carretera para llegar enseguida a unos preciosos valles, en los que el tiempo se ha detenido. En esos valles, todo gira en torno a la palabra temporada. Porque es la temporada lo que rige la producción de la sidra, el queso, el cordero lechal. Y es en temporada cuando se consumen los productos correspondientes; así se hace desde siglos.

## Un poco de historia

Antes de que se localizara el puerto romano de Irun, los historiadores creían que la antigua Oiasso de Ptolomeo era Oiartzun. Una vez abandonada aquella antigua pista, hubo que esperar hasta la Edad Media para encontrar el rastro de las ciudades de esta región en los textos que narran la fundación, por parte del rey de Navarra, de un puerto en la ría de Pasaia, donde se había instalado la familia de Don Pedro de Vizcaya, capitán de Sancho Abarca. Era el emplazamiento ideal para un puerto porque allí la ría es profunda, encajonada y con una embocadura estrecha, lo cual permitía su control y esconderse para atracar los barcos que bordeaban la costa.

Allí se desarrollaron rápidamente varios núcleos de población: el barrio de Donibane en la orilla este, el de San Pedro en la oeste, Antxo, Errenteria y Lezo al fondo de la ría, en el punto donde ésta se ensancha y el cauce es más profundo. Oiartzun, un poco hacia el interior, controlaba las rutas terrestres. Al principio, todos esos barrios dependían de Hondarribia, pero su rápido desarrollo les permitió individualizarse.

En el siglo XII, un grupo de gascones, dirigidos por el caballero Guillaume de Lazon, obtuvieron una carta foral para desarrollar el burgo de Lezo. En 1320, Alfonso XI de Castilla concedió una carta a Errenteria que entonces se llamaba Lezo. De Oiartzun se habla ya en el siglo XIV. Por aquel entonces era una tierra que estaba bajo la dominación del linaje de los Ugarte y dependía de los Gramont de Lapurdi y de Navarra. La margen izquierda de la ría dependía de Donostia-San Sebastián, y la derecha, de Hondarribia, pero el desarrollo económico se asentó en las localidades situadas al fondo del estuario. Los arsenales de Lezo se hicieron famosos en el siglo XVI y los puertos se enriquecieron gracias a la actividad de los corsarios. Donibane, que se liberó en 1770 de la tutela de Hondarribia, y San Pedro, que lo consiguió en 1805, terminaron por unirse y crear la ciudad de Pasaia. Con la llegada del ferrocarril se selló el destino de la ría. Desde entonces, Donibane se dedicó exclusivamente a la pesca, mientras que Antxo, San Pedro, Errenteria y Lezo siguieron la vía de un desarrollo esencialmente industrial. Así se ha configurado su aspecto moderno.

## > PASAIA

**16 100 HAB.** (C. POSTAL: **20110**, *D1*)

A pesar de sus alrededores espantosos, nos ha encantado su casco viejo y no hemos sido los únicos: Victor Hugo dedicó magníficas páginas a su pequeño puerto. Claro que en su época las verdes colinas de los alrededores no estaban cubiertas de horrendos edificios. Hugo vivió aquí algunas semanas en 1843. Había sido precedido por La Fayette, que eligió esta localidad para embarcarse hacia América.

## TRANSPORTES

### En autobús

➤ **Donostia:** enlace cada 20 minutos, con *Lurraldebus* (☎ 943-00-01-17; 🖥 www.lurraldebus.net). En Donostia, salida de los autobuses de la plaza de Gipuzkoa.

### En coche

➤ Desde Donostia-San Sebastián, seguid dirección «Irun» y después la señales «Lezo» y «Pasaia». Aparcad a la entrada del pueblo, la ciudad vieja (que en realidad no es más que una calle estrecha) está prohibida a los coches.

## DIRECCIÓN ÚTIL

### Oficina de turismo

Donibane kalea, 63. ☎ 943-34-15-56. 🖥 www.oarsoaldea-turismo.net

En la planta baja de la casa donde vivió Victor Hugo. Abierta todos los días.

## ¿DÓNDE COMER?

### Barato

### Pari Berri Taberna

Lezo Bide, 15. ☎ 943-52-08-57. a la entrada de la localidad, en la parte moderna. Abierto todos los días excepto el domingo. Menú 9,30 €, 11 € los viernes por la noche y sábado a mediodía, 18 € el sábado por lanoche. Pequeño establecimiento popular donde se mezclan las generaciones para beber algo en la terraza o en la barra, o disfrutar de una cocina sencilla, buena y barata. Da servicio en dos salas alargadas, con sus paredes decoradas con fotos antiguas.

### Precio medio a más selecto

### Ziaboga

Donibane, 91. ☎ 943-51-03-95. ✉ alexziaboga@ziabogapasaia. com Todos los días excepto lunes. Cerrado por la noche los días laborables en temporada baja. Vacaciones: Navidad. Menús 20-50 €; platos 15-20 €. Wifi. En la agradable plaza de Santiago, una sala blanca y azul, toda de madera, que da al puerto. El pescado es muy fresco y además lo cocinan de forma sencilla y sin salsas, solo asado con una rodaja de limón y aceite de oliva. Sabroso menú del día. Nuestro restaurante preferido en el pueblo.

### Casa Cámara

Donibane, 79. ☎ 943-52-36-99. ✉ info@casacamara.com Cerrado domingo por la noche y lunes, más el miércoles por la noche en invierno. Menús 40-52 € en verano, un poco menos fuera de temporada; platos 13-36 €. La sala, acristalada y revestida de azulejos antiguos, tiene un agujero en el centro: son los viveros donde langostas y bogavantes, metidos en cestas, se sumergen directamente en las aguas del puerto. Más fresco, imposible. Especializado en marisco, pero también tiene rodaballo, lenguado, rape, etc. Un clásico de Pasai.

## ¿QUÉ VISITAR?

**Pasaia antiguo** se compone fundamentalmente de una calle que bordea la ría. Una calle estrecha, de casas altas comunicadas por pasajes abovedados y escaleras, con lo que el pueblo conserva un aspecto antiguo, a pesar de las banderolas y los carteles. Éste es uno de los centros del independentismo. Esta calle termina en la **plaza de Santiago,** rodeada por altas casas con balcones. Ambiente mediterráneo a un paso de los residuos del puerto industrial, situado más arriba. Continuad hasta la **iglesia de Bonanza**, al final del pueblo, casi frente al mar. Allí, unos ancianos están sentados platicando y contemplando la entrada de la rada. Es hora de dar media vuelta. Habéis dejado atrás los restaurantes de pescado por los que toda la costa viene a Pasaia.

Las casas donde vivieron Victor Hugo y La Fayette tienen sendas placas que recuerdan la estancia de sus ilustres huéspedes y están casi enfrente una de otra en la calle principal. En la **casa de Victor Hugo** (www.victorhugopasaia.net), en el nº 63, está instalada la Oficina de turismo y, en el primer piso, la exposición «Victor Hugo, viaje hacia la memoria», procedente de un legado del primer museo abierto en 1902. En ella se puede ver su habitación amueblada, dibujos, ediciones originales y un interesante vídeo, en el que Hugo hace de guía turístico para enseñaros Pasaiay los demás lugares del País Vasco que visitó. En el 2º piso, exposición temporal. Entrada libre.

Finalmente, en la **iglesia de San Juan Bautista,** se puede ver un enorme retablo plateresco y el *Cristo de Bristol,* estatua de madera que, según parece, un barco de Pasai, perdido en las brumas de este puerto inglés, encontró en su arboladura, tras haber atracado milagrosamente.

## ALREDEDORES DE PASAIA

Se recomienda visitar estos lugares en coche. En transporte público es más complicado.

**Ondartxo – Centro de la Cultura Marítima:** en Pasai San Pedro. ☎ 943-39-24-26. Si vais en coche, aparcad al final de la carretera y continuad 10 minutos a pie; desde Pasaia, tomad el pequeño barco que comunica las 2 orillas. De Semana Santa a septiembre, mié-sáb 10-14 h y 16-19 h; domingo 10-14 h. De octubre a Semana Santa, mié-sáb 10-14 h y 15-18 h. Entrada: 3 €.

Aquí, un equipo de apasionados reconstruye y restaura barcos vascos antiguos, según planos de la época. Incluso están construyendo de principio a fin un galeón del siglo XVI, el *San Juan,* cuyo pecio fue encontrado en la costa de Canadá y que había sido construido en Pasai. Cuando esté terminado, hacia 2016, navegará hacia Terranova, donde hace cinco siglos los marineros vascos iban a pescar bacalao y ballenas. También se puede subir al puente del *Jaizkibel,* un dragaminas holandés de los años 1930 que sirvió para ampliar el puerto de Pasai.

**Lezo:** merece la visita por la **iglesia de San Juan Bautista,** de estilo gótico vasco y austera, a pesar de su retablo barroco. Casi enfrente, la **iglesia del Santo Cristo** guarda un Jesucristo gótico imberbe. Solo hay cuatro de estas características en todo el mundo (los otros tres están en Cracovia, Eibar y Segovia), y los especialistas discuten desde hace muchos años sobre la razón de por qué el Cristo de Lezo no tiene barba.

🥾 **Fuerte de San Marcos:** accessible desde Errenteria (de depende) por la GI 3671, o desde la GI 2132 que comunica Oi y Astigarraga; no está muy bien señalizado, así que no dudéis en preguntar. ☎ 943-44-96-38. 💻 www.fuertedesanmarcos.com Abierto todos los días, excepto lunes, 10-17 h (21 h julio-agosto). Gratuito.

Construido en gres rosa en 1888, al estilo de las fortificaciones del siglo XVII, para defenderse ante una eventual invasión francesa, ocupa una importante posición estratégica desde la cual se domina la capital donostiarra. Desde lo alto de las murallas disfrutaréis de una vista extraordinaria (que nos ha impresionado) que abarca prácticamente desde San Juan de Luz hasta Zarautz. Tras quedar abandonado y ser más tarde restaurado, en la actualidad alberga un pequeño museo (cerrado en invierno), donde se exponen piezas de artillería y se realizan exposiciones temporales. Tiene también un café-restaurante (ver más adelante). Resulta una bonita excursión y solo a unos pocos kilómetros de Donostia-San Sebastián.

## ¿DÓNDE COMER?

### 🍴🍷 Aldura-San Marcos

En la planta baja del fuerte. ☎ 943-52-22-71. ✉ info@fuertedesan-marcos.com Abierto todos los días excepto lunes, con el mismo horario que el fuerte. La cocina solo 13-15.30 h. Menú del día 19 € (27 € el fin de semana); platos 12-20 €. Buena cocina servida en una sala abovedada. El menú cambia todos los días pero hay un postre fijo: torrija caramelizada. Los fines de semana, cordero asado o cochinillo. También se puede entrar solo para tomar algo.

## › OIARTZUN

10 000 HAB. (C. POSTAL: 20180, *D1*)

Bonita localidad en la se mezclan casas rurales y casas blasonadas. Bello Ayuntamiento cuyo portal se ha transformado en frontón, así como varias casas barrocas (una de las cuales data de 1678).

La localidad ha perdido poco a poco su antigua vocación agrícola y se está rodeando de supermercados y fábricas. Pero aún sigue siendo la puerta de entrada al **Parque Natural de Aiako Harria (Peñas de Aya)**, en la sierra que domina la localidad. Se puede hacer una bonita excursión (14 km ida y vuelta) por el trazado del antiguo ferrocarril que llevaba hasta las minas de Arditurri (se pueden visitar; ver «¿Qué visitar?»).

## DIRECCIÓN E INFORMACIONES ÚTILES

### ℹ Oficina de turismo de Oarsoaldea

Aialde, 2. ☎ 943-49-45-21. 💻 www.oarsoaldea-turismo.net Todos los días. Para los alrededores de Donostia, la comarca de Oarsoaldea (Pasaia, Errenteria, Lezo y Oiartzun).

➤ autobús cada 30 minutos desde Donostia (plaza de Gipuzkoa) con *Lurraldebus* (☎ 943-00-01-17).

# ¿DÓNDE DORMIR?

## Cámping

### ▲ Cámping Oliden

En la GI 636, km 5,5. ☎ 943-49-07-28. ✉ campingoliden@hotmail.com 💻 www.campingoliden.com Está situado a casi 4 km del pueblo, en dirección a Irun. 2 pers, tienda y coche 16 €. Su ubicación no es ideal, junto a la carretera nacional, cerca de la autopista y no lejos del supermercado Carrefour, pero ofrece todos los servicios (bar-restaurante, tienda de alimentación, piscina, lavadoras), está bien mantenido y es amplio y sombreado. Como, además, no está lejos de Donostia y de Irun, suele estar lleno. Trato amable.

## De barato a precio medio

Los alojamientos relacionados a continuación están a 2 o 3 km del centro de Oiartzun, en dirección a Irun por la GI 2134.

### 🏠 Agroturismo Arkale Zahar

Gurutze auzoa. ☎ 943-49-00-65. Tomad la carretera de Arkale frente al hotel-restaurante Gurutze-Berri, en la plaza Bizardia, y ascended unos 500 m; no está señalizado con ningún cartel, es el caserío de la izquierda, en una pronunciada curva. Dobles 38 € con lavabo, 40 € con baño. Desayuno 3 €. Wifi. Es el caserío más antiguo de Oiartzun. Un alojamiento rústico que ofrece habitaciones sobrias y limpias. Magnífica vista sobre el valle y una bonita terraza donde florecen los jazmines. Trato muy amable. Perfecta para hacer excursiones por el parque natural de Aia.

### 🏠 Caserío Peluaga

Gurutze auzoa. ☎ 943-49-25-09. 💻 www.peluaga.com Tomad el mismo camino que para el Agroturismo Arkale Zahar, está 1 km más lejos, a la izquierda (señalizado). Doble con baño 50 €, desayuno 5,50 €. Bonito caserío antiguo con la fachada encalada y piedra vista. Aislado en un altozano, dominando magníficos y verdes valles. Una casa encantadora y muy agradablemente decorada. Trato discreto y jovial. Pequeña cocina común en la parte abuhardillada.

# ¿QUÉ VISITAR?

🥾 **Minas de Arditurri:** a unos 6 km de Oiartzun por la GI 3420 en dirección a Ergoien (bien señalizado). ☎ 943-49-45-21. 💻 www.arditurri.com De julio-agosto, mar-sáb 10-14 h y 16-18 h; domingo y festivos 10-14 h. Sept- junio, mar-dom 10 -14 h y también sáb 16-18 h. Visita de la mina (en castellano, las otras son en vasco) a las 13 h y a las 17 h en verano. Entrada: 5,10 € por la visita de 1 h, 7,15 € por la de 1.15 h, y 13,25 € incluyendo también el Tren Verde y el Museo Luberri; descuentos.

En Arditurri ha habido explotaciones mineras hasta 1983. Durante casi veinte siglos (pero sobre todo en los dos últimos), se ha extraído hierro, plata, zinc y otros metales. La visita comienza con una pequeña película sobre la historia de la mina, las condiciones del trabajo, etc. A continuación la visita se adentra en las entrañas de la colina, excavada por una red bastante extensa de galerías. Visita simpática pero no indispensable, sobre todo si ya habéis visto otras minas antes...

## > CIRCUITO DE LAS SIDRERÍAS

En la zona de Hernani y de Astigarra, al sur de Donostia. [...] las más típicas y cordiales instituciones vascas, pero que no funciona en la temporada alta. Y ello porque las sidrerías de verdad solo están abiertas durante dos o tres meses de invierno, desde finales de enero hasta finales de abril o principios de mayo.

### ¿Cómo funciona una sidrería?

Una sidrería es un lugar donde se elabora la sidra, no el lugar donde se bebe. Las manzanas, que se cosechan en otoño, se prensan y se meten en toneles, hasta que hacia el 20 de enero la sidra de ese año queda lista para beber. Ése es el momento en que la gente del lugar iba a las sidrerías a hacer el *txotx*, es decir, a probarla. Acudían en grupos a cada caserío, pagaban a escote una cantidad determinada al dueño y se bebían la sidra. Hacia finales de marzo o principios de abril había que vaciar los toneles y prepararlos para la cosecha del otoño siguiente. La sidra que sobraba se enviaba a la cooperativa o la embotelladora y la sidrería cerraba sus puertas y se dedicaba a lo suyo: cultivar manzanas. En la actualidad, sin embargo, las modernas cubas de acero inoxidable permiten disponer de sidra de buena calidad durante meses.

La sidra vasca es un poco más ácida y tiene más alcohol que la de otras regiones, y no es bueno beber mucha sin comer nada. De modo que la gente que iba a beberla se llevaba un tentempié para acompañar las libaciones. En el caserío ponían unas cuantas mesas y bancos para que se sentara la gente, y con los huevos, las chuletas, algo de bacalao en salazón y unos cuantos panes, los grupos de amigos se lo montaban tan ricamente. Lo importante era comer, beber y pasárselo bien.

Era tal el ambiente de las sidrerías, que pronto les llegó el éxito. En un primer momento, las sidrerías empezaron a proporcionar los platos y los cubiertos (y a facturarlos porque los platos no se lavan gratis). Después, el pan y los huevos. Y, de concesión en concesión, terminaron por convertirse en verdaderos restaurantes que lo proporcionaban todo, la carne, el bacalao y el queso. Algunas incluso llegaron a vender vino (el colmo). El golpe de gracia llegó cuando algunas sidrerías empezaron a funcionar todo el año.

Por fortuna, aún existen sidrerías que únicamente están abiertas durante la temporada y solo por la noche, pero son muy raras aquellas a las que se puede llevar la comida. En su lugar proponen un menú fijo (de unos 30 € por cabeza), que se inspira en lo que los visitantes llevaban antaño: tortilla de bacalao, bacalao frito con pimientos, chuletón y, de postre, dulce de membrillo y queso de oveja, todo acompañado de sidra a voluntad.

### Nuestra ruta de la sidra

Nuestra ruta de la sidra (una de las muchas que se pueden recorrer, porque las sidrerías censadas en la zona son una cincuentena) empieza a la salida de Hernani en dirección a Astigarraga. Girad a la derecha después del puente (y si venís de Astigarraga, a la izquierda antes del puente, como es lógico) por la GI 3410 en dirección a Goizueta. Ahí tenéis dos posibilidades: o bien continuad recto o girar enseguida a la derecha, en la primera rotonda. Si giráis a la derecha, cruzaréis un segundo puente (en realidad, volvéis a cruzar el río) y de nuevo giráis enseguida a la derecha. Llegáis a la aldea de Osiñaga y la cruzáis.

## Sidrerías tradicionales

Después de la aldea de Osiñaga encontraréis cinco sidrerías, una detrás de otra. Y ya no tenéis más que escoger. Solo están abiertas en temporada, por la noche (aproximadamente desde las 20 h hasta medianoche) y, algunas, también el fin de semana a mediodía. Proponen, poco más o menos, el mismo menú de sidrería en torno a 30 € por persona incluyendo la bebida.

### Itsas Buru

Osiñaga Auzoa, se encuentra a 1,5 km tras el segundo puente que hay saliendo desde Hernani. ☎ 943-55-68-79. Abierta todas las noches y el fin de semana a mediodía. En la planta baja de una casa blanca. Comedor bastante grande, con toneles.

### Olaizola

Osiñaga Auzoa, unos 600 m después de Itsas Buru, en el mismo camino. ☎ 943-55-64-05. Todos los días excepto domingos. Gran casa de estilo tradicional vasco.
➤ A continuación, hay otras tres sidrerías tradicionales, una tras otra.

### Altzueta

☎ 943-55-15-02. Abierta mar-sáb.

### Iparragirre

Osiñaga Auzoa, 10. ☎ 943-33-73-70. ✉ info@iparragirre.com De miércoles a domingo a mediodía. Menú mié-vie 20 €, el fin de semana 31 €.

### Elorrabi

☎ 943-33-69-90. Abierta todos los días a mediodía y por la noche, a partir de las 12 h y de las 20 h.

Si en Hernani decidís seguir recto, continuad unos 3 km, bordead la fábrica papelera y tomad un camino a la izquierda (que indica la sidrería). Está a 1,5 km por una carretera estrecha y en subida pronunciada, en el barrio de Ereñozu.

### Larre Gain

Ereñozu Auzoa, en Hernani. ☎ 943-55-58-46. Abierta de finales de enero a finales de abril, todas las noches, excepto domingo y lunes, y de viernes a domingo a mediodía. Gran casa blanca que domina el valle, rodeada de manzanos.Una magnífica ubicación que compensa el desvío. Clientela sobre todo local.

## Sidrerías abiertas todo el año

Como no queremos ser demasiado rigurosos, os indicamos tres sidrerías que están abiertas todo el año y que han de conservar una cierta autenticidad.

### Alorrenea

Alorrene-Bidea, 4, en Astigarraga. ☎ 943-33-69-99. ✉ info@alorrenea.com Justo después de la pequeña carretera que conduce a la Petritegi Sagardotegia llegando desde Donostia por la GI 131, también a la izquierda (bastante mal señalizada). Todos los días a mediodía y por la noche. Menú 30 €. Casi bajo el puente de la autopista, la terraza no resulta muy agradable, pero su amplia sala con sus grandes mesas de madera, sus enormes barricas y su impresionante horno para asar los chuletones de buey es muy acogedora. Es la única sidrería que abre a mediodía todo el año, de manera que, si estáis por la zona a la hora indicada, puede ser práctico resolver el almuerzo con una tortilla de bacalao con una ensalada verde bien fresca y, por supuesto, un vaso de sidra (servíos vosotros mismos de la cuba). En temporada, hay que tomar el menú completo.

### Petritegi Sagardotegia

Petritegi-Bidea, 8, en Astigarraga. ☎ 943-45-71-88. ✉ reservas@petritegi.com En la carretera GI 131, señalizada en un cartel muy pequeño a la izquierda (justo después del puente de la autopista) llegando desde Donostia y antes de entrar en Astigarraga. Todos los días 20 h-22.30 h y, además, vie-dom a mediodía. Vacaciones: 3 semanas en diciembre. Menús 26-35 €. Nos gusta este sitio porque es una verdadera sidrería, que se puede visitar (ver más adelante «¿Qué visitar?»), y cuyo restaurante está abierto todo el año. Se comparten enormes mesas de madera con los vecinos, lo que propicia la conversación y la cordialidad. Por supuesto, la sidra no es la misma en febrero que en agosto y el ambiente tampoco. Gran sala con decoración rústica y barricas de más de 2 m de diámetro a las que se va a hacer *txotx*, ¿entendéis?: llevar cada uno su vaso hasta la barrica *(kupela)* para que se lo llenen y, con frecuencia, ponerse a la fila donde hay oportunidad de entablar jugosas conversaciones (es divertido). Muy buena carne, poco hecha, como quiere la tradición.

### Kako Sagardotegia

Nagusia kalea, 19, en el centro de Astigarraga. ☎ 943-55-17-41. Todos los días a mediodía y por la noche, excepto los domingos. Se recomienda reservar. Comida complet acon vino unos 35 €. Antigua sidrería convertida en restaurante, con una decoración agradablemente rústica (paredes de piedra, sartenes antiguas, una pequeña biblioteca). Ambiente un poco selecto pero no hay inconveniente porque la comida es muy buena: tortilla de bacalao de lo más melosa y excepcional carne roja. La especialidad en invierno, son judías con berza y chorizo. Muy buen trato.

## ¿QUÉ VISITAR?

**Sagardoetxea (Museo de la Sidra Vasca):** en Astigarraga, en pleno centro. ☎ 943-55-05-75. 💻www.sagardoetxea.com Mar-sáb (todos los días en verano) 11-13.30 h y 16-19.30 h; dom y festivos 11-13.30 h. Entrada: 4 € (con degustación); menores de 10 años gratis.

Pequeño museo muy indicado para los que quieran profundizar en el tema de la sidra vasca. La visita comienza con un paseo por el huerto, donde la guía dirá que, para hacer una buena sidra, se necesita un 50 % de manzanas ácidas, 30 % de manzanas agrias y 20 % de manzanas dulces. La visita continúa en el museo, donde está explicado todo el proceso de elaboración de la sidra y la evolución de la producción en el País Vasco. Finalmente se regresa a la recepción para lo mejor: una degustación de sidra (tirada de la cuba, ¡ojo, que salpica!) y de un exquisito licor (de manzana, ¿de qué si no?).

**Petritegi Sagardotegia:** ved más arriba «Sidrerías abiertas todo el año». Visitas mar-sáb a las 10 h, 12 h, 16.30 h y 18.30 h. Precio: 8 €. Duración: 1 h.

Además de tener un restaurante abierto todo el año, es una de las pocas sidrerías que se puede visitar. Aquí está explicado todo el proceso de elaboración de la sidra, desde el huerto a la bodega (para la degustación, con un pintxo de chorizo) pasando por las cubas de aluminio y las *kupelas,* esas enormes barricas de castaño.

➤ **Fiesta de la Sidra:** se celebra el 26 de julio, festividad de Santa Ana, en Astigarraga. Si estáis por la zona, no os perdáis esta jornada completa consagrada al jugo de manzana fermentado, con deportes rurales y degustaciones por todas partes.

# >La costa de Gipuzkoa

Por lo general, se cree que la costa desde Donostia-San Sebastián hasta Bilbao constituye una misma región. Pero lo cierto es que su aspecto cambia mucho cuando se pasa de Mutriku. A partir de allí, las playas son más pequeñas y los puertos, más animados. El turismo se hace más discreto. Claro que la costa guipuzcoana, bajo la influencia de Donostia, se abrió al turismo poco después de que terminara la guerra. Resultaba de buen tono ir a comer a Zarautz o a cenar en Getaria. En aquella época, los políticos y los hombres de negocios madrileños adoptaron la costumbre de pasar el verano en la costa de Gipuzkoa. Pero ese movimiento apenas influyó en la industria hotelera, porque toda aquella gente veraneaba en unas villas elegantes que aún hacen planear sobre las playas guipuzcoanas el toque rancio de las antiguas temporadas de veraneo y los baños de mar.

## ¿CÓMO DESPLAZARSE POR LA COSTA?

Para quienes no tengan vehículo, hay varias posibilidades:

### En tren

➤ Con **Eusko Tren** (☎ 902-54-32-10; 🖳 www.euskotren.es), línea Hendaya-Irun-Donostia-Zarautz-Zumaia (2 trenes/hora), o la que comunica Donostia con Bilbao (1 tren/hora).

### En autobús

➤ *Lurraldebus* (☎ 943-00-01-17; 🖳 www.lurraldebus.net) enlaces entre Donostia y Zumaia vía Zarautz y Getaria cada 30 mimutos.

➤ Con la compañía **Pesa** (☎ 902-10-12-10; 🖳 www.pesa.net), 4 enlaces/día (bien repartidos) entre Donostia y Lekeitio vía Deba y Mutriku.

# ZARAUTZ

22 100 HAB. (C. POSTAL: 20800, *C1-2*)

Ya no tiene nada del elegante lugar de veraneo que era en la década de 1960. A pesar de todos los cambios, Zarautz recuerda un poco a esas ancianas señoras que viven de los recuerdos de tiempos mejores y no consiguen ponerse al día. Es verdad que ahora se ven chavales que surfean con sus planchas, pero eso no basta. Sin embargo, la playa es hermosa. Es incluso la más larga de toda la costa En el lado oeste se encuentra el precioso y desierto palacio de Narros. En él se alojó la reina Isabel II. En el lado este, el hotel Karlos Argiñano, con pinta de castillo medieval y con habitaciones cuyos precios se sitúan alrededor de los 155 €. Y para ir de un lado a otro, el Malecón, que tiene su encanto al atardecer, con su plantel de esculturas modernas.

## DIRECCIONES E INFORMACIONES ÚTILES

### Oficina de turismo

*(Plano B1):* Nafarroa kalea, 3. ☎ 943-83-09-90. www.turismozarautz.com En una plaza de la calle principal, en la parte oeste del centro. Todos los días, de mediados de junio a mediados de septiembre; el resto del año cierra sábado por la tarde y domingo. Atención excelente y abundante documentación.

### Internet

*(Plano A1):* en el *Mega Ciber,* Musika plaza, justo al lado de la pensión Txiki Polit.

### Aparcamiento

Es de pago en las calles del centro pero no es demasiado caro (menos de 1 €/hora). También hay aparcamientos subterráneos.

## ¿DÓNDE DORMIR?

Campings

### Cámping Zarautz

*(Fuera de plano por D1, 10):* Monte Talai Mendi. ☎ 943-83-12-38. info@grancampingzarautz.com www.grancampingzarautz.com a 2 km del centro, por la N 634, tomad a la izquierda yendo hacia Donostia. Abierto todo el año. Parcela para 2 pers, tienda y coche 25 €. Internet (de pago) Wifi. Gran cámping magníficamente situado sobre una colina (muy bella vista) y bastante sombreado. La pega es que en verano está hasta los topes... restaurante, bar, barbacoa y supermercado.

### Cámping Talai Mendi

*(Fuera de plano por D1, 10):* Talai Mendi auzoa. ☎ 943-83-00-42. talaimendi@campingseuskadi.com www.campingseuskadi.com/talaimendi No está muy lejos del centro, al pie de la colina sobre la que se encuentra el cámping Zarautz. Abierto de finales de junio a comienzos de septiembre. 2 pers, tienda y coche 23 €. Está menos alto que su vecino pero también ofrece una hermosa vista. Y las parcelas reservadas a las tiendas, que dan directamente sobre el mar, son muy agradables. Además está algo menos masificado. Bar-restaurante y tienda de comestibles.

## PLANO DE ZARAUTZ

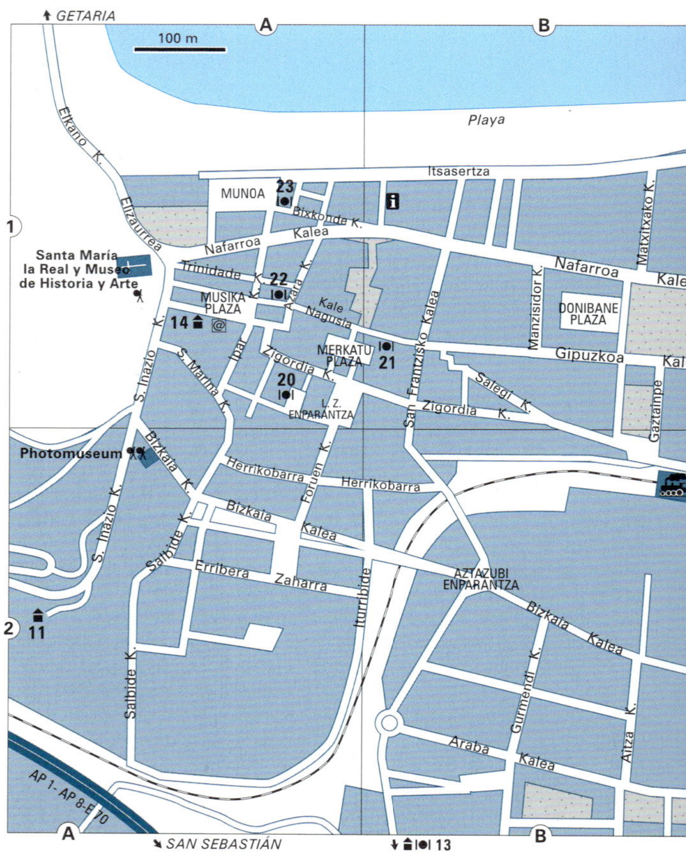


- ■ **Direcciones útiles**
- ⓘ Oficina de Turismo
- @ Mega Ciber

- ⌂ **¿Dónde dormir?**
- 10 Campings Zarautz
- 10 Campings Talai Mendi
- 11 Albergue
  Juvenil Igerain
- 12 Agroturismo
  Berazadi Berri

## Albergue Juvenil

### ⌂ Alberge Juvenil Igerain

*(Plano A2, 11):* San Inazio, 25. ☎ 943-41-51-34. ✉ igerain@gipuzkoa.net en el extremo oeste de la localidad, cerca del Photomuseum. Cerrado de finales de diciembre a finales de enero. Noche 15-21,30 €/pers según edad, con desayuno. Edificio anodino de cemento, bien mantenido y no muy alejado del centro a pie. Todas las habitaciones (de 2 a 5 camas, más un dormitorio de 23 camas) tienen su propio cuarto de baño. Comedor simpático con manteles y cortinas rojos.

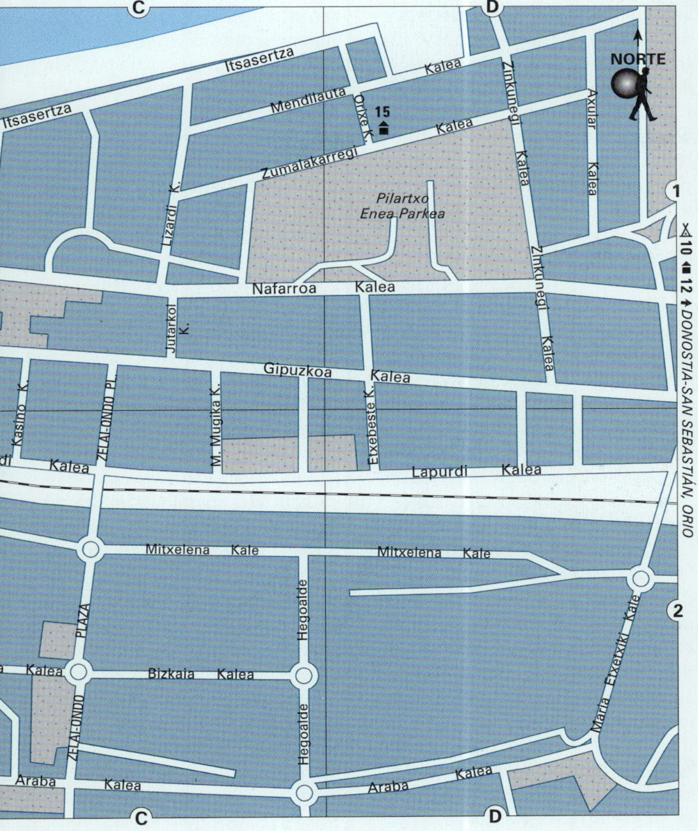


| | |
|---|---|
| **13** Argoin Txiki | **20** Bar de la Barren plaza |
| **14** Pensión Txiki Polit | **21** Euskalduna Taberna |
| **15** Hotel Roca Mollarri | **22** Jai Txiki |
| **¿Dónde comer?** | **23** Kulixka |
| **13** Argoin Txiki | |

## Barato

### Agroturismo Berazadi Berri

*(Fuera de plano por D1, 12):* Talai Mendi, al lado del cámping Zarautz. ☎ 943-83-34-94. Doble 40 €. A 2 km del centro, en lo alto de una colina. 6 habitaciones limpias con cuarto de baño, 2 tienen vistas al mar. Pequeña cocina a disposición. Opción a desayuno. Si no, hay un bar debajo. Buena relación calidad-precio.

### Argoin Txiki

*(Fuera de plano por B2, 13):* Erretegia, Argoin auzoa, 310. ☎ 943-89-01-

84. Desde el centro de la localidad, seguid la dirección de Urdaneta y después de Urteta, hasta que veáis, tras atravesar la zona industrial y sus concesionarios de automóviles, un cartel a la derecha que indica el albergue. Gran albergue en los montes de Zarautz. Habitaciones amplias y nuevas, realmente muy correctas y baratas.

## Precio medio a más selecto

### Pensión Txiki Polit

*(Plano A1, 14):* Musika plaza (esquina Orape). ☎ 943-83-53-57. ✉ info@txikipolit.com 💻 www.txikipolit.com En el corazón del casco viejo, a 50 m de la playa. Recepción en el primer piso. Dobles con baño 55-78 € según temporada; desayuno 5 €. Wifi. Es más un hotel que una pensión, bien mantenida, con un patio de luces circular. Las habitaciones (un poco ruidosas, las que dan a la plaza) tienen una decoración bastante neutra a base de tonos naranja y rojo. Al atardecer, el bar del hotel se llena de lugareños de todas las edades que le dan un agradable ambiente. También tiene restaurante.

### Hotel Roca Mollarri

*(Plano D1, 15):* Zumalakarregui, 11. ☎ 943-89-07-67. ✉ info@hotel-rocamollarri.com 💻 www.hotel-rocamollarri.com 🌀 A la entrada de la localidad llegando desde Donostia, en una calle paralela la playa. Vacaciones: de mi-dic a mi-enero. Dobles con baño 85-110 € según temporada (fuera de temporada, interesantes tarifas de fin de semana); desayuno incluido en verano (si no 9-10 €). Internet y Wifi. Una encantadora y pequeña villa burguesa, a dos pasos de la playa pero sin vistas al mar. Decoración sobria, discreta y de calidad. Copioso desayuno-bufé que eventualmente se puede tomar en el patio interior. Bonito alojamiento tranquilo, de trato atento y amable. Se tiene la impresión de estar en casa de un amigo más que en un hotel.

## EN LOS ALREDEDORES

### Casa rural Landarbide Zahar

Laurgain auzoa, 26, 20809 Aia (entre Orio y Aia). ☎ 943-83-10-95. ✉ reservas@landarbide.com 💻 www.landarbide.com 🌀 (1 apartamento). Tomad la N 634 dirección Orio y, al cabo de 3,5 km, la GI 2631 hacia Aia; la casa se encuentra 2,5 km más adelante, en el lado izquierdo. Dobles con TV y baño 42-47 € según temporada; desayuno 5 €. Apartamentos 2-6 pers 81-140 € en temporada alta. No admite tarjetas de crédito. Wifi. Al lado del parque de Pagoeta (ver más adelante «Alrededores de Zarautz»), una gran casa con entramado de madera situada sobre un altozano. Ofrece 6 confortables habitaciones con vigas vistas, distribuidas en torno a un gran salón pintado de verde y decorado con herramientas agrícolas. Terraza que da a las colinas con vistas a Zarautz. Gran cocina equipada a disposición de los huéspedes (por 5 €) y abundante documentación de la zona. ¡Bien!

## ¿DÓNDE COMER?

Tanto en el casco urbano como en la playa (en el centro del Malecón) hay muchos restaurantes con menús del día entre 10 y 12 € (12-15 € el fin de semana) y platos combinados en torno a 8 €, unos precios muy razonables. Si preferís bares de tapas, id a la Barren plaza *(plano A1, 20),* una plaza muy escondida pero abarrotada de gente al atardecer durante el verano, donde hay varios bares con sus barras generosamente abastecidas. Información que puede interesaros: los miércoles todos los bares de la localidad invitan a los pintxos si se toma algo de beber.

### Euskalduna Taberna

*(Plano B1, 21):* kale Nagusia, 37. ☎ 943-13-03-73. ✉ felix.euskalduna@hotmail.com Cerrado 10 días en octubre. Sólido menú del día por 10,50 € a mediodía, 16-30 € por la noche; si no, pintxos, raciones, cazuelitas y platos combinados 2-12 €. Wifi. Mobiliario rústico. La clientela local se deleita con los abundantes pintxos que ofrece el bar. Es la sede de los aficionados de la Real por lo que algunos días hay un ambiente especial.

### Jai Txiki

*(Plano A1, 22):* kale Nagusia, 30. ☎ 943-83-51-22. Bonita taberna clásica, con una gran barra y jamones colgados. Coged un plato, elegid los pintxos (buen surtido) que queráis y saboreadlos en una de las mesas de madera colocadas en la bonita calle peatonal. Ambiente popular y mezcla de generaciones.

### Argoin Txiki

*(Fuera de plano por B2, 13):* ver más arriba «¿Dónde dormir?». En verano, cerrado lunes por la noche y martes; en invierno, cerrado de domingo a jueves por la noche. Menú del día entre semana 10 €; menú de sidrería por la noche 28 €; a la carta, platos 7-14 €. Este albergue, que se cita más arriba, es ante todo un restaurante, que trata lo mismo a los obreros que trabajan en las obras de la zona, como a los visitantes, failias o vecinos. Se come en grandes mesas una cocina sencilla pero sabrosa. También se puede probar la sidra local.

### Kulixka

*(Plano A1, 23):* Bizkonde Zolina, 1. ☎ 943-13-46-04. Casi al borde de la playa, en la parte oeste de la ciudad. Abierto todos los días excepto lunes. Menús 14 € a mediodía, 18 € por la noche, y 22-28 € el fin de semana; platos 13-17 €. Acceso a la sala por una escalera desde la calle. Decoración contemporánea con mesas cubiertas de manteles blancos y miradores acristalados que dan al mar Un restaurante que merece la pena visitar por sus excelentes platos de pescado, como la merluza rellena de champiñones. Servicio jovial. Buen vino por copas. Mucha gente (sobre todo los fines de semana).

## FIESTAS

### Fiestas patronales de San Pelayo

25-26 junio. Gran animación en la ciudad, con tamborradas (infantil y de adultos), ferias y deportes rurales y romería en la pradera de Iñurritza.

### Semana grande

En torno al 15 de agosto, en honor a la patrona de Zarautz, Santa María la Real. Se celebra como en otras partes: conciertos, fuegos artificiales... y, además, regatas de traineras.

### Fiestas vascas (Euskal Jaiak)

A comienzos de septiembre (sobre todo el día 9, festividad de la Virgen de Aránzazu). Si podéis, no os las perdáis, pues para eso fueron creadas en 1924: para prolongar un poco más la estancia de los turistas en la localidad. Se puede disfrutar de una completa muestra del folclore local: deportes vascos... y grupos de *dantzaris* recorren las calles acompañados de *txistus* y otros instrumentos.

## ¿QUÉ VISITAR? ¿QUÉ SE PUEDE HACER?

**La playa:** muy poco profunda, por lo que es ideal para los niños. Bordeada por el Malecón, que está adornado con esculturas abstractas.

Varias casas de recreo muy hermosas, como la **Zuazo-Enea** y la **Villa Munda,** en las callejuelas que bordean la playa.

**El casco viejo** *(plano A-B1-2):* y sobre todo, la kale Nagusia (en el nº 28 está la **Torre Luzea,** o Torre Larga, una preciosa casa-torre del siglo XV) y la **plaza de la Música,** con el templete homónimo, que es una verdadera maravilla, y una excepcional casa guipuzcoana perfectamente restaurada. Id a ver también el pequeño mercado (**Merkatu Plaza;** abierto todos los días excepto domingos), muy agradable, y, detrás, la espléndida **Casa Portu,** donde está el Ayuntamiento.

**Iglesia Santa María la Real y Museo de Historia y Arte de Zarautz** *(plano A1):* San Inazio kalea. www.menosca.com Mar-sáb 10-13.30 h y 16-18.30 h; domingo 15.30 -18.30 h. Cerrado lun-jue fuera de temporada. Entrada: 1,55 €.

Se entra por un porche que da a un bonito y pequeño parque bordeado por la iglesia Santa María la Real. En el interior se puede ver un hermoso retablo con una Virgen con el Niño del siglo XIV. Justo al lado de la iglesia, la torre-campanario alberga el **Museo de Arte y de Historia de Zarautz** que recoge, entre otras cosas, el resultado de las excavaciones arqueológicas, fundamentalmente restos de época romana y tumbas de la Edad Media.

**Photomuseum** *(plano A2):* San Inazio kalea, 11. ☎ 943-13-09-06. www.photomuseum.name Abierto todos los días, excepto lunes, 10-14 h y 17-20 h. Entrada: 6 €; gratuito miércoles y viernes.

Fundado hace unos veinte años por dos enamorados de la fotografía, está instalado en Villa Manuela, antiguo colegio de La Salle, reformado en 2005. El 19 de agosto de 2006 se levantó un monolito en honor de Louis Daguerre y, todos los años en esa misma fecha se rinde un homenaje al padre de la fotografía (que podría tener orígenes vascos). ¿Por qué el 19 de agosto? Porque es el día en que Daguerre presentó su invento en la Académie des Sciences de París.

La visita se inicia en el cuarto piso, donde cajas ópticas, mutoscopios y otras linternas mágicas ofrecen una buena visión de conjunto de la «prehistoria» de la fotografía. Reparad, por ejemplo, en las palmatorias que proyectan sobre una superficie la sombra de Napoleón... fueron ideadas tras la caída del emperador y servían a sus partidarios para identificarse como tales. En el tercer piso se ofrece un panorama de las técnicas fotográficas, desde el daguerrotipo al moderno réflex pasando por las cámaras de fuelle y las que permiten realizar los primeros clichés panorámicos. A continuación, en el segundo piso, los géneros fotográficos: retrato, paisaje, naturalezas muertas, antropología,... todo ilustrado con obras de artistas de renombre. La primera planta está dedicada a los usos de la fotografía: la foto médica, de arquitectura, el fotoperiodismo, la fotografía aérea... Finalmente, en la planta baja, exposiciones temporales de artistas españoles y extranjeros, contemporáneos o no. Si el tema os interesa, no dejéis de visitarlo.

➤ Varias **rutas de senderismo** salen de Zarautz. Una de ellas arranca al final de la playa, llega hasta la desembocadura de la ría de Orio a través de una zona de dunas y acantilados, y sube hacia el cámping. También se pueden dar magníficos paseos entre Zarautz y Getaria (del otro lado), atravesando los viñedos con que se elabora el *txacoli* (con la posibilidad de regresar por la cornisa). Información y mapas gratuitos en la Oficina de turismo.

## ALREDEDORES DE ZARAUTZ

**Parque natural de Pagoeta:** al sur de Zarautz. Acceso por la carretera entre Orio y Aia (la GI 2631). A la izquierda de esta, llegando desde Orio, hay un Centro de información (☎ 943-83-53-89; 🖥www.aiapagoeta.com; julio-sept: Mar-vie 10-14 h y 16.30-18.30 h, 10-14 h los fines de semana; oct-junio: solo fines de semana 10-14 h) que os proporcionará todas las informaciones prácticas (entre ellas un mapa) para disfrutar del parque. También, al lado del centro de información hay un jardín botánico de 3 ha con unas 4 800 especies de árboles y plantas de todo el mundo, y, un poco más lejos, accesibles por senderos, una fragua y un molino antiguos.

**Orio:** 🖥www.oriora.com Primera «estación» después de Donostia-San Sebastián, Orio es, ante todo, un puerto pesquero en una ría. El pueblo no es atractivo a primera vista. Hay que recorrerlo a pie, pasear por el barrio antiguo y detenerse en las pequeñas calles cercanas a la iglesia de San Nicolás reconstruida en el siglo XVI. No os fijéis en la zona del puerto que se extiende por toda la ría y que no tiene absolutamente nada de pintoresco. Pero eso no quita para que la tripulación de las traineras de Orio sea una de las mejores del País Vasco.

# GETARIA

2 600 HAB. (C. POSTAL: 20808, *B1*)

No es el mayor puerto pesquero del País Vasco ni tampoco el más bonito pero, sin duda, es el más pintoresco. Está en un paraje soberbio, con una pequeña bahía rodeada de acantilados y un islote rocoso, «el ratón de Getaria», que protege la bocana. En este puerto no hay yates, sino únicamente barcos de pesca que salen a la mar todos los días; los hay de todos los tamaños, desde la barquita de remos hasta el arrastrero que sale a faenar con quince tripulantes. En el puerto, el edificio más hermoso de todos es el de la cofradía de Pescadores. El pescado de Getaria es quizás el mejor de toda la costa. Aquí, el mar se vive como una religión.

Y, claro, como toda religión que se precie, tiene un sumo sacerdote con derecho a dos estatuas, una a la entrada del pueblo y otra que mira al mar. Las dos bien merecidas porque se trata de Juan Sebastián Elcano (Elkano en euskera), el primero que dio la vuelta al mundo. Pero ¿no fue Magallanes? ¡Qué va!, al pobre Magallanes lo hicieron picadillo y se lo comieron los caníbales de las Filipinas que quizá lo confundieron con un misionero. Y claro, el periplo lo tuvo que terminar Elcano, que era su lugarteniente.

Getaria también lleva con orgullo ser el pueblo natal del famoso diseñador Cristóbal Balenciaga, al que ha dedicado un museo –¡y qué museo!–, inaugurado en 2011.

➤ Se aparca bastante bien en la zona del puerto. Las plazas son de pago en verano y gratis el resto del año.

## DIRECCIÓN E INFORMACIONES ÚTILES

### Oficina de turismo

Aldamar Parkea, 2. ☎ 943-14-09-57. 🖥 www.getaria.net Está situada en la carretera que atraviesa el pueblo. Abierta durante la Semana Santa y de junio a septiembre, todos los días excepto domingo por la tarde y lunes.

➤ Con **Lurralde Bus** (🖥 www.lurral-debus.net, filial de Eusko Tren), unos 2 autobuses/hora desde Donostia, Zarautz y Zumaia.

## ¿DÓNDE DORMIR?

### Precio medio

### Pensión Iribar

Nagusia kalea, 34. ☎ 943-14-04-51. 📧 iribar@iribar.com Acceso independiente del restaurante (ver «¿Dónde comer?»), por la parte de atrás. Dobles con baño 55-65 € según temporada. Wifi. 5 habitaciones en pleno casco viejo, sencillas (colores claros y madera rústica) pero muy cuidadas y agradables. Una pega: la campana de la iglesia que está al lado suena hasta medianoche y a partir de las 7 h de la mañana.

### Pensión Katrapona

Katrapona kalea, 4. ☎ 943-14-04-09. 📧 info@katrapona.com 🖥 www.katrapona.com Cerrada en noviembre. Dobles con baño 60-80 €, desayuno incluido. Wifi. Junto a la iglesia (tan cerca o más que la pensión Iribar), frente al puerto, en una casa antigua reformada no sin cierto encanto. 8 habitaciones con bañera y TV, algunas con vistas. Una buena elección.

### Agroturismo Usotegi

Meagas-Bidea, Usotegi 32. ☎ 943-14-04-07 y 688-64-91-49. 📧 usotegi@hotmail.com A 1,5 km del pueblo, en el monte. Desde la Oficina de turismo, subid por Herrerieta kalea (la calle del restaurante Elkano), al cabo de 700 m, tomad el camino de la derecha (señalizado) y seguid las flechas. Dobles 47-62 €, desayuno 5 €. Wifi. Un agroturismo agradable y muy cómodo. Magníficamente situado, frente a las viñas de txakoli, el mar y Getaria. Habitaciones con aseos brillantes, TV, muy buena ropa de cama y sólidos muebles de madera. Excelente desayuno. Trato impecable. Nuestro preferido en Getaria.

# ¿DÓNDE COMER?

**Como os podéis imaginar, abundan los restaurantes de pescado, sobre todo en torno al puerto. Los fines de semana suelen estar llenos a reventar por lo que connviene reservar. Para picar algo, tomad la calle que desciende hacia la iglesia, donde encontraréis varios bares con la barra-llena de pintxos. Nos gusta mucho la Taberna Politena, que ofrece una exceelente selección.**

### Asador Astillero

Puerto Muelle. ☎ 943-14-04-12. Al final del puerto (en el lado izquierdo, si nos ponemos enfrente). Todos los días excepto domingo por la noche y martes por la noche. Vacaciones: de Navidad a mediados de febrero. Reserva indispensable en verano y los fines de semana fuera de temporada. Comida completa (con vino) a partir de 40 €. El restaurante está en el 2º (y último) piso de un pequeño edificio, en una sala sencilla u agradable cuyas ventanas dan al puerto. Todo tipo de pescados y mariscos de la zona, servidos muy frescos y asados al carbón de madera. Hay gente todo el tiempo, no olvidéis reservar.

### Iribar Jatetxea

Ver «¿Dónde dormir?». ☎ 943-14-04-06. Todos los días excepto miércoles por la noche y jueves. Vacaciones: 10 días en abril, junio y octubre. Se recomienda reservar. Menús 20-50 €; carta 40 €. Está instalado en una casa de la calle que desciende hacia la iglesia y, por tanto, sin vistas al puerto. Pero eso carece de importancia cuando ofrece delicias como esa merluza rellena de txangurro... y a precios todavía razonables. Música suave y ambiente cordial en una sala rústica con algún detalle decorativo.

### Elkano

Herrerieta kalea, 2. ☎ 943-14-00-24. ✉ info@restauranteelkano.com sEn pleno centro, en la carretera principal. Abierto todos los días de mediados de julio a finales de agosto; Cerrado domingo por la noche, lunes y martes por la noche el resto del año. Vacaciones: 15 días después de la Semana Santa y la primera quincena de noviembre. Comida unos 80 € (incluido el vino). El mejor de Getaria, que figura entre los mejores restaurantes de Gipuzkoa. Sala elegante, con cortinas de encaje y cubiertos de plata, pero el ambiente es relajante. Pedro Arregi está considerado como uno de los mejores asadores de España, y la carta refleja esta opción de no servir más que pescado de máxima calidad simplemente asado a la parrilla, acompañado a veces con una salsa ligera. La otra especialidad es el txangurro o buey de mar. Sencillamente espléndido.

## ESPECIALIDADES

Getaria es la patria del **txakoli**, ese vino blanco, joven y afrutado, de baja graduación y una acidez característica que les chifla a los vascos. Para que desprenda sus agujas de carbónico y sus aromas al beberlo, se escancia en vasos bajos y de boca ancha desde lo más alto, levantando el brazo como se hace con la sidra. Es un vino que os darán a probar, a degustar, a paladear. Pero cuidado porque, al ser un vino ligero y fresco, se bebe muy bien y enseguida se sube a la cabeza. Para visitar una bodega, preguntad en las oficinas de turismo de Getaria o Zarautz.

Son muy pocas las que abren sus puertas a los visitantes (y solo previa reserva). Podéis comprar vino en las bodegas o en las tiendas, los precios son semejantes. Si estáis en Getaria el 17 de enero, festividad de San Antón, seréis de los primeros en probar el nuevo txakoli, es decir, el vendimiado el año anterior.

 Para comprar conservas artesanas de calidad se puede ir al puerto, donde están la tienda y obrador de **Itsas Mendi** (junto al restaurante Astillero), con sus famosas anchoas de Getaria. En la calle que desciende hacia la iglesia hay otra tienda de buenos productos, **Salanort** (kale Nagusia, 22).

## FIESTAS

### Fiesta de San Antón

El 17 de enero. Día del Txakoli. Para probar el txakoli nuevo.

### Fiesta vasca

Último fin de semana de mayo o primero de junio. Bastante animada.

### Fiesta de San Salvador

El 6 de agosto. Getaria festeja a su santo patrón.

### Desembarco de Elcano

Se celebra cada 4 años. El más próximo, 2014.

## ¿QUÉ VISITAR? ¿QUÉ SE PUEDE HACER?

**Iglesia de San Salvador:** en una ubicación desde la que se domina el puerto. Abierta todos los días excepto el domingo por la tarde. Visitas organizadas por la Oficina de turismo, mar-dom a las 12 h y 17 h en temporada alta. Precio: 4,50 €.

Clasificada como Monumento Nacional, es uno de los más bellos ejemplos del gótico vasco. Tiene la particularidad de estar encaramada en la ladera, lo mismo que el resto de la ciudad. El desnivel planteaba una dificultad que el arquitecto resolvió con la ingeniosa idea de construir una iglesia con el suelo inclinado. De ahí que el altar se encuentre en un plano superior. Y, como además, el tamaño de la imagen de Jesucristo es mayor que el natural, al fiel medio no le queda otro remedio que arrodillarse. Si hacéis la visita guiada, podréis subir a las galerías superiores y bajar a la cripta, llena de esqueletos, porque en Gipuzkoa se enterraba a todo el mundo en las iglesias sin distinción de rango social. Los difuntos eran enterrados con los pies girados hacia el este para que, cuando se despertaran en el más allá, vieran directamente el sol, la luz, a Dios...

Al lado, en el **palacio de Zarautz,** se han realizado excavaciones arqueológicas que han sacado a la luz restos de época romana que se pueden ver desde la calle.

**Cristóbal Balenciaga Museoa:** en Aldamar Parkea, 6.  943-00-88-40.  www.cristobalbalenciagamuseoa.com Abierto junio-sept, mar-dom (todos los días en julio-agosto) 10-20 h; oct-mayo, mar-vie y domingo 10-17 h (15 h nov-febrero), sáb y festivos 10-19 h (17 h nov-febrero). Entrada: 10 €; descuentos; gratuita para los menores de 9 años. Visita guiada gratuita en castellano los domingos a las 12.30 h y 16.30 h (en temporada alta).

Con la instalación de este nuevo e imponente museo dedicado al gran modisto, en la localidad que le vio nacer, la Fundación Cristóbal-Balenciaga pudo finalmente rendirle homenaje. Empujado al exilio por la guerra civil, fue en el París de los años 1940 y 1950 donde Balenciaga terminará de consagrarse. Son los años de la alta costura, los años de Dior y Coco Chanel, y Balenciaga está entre los creadores de este arte. Su agenda incluye clientes de nombre tan prestigioso como la princesa Grace de Monaco, la duquesa de Windsor, la reina Fabiola de Bélgica, etc.

Con un fondo de 1 600 pièces, el museo alberga la colección de creaciones de Balenciaga más importante jamás reunida pero, de media, solo se exhiben unas 70 piezas por rotación en 6 salas temáticas: la primera está dedicada a sus comienzos (con la pieza más antigua del museo, la única que se exhibe de manera permanente y que el artista creó a la edad de 17 años), y la última constituye una especie de retrospectiva de su obra, una selección de piezas que representan las grandes líneas de la creación de Balenciaga. Las otras cuatro salas se corresponden, con buen criterio, con la secuencia de un desfile de moda clásica: trajes de día, de cóctel, de noche y de novia. Una película de 23 minutos, a la entrada, permite conocer más cosas sobre el maestro; las exposiciones temporales scompletan la visita. Los amantes de la alta costura no deben privarse de visitarlo, pues merece la pena, aunque solo fuera por la organización museística.

**Monte San Antón:** bonito paseo de algo más de media hora que conduce hasta esta elevación natural. Si hace buen tiempo, la vista alcanza hasta el monte Jaizkibel por el este y Bermeo por el oeste. Popularmente se le conoce como El Ratón.

**Playa de Malkorbe:** junto al puerto, es bastante agradable. Otra, más rocosa y abierta al mar, está situada detrás de la lonja, y es la preferida por los surfistas.

# ZUMAIA

9 300 HAB. (C. POSTAL: 20750, *B1*)

En el periodo de entreguerras, Zumaia tenía fama de ser un precioso puerto pesquero, en el que los artistas buscaban la inspiración. Desde que pasó por allí el modernismo de la década de 1950, Zumaia ha sufrido la competencia de otros pueblos que se conservan mejor. Sin embargo posee una playa singulary con aguas de alto contenido en yodo. Es también punto de partida de una excursión hasta Deba siguiendo los magníficos acantilados de flysch y un compuesto de gres y pizarra.

> **> AVISO**
>
> **El icono del trotamundos os indica el interés de la visita.**

## TRANSPORTES

### En tren

➤ Con **Eusko Tren** (☎ 902-54-32-10; 💻 www.euskotren.es), se puede llegar a Zumaia mediante la línea Hendaya-Irun-Donostia-Zarautz-Zumaia (unos 2 trenes/hora), o con la que une Donostia con Bilbao (1 tren/hora).

### En autobús

➤ *Lurraldebus* ( 💻 www.lurralde-bus.net) une Donostia y Zumaia vía Zarautz y Getaria cada 30 minutos.
➤ Con *Pesa* (☎ 902-10-12-10; 💻 www.pesa.net), 4 enlaces/día (bien distribuidos) entre Zumaia y Lekeitio vía Mutriku y Deba.

## DIRECCIÓN ÚTIL

### Oficina de turismo

Kantauri plaza, 13. ☎ 943-14-33-96. 💻 www.zumaia.net/turismo Abierta todos los días excepto el domingo por la tarde y lunes fuera de temporada. Organiza excursiones en barco y visitas guiadas sobre la geología del litoral.

## ¿DÓNDE DORMIR?

### Agroturismo Karakas Zar

Artadi auzoa (barrio San Miguel). ☎ 943-86-17-36. 💻 www.nekatur. net/karakas Tomad el pequeño camino que sale a la derecha un poco más allá del museo Zuloaga, a la salida de la localidad (dirección Getaria) y seguidlo durante 800 m. En temporada alta, reserva indispensable como mínimo con 3 días de antelación. Dobles con baño 44-49,50 € según temporada; desayuno 3,50 €. Un auténtico caserío, con sus corderos, sus caballos y sus viñedos, en una bella zona de valles. Habitaciones impecables y confortables... Cocina a disposición (de pago). Una buena base para disfrutar de las posibilidades que ofrece la región.

### Casa rural Landarte

Ctra Artadi, 1. ☎ 943-86-53-58. ✉ reservas@landarte.net 💻 www.landarte.net Después del puente, en dirección a Getaria, tomad la carretera que sale a la derecha hacia Artadi; está a 600 m. Dobles con baño 78-88 € según temporada, desayuno 5 €. Aparcamiento. Internet y Wifi. Muy bella casa del siglo XVI, toda de piedra, en un paraje aislado y bucólico, con vistas al mar y hacia el interior. La decoración, muy cuidada y original, seduce nada más entrar: colores cálidos y vivos, cuadros contemporáneos colocados bajo las antiguas vigas... Cada habitación tiene su estilo propio. Y, para que no falte de nada, el trato es personalizado y muy amable.

## ¿QUÉ VISITAR? ¿QUÉ SE PUEDE HACER?

**Z Espacio Cultural Ignacio Zuloaga:** en la entrada de Zumaia según se llega desde Getaria, a la derecha. ☎ 943-86-23-41. 💻 www.espaciozuloaga.com Abierto solo de abril a septiembre, vie-dom, 16-20 h. Entrada: 6 €. Grupos todo el año previa reserva.

Zuloaga (1870-1945) nació en Éibar, donde su padre era damasquinador (hay un altar suyo en el Santuario de Loyola, en Azpeitia). Muy joven, viajó a Madrid, Roma y, después, a París donde frecuentó los círculos de pintores de vanguardia, sobre todo impresionistas y simbolistas. Posteriormente se alejará de estas influencias y practicará una pintura más realista, de inspiración popular con tintes dramáticos y predominio de los tonos oscuros, y el retrato. Residió en París, Segovia (con su tío, el ceramista Daniel Zuloaga), Sevilla, Madrid y Zumaia, entre otros lugares. Expuso en las principales ciudades de Europa y de América.

En 1910 compra la magnífica propiedad de Zumaia, una ermita del Camino de Santiago en ruinas, que restaura y amplía con otros dos edificios. El conjunto, que denomina **Santiago Etxea** y se convierte en su residencia veraniega, lugar de trabajo y de exposición de sus colecciones de arte, albergará con el tiempo el Museo Zuloaga. A partir de 2012 el museo se transforma en «Z Espacio Cultural Ignacio Zuloaga», que se distribuye entre los tres edificios de Santiago Etxea: la **ermita** del siglo XII, que alberga un *Cristo en la Cruz* de su amigo Julio Beobide, y una imagen de *La Dolorosa*, de Quintín Torres, ambas policromadas por Zuloaga; el **estudio-taller,** con las obras y objetos personales del pintor; y, en el tercer edificio, la **Colección Histórica** (con obras de los siglos XII al XX, que incuyen tallas románicas, pintores flamencos, cuadros de grandes maestros, como Zurbarán, Morales, el Greco, Goya... o contemporáneos suyos, como Rodin, Toulouse-Lautrec, Manet...).

**Iglesia San Pedro:** abierta lun-vie 16-18.30 h; sáb 10-13 h y 16-18.30 h; domingo 12.45-14 h.

Bello edificio fortificado del siglo XIV que, con su imponente mole, domina el barrio antiguo. Se accede a ella por una hermosa escalera que flanquea el muro de la iglesia y termina en una explanada a manera de mirador rodeado por una muralla almenada. Sobre la portada hay bonito San Pedro de madera policromada y, en el interior, un inmenso retablo dorado renacentista. El altar ha sido declarado Monumento Nacional. La iglesia ha sido sometida a un «lavado de cara» en 2007.

**Centro de interpretación de la naturaleza Algorri:** Juan Belmonte, 21. ☎ 943-14-31-00. 💻 www.algorri.eu Abierto mar-sáb 10-13.30  h y 16-18.30 h (19.30 h los sábados y todos los días en julio-agosto); domingo 10-13.30 h y también 16-19.30 h en julio-agosto. Entrada: 3 €.

Pequeño centro de la naturaleza que explica la formación de los sorprendentes acantilados de Zumaia, su fauna y su flora. Interactivo y bastante pedagógico.

**Playa de Itzurun:** al pie del hotel-thalasso Zelai (aparcamiento complicado), a 5 minutos a pie del centro. Es una playa de tamaño mediano, en un soberbio paraje rodeado de grandes acantilados

> **> AVISO**
>
> **Los horarios que se indican en la guía corresponden al momento de la edición de la misma y, por tanto, son orientativos.**

grises, formados por flysch con capas de gres y pizarras. Está considerada como la segunda playa más saludable de Europa por el alto contenido de yodo de sus aguas. Es difícil verificar este dato pero de lo que no hay duda es de que se trata de una de las más bellas de Gipuzkoa.

➤ También se puede dar un bonito **paseo** (los tortolitos al atardecer...) a lo largo de la cresta del acantilado que bordea la playa de Itzurun por el oeste. El camino sale un poco antes del santuario de San Telmo, hacia la izquierda. Desde ahí se tarda unos 10 minutos en llegar hasta la punta.

➤ **Excursión a pie Zumaia-Deba:** un magnífico paseo, pero de 14 km, por el GR 121. Va siguiendo la costa y, un domingo al mes, se puede hacer con un guía naturalista (12 €/pers; duración: 7 h); información y mapa en las oficinas de turismo de Zumaia y Deba.

➤ **Excursión en barco entre Zumaia y Deba:** ida y vuelta desde Zumaia, que se realiza unas dos veces por semana en temporada alta (casi todos los días en agosto; información y venta de billetes en la Oficina de turismo); una muy buena manera de descubrir la costa y, de nuevo, los magníficos acantilados de Zumaia (duración: 1.15 h; billete: 15 €, niños 7 €).

## ALREDEDORES DE ZUMAIA

**Elorriaga:** se encuentra en el GR 121 que une Zumaia y Deba. Para ir en coche, tomad una pequeña carretera que sale la N 634 a la derecha, entre Zumaia y Deba. Elorriaga es una aldea rodeada de verdes colinas, desde la que, en nuestra opinión, se disfruta de uno de los más bellos panoramas de Gipuzkoa, tanto desde el propio pueblo como desde el promontorio (un poco más lejos, se puede llegar a pie) donde se han instalado mesas de picnic y juegos infantiles.

# DEBA

5 430 HAB. (C. POSTAL: 20820, *B1*)

Cuando se divisa Deba desde la carretera, con la ancha y clara playa abajo, parece un milagro en esta costa rocosa. Pero, por desgracia, esa impresión se desmorona abajo cuando uno se acerca a la playa se da cuenta de que está bordeada por la línea de tren Bilbao-Donostia. Y, encima, los dos hoteles de la localidad están situados justo entre la playa y la vía del tren. A pesar de todo ello, Deba es una localidad joven y animada y su playa agradable (aunque muy concurrida en verano). El puerto de Deba no es ni sombra de lo que fue. Estamos ya muy lejos de los siglos XV-XVII, cuando Deba dominaba toda la costa y exportaba lana a todos los países de Europa. De aquella época queda un bonito barrio viejo, una espléndida iglesia y un aroma de nostalgia.

# TRANSPORTES

### En tren

➤ Con **Eusko Tren** (☎ 902-54-32-10; 🖥www.euskotren.es); se encuentra en la línea de Donostia a Bilbao (1 tren/hora).

### En autobús

➤ Con **Pesa** (☎ 902-10-12-10; 🖥 www.pesa.net), 4 enlaces/día (bien distribuidos) entre Donostia y Lekeitio vía Deba y Mutriku.

# DIRECCIÓN ÚTIL

### Oficina de turismo

Ifar kalea, 4. ☎ 943-19-24-52. 🖥www.deba.net
Está en pleno casco viejo, al lado de la iglesia. Abierta mayo-septiembre, todos los días excepto los domingos por la tarde; octubre-abril, todos los días por la mañana, y también vie-sáb por la tarde. Mapas de excursiones a pie o en bici de montaña gratuitos, y también proporciona acceso gratuito a Internet.

# ¿DÓNDE DORMIR EN DEBA Y ALREDEDORES?

En Deba hay un albergue para peregrinos del Camino de Santiago (50 plazas; a 5 € la noche). Llaves e información en la Oficina de turismo (o en la comisaría de policía si la Oficina de turismo está cerrada).

## Cámping

### Cámping Itxaspe

Barrio de Itxaspe, ctra N 634, km 37,5, GI 3291. ☎ 943-19-93-77. 🖥www.campingitxaspe.com 🧭 Tomad la dirección de Zumaia y, al cabo de 6 km, en el cruce de Itziar, la GI 3291 a la izquierda durante 2 km. Abierto abril-sept (bungalows todo el año). 2 pers, tienda y coche 24 €. Bungalows 2 pers 50-80 €, 4 pers 85-100 €, 6 pers 125-150 €. Apartamentos 2 pers 50-80 €. Wifi. Situado en un promontorio, este cámping muy bien mantenido goza de unas vistas espléndidas sobre los acantilados de flysch y el mar. Tienda, piscina, restaurante (solo en temporada alta) con desayuno. Un camino muy inclinado conduce en 20 minutos a una playa de guijarros.

## Precio medio a más selecto

### Txerturi Goikoa

Barrio de Itxaspe, 7, GI 3291. ☎ 943-19-91-76. 🖥www.txerturi.com Seguid la misma carretera que para el cámping, el caserío se encuentra 800 m antes. Cerrado en Navidad. En verano hay que reservar. Dobles con baño 50-54 €. Estudios 2-4 pers 70-121 €. Desayuno 5,50 €. Wifi. Es una granja de caballos, cuyo primer piso ha sido reformado para albergar 5 encantadoras habitaciones, todas un poco diferentes, pero de estilo rústico. Pequeño salón común, con piano y una muy bella

> ### > AVISO
> **Únicamente el criterio independiente del autor ha determinado la selección de establecimientos incluidos en esta guía.**

vista, y comedor muy agradable para desayunar. Cocina a disposición (de pago). Vale su precio.

### Arriola Txiki

Barrio de Arriola, en los montes de Deba. ☎ 943-19-20-00 y 606-52-21-47. ✉ arriola_txiki@hotmail.com Tomad la carretera de Zumaia y, un poco antes del km 40, la que sube hacia la derecha, unos 2 km. Dobles con baño 50-60 € según temporada; desayuno 5-6 €. Cena, previa reserva, (incluyendo bebidas) 20 €, excepto agosto. Internet y Wifi. En un caserío (con gallinas, vacas y ovejas), 6 habitaciones bien mantenidas, con decoración de estilo rural. El lugar goza de una situación privilegiada frente al valle y el mar. Tiene un jardín con varias *chaises longues.* Terraza (con vistas) donde se puede desayunar. Cocina común (de pago). Venta de productos locales (sobre todo sidra). Los propietarios son encantadores. Si está completa, podéis intentarlo en el caserío de al lado, Perlakua Saka

### Hotel Arbe

Laranga auzoa, 5, 20830 **Mutriku.** ☎ 943-60-47-49. ✉ info@hotelarbe. com 🖥 www.hotelarbe.com A 4 km en la carretera Deba-Mutriku (y ya en el municipio de Mutriku), por un camino que sube hacia la izquierda. Dobles o suites 100-120 €; desayuno 10 €. Internet y Wifi. Hotel con decoración *design,* idealmente situado por encima de la carretera Deba-Mutriku, con vistas panorámicas sobre el golfo de Vizcaya. Los propietarios son simpáticos y se encargarán de que disfrutéis de vuestra estancia. Una decena de habitaciones y suites con todas las comodidades (edredón, TV de pantalla plana, ducha efecto lluvia, etc.), piscina y superpequeña sauna con sillones calientes. Si hace buen tiempo, se desayuna (excelente, con pasteles de la casa) en el jardín, frente al mar.

(☎ 943-19-11-37; tarifas similares), que cría toros: también es una buena referencia.

## ¿DÓNDE COMER?

Hay varios restaurantes y bares de tapas a lo largo de la playa (sobre todo el **Itsas Gain**) y en la ciudad vieja (como el **Izenbe,** en la Foruen plaza). Nada extraordinario, pero en ellos se puede salir del paso.

### Restaurante Calbeton

Hondartza, 7. ☎ 943-19-19-70. ✉ calbeton@calbetonjatetxea.es En pleno centro, en la calle principal. Abierto todos los días, excepto domingo por la noche y lunes. Menú de mediodía 9 €; el fin de semana 12 €; plato combinado unos 10 €; por la noche, platos 13-17 €. Se puede elegir entre sentarse en las mesas que hay en la acera o en la sala de la parte de atrás decorada con cuadros con escenas rurales. Entre las dos está el bar. Pero lo interesante está en los platos: ragú de rabo de toro, bacalao al pil-pil, txangurro al horno, merluza con almejas... Deliciosos y, además, servidos con una sonrisa.

## COMPRAS

### Martin Sukia

San Roke, 4. ☎ 943-19-11-38. En el centro. Abierto lun-vie 8-20 h. Si tenéis interés en compraros un par de alpargatas vascas tradicionales, es uno de los pocos talleres que todavía las fabrica. Están disponibles en 4 colores.

# FIESTAS Y MANIFESTACIONES

### ⊕ Peregrinación al santuario de Itziar

El primer sábado de mayo. Este santuario es famoso por esta peregrinación. Los peregrinos salen a pie, por la noche, desde Donostia y recorren 40 km para homenajear a la Virgen con cantos y oraciones. A... recogimiento más que festivo.

### ⊕ Fiesta de Itziar

Primer domingo de agosto. También se homenajea a la Virgen, pero esta vez con una auténtica fiesta.

## ¿QUÉ VISITAR?

**El casco viejo y la iglesia de Santa María:** si vais hacia la izquierda al salir de la Oficina de turismo, desembocaréis en la encantadora plaza Zaharra, con su fuente y sus bancos de piedra y la iglesia de Santa María. Abierta todos los días 9-13 h. Visita guiada (a veces combinada con un concierto) algunos sábados (y todos los jueves de agosto); duración: 1.15 h (3 €; 6 € con concierto y 1 pintxo); Lugar de encuentro: la Oficina de turismo a las 17 h (ver más arriba «Dirección útil»).

Levantad los ojos y admirad la portada de piedra policromada de la iglesia, una joya del gótico vasco declarada Monumento nacional. En ella están representados los Doce apóstoles, fácilmente reconocibles porque el escultor tuvo la buena idea de inscribir sus nombres. Toda la parte central, esculpida en altorrelieve, representa escenas de la vida de la Virgen.

En el interior destaca el grandioso retablo policromado de estilo renacentista, también esculpido con escenas de la vida de la Virgen (Anunciación, Huida a Egipto, Visita a Santa Ana, Asunción). Tiene un pequeño y encantador claustro cuadrado (el más antiguo de Gipúzcoa), cuyos arcos están sostenidos por finas columnas que forman una especie de verja de piedra y decorados con motivos octogonales de inspiración claramente árabe.

Paracontinuar la visita del casco viejo, tomad la calle Lersundi, que conduce hasta la plaza Foruen.

# MUTRIKU

5 000 HAB. (C. POSTAL: **20830**, *B1*)

El puerto más occidental de Gipuzkoa también tiene su encanto. El casco viejo, encajado en una cala y atravesado por callejuelas y escaleras que llevan al puerto, es uno de los mejor conservados de toda Gipuzkoa e incluso del País Vasco. Su recorrido produce una cierta nostalgia y resalta la fealdad de la urbanización reciente. La única playa (en realidad es un cordón de pequeñas playas denominado Las Siete Playas) está al oeste de la localidad, lo cual está muy bien... Por lo demás, nadie perderá la ocasión de recordaros que el gran astrónomo y geógrafo Ptolomeo destacaba ya en el siglo II la importancia del puerto de Mutriku.

## TRANSPORTES

### 🚍 En autobús

➤ Con la compañía *Pesa* (☎ 902-10-12-10; 💻 www.pesa.net), hay 4 enlaces/día (bien distribuidos) entre Donostia y Lekeitio que pasan por Deba y Mutriku.

## DIRECCIÓN ÚTIL

### ℹ️ Oficina de turismo

Plaza Txurruka. ☎ 943-60-33-78. 💻 www.mutriku.net

Abierta todos los días julio-agosto; sept-junio, todos los días excepto domingo por la tarde y lunes.

## ¿DÓNDE DORMIR?

### Cámpings

### 🔺 Cámping Aitzeta

Tomad el camino que sale a la izquierda según se entra en el pueblo desde Deba, está enfrente del restaurante Jarri-Toki, a 500 m en el monte. ☎ 943-60-33-56. ✉️ info@campingaitzeta.es 💻 www.campingaitzeta.es Abierto mayo-sept. 2 pers, tienda y coche 21 €. Wifi. Bonito emplazamiento frente al mar, con parcelas de hierba. Juegos para niños, bar y tienda de alimentación. De los 4 cámpings que hay en los alrededores de Mutriku, es el que más nos gusta.

### 🔺 Cámping Santa Elena

Galdona Auzobidea s/n. ☎ 943-60-39-82. ✉️ info@camping-santaelena.com 💻 www.camping-santaelena.com A la salida del pueblo, en dirección a Ondarroa, girad enseguida a la derecha hacia Caldonamendi; el cámping está a 1,2 km. Abierto todo el año. No reserva plazas. 2 pers, tienda y coche 19 €. Situado sobre una colina desde la que se domina el mar, en un magnífico robledal. Muchas caravanas y tiendas grandes, es una pena pero se tiene la sensación de que falta espacio y de estar unos encima de otros. Bar y pequeña tienda de alimentación. Si está completo, podéis intentarlo en el **Galdona,** que está más abajo, en la misma carretera: prestaciones bastante similares a precio equivalente, a 10 minutos de la playa a pie (☎ 943-60-35-09).

### Precio medio

### 🏠🍴 Pensión Kofradi

Muelle Pasealekua, 1 (paseo del Muelle). ☎ 943-60-39-54. Vacaciones: de mediados de septiembre a mdiados de octubre. Reserva obligatoria. Doble 46 €. Restaurante barato. La pensión ocupa una posición estratégica en el muelle que divide la bahía en dos. La vista desde las habitaciones se reduce a barcos a la izquierda y barcos a la derecha. El estrecho edificio ha sido cuidadosamente renovado pero sin mucha gracia. Todas las habitaciones tienen cuarto de baño y calefacción. Por la noche hay mucha animación en el simpático restaurante popular y en la taberna, debajo de las habitaciones, lo cual está bien para conocer gente, pero no para dormir.

### 🏠 Jartxa Etxea

Atxitxin kalea, 6. ☎ 656-70-49-18. ✉️ jartxa@jartxaetxea.com 💻 www.jartxaetxea.com A un paso de la Oficina de turismo. Doble 66 € (negociable en temporada baja); desayuno 4 €. Aparcamiento. Wifi. Es el edificio de la bonita fachada roja con reloj.

Alberga una pensión encantadora de apenas 4 habitaciones, todas diferentes y, sobre todo, muy originales, decoradas con motivos florales (Pedro, el propietario, es florista) y objetos y muebles estrafalarios... Si una pieza os gusta, podéis comprarla. En la parte de arriba, en el desván, hay un pequeño salón, donde se desayuna. Un feliz descubrimiento.

### 🏠 Hotel Zumalabe

Bajada al Puerto, 2. ☎ 943-60-46-17. ✉ zumalabe@hotelzumalabe.com 💻 www.hotelzumalabe.com

A la derecha llegando a Mutriku (desde Deba), en la pequeña carretera que desciende hacia el puerto. Dobles 66-99 € según temporada, desayuno 5 €. Aparcamiento. Wifi. Pequeño y nuevo hotel de 6 habitaciones decoradas en tonos claros y bien amuebladas, la mitad con terraza y todas con una espléndida vista del puerto. Con TV, frigo, un pequeño escritorio y cuarto de baño revestido de azulejos de color beige. Agradable espacio para desayunar, decorado con un fresco marino. Trato excelente.

## ¿DÓNDE COMER?

### 🍴 Jarri-Toki

Ctra Deba-Mutriku s/n. ☎ 943-60-32-39. A la entrada del pueblo, a la derecha según se llega desde Deba. Abierto todos los días excepto domingo por la noche y lunes. Vacaciones en noviembre. Menú de mediodía 14 €; menú degustación 35 €; carta 35-40 €. El mejor restaurante de Mutriku. Bonita y elegante sala, con vista sobre el mar. La especialidad de la casa son las ensaladas a base de productos del mar. Todo está bueno, fresco y a un precio razonable para un restaurante de esa calidad. También se puede pedir medias raciones de entrantes para aligerar la cuenta.

## FIESTAS

### 📅 Día del Verdel (Berdel Eguna)

Primer sábado de abril. Impulsada por la Cofradía de Pescadores para dar a conocer este pescado y las formas de prepararlo. Degustación popular en el puerto.

### 📅 Fiestas de Magdalenas (Malen Jaiak)

Del 21 al 25 de julio en honor de Santa María Magdalena. Fiesta de las cuadrillas, con tamborradas, deportes vascos, bailes y sokamuturra (toro ensogado).

### 📅 Fiestas del Calvario (Kalbaixoko Jaiak)

Del 14 al 16 de septiembre. El primer día, cada patrón de barco de pesca paga una misa por su tripulación en la ermita del Calvario y después invita a beber a los marineros y sus familias. Las fiestas, muy populares, terminan en el puerto.

> **AVISO**
>
> La *guía del Trotamundos* defiende valores como los derechos del hombre, la solidaridad entre los pueblos, la biodiversidad cultural y la protección del medio ambiente.

## ¿QUÉ VISITAR? ¿QUÉ SE PUEDE HACER?

**Plaza Txurruka:** con la impresionante iglesia de Nuestra Señora de la Asunción (siglo XIX, en un pesado estilo neoclásico). En la plaza se levanta la estatua de Cosme Damián Churruca (Txurruka en euskera), el héroe de la batalla de Trafalgar. Este marino excepcional fue también un gran geógrafo y cartógrafo, y el primero que trazó el mapa del estrecho de Magallanes y publicó una guía de la Tierra de Fuego. En la batalla de Trafalgar tuvo a su mando una parte de la flota hispanofrancesa. Según los historiadores, su muerte en combate fue el hecho decisivo que permitió la victoria de Nelson.

**El casco viejo** y, sobre todo, la **casa de Churruca** en un espléndido palacio del siglo XVIII, en la calle Conde de Motrico.

**El puerto:** se llega por unas calles empinadas y por escaleras (los menos deportistas tienen un ascensor). Lo atractivo no es tanto el propio puerto como el conjunto de edificios, algunos de ellos del siglo XV y aún habitados, construidos en el flanco del acantilado. Al final, una pequeña playa y dos piscinas naturales que se llenan cuando sube la marea, acogen a los bañistas durante el verano.

**Nautilus:** Jose Antonio Ezeiza, 3. ☎ 943-86-22-41. Abierto todos los días excepto domingo por la tarde y lunes en julio-agosto, 10-14 h y 17-19 h; solo el fin de semana abril-junio y septiembre-octubre. Cerrado noviembre-marzo. Entrada: 1,50 €.

Este Centro de Interpretación Geológica de Mutriku gustará a los amantes de los fósiles; alberga una buena colección, sobre todo de amonites.

**Museo Bentalekua:** Txurruka plaza, edificio de la «Vieja Cofradía». ☎ 943-60-33-78. Solo visitas concertadas por teléfono o en la Oficina de turismo ✉ turismo@mutriku.net o en la visita que organiza al Geoparque de la Costa Vasca denominada «Mutriku marinera», que incluye el casco viejo de Mutriku, Bentalekua y un paseo en barco por el entorno de la villa. Precio: 20, menores de 12 años 10 €; duración: 2.30 h.

Este museo alberga la exposición permanente «Mutriku y el mar», dedicada a la relación de Mutriku con el mar: la historia de la cofradías de pescadores, las subastas, la caza de ballenas, artes y técnicas de pesca, conservas,…

**Calas de Mutriku:** solo son accesibles con la marea baja. Para los amantes de la tranquilidad.

**Playa de Saturraran:** al oeste del pueblo, a 30-40 minutos a pie (5 minutos en coche), un poco antes de Ondarroa. Girad a la derecha después del supermercado Dia. Bonita playa, pero que desgraciadamente da al muelle y los feos edificios modernos de Ondarroa.

# >Los valles de Gipuzkoa

Hay tres valles por los que se llega a las montañas de Gipuzkoa y a las otras dos provincias vascas. Son, de norte a sur, el valle de Oria, el de Urola y el del río Deba. Las partes de los valles que dan al mar harían huir en polvorosa al mismísimo diablo en periodo de vacaciones. Están cubiertas por una larga retahíla de fábricas y polígonos industriales, con un incesante ir y venir de camiones. El peor de todos es el del Oria, bordeado por la N1 (Madrid-Irun).

Cuando viajéis por una de las grandes vías de tráfico, cada vez que veáis que sale una pequeña carretera, cogedla. Os bastarán unos centenares de metros para cambiar de paisaje y de mundo.

A muy escasa distancia de la misma N1, los pastores vascos producen el queso de *Idiazabal*, considerado uno de los mejores quesos de oveja de España.

## EL VALLE DEL ORIA

El valle de Oria es una gran zona de paso entre Donostia y Altsasu, en Navarra. Y, por desgracia, también un valle ancho y acogedor al que se abren los pequeños valles de los afluentes del río Oria, a cual más fértil. Porque ello dio lugar, a principios del siglo XX, a que se instalaran en él numerosas industrias guipuzcoanas.

El valle, que sufrió graves daños durante las guerras carlistas (el personaje más conocido de estos parajes es el general Zumalacárregui, que infligió severas derrotas al ejército cristino) y la guerra civil, registró un salvaje proceso de urbanización en la segunda mitad del siglo XX. Hay reconstrucciones más destructivas que las propias destrucciones.

Menos mal que aún quedan numerosos monumentos, pueblos encantadores y pequeñas carreteras por las que perderse.

> **> AVISO**
> **El icono del trotamundos** 🚶 **os indica el interés de la visita.**

## TRANSPORTES

Encontraréis un buen resumen de todos los medios de acceso al valle en la página 🖥www.goierriturismo.com («Descubre Goierri» y después «Cómo llegar»).

### 🚆 En tren

➤ La línea de **RENFE** Irun-Brinkola (2 trenes/hora) comunica Tolosa, Ordizia y Beasain.

### 🚌 En autobús

➤ **Compañía del Tranvía San Sebastián Tolosa** (tsst; ☎ 943-36-17-41; 🖥www.tsst.info) 1 autobús cada 30 minutos entre Donostia y Tolosa.

➤ **Pesa** (☎ 902-10-12-10; 🖥www.pesa.net) se encarga (2 autobuses/día) de la línea Donostia-Bilbao, que pasa por Tolosa, Ordizia, Beasain y Ormaiztegi, y de la línea Pamplona-Eibar (misma frecuencia), que pasa por Beasain y Ormaiztegi.

➤ Para comunicar los pueblos del interior del valle, hay líneas de la compañía **Goierrialdea** (☎ 943-88-59-69; 🖥www.goierrialdea.com): que, aproximadamente, pone 1 autobús cada 60-90 minutos los días laborables entre les diferentes pueblos (3-4 autobuses/día el fin de semana).

## TOLOSA

18 000 HAB. (C. POSTAL: 20400, *C3*)

Durante un tiempo fue capital de Gipuzkoa. Hoy se puede admirar su casco antiguo, que no es especialmente bello pero sí bastante rico para una localidad de su importancia. Tolosa conserva vivas muchas tradiciones, como su Carnaval. Su gastronomía, con las alubias negras como bandera, goza de una sólida reputación y extiende su influencia a toda la provincia. Son famosos sus animados y bien surtidos mercados de los sábados. Y, si queréis comprar una boina vasca, es en Tolosa donde se fabrican.

### Un poco de historia

Tolosa ocupa un lugar muy particular en la historia del País Vasco. En el siglo XIII, el rey de Navarra Sancho el Fuerte había nombrado en Gipuzkoa un gobernador violento y tiránico. Bajo la dirección de los tolosanos, los vascos le destituyeron y mataron y buscaron la protección del rey de Castilla, que les concedió fueros y el derecho de construir murallas. Al abrigo de sus murallas y de sus fueros (que se mantuvieron sin cambios entre 1328 y 1844), Tolosa se fue desarrollando como una ciudad industriosa: sus herreros tenían tanto prestigio que recibieron el encargo de fabricar las rejas del Retiro de Madrid. Localidad importante y sede de un obispado, Tolosa llegó a ser capital de Gipuzkoa (1844-1854), hasta que fue destronada por Donostia-San Sebastián.

> **> AVISO**
>
> **Las tarifas que se indican en la guía corresponden al momento de la edición de la misma y, por tanto, son orientativas.**

# DIRECCIÓN ÚTIL

### Oficina de turismo (Tolosaldea Tour)

Santa María plaza, 1; frente a la iglesia principal (que da nombre a la plaza). ☎ 943-69-74-13. www.tolosaldea.ne[...] los días en verano, ma[...] del año. Organiza buenas visitas guiadas (1,50 € por persona) de la localidad previa reserva.

# ¿DÓNDE DORMIR?

## Barato

### Pensión Karmentxu

Korreo, 24. ☎ 943-67-37-01 y 630-55-66-78. En pleno centro, a un paso de la Oficina de turismo; En el primer piso. Dobles 40-45 €. No admite tarjetas de crédito. En el primer piso de un edificio antiguo (pronto tendrá 200 años), 6 habitaciones sin una decoración reseñable pero bien tenues. cuarto de baño común. No da desayunos ni tiene cocina. Buen trato.

## De precio medio a selecto

### Agroturismo Korteta

San Estebán auzoa, 70. ☎ 943-24-02-43 y 639-48-98-33. info@korteta.com www.agroturismokorteta.com En los montes de la ciudad, a unos 2 km al suroeste del centro; señalizado a partir del barrio de San Esteban, pero abrid bien los ojos porque los carteles son discretos. Dobles 55-66 €, desayuno unos 5,50 €. Wifi. Un poco difícil de encontrar, pero el lugar merece la pena. Se trata de un bonito agroturismo aislado en la colina, que alberga excelentes habitaciones bellamente decoradas y con aseos. Además, Asun, la encantadora proprietaria, se preocupa por preparar cada día un plato diferente para desayunar. También vende productos de su granja (mermelada, queso). Agradable salón TV y moderna cocina a disposición de los huéspedes. ¿No lo dudéis!.

### Hotel Oria

Oria, 2. ☎ 943-65-46-88. reservas@hoteloria.com www.hoteloria.com (1 habitación). Cerca de la plaza de Toros (Zezen plaza). Reservad en temporada alta. Doble con baño 88-130 €. Aparcamiento 14 €. Wifi. Gran hotel moderno. No tiene el encanto de los edificios antiguos pero está bien situado, no lejos de los mercados ni del casco viejo. Se agradece que haya reservado una habitación para personas discapacitadas, con mobiliario especial. La simpática recepcionista proporciona gustosamente un plano de la localidad e informaciones. Una buena referencia.

# ¿DÓNDE COMER?

## Barato

### Beti Alai

Errementari kalea, 16. ☎ 943-67-19-20. Abierto todos los días excepto miércoles. Menú de mediodía 12 €, 14 € el fin de semana; platos 12-14 €. Pequeño restaurante de calidad y bien situado. La sala, cálida y animada, está detrás de la barra. En la carta platos vascos y pescados. Los que no dispongan de mucho tiempo pueden resolver la comida con los pintxos de la barra.

### Más selecto

### ✿ Casa Nicolás

Avda Zumalacárregui, 7. ☎ 943-65-47-59. ✉ info@asadorcasanicolas.com Todos los días excepto domingos por la noche. Comida para 2 pers, mínimo 110 €, vino aparte. Es caro, pero ofrece muy buena calidad. Vegetarianos, abstenerse: la especialidad es la chuleta de buey o más bien de vaca (cuanto más vieja mejor porque, como dicen los vascos, la carne de vaca gana en sabor con la edad). Ya no es Nicolás el que lleva el restaurante, sino su hijo Pedro. Pero esto no cambia nada, la casa sigue siendo un templo de la buena carne a la parrilla de carbón de madera. Normalmente, se toma también algún entrante (anchoas, jamón de jabugo, bacalao...) mientras se espera, pero el menú se organiza en torno a la vaca. Pedro sabe qué color, qué olor, el tipo de grasa que necesita (para no tener que utilizar aceite que echaría a perder el sabor de la carne). Sirve sus chuletas con el «vino del patrón», pero podéis elegir entre las 25 000 botellas que guarda en su bodega. Además, Pedro es divertido y conoce perfectamente su ciudad.

## ¿DÓNDE TOMAU UN BUEN PASTEL?

### ✿ Pastelería Eceiza

San Francisco, 8 (☎ 943-65-19-16), y P. Gorosabel, 34 (☎ 943-65-20-89). En estas dos direcciones encontraréis todas las variedades de los suculentos pasteles locales (los amantes de las pastas de almendras podrán saciar su apetito).

## ¿DÓNDE TOMAR UNA COPA?

La mayoría de los bares están en las calles del centro (Arostegieta, Errementari y Korreo) y en la plaza Euskal Herria. Probad en el bar **Asteasuarra** o en el **Nest,** estupendo pub irlandés donde sirven Guinness de barril.

## COMPRAS

🎩 Tolosa es la última capital de la boina vasca gracias a la fábrica **Elo-segui.** Venden boinas en tiendas del centro, **Langarón,** en la Korreo kalea.

## FIESTAS

### ✪ Carnaval de Tolosa

Fecha variable (40 días antes de Semana Santa) y dura seis días. Es uno de los más animados de Gipuzkoa: disfraces, conciertos, desfiles, gigantes y cabezudos, no falta de nada pero lo mejor es el ambiente. El primer día, el jueves de Carnaval es el más multitudinario junto con el fin de semana siguiente.

### ✪ Fiestas patronales

Los «Sanjuanes» se celebran el 24 de junio, en honor de San Juan. Las fiestas comienzan una semana antes, sobre todo con cabalgatas de carrozas pero también con compañías de escopeteros, pasacalles, pruebas deportivas, cuadrillas, txistu y otros instrumentos populares vascos.... Son casi tan animadas como el carnaval.

# COMPRAS

### Mercados

Hay dos principales, que se celebran cada sábado en pleno centro:

➤ A lo largo del río, cerca de la plaza Zaharra, se ha construido un mercado de abastos, destinado a la venta de los productos locales. En él se celebra todos los sábados el **mercado de Tolosa,** que tiene fama en toda Gipuzkoa por su increíble variedad de legumbres secas (especialmente alubias), cebollas y coles, de todos los tamaños. Es un mercado de lo más animado, en el que toda la gente (o casi) se expresa en euskera, y las amas de casa observan, examinan, comparan y sopesan, porque aquí la gente se toma muy en serio las cosas de comer.

➤ El **mercado de flores y plantas** se celebra en la Verdura plaza (en una especie de soportales que recuerdan a una bolera).

➤ Por último, hay un mercado de productos especiales, **El Triángulo** por la forma de la plaza donde tiene lugar. En marzo, por San Juan y en octubre se celebra un mercado de ganado, de artesanía por Navidad... Las fechas exactas pueden variar, información en la Oficina de turismo (ver más arriba «Dirección útil»).

## ¿QUÉ VISITAR?

**Casco viejo:** principalmente las calles Rondilla, Arostegieta, Errementari y Korreo (ver más arriba «¿Dónde tomar una copa?»). En él podréis ver unas cuantas casas del siglo XVII, muy interesantes, como el Ayuntamiento y el **palacio Idiakez,** en la esquina con la plaza Zaharra, casi frente a la iglesia, pero apenas se distinguen por estar rodeadas de de bonitas casas que dan al barrio un gran encanto. Para la foto, hay que atravesar el puente Naparzubia que sale de la plaza de Zaharra; con los arcos que se reflejan en el río y las bellas casas que rodean la iglesia de Santa María detrás se consigue un buen efecto.

**Museo Gorrotxategui de la Confitería:** Letxuga kalea, 3. Hay que dirigirse a la Oficina de turismo (ver «Dirección útil»). Entrada: 1,50 €, incluyendo un chocolate caliente en la pastelería Gorrotxategui. Cuando José María Gorrotxategui se vio obligado a modernizar el obrador donde su familia elaboraba dulces y pasteles desde el siglo XVII, no quiso deshacerse de los útiles y máquinas antiguos. Al contrario, comenzó a comprar (durante numerosos viajes) todo lo que podía completar su colección y hoy se puede admirar, en una especie de almacén, artefactos tan variados como una máquina de piedra del siglo XVII para triturar cacao, una sorbetera del siglo XVI, molinos de café antiguos, bonitos moldes de caramelos, moldes para hacer obleas (uno del siglo XVIII con una escena de corrida de toros). Hay algunas simpáticas disgresiones: se pasa de la fabricación de miel a la confección de cirios y velas, porque en la Edad Media los confiteros eran también cereros.

**Iglesia Santa María:** abierta solo durante las misas (lun-sáb a las 9 h y 10 h y 19 h). Está considerada como una hermosa muestra del gótico vasco tardío, con sus tres naves e inmensas pinturas que ilustran temas de la historia sagrada.

## ...ORES DE TOLOSA

...unos pocos kilómetros de Tolosa (coged a la izquierda la ...Alegia). El lugar es famoso gracias al gigantesco Miguel ...Elícegui, que nació en este pueblo en el siglo XIX; el ...medía 2,35 m y pesaba 220 kg, y, después de que lo ...por toda Europa, volvió al pueblo. Os mostrarán los muros que ...truía, con unos bloques de piedra que nadie más que él podía levantar, y también un molde de cemento de su calzado (que tenía el número 42... pero en centímetros).

➤ Se pueden hacer numerosas excursiones (mapa y fichas detalladas gratis en la Oficina de turismo). Hay todo tipo de senderos: cortos (3 a 5 km), con pequeños desniveles, o más largos y difíciles.

# GOIERRI

*(B3-4)*

Goierri es una tierra de contrastes y la región de Gipuzkoa que limita con Navarra y con Álava. Lo que mejor la resume es la ciudad de Ordizia, capital de la comarca, con un casco antiguo que ha sido declarado monumento histórico nacional y la fábrica de la Compañía Auxiliar de Ferrocarriles (CAF) que da empleo a cerca de 5 000 personas. Por lo demás, si vais a Ordizia, nunca salgáis por la salida de la rotonda «Industrialdea», porque terminaríais en una zona donde el humo que sube al cielo no es el de las chimeneas de los caseríos, sino de las fábricas.
➤ Para cualquier información sobre esta comarca consultad la página 🖳www.goierriturismo.com

## › ORDIZIA

Ordizia tiene fama por su mercado semanal de los miércoles, al que acuden los pequeños productores de toda la región. Este mercado ha celebrado sus 500 años de existencia en 2012. A parte de eso, la localidad posee un casco viejo fundado por Alfonso X el Sabio en el siglo XIII y, desde hace poco, un museo de la gastronomía. Ordizia es también la ciudad natal de Andrés de Urdaneta, «cosmógrafo e introductor de la cvilización cristiana en Filipinas», de cuyo nacimiento se celebraron 500 años en 2008.

## DIRECCIÓN ÚTIL

### ⓘ Oficina de turismo

Calle Santa María, 24. ☎ 943-88-22-90. 🖳www.ordizia.org Abierta todos los días. En los locales de Elikatuz, que albergan también un Centro de Interpretación del Goierri y el Museo de la Alimentación y de la Gastronomía.

# COMPRAS

### 🍄 Mercado

El mercado semanal se celebra los miércoles, en la Plaza Mayor, en una especie de pabellón de hormigón con columnas muy altas. Sus precios sirven de referencia en toda Gipuzkoa. El Ayuntamiento de Ordizia publica un calendario muy serio con las fechas de la cosecha de las principales legumbres. Así, si por ejemplo os venden escarola en pleno verano, ya sabéis que procede de otro sitio.

➤ Además del mercado semanal hay varios mercados anuales, como el de septiembre, dedicado al queso elaborado por los pastores con leche de oveja de raza latxa, que se celebra durante las fiestas vascas (en torno al 8 de septiembre).

# FIESTAS

### 🎭 Fiesta de los Pastores

Esta fiesta se celebra el miércoles posterior a Semana Santa. Ese día, todos los pastores de Goierri van con sus rebaños a Ordizia, porque es entonces cuando se inicia la trashumancia.

### 🎭 Fiestas patronales

El día de Santa Ana (26 de julio). Durante ellas se celebran muchos festejos, entre ellos el célebre baile de los Santaneros que han de bailar las parejas que se han casado durante el año.

## ¿QUÉ VISITAR?

🚶 **Elikatuz – Centro de la Alimentación y la Gastronomía:** en el mismo edificio de la Oficina de turismo. En verano, todos los días 10-13 h (11-14 h el fin de semana) y 16-19 h; el resto del año todos los días, excepto lunes, 9-13 h (10-14 h el fin de semana). Entrada: 3 €.

Dos plantas dedicadas al arte de la mesa, tanto desde el punto de vista de la salud como del de los sabores. Por supuesto, hay una sección dedicada a la cocina vasca y, también, al queso de Idiazabal. En la planta baja hay una exposición sobre el Goierri, sus villas, su historia, sus tradiciones y su medio ambiente.

🚶 **Casco histórico:** lo primero que se ve al entrar en el pueblo es la **estatua de fray Andrés de Urdaneta,** el valeroso misionero mencionado más arriba. Enfrente hay dos casas-torre muy hermosas, sobre todo la **casa Barrenetxea.** A continuación acercaos hasta el **ayuntamiento (udaletxea),** que es un hermoso edificio barroco. Al lado del Ayuntamiento está la **casa Sujeto-enea,** cuya última planta está pintada con frescos inspirados en el gusto del siglo XVII. Un poco más allá, en la Plaza Mayor, hay una lápida en la que se informa de que fue en Ordizia donde don Carlos juró respetar y reforzar los fueros de Gipuzkoa en 1875 (durante la última guerra carlista). La calle de Santa María (Andra Mari kalea) lleva hasta la **iglesia** renacentista **de Nuestra Señora de la Asunción,** con torre barroca del siglo XVIII, y también hasta la oficina de Correos, instalada en la **casa-torre de Muxica.**

..e se creó para proteger el inmenso bosque que separa ..a de Navarra y las zonas adyacentes. En el medio, la sierra .. constituye la línea divisoria de las cuencas del País Vasco y ..La lluvia que cae en la vertiente navarra desciende hacia el Ebro y el Mediterráneo, mientras que las aguas de Gipuzkoa se dirigen al Atlántico. Es un macizo kárstico en el que abundan las cuevas (muchas aún están sin explorar) y las clásicas trampas de este tipo de terreno (principalmente dolinas). La frontera con Navarra está señalizada con unos cuantos dólmenes.

## INFORMACIÓN ÚTIL

### La Casa del Parque (Parketxea)

En el puerto de Lizarrusti, (todo recto por la misma carretera que atraviesa el parque después de Ataun). ☎ 943-58-20-69. 💻 www.lizarrusti.com En temporada alta, abierta todos los días 9-13 h y 15-18 h. Situada en el puerto de Lizarrusti, alberga una soberbia maqueta de todo el macizo, así como un diaporama de sus principales atractivos (paisaje, fauna, etc.)

## ¿DÓNDE DORMIR? ¿DÓNDE COMER?

En el mismo sitio hay **alojamiento** y bar de tapas para los senderistas: **Lizarrusti** (Aia auzoa, 2; ☎ 943-58-20-69, ✉ lurra2@hotmail.com). Noche 14 €/pers en dormitorio, doble 30 €, desayuno 3 €. Menú 11 €. Wifi. Camas en dormitorio o en 2 habitaciones dobles. Cuarto de baño común. También organizan actividades en la naturaleza: descenso de cañones, escalada, orientación...

### Lazkao-Etxe

Latzkao-Etxe Basseria, Aiestaran erreka-auzoa, 20247 **Zaldibia.** ☎ 943-88-00-44. ✉ info@lazkaoetxe.com A 4-5 km de Ordizia, por la GI 2133 y, un poco después de Zaldibia, la GI 3781 (que sale hacia la derecha) en dirección a Arkaka. Dobles 55-61 €, desayuno incluido. Comidas unos 17 € (solo de viernes por la noche a domingo a mediodía si no se está alojado). Un acogedor albergue-restaurante al pie de la sierra de Aralar. Ofrece un puñado de habitaciones agradables y rústicas, con aseos privados. También se puede comer en la antigua granja que ha conservado sus vigas y su techo inclinado. Excelente cocina, servicio amable y eficaz.

## ¿QUÉ SE PUEDE HACER? ¿QUÉ VISITAR?

➤ Se puede hacer una magnífica **excursión de Ordizia a Etxarri-Aranaz,** en Navarra, siguiendo la pequeña carretera GI120 que pasa por el puerto de Lizarrusti a través de un bosque de coníferas y hayas. De la carretera arrancan **numerosos senderos** cuyos recorridos aparecen en el plano que os facilitarán en la Casa del Parque (ver más adelante). No hay ninguna carretera que suba a los prados de las laderas ni a las zonas rocosas de la parte alta del macizo, en la que abundan los rebaños de ovejas. Es ideal para los senderistas.

Se pasa por el pueblo de **Ataun San Martín,** cuya iglesia alberga un órgano barroco, uno de los más antiguos de Gipuzkoa, completamente decorado con pinturas y parece evidente que suena bien porque, según nos han dicho, aquí se han grabado algunos discos. Un poco más adelante, la aldea de **Ataun Gregorio** es conocida porque en ella nació José Miguel (o Joxemiel en euskera) Barandiarán (1889-1991), antropólogo y arqueólogo uno de los pioneros de estos estudios en el País Vasco, al que se ha dedicado un **Museo Barandiarán** (abierto mar-dom 10-14 h y sáb también 16-18 h; Entrada: 1 €, o 2 € con visita guiada).

➤ Hay una **bonita ruta** que sale de Ordizia y, pasando por Zaldibia (hermosas casas antiguas), sube hasta la **ermita de Larraitz.** Allí no hay nada que ver, la ermita no es más que una pequeña y anodina capilla, pero Larraitz es el punto de partida de varios senderos por los montes de Aralar y, sobre todo, hacia el pico Txindoki.

## > IDIAZABAL

Situado en la N1, a 7-8 km al suroeste de Ordizia, es famoso por el queso que lleva su nombre. Por ello no sorprende que se haya decidido instalar en él un pequeño museo dedicado a dicho queso.

## COMPRAS

### J. Aranburu

Es una quesería que, en cierto modo, forma parte de la visita al museo del queso (está al lado). No dudéis en comprar ahí vuestro Idiazabal, han ganado el primer premio en el concurso de Ordizia en 2007 y 2010, entre otros.

## ¿QUÉ VISITAR?

**Centro de interpretación del Queso Idiazabal:** Nagusia kalea, 37. ☎ 943-18-82-03. www.idiazabalgaztarenmuseoa.com En verano, abierto todos los días 11-14 h y 16-19 h. El resto del año, solo el fin de semana. Entrada: 2,10 € (3,10 € con degustación de queso). Consta de varias secciones dedicadas al pastor y los útiles usados para hacer queso, las ovejas de las razas latxa y carranzana, los pastos, la cata del queso, etc. En poco tiempo sabréis todo lo necesario sobre su proceso de fabricación (sobre todo gracias a un audiovisual contado por un ratón) y la manera de degustarlo. Además de pueden probar unas lonchas.

➤ Desde Idiazabal se puede hacer una preciosa **excursión en coche** subiendo **al puerto de Etxegarate** y cogiendo la pequeña carretera de la derecha, que vuelve a Idiazabal pasando por Zegama y Segura.

> ## UN QUESO QUE VALE SU PRECIO EN ORO

Sería una lástima pasar por el Goierri y no comprar el famoso queso de oveja de Idiazabal (Idiazabal es una pequeña localidad del Goierri), reconocido por sus excepcionales cualidades gustativas. Es también el único queso de oveja de Europa elaborado con leche cruda no pasteurizada. La Denominación de Origen Idiazabal regula que la leche utilizada ha de ser de ovejas de la raza latxa y/o carranzana. En Ordizia, cada año se saca a subasta la mitad de la mejor pieza de queso del año, que puede llegar a alcanzar precios tan extraordinarios como 12 100 €.

Es una encantadora carretera de montaña, un poco estrecha, que discurre bajo la bóveda que forman las copas de los árboles de un precioso bosque hasta que llega al río Oria bordeando su cauce a partir de ese punto. En el **puerto de Otzaurte** hay un sendero, un poco escondido, que lleva hasta la ermita de San Adrián. Esta misma excursión se puede hacer en sentido contrario, saliendo de Zalduondo en Álava, y resulta más fácil orientarse.

> ## SEGURA

**A**postada como un centinela al borde de la carretera GI 2637, sus campanarios y tejados rosados se divisan desde muy lejos. Fue el puesto avanzado de la familia alavesa de los Guevara en Gipuzkoa y aún conserva en su arquitectura buena parte de su antiguo esplendor. Aquí hay más palacios que casas, y todos se hallan en buen estado. También se conservan tres de las cinco puertas de la villa. El palacio de los Guevara es el más grande y blasonado de todos, tanto que resulta difícil no verlo.

➤ La **Semana Santa** de Segura es un gran acontecimiento, sobre todo las procesiónes del Jueves y del Viernes Santo con sus penitentes.

### ¿QUÉ VISITAR?

**Centro de Interpretación Medieval:** kale Nagusia, 12. ☎ 943-80-17-49. 💻 www.seguragoierri.net En la Casa Ardixarra. Todos los días 11.30-13.30 h (11.30-14 h julio-agosto), 15.30-17.30 h (16-19 h julio-agosto). Cerrado nov-marzo. Entrada: 2 €.

Además de la **Oficina de turismo,** esta bella casa, una de las más antiguas de la comarca (siglo XVI), alberga un pequeño **museo medieval.** En él se pueden ver las actas de la fundación de la localidad, una maqueta de ésta en el siglo XVII y algunas costumbres de la sociedad medieval, como el hecho de que las mujeres casadas llevaban la cabeza rapada y un sombrero que indicaba su estatus social.

## > ZEGAMA

Zegama es un pueblecito de montaña. Cabe destacar los enormes pedruscos que los lugareños ponen encima de las tejas de los tejados para evitar que el viento se las lleve. En la calle mayor hay una espléndida casa barroca con un zaguán empedrado. El museo de la localidad está dedicado a la madera. Web: 🖥 www.zegama.net

### ¿QUÉ VISITAR?

**Centro de Interpretación de la Madera:** ☎ 943-80-21-87. Lun-vie 10.30-13.30 h y 15.30-18.30 h; fines de semana 11-14 h y 16-19 h. Entrada: 2 €. En el caserío de Andueza del barrio de San Bartolomé.

Museo dedicado a los árboles y la madera. En él se ilustra sobre los tipos y utilidades de la madera y sobre cerca de 200 especies de árboles autóctonos y exóticos, como el abedul, antaño utilizado como recipiente para la leche de oveja porque no altera su sabor. El museo se ha inaugurado cuando se cumplían 100 años justos de la creación del primer servicio de protección forestal de la región.

## > ZERAIN

(C. POSTAL: 20214)

Un pueblecito encantador, perdido en las montañas, y con suficientes atractivos como para llamar la atención, aunque solo sea por su posición sobre un promontorio desde el que se domina el valle del Oria.

## DIRECCIÓN ÚTIL

**ⓘ Oficina de turismo**
Herriko plaza. ☎ 943-80-15-05. 🖥 www.zerain.com Por encima de la taberna Mandioa. Abierta todos los días. Alberga también una tienda de productos regionales.

## ¿DÓNDE DORMIR?

**🏠 Albergue Harizti Erdi**
Plaza Herriko. ☎ 943-80-15-05. ✉ turismobulegoa@zerain.com Abierto todo el año. 13 €/pers, sábanas incluidas. Pequeño albergue municipal sede de una *ikastola*. Por ello, durante el verano, suele estar ocupado por grupos. Tiene un dormitorio de 24 camas, otro de 6 camas, y 4 habitaciones de 3 camas. Un poco espartano, pero muy limpio.

**🏠 Casa rural Tellerine-Enea**
Aizpea auzoa. ☎ 943-58-20-31. Tomad la carretera de Legazpi (la GI 3520) y, a 3,7 km de Zerain, la carretera que sale a la izquierda (hay un cartel); la casa está 900 m más adelante. Doble con baño 45-50 €, desayuno 5 €. Cena, solo para huéspedes y previa reserva, 20 €. Utilización de la cocina 3 €/día.

No admite tarjetas de crédito. Está ubicada en un magnífico caserío de piedra del siglo XVIII, con muebles antiguos hasta en las habitaciones y un comedor con chimenea y una gran mesa de madera maciza. En ella se cena o se toma el desayuno, todo elaborado con productos de la casa (que es también una granja). Trato cálido por parte de José Miguel. Un alojamiento muy especial, un poco apartado del mundo y, cuando se ven los alrededores, dan ganas de aparcar las maletas por unos días.

## ¿DÓNDE COMER?

### Restaurante Ostatu

Plaza del Ayuntamiento. ☎ 943-80-17-99. Enfrente del frontón. Es el mismo edificio de la antigua cárcel. Abierto todos los días excepto miércoles. Vacaciones: en marzo. Menú del día a mediodía y por la noche 11 €; 18 € el fin de semana. Muy frecuentado por los trabajadores de la zona. La pared está adornada con esposas de las utilizadas para sujetar a los reclusos por las muñecas. En la actualidad el restaurante está gestionado por mujeres. Cocina muy correcta.

### Sidrería Otatza

En el centro del pueblo. ☎ 943-80-17-57. Abierta, solo enero-mayo, todos los días excepto domingo por la noche, lunes y martes. Menú tradicional de sidrería por unos 30 €.

## ¿QUÉ VISITAR EN ZERAIN Y ALREDEDORES?

**Museo Etnográfico:** en **Zerain.** Lun-vie 10.30-13.30 h y 15.30-18.30 h; el fin de semana 11-14 h y 16-19 h. Entrada: 2 €.

Está instalado en una casa vasca del siglo XIX y decorado con un busto de Goya. Su bisabuelo había nacido en Zerain en la casa Mantxola y emigró a Zaragoza como cantero. Pero este museo no tiene nada que ver con Goya… Tras la proyección de un vídeo, se sube al último piso para ver una colección de objetos de arte popular. Nos ha llamado la atención una bella reja de arado de hierro, y sobre todo un muy antiguo y raro *takataka* de castaño, es decir un andador para que los niños aprendan a andar sin caerse. Alberga también una hermosa colección de útiles de quesero.

**Cárcel del siglo XVII:** en el restaurante Ostatu, en **Zerain.** Abierta a las mismas horas que el restaurante. Entrada: 0,60 €.

Contigua al comedor hay una verdadera mazmorra con paja por el suelo, pingajos humanos (de cartón) encadenados al muro y a una especie de picota de madera. Os dirán que se trata de una cárcel en la que los reclusos hacían escala cuando iban camino de las galeras y que estuvo en funcionamiento hasta finales del siglo XIX. Y quizás os acordéis de que Cervantes también estuvo en una galera. Os puede resultar terrorífico y pintoresco a la vez.

**Palacio Jáuregui:** enorme edificio (privado, no se puede visitar) situado frente a la iglesia y perfecta muestra de la arquitectura rural de Gipuzkoa. Al lado de la puerta de entrada hay una piedra con un bonito grabado del sol eclipsado parcialmente por la luna, que llora.

🥾 👫 **Serrería hidráulica:** a 2 km de Zerain en dirección a Legazpi. Entrada: 2 €. Data del siglo XIX. Se pone en funcionamiento los fines de semana y festivos a las 12 h. Para verla hay que pasar un poco antes por la Oficina de turismo. Esta visita puede hacerse combinada con la de los altos hornos de Aizpea.

🥾 **Monte del Hierro:** en Aizpea, a menos de 3 km al oeste de Zerain. Julio-agosto (y Semana Santa), abiertos todos los días, excepto lun-mar, 11-14 h y 16-19 h; sept-junio, solo los sábados 11-14 h y 15.30-17.30 h. Entrada: 3 €.

La colina de Aizpea fue explotada desde la Edad Media hasta mediados del siglo XX por sus filones de hierro y plomo. A finales del siglo XIX, los británicos, que se encargaban de su explotación, erigieron tres altos hornos de piedra, redondos y macizos como si fueran torres medievales, a fin de aumentar la producción. El nuevo museo, instalado junto a ellos, reconstruye esta historia, sobre todo a través de pantallas táctiles y de un conmovedor audiovisual que contiene testimonios de algunos de los últimos mineros que trabajaron en ellos.

## > ORMAIZTEGI

Esta población, situada a unos 7-8 km al oeste de Ordizia, junto a la GI 632, es conocida por su viaducto de hierro de mediados del siglo XIX, uno de los primeros que se construyeron en España. No sabemos con seguridad el nombre del constructor aunque muchos afirman que fue Eiffel o Lavaley. Los que se interesen por la historia se detendrán aquí por el museo dedicado al general Zumalacárregui.

### ¿QUÉ VISITAR?

🥾 **Museo Zumalakarregi:** casi enfrente de la iglesia. ☎ 943-88-99-00. 💻www.zumalakarregimuseoa.net Abierto marzo-oct, mié-dom 10-14 h y 16-19 h; en temporada baja, mismo horario pero cerrado por la tarde mié-vie. Entrada: 1,20 €; 2,20 € con visita guiada; gratuito los jueves.

Este museo, instalado en la casa natal donde el general Zumalacárregui pasó algunos años de su infancia, acaba de ser renovado. Además de ver las armas y uniformes expuestos en sus vitrinas, se informa de bastantes cosas sobre el carlismo y los fundamentos del nacionalismo vasco. En la zona de Zumarraga, el general es un verdadero mito, pero, por lo demás, el hombre era conocido sobre todo por sus posiciones conservadoras. Claro que don Carlos (que pretendía restaurar la ley sálica e impedir que las mujeres accedieran al poder) prometió también restaurar los fueros, es decir, las libertades vascas. Así pues, ¿era Zumalacárregui un general derechista o un precursor del nacionalismo? Os dirán que dio unas palizas monumentales a los cristinos y, claro, eso tiene su gracia para muchos de aquí. Su muerte en el sitio de Bilbao y la desbandada carlista que se produjo después cimentaron su imagen de hombre providencial. La visita del museo puede ser una ocasión para que os documentéis sobre el tema.

# EL VALLE DE UROLA

Saliendo desde Tolosa se llega al valle por una preciosa carretera que, después de adentrarse por una garganta umbría, poblada de bosques que le quitan la luz, de vez en cuando se ve el claro de un helechal. Los helechos se siegan en otoño, pero algunos crecen en paredes tan verticales que los segadores tienen que trabajar atados con cuerdas. Algo francamente sorprendente. Se pasa por algunos pueblos de montaña, como **Albiztur** (hermosas casas antiguas, una de 1707). Después, la carretera sube hasta que se cambia de valle: el paisaje está moteado del blanco de las ovejas, los pottocks y de vez en cuando se ve un burrito que tira de una enorme carreta cargada de helechos. Bucólico a más no poder. Cuando se llega al Urola, la vista panorámica es espectacular, las montañas se abren y hasta se tiene la impresión de ver Bilbao a lo lejos.

## TRANSPORTES

### En autobús

➤ **La Guipuzcoana** (☎ 943-85-11-59; 🖳 www.laguipuzcoana.net), laborables 1 autobús/hora (menos el fin de semana, en particular el domingo) entre Donostia y Azkoitia, vía Azpeitia y Zestoa.

➤ Con **Euskotren** (☎ 902-54-32-10; 🖳 www.euskotren.es), laborables 1 autobús/hora (menos el fin de semana) entre Zumaia y Zumarraga vía Zestoa, Azpeitia, Loiola, Azkoitia y Urrentxu. También 2-3 autobuses/día entre Azkoitia y Tolosa, y 5-6 enlaces/día entre Azkoitia y Zarautz.

➤ Con **Pesa** (☎ 902-10-12-10; 🖳 www.pesa.net), 2 enlaces/día entre Donostia y Bilbao vía Zumarraga y Bergara. También, cada 90 minutos, un autobús que hace el recorrido circular Bergara-Zumarraga-Legazpi-Oñati-Bergara.

# AZPEITIA

Uno de los centros de la metalurgia guipuzcoana.

## DIRECCIÓN ÚTIL

### Oficina de turismo

En el santuario de Loyola (a la salida de Azpeitia por la carretera de Azkoitia). ☎ 943-15-18-78. 🖳 www.urola-turismo.net 🖳 www.tierraignaciana. com De junio a octubre, todos los días, excepto domingo por la tarde; noviembre-mayo, todos los días, excepto lunes y domingo por la tarde. Alberga un centro de interpretación.

## ¿QUÉ VISITAR?

**El casco urbano** tiene algunos edificios hermosos, pero lo más característico de la localidad es la increíble cantidad de balcones de hierro forjado, todos de estilo barroco; hasta las casas nuevas los tienen. Al lado del puente viejo, la **casa-torre Emparan,** un hermoso edificio renacentista que alberga la biblioteca y, enfrente, al otro lado del río, la muy notable **casa Basozabal** con una galería de arcos en la primera planta.

### Museo Vasco del Ferrocarril:
Julián Elorza, 8. ☎ 943-15-06-77. 💻www.euskotren.es 💻www.bemfundazioa.org En la antigua estación. Abierto mar-vie, 10-13.30 h y 15-18.30 h, sábado 10.30-14 h y 16-19.30 h, domingos y festivos (excepto lunes) 10.30-14 h. Cerrado lunes y 20 dic-7 enero. Entrada: 3 €; 6 € con el tren de vapor.

De la antigua estación se han conservado las vías, el depósito de las locomotoras y el taller de mantenimiento. Todo el edificio ha sido restaurado y pintado de nuevo y se ha llenado de viejas locomotoras antiguos vagones, tranvías, trolebuses. Se ha reunido una formidable colección de vehículos sobre raíles, como la locomotora Leonard (belga) de 1892 con el ténder de carbón, al lado de una alemana construida en 1952 y que parece que tenga treinta años más. También podréis ver las primeras locomotoras eléctricas, como las de las francesas Voies Ferrés du Midi, que arrastraban los convoyes de viajeros que iban de Bayona a Donostia-San Sebastián en 1925. También hay muchos vagones de finales del siglo XIX, todos de madera, con una plataforma en la parte trasera para tomar el fresco, y el freno de mano; es como si se estuviera en un tren de una película del Oeste. Tres vagones curiosos de 1ª clase (terciopelo y encaje), 2ª clase (molesquín) y 3ª clase (completamente de madera). Tranvías del periodo de entreguerras (uno de ellos con imperial), un coche de bomberos, una apisonadora y algo que nos gustó mucho una plancha de madera sobre cuatro ruedas que podía circular por las vías y que utilizaban los ferroviarios para ir más deprisa.

Hay una sala consagrada a diversos recuerdos: fotos antiguas, placas de constructores, gorras de jefe de estación, lámparas... de lampista, traviesas en las que se aprecia la evolución de las técnicas de fabricación (desde las metálicas hasta las de cemento de los AVE) y preciosos juguetes, como las maquetas que construye la casa Keller de Zarautz. El museo posee también un taller mecánico en funcionamiento, uno de los últimos de su género en España. Por último, hay otra sala dedicada a eso que persigue a todos los trenes: la hora. De modo que lo que se ve es toda una colección de relojes de estación, casi todos en funcionamiento, y de cronómetros de jefe de estación.

### ▶ El tren de vapor del valle del Urola:
salidas, sábado a las 12.30 h y 18 h; domingo y festivos (excepto lunes) a las 12.30 h. Precio: 6 € que se pagan en el Museo del Ferrocarril, en la antigua estación de donde sale el tren de vapor (visita de la estación-museo incluida en el precio).

El viaje de ida y vuelta entre Azpeitia y Lasao dura 45 min. Como la locomotora es un viejo trasto de 1898, hay que conformarse con que el recorrido sea tan corto, por más que nos gustaría alargarlo. Es un viaje que hacen muchas familias y durante el cual se crea un ambiente agradable, mientras la gente va contemplando el paisaje. Lástima que el entorno se haya modernizado tanto. El viaje se hace bordeando el río y es una gozada dejarse llevar por el traqueteo de los viejos trenes.

**Santuario de Loyola:** a la salida de Azpeitia por la carretera de Azkoitia. Abierto todos los días 10-12.30 h y 15.30-18.15 h.

Es uno de los lugares emblemáticos del catolicismo vasco. La vista del santuario produce un cierto repelús. Es un enorme edificio gris y pesado, cubierto de imágenes y rematado por una cúpula, que parece un dinosaurio que esté al acecho de su presa. Los jesuitas erigieron este monumento cuando estaban en su apogeo, en el siglo XVIII, para demostrar su poderío, fagocitando la antigua casa natal de San Ignacio. Y la verdad es que lo consiguieron.

La basílica es una muestra del clasicismo vigente en el siglo XVIII, con anchas escalinatas, columnas pseudo-romanas, capiteles triangulares, estatuas con rígidos drapeados. Pero no escogieron la caliza dorada ni el mármol blanco que habrían dado colorido al conjunto. La piedra es gris, y el mármol, de color antracita.

La iglesia parece un gran salón de baile, redonda, con una cúpula alta, pintada con motivos barrocos y cortinas drapeadas colocadas en columnas inmensas. El altar mayor, presidido por la imagen de San Ignacio, es todo de mármol marqueteado según la técnica italiana del *scaglioli,* sin dorados ni el más mínimo toque de pintura.

**Casa natal de San Ignacio de Loyola:** más interesante en nuestra opinión, se encuentra a la izquierda de la entrada de la iglesia. Tiene el mismo horario que la basílica y la entrada también es gratuita.

Es una hermosa casa-fortaleza del siglo XV, pero como la basílica se construyó a su alrededor, no queda espacio libre desde donde se puedan apreciar sus proporciones. Lo único que se puede contemplar es la planta superior, hecha con ladrillo, sobre una base de piedras de sillería según la técnica clásica de la arquitectura mudéjar. En la entrada hay una imagen, de tamaño natural, de San Ignacio herido en una camilla. Porque Ignacio fue gravemente herido en el sitio de Pamplona, y tras una visión que tuvo mientras convalecía, decidió consagrar su vida a Dios. Y así fue cómo, junto con unos cuantos amigos, fundó la Compañía de Jesús y envió misioneros (entre ellos el navarro Francisco Javier) a predicar la buena nueva a unos pueblos que no tenían ni idea de lo que era eso.

La casa-fuerte está perfectamente conservada. La planta baja está iluminada por las troneras de origen, y el mobiliario ha sido sustituido por pinturas y tallas religiosas. Las plantas siguen la misma disposición: algunos muebles vascos antiguos y objetos religiosos, entre los que figura una hermosa copia antigua de la Virgen de Montserrat, la Moreneta de Cataluña. Vale la pena subir a la última planta, donde podréis contemplar uno de los hermosos armarios de casullas. En este inmenso mueble tallado del siglo XVII se guardaban las casullas de los oficiantes de la basílica.

Después de lo cual, en los corredores oscuros pasan un diorama en el que se cuenta la vida de San Ignacio (es increíble que pudieran pasarle tantas cosas). Os recomendamos la vitrina en la que se ilustra su vuelta a la escuela cuando ya tenía 33 años. Por último, pasad por el pequeño museo de Arte sacro con el que termina la visita (recorrido obligatorio, no hay ningún atajo para acortar, así es la disciplina jesuítica).

# AZKOITIA

Los edificios industriales se suceden a lo largo del Urola. Es una vista que hay que superar y meterse en Azkoitia para llegar a la explanada de la **iglesia de Nuestra Señora de la Asunción,** enmarcada por dos espléndidas casas nobles. La cuadrada y negra, sin que se pueda adivinar si es por el color de la piedra o por la acumulación del hollín, es el antiguo palacio de la familia Idiáquez; la otra, de color más claro, es más esbelta.

## ¿QUÉ VISITAR?

➤ La **iglesia,** del siglo XVII, es una hermosa muestra de la arquitectura de la Contrarreforma (órgano de época, hermoso retablo e impresionante Calvario en una de las capillas de la derecha). A continuación se sigue por la kale Nagusia y se llega a la plaza enmarcada por el **Ayuntamiento (udaletxea)** y su pórtico gris sobre el que hay un balcón totalmente blanco. Es una espléndida casa del siglo XVII que todavía conserva unas originales contraventanas interiores de madera tallada.
➤ Tiene un bonito **mercado** construido encima del río; según nos han dicho, así se facilitaba la eliminación de los desperdicios. Pero, claro, eso era hace ya mucho tiempo.
➤ **Fiestas:** Azkoitia celebra la Asunción de Nuestra Señora, el 15 de agosto, y San Andrés, el 30 de noviembre.

# ZESTOA

Por lo general, se considera que forma parte de la costa, quizá porque es una ciudad de aguas termales. Tiene la misma animación que los balnearios de la década de 1950.

## ¿DÓNDE DORMIR?

Dos grandes hoteles, caros y casi siempre llenos pero que sirven para salir de un apuro. Si podéis elegir, decidíos por el **Hotel Arocena,** en la carretera principal (☎ 943-14-70-40; ✉ reservas@hotelarocena.com 💻 www.hotelarocena.com; Cerrado de mediados de diciembre a mediados de enero; Dobles 69-93 € según comodidades y temporada). Es el que mejor encarna la vocación termal y la época gloriosa de Zestoa.

## ¿QUÉ VISITAR?

**Réplica de la Cueva de Ekain (Ekainberri):** está situada en las afueras de Zestoa y solo se puede acceder a ella a pie, desde la Oficina de turismo de Zestoa (situada en el centro, Portale kalea, 9). ☎ 943-86-88-11. 💻 www.ekainberri.com Abierta todos los días, excepto lunes, 10-18 h (19 h el fin de semana en temporada alta). Entrada: 6 €; descuentos; menores de 6 años gratis.

⚙ **Atención,** el procedimiento es un poco complicado: hay que reservar por teléfono o por internet y retirar la entrada al menos 30 minutos antes del comienzo de la visita en la Oficina de turismo de Zestoa, desde donde se va a pie hasta la cueva (20-25 minutos). Si tenéis un vehículo, hay un aparcamiento a 5 minutos a pie de la Oficina de turismo, cerca del centro (plano en la página web).

Como en Altamira, se trata de una réplica abierta al público en 2008, de una cueva que data de la última glaciación (periodo magdaleniense), es decir, entre -14 500 y -10 000 años). La original, descubierta en 1969, está a 600 m de ella. Igual que en Altamira, el interior (con una música adecuada y en suave penumbra) está cubierto de pinturas de caballos, ciervos, bóvidos... animales que cazaba el hombre prehistórico. Una visita que los amantes del arte prehistórico no pueden perderse. Además, hay un espacio multimedia sobre la cueva original y el arte rupestre en general, que se visita tras haber visitado la copia. La visita dura al menos 2 h (incluyendo la marcha entre Zestoa y la cueva).

# LA RUTA AZKOITIA-ZUMARRAGA

Esta ruta sigue la garganta del Urola. Muy pintoresca, como se decía antaño, y la verdad es que en verano es un camino sombreado que tiene su encanto.

## ¿QUÉ VISITAR?

🎒 **Urretxu:** está situado un poco antes de Zumarraga (aunque ambos constituyen un mismo conjunto urbano), según se llega desde Azkoitia. Tiene un bonito **ayuntamiento (udaletxea)** de gres rosa-amarillo con balcón de madera en una plazuela cuadrada, llena de geranios y cerrada por una pequeña y bonita iglesia (a pesar de su portada de cemento) y su campanario. El lugar tiene un aspecto bastante campestre en un entorno que lo es mucho menos. La estatua que hay en la plaza es la de Iparragirre, natural de Urretxu; autor del *Gernikako Arbola,* himno nacional vasco. En el camino a la ermita de Santa Bárbara hay un pequeño museo de la miel (abierto el fin de semana de 11 h a 14 h).

# ZUMARRAGA

Esta villa –que en realidad forma un solo conjunto con Urretxu– es conocida por la ermita de La Antigua, una de las más antiguas de Gipuzkoa. Algunos guipuzcoanos están orgullosos de afirmar que tienen tres grandes santuarios: Arantzazu, Loyola y La Antigua.

> **> AVISO**
>
> El icono del trotamundos  os indica el interés de la visita.

**Ermita de La Antigua:** a unos 2 km del centro de Zumarraga (señalizado). Mayo-octubre, abierta todos los días, excepto lunes, 11.30-13.30 h y 16.30-19.30 h; nov-abril, solo fines de semana y festivos 11.30-13.30 h y 16-18 h. Concierto todos los sábados a las 19.30 h.

Si os da igual visitar uno que otro, podéis escoger éste último, que está en la cima de una colina, en un magnífico emplazamiento desde el que se domina toda la zona. Su estructura es del siglo XII pero la iglesia data del XIV. La iglesia sorprende a primera vista por su gran simplicidad, característica de todas las iglesias románicas. Representativa del románico vasco, el único elemento gótico que tiene es el pórtico, ligeramente ojival.

Pero lo que más nos ha sorprendido es la estructura de madera. Colocada sobre pilares de piedra de sillería, es como un inmenso casco de barco invertido, con el altar al fondo, no muy grande, que contiene la imagen de la Virgen de La Antigua. Los capiteles están labrados con motivos geométricos y figuras estilizadas. También destacan algunas muy bellas estatuas barrocas, como una que representa a Santa Ana enseñando a leer a la Virgen.

➤ **Romería de Santa Isabel en la ermita de La Antigua:** el 2 de julio. Ese día, los jóvenes de Zumarraga bailan la antigua Espatadantza, danza de las espadas, ante la imagen de Santa María, y el Aurresku de honor en la campa.

# LEGAZPI

Saliendo de Zumarraga hacia el sur por la carretera GI2630 se llega a Legazpi, pueblo grande y muy industrial situado en el corazón de lo que los promotores del turismo vasco han denominado «la ruta del Hierro». Es cierto que en ella se encuentra el museo del Hierro, junto a una antigua herrería que se puede visitar, y que incluso se puede hacer un itinerario de una quincena de lugares que permiten «sentir» lo que era la vida de las familias obreras en los años 1950. Si el tema os interesa, se impone una parada en Legazpi.

## DIRECCIÓN ÚTIL

### ℹ **Oficina de turismo**

Parque Mirandaola, en la salida sur de Legazpi, por la GI 2630, en el lado izquierdo. ☎ 943-73-04-28. 🖥 www.lenbur.com 🖥 www.urolagaraia.com Abierta todos los días excepto martes 10-14 h y 15-18 h; Domingo 10-14 h. En ella se puede conseguir gratuitamente el mapa de la «Ruta obrera» en Legazpi con un recorrido por el parque de Mirandaola y el valle del Hierro. También tienda de souvenirs.

## ¿DÓNDE COMER?

Justo encima de la Oficina de turismo hay un bar-restaurante (abierto a las mismas horas que la oficina) que tiene pintxos y un menú del día a 12 €, que se puede comer frente a la gran sala del museo del Hierro.

## ¿QUÉ VISITAR? ¿QUÉ SE PUEDE HACER?

En torno a la Oficina de turismo, el **parque de Mirandaola** (gratuito) permite pasar un rato agradable con los niños: zona de juegos, merendero, etc. Simplicidad y afán didáctico.

**Museo del Hierro Vasco:** En el edificio de la Oficina de turismo y con el mismo horario pero es necesario reservar con antelación. El domingo visita guiada en euskera a las 12 h y en castellano a las 13 h. Entrada: 7 € con la visita de la Ferrería.

La verdad es que no sorprende encontrar un museo como este por aquí, dada la cantidad de industrias metalúrgicas instaladas en la comarca. En una gran sala (una antigua fundición) se explica al visitante qué es el hierro, cómo se obtiene, etc. A poco que os interese el tema, tendréis también una completa información sobre la minería y las ferrerías de Gipuzkoa, las de la era industrial y las anteriores, a través de maquetas, paneles explicativos, un audiovisual,...Un bonito museo, muy didáctico y con las últimas tecnologías.

**Ferrería:** A unos pasos de la Oficina de turismo. Visita guiada con la ferrería en funcionamiento: 1 julio-15 septiembre: lunes-domingo 9.30-14.30 h y 16-19 h. Visitas guiadas 11.30, 12.30 y 17.30 h. Desde Semana Santa al 30 de septiembre: todos los domingos, 11.30 h en euskera y 12.30 en castellano, con visita guiada al Museo del Hierro. Resto del año: martes-domingo 10-14 h. En realidad se puede visitar prácticamente cualquier día, siempre que se avise con antelación. Entrada: 7 € (incluyendo la visita del museo).

Es un edificio del siglo XIX que alberga una reconstrucción de máquinas del XVI relacionadas con la industria metalúrgica. Durante la visita se pone en marcha la ferrería tal como funcionaba en su época. Los ferrones manipulan el hierro al rojo con grandes tenazas, lo golpean y le dan forma ante los asombrados ojos de los visitantes. Por 2 € más, los domingos y festivos a las 10.30 h también se puede visitar un antiguo caserío donde se muestra la fabricación del queso, el manejo de los rebaños, o el Rincón del pan, sobre los molinos y la elaboración del pan.

➤El domingo siguiente al 3 de mayo se celebra la **romería a la ermita de Mirandaola** (ver cuadro más abajo).

### > LOS RIESGOS DEL TRABAJO DOMINICAL

Junto a la ferrería se encuentra la pequeña y bonita ermita de Mirandaola, donde el 3 de mayo de 1580 se produjo un castigo divino. Ese día era domingo y los ferrones, tras oír misa, se fueron a trabajar a la ferrería, sin respetar el día de fiesta. Pero, a pesar de que habían metido mineral suficiente para obtener más de 250 kilos de hierro, solo obtuvieron un trozo de hierro en forma de cruz, de apenas 5,5 kilos y 21 cm de largo. En el altar de la ermita se representa esta escena con la leyenda: «Seis días trabajarás más el séptimo no harás obra alguna».

# EL VALLE DEL RÍO DEBA





El valle del Deba, entre Deba y el puerto de Arlabán, [es una] excelente vía de acceso a Álava por la carretera GI627, [carre]tera estrecha, con un tráfico de camiones tan intenso que muchos prefieren seguir por la autopista. El valle del Deba es industrioso, serio, sombrío. Sin embargo, esconde unas cuantas maravillas, como el santuario de Arantzazu, uno de los centros neurálgico del catolicismo en Gipuzkoa.

## TRANSPORTES

### En autobús

La compañía *Pesa* (☎ 902-10-12-10; www.pesa.net) gestiona varias líneas de autobuses que pasan por las localidades de Bergara y Oñati en los dos sentidos.

➤ **Donostia-Bergara:** cada 2 h los días laborables.

➤ **Donostia-Tolosa-Ordizia-Ormaiztegi-Zumarraga-Bergara-Bilbao:** 2 veces/día.
➤ **Bergara-Bilbao:** 2 veces/día.
➤ **Oñati-Bilbao:** 2 veces/día.
➤ **Bergara-Zumarraga-Legazpi-Oñati-Bergara:** cada 90 minutos los días laborables.

## BERGARA

Este es un buen ejemplo de localidad que vale la pena conocer. En cuanto se sale de la carretera y se atraviesa la zona industrial, aparece en todo su esplendor la antigua ciudad de Bergara.

### Un poco de historia

Fundada en 1268 por el rey de Castilla Alfonso X el Sabio, tras la conquista castellana de las tres provincias vascongadas, la localidad no tardó en desarrollarse gracias a la riqueza de la agricultura en las fértiles tierras aluviales del río Deba y a su posición intermedia entre Vitoria y la costa.

Esa prosperidad se incrementó aún más en el siglo XVIII como consecuencia de una temprana industrialización, principalmente de las ferrerías que fabricaban grandes cantidades de armas blancas. De esa época datan la mayoría de las casas blasonadas y la plaza San Martín Aguirre.

En 1764 se fundó en Bergara la Real Sociedad Bascongada de Amigos del País, a la que el rey cedió el antiguo colegio jesuita como sede de su «escuela patriótica». Hoy es una delegación de la UNED. En el siglo XIX prosiguió la industrialización, inducida por las ferrerías, y el desarrollo industrial de Bergara ha continuado al mismo ritmo hasta nuestros días.

## DIRECCIÓN ÚTIL

### Oficina de turismo

Plaza San Martín Aguirre, 1. ☎ 943-77-91-28. www.bergara.net Abierta en Semana Santa y junio-sept lun-sáb, más el domingo en agosto. Mucha información, entusiasmo y simpatía.

# ¿DÓNDE DORMIR?

### 🏠 Hotel Ormazábal

Barren kalea, 11. ☎ 943-76-36-50. ✉ ormazabalreservas@infonegocio. com Cerca de la plaza de San Martín Aguirre, en la calle principal. Aparcamiento. Dobles 50-60 €, desayuno 5 €. Wifi. Instalado en una casa del siglo XVII, el hotel solo tiene unos diez años. Habitaciones amuebladas a la antigua pero con aseos modernos. Conserva los antiguos suelos de roble a partir del segundo piso. Las del tercero son abuhardilladas, Mientras que las que dan a las terrazas de la calle Irala son más claras.

### 🏠 Lamaino Etxeberri

San Martzial auzoa. ☎ 943-76-35-06 y 657-79-53-62. ✉ maitearis7@ gmail.com 🖥 www.nekatur.net/ lamaino 🚗 En las afueras, hacia el oestre, en el monte. Doble con baño 48 €. Wifi. Bella casa de piedra un poco aislada en una ladera con espléndidas vistas. Habitaciones agradablemente rústicas, decoradas en tonos alegres y armoniosos, con bonitos cuartos de baño. Cocina a disposición. Excelente desayuno a base de productos locales. Propietaria muy simpática.

# ¿DÓNDE COMER?

### 🍴 Zuhaizti Taberna

Espoloia, 6. ☎ 943-76-59-22. Lun-vie 13-15 h y vie-sáb 21-23 h. Reservad por la noche. Menú de mediodía 9,50 €; por la noche a la carta, platos 7-14 €. Agradable terraza bajo los arcos, muy frecuentado a mediodía por su menú de 2 platos, postre y una bebida. Las noches del fin de semana, se llena más a causa de sus pizzas caseras. Trato excelente.

### 🍴 Restaurante Lasa

Zubiaurre, 35. ☎ 943-76-10-55. ✉ reservas@restaurantelasa.es 🚗 A más de 1 km al sur del centro, a la orilla del río. Abierto todos los días, excepto domingo por la noche y lunes, 13-15.30 h y 20.30-22.30 h.

Cerrado en Semana Santa, 3 semanas en agosto y en Navidad. Se recomienda reservar (indispensable entre semana). Menú de mediodía 27 €, si no 34-58 €; carta 45 €. Wifi. Uno de los mejores del País Vasco. Koldo Lasa encarna la 3ª generación de cocineros y sigue los pasos de su abuelo y de su padre combinando admirablemente tradición y tendencias modernas. La sala, de buen tamaño e instalada en un palacio del siglo XVI, es sobria pero muy elegante. Cocina de gran calidad y servicio encantador. El pescado llega por la mañana desde Pasaia, el jamón de Salamanca y las legumbres del mercado de Donostia... Especializado en caza cuando es temporada. Pan de la casa.

# FIESTAS

Las fiestas de Bergara son de carácter esencialmente agrícola, durante ellas se celebran concursos de ganado, flores, legumbres y quesos. Se pueden hacer buenas compras.

### 🎉 Fiesta de San Martín Aguirre

El 16 de septiembre.

### 🎉 Fiesta de San Marcial

En la ermita de San Marcial, el fin de semana siguiente al 30 de junio. Romería muy popular con comida, bebida y bailes.

### 🎉 Feria de Elosu

El 12 de octubre. Gran feria de ganado.

## ¿QUÉ VISITAR?

En primer lugar las iglesias (lun-sáb 9-20 h). En la entrada de la villa, la **iglesia de Santa Marina,** maciza y cuadrada (fortificada), con un bonito campanario del siglo XVII y un espléndido alero cuadrado que protege la puerta principal. El interior vale la pena sobre todo por la nave central y sus bóvedas con nervaduras entremezcladas, así como su retablo rococó, de madera de roble, avellano y nogal. Detrás de la Oficina de turismo, en lo alto de una pequeña escalinata que sale de Barren kalea, la **iglesia de San Pedro** merece lapena por su pórtico renacentista, el retablo plateresco, el cuadro de la *Adoración de los Reyes Magos,* atribuido a la escuela napolitana y, sobre todo, su *Agonía de Cristo,* del siglo XVII, obra de Juan de Mesa, de la escuela barroca sevillana.

También vale la pena pasear por el **casco viejo,** donde podréis admirar el **Ayuntamiento** y sus arcadas (según parece, es el único del País Vasco que supera a la iglesia) y, sobre todo, las casas blasonadas, en particular la **casa Arrese** en la esquina de Barren kalea con Arrese kalea, con su ventana de esquina, y la **casa Jáuregui** en Bidekurutzeta (así se llama la calle, que en castellano significa «camino de cruz»), en la que se conservan bajorrelieves magníficamente tallados.

# OÑATI

Según nos habían dicho, éste es el pueblo más bonito de Gipuzkoa. Pero como quien nos lo dijo es de Oñati... Para salir de dudas, hemos abandonado la circunvalación que atraviesa la zona industrial y evita el centro. Y esto es lo que vimos.

## Un poco de historia

Oñati fue incorporada a Guipúzcoa en 1845, en pleno siglo XIX, tras la organización de España en provincias. La historia de Oñati está vinculada, por lo menos desde el siglo XII, a las luchas del vecindario por liberarse del control que ejercían las familias señoriales, primero la de los Vela y luego la de los Guevara, sobre todo la rama de los Lazarraga. Éstos tenían su residencia habitual en el castillo de Guevara, en Álava, al otro lado de los montes de Artía, que señalan el límite de Oñati con ese territorio. Las luchas fueron constantes hasta el siglo XVIII, en que se debilitó el poder de los señoríos. Todavía hoy, los habitantes de Oñati están orgullosos de su reputación de fuertes y valientes y no dudan en recordaros al más famoso hijo de la villa, el conquistador Lope de Aguirre, conocido como «la cólera de Dios» e interpretado por Klaus Kinski en la película de Werner Herzog. Por otra parte, desde el siglo XIV al XVIII, la historia de la localidad abunda en peleas, venganzas, asesinatos y tomas de poder entre las dos grandes familias, los Garibay, que basaban su poder en la agricultura, y los Uribarri, que eran sobre todo ganaderos. Finalmente, se pusieron de acuerdo y se lanzaron juntas a la explotación de las minas, pues la comarca es rica en hierro. Durante las guerras carlistas, Oñati fue una de las capitales de Don Carlos

## DIRECCIÓN ÚTIL

### Oficina de turismo

San Juan kalea, 14. ☎ 943-78-34-53. 🖥 www.oinati.org Abierta Abril-sept, todos los días excepto domingo por la tarde; oct-marzo, todos los días excepto fines de semana por la tarde. Película gratuita sobre Oñati. También se puede ver funcionar un molino de agua del siglo XV restaurado.

## ¿DÓNDE DORMIR? ¿DÓNDE COMER?

Hay varios hoteles en Arantzazu, a unos kilómetros, para los que busquen la calma monástica. Podéis pedir en la Oficina de turismo que telefoneen para saber si hay plazas libres.

### Hotel Etxe Aundi

Torre Auzo, 9 (barrio San Pedro). ☎ 943-78-19-56. 🖅 reservas@etxeaundi.com 🖥 www.etxeaundi.com 🚗 Llegando de Bergara, tomad la GI 3593 a la derecha poco antes de llegar a Oñati. Doble con baño 64 €, desayuno 7-8 €. Wifi. El hotel está instalado en una gran casa fortificada del siglo XIII, que perteneció a los Lazarraga. Al lado está una de las antiguas ermitas de Oñati. Las habitaciones, a las que se accede por una bella escalera de metal, están niqueladas. También tiene restaurante (ver más adelante).

### Bar-restaurante Urrintxo

Lezesarri auzoa, 32. ☎ 943-78-34-79. En la salida de la ciudad, por la carretera de Arantzazu. Señalizado con una gran escultura roja abstracta. Abierto todos los días excepto lunes. Menú de mediodía y platos 10 €. Bella terraza que da a la colina. Se come bien y barato, sobre todo una generosa chuleta. O chipirones en su tinta, pimientos rellenos, bocadillos de jamón serrano... está muy bien para la pausa de mediodía o de la noche. sobre todo si se puede comer fuera.

### Restaurante del hotel Etxe Aundi

Ver más arriba. Abierto todos los días excepto el domingo por la noche. Tranquilo el fin de semana, pero se recomienda reservar entre semana debido a las comidas de negocios. Menú de mediodía 12 €, carta 35-40 €. La lectura de los precios de la carta puede asustar un poco pero los platos son enormes, desbordantes, pantagruélicos. Si pedís rape, os traen un rape entero, nada de un par de rodajas con salsa. Además los productos son muy frescos. Un plato de chipirones basta como entrante para 2 personas. Continuad con un pescado (salmón a la parrilla, por ejemplo) o con un confit de pato. Como postre, os recomendamos el bizcocho helado de higos con salsa de nueces frescas. Uno de nuestros preferidos.

## FIESTAS

### Fiestas del Corpus Christi

En junio, fecha variable. Con una extraordinaria procesión organizada por la cofradía del Santo Sacramento, durante la cual desfilan los pasos de Jesucristo, los apóstoles con máscaras y sobre todo san Miguel, vestido como un cacique azteca, con plumas rosas en la cabeza. Hay muchas danzas vascas que únicamente se bailan ese día. Conviene llegar el día anterior.

### ✆ Nuestra Señora de Arantzazu

El 9 de septiembre. Ver «Alrededores de Oñati ».

### ✆ Fiestas patronales

Por San Miguel (29 de septiembre). Son las fiestas de los pastores, durante las cuales se celebra un concurso internacional de perros de pastor, que atrae a cantidad de gente procedente de todo el País Vasco. El público, que es muy entendido, sigue las pruebas con el mismo recogimiento que si estuviera en la celebración religiosa.

### ✆ Nuestra Señora del Rosario

El primer domingo de octubre. Feria de ganado y productos locales.

## ¿QUÉ VISITAR?

**Casco viejo:** totalmente peatonal. Vale la pena visitar la **plaza de los Fueros,** cerrada únicamente por tres lados, donde está el edificio barroco de la **udaletxea** con sus balcones de hierro forjado. Así como también la entrada del obispado y su muro gótico, el espléndido **palacio de los Lazarraga,** con su parte trasera del siglo XVI y la fachada rehecha en el siglo XVIII. Se puede continuar por la Atzeko kalea, que tiene unas cuantas **casas nobles,** muy hermosas.

**Parroquia de San Miguel:** plaza de los Fueros. Abierta durante el horario de misas, por la tarde hacia las 19 h, y los domingos, desde las 11 h. En julio-agosto, la Oficina de turismo la abre también a 17 h y a 12 h el fin de semana.

Edificio gótico del siglo xv, con uno de sus muros ricamente esculpido. Vale la pena echar un vistazo al interior, aunque la nave, de estilo gótico y con unas proporciones muy equilibradas, alberga un retablo recargado de dorados, racimos de uva y angelotes regordetes. Los aficionados a los santos podrán contarlos por docenas, empezando por San Miguel, que va a la cabeza.

Una verja da acceso a un bonito claustro construido como un puente encima del río y en el que se puede admirar un extraordinario Cristo polícromo del siglo XIV. En la capilla del fondo, un Cristo yacente, cubierto con un fino encaje, y rematado por una Virgen Dolorosa, cubierta de velos negros, que no carece de estilo. También se puede apreciar el retablo más antiguo en el que están representadas las vidas de San Juan y de Santiago con su bautismo, la degollación de los dos, muy realista, con la presentación de la cabeza en un plato a Salomé.

Y, con ese mismo espíritu, id a ver la tira del siglo XVII en la que se cuenta el martirio de un santo de Oñati llamado San Miguel de Aozaraza, al que los japoneses flagelaron, quemaron y colgaron de los pies en la isla de Okinawa. Así de fuerte.

**Universidad de Sancti Spiritus:** Cerca de la plaza. Abierta lun-jue 9-17 h y vie 9-14 h. Entrada libre, excepto las visitas guiadas (1,50 €/pers): Semana Santa y verano 11-14 h y también 16-19 h en agosto.

Fue fundada por el obispo Rodrigo Mercado de Zuazola, importante personalidad local que llegó a ser presidente de la Real chancillería de Granada y virrey de Navarra. Este humanista del Renacimiento creía que los vascos estaban especialmente dotados para las letras y gastó toda su fortuna en construir una universidad en su ciudad natal a fin de que sus paisanos pudieran acceder a los estudios superiores. Para ello recurrió al escultor y arquitecto Pierre Picard, hijo del constructor de la catedral de Burgos. Y, claro está, la construcción del edificio se llevó toda la fortuna del obispo.

La fachada, de un equilibrio completamente clásico, está sobrecargada de esculturas simbólicas y alegóricas cuyo significado no es posible desvelar. Allí están mezclados Hércules, unos cuantos guerreros, San Jerónimo, centauros, Santa Ágata, un hermoso escudo de armas, etc. A la derecha de la entrada hay un pequeño altar con un retablo del siglo XVI en el que están reunidas las imágenes de todos los santos que ya conocemos, San Sebastián con sus flechas, San Miguel con el dragón, Santiago con su sombrero, San Pablo con sus cartas.

La entrada tiene un hermoso techo artesonado de estilo mudéjar. El claustro, muy bién proporcionado, está rodeado por una galería con arcadas a la que dan las aulas de la escuela de administración y la sala de archivos. Para acceder a la galería hay que coger la escalera en la esquina sureste. Encima de la escalera hay un soberbio techo octogonal de madera tallada.

Por si algún lector es fanático de los trenes, al lado puede ver una locomotora de vapor construida en Barcelona en 1925.

**Monasterio de Bidaurreta:** en la salida de la ciudad en dirección a Legazpi. Abierto todos los días, excepto el sábado por la mañana, 10-12 h y 15.30-20.30 h. Misa en euskera todos los días a las 20 h.

Construido en el siglo XVI, en él todavía vive una comunidad de franciscanos. La entrada al monasterio está a la derecha de la puerta de la iglesia; el antiguo torno del convento, por el que los monjes estaban en contacto con el exterior, aún sigue funcionando.

Cuando se entra en la iglesia, lo primero que llama la atención son las tumbas de los vecinos de Oñati, unas imponentes placas de madera numeradas, con una gruesa argolla que permite levantarlas. Cubren toda la superficie de la iglesia. Cada número corresponde a una casa, y la utilización de los números permite preservar la igualdad de todos ante la muerte.

El gran retablo resulta sorprendente. Es de madera natural, sin un solo dorado, y tiene una veintena de tallas, todas de tamaño natural, de los principales santos del santoral, y, como remate, un enorme balcón al que se asoma una Virgen de la Asunción policromada.

Id a ver la primera capilla de la izquierda, con sus cuatro tallas, todas de tamaño natural, que representan la Pasión de Jesucristo, y también el retablo plateresco de la derecha, uno de los primeros de Gipuzkoa, con preciosas escenas de la vida en el paraíso terrenal.

Por supuesto, que solo se puede visitar durante el horario de misas; la del domingo a mediodía es cantada en euskera, y resulta conmovedora. La misa la cantan las monjas franciscanas, que están separadas del público por una celosía de madera.

## ALREDEDORES DE OÑATI

**Basílica de Arantzazu:** situada a 9 km al sur de Oñati (señalizada desde el centro). Abierta todos los días 9-20 h. Visita guiada previa cita en el ☎ 943-71-89-11 o 943-79-64-63. Entrada libre. Misas lun-sáb a las 8.30 h y 12 h y domingo a las 12 h y 13.30 h (en castellano). El domingo, llegad temprano si no queréis aparcar a más de 1 km del santuario, porque viene gente de todo el País Vasco para oír misa.

La historia empezó con la aparición de la Virgen a un pastor. Como en Fátima o Lourdes, solo que aquí fue un solo pastor, y la cosa ocurrió en 1469. Después pasó lo que era de prever: peregrinaciones, milagros y, posteriormente, construcción de una capilla, una ermita y un convento en el que se instalaron los franciscanos en 1500. Y el santuario de Arantzazu se fue convirtiendo poco a poco en el «santuario de los vascos».

Está enclavado en el corazón de las montañas de Gipuzkoa, en el paisaje soberbio que ofrece el parque natural de Aizkorri. Es más o menos el centro geográfico de todo el País Vasco español. Los monjes se dedican desde hace cuatro siglos a la música y a la conservación del euskera, y han terminado por convertirse en todo un símbolo de la fe del país, gracias también a que existe una fuerte tradición mariana en todo el País Vasco. A lo largo de su historia, el santuario ha sufrido varios incendios, la mayoría fortuitos. El último, intencionado, en los comienzos de la primera guerra carlista. En 1950, los franciscanos decidieron abrir una suscripción para construir una nueva basílica que debería haber estado terminada para el 500º aniversario de la aparición de la Virgen. Era tan intenso el fervor popular que la basílica se financió y terminó en cinco años, con un adelanto de catorce sobre el plazo inicialmente previsto.

La carretera sube hasta el monasterio a través de unos fantásticos paisajes entre los acantilados, desde los que se divisa un espléndido horizonte verde hasta las montañas de Vizcaya. Mientras el monasterio domina el valle, la basílica se acurruca a sus pies. El sacristán asegura que se trata de la obra arquitectónica contemporánea más importante del País Vasco, para levantarla se recurrió a artistas vascos o que vivían en el País Vasco (y el sacristán añade como coletilla que «aquí no necesitamos que vengan arquitectos norteamericanos»).

La fachada en puntas de diamante de Sainz de Oiza y Laorga es lo bastante neutra como para que resalte el hermoso **friso de los 14 apóstoles** y la **Piedad** de Oteiza, uno de los maestros de la escultura vasca desde la década de 1950. Las 4 **puertas de hierro** son obra de Eduardo Chillida, que entonces era joven; destacan por su simplicidad. Pero lo más impresionante de todo es el monumental **retablo** de más de 600 m² de madera tallada y policromada del escultor madrileño Lucio Muñoz, en cuyo camarín figura una Virgen de piedra policromada del siglo XIV.

Lo que no nos gustó tanto fueron las vidrieras del franciscano Xavier de Eulate, y menos aún fueron las pinturas modernas de la cripta, con un Jesucristo de un rojo flamígero de Nestor Basterretxea que parece que haya salido de un póster de propaganda soviética.

Se puede participar en jornadas de plegaria y hacer retiros espirituales. Dirigíos a la **casa de ejercicios espirituales:** ☎ 943-78-13-15. El 9 de septiembre se realiza una peregrinación que sale desde Oñati.

**Virgen de Dorleta:** si subís hasta el puerto de Arlabán, que separa Gipuzkoa y Álava (carretera GI627), justo antes de llegar a la cumbre veréis a la derecha una talla de la Virgen rodeada y cubierta de ramos de flores. Es la Virgen de Dorleta, patrona de los ciclistas. ¿Por qué de los ciclistas? Eso es algo que solo lo saben Dios y la Virgen. O sea, que si circuláis en bicicleta, ya sabéis que existe la tradición de depositar unas cuantas flores a los pies de la imagen.

**Cuevas de Arrikrutz:** a 5 km de Oñati. ☎ 943-08-20-00. Desde Oñati, seguid la carretera que lleva a la basílica de Arantzazu durante 3 km, tomad otra a la derecha (está indicado) y continuad 2 km más. Aparcamiento a 350 m de la recepción. Se recomienda reservar. Visitas mar-dom cada 30 minutos 10-14 h y 15-17 h (o 18 h o 19 h según temporada). Entrada: 9 €; descuentos. Duración: 1 h.
Se trata de unas cuevas abiertas al público en 2007 (y dotadas en 2010 de un pequeño centro de interpretación), que forman parte de una red de galerías subterráneas de 14 km de longitud. Solo se visita un tramo de 500 m, sobre una pasarela, para ver estalactitas y estalagmitas (o raras formaciones «zoomórficas») mientras un comentario grabado (un diálogo entre un abuelo y su nieto) explica el origen geológico de las cuevas. Tiene también un pequeño museo bastante interesante.

➤ Si sois aficionados a la escalada, **Araotz,** a un paso de las cuevas, estÁ considerado como uno de los mejores lugares de Europa (se puede alquilar material en Oñati).

## EN DEFENSA DEL CONSUMIDOR

¡Un trotamundos informado vale por diez! Para evitar cualquier abuso, lo mejor es andar prevenido. Ahí van algunos consejos.

**Agua:** una jarra de agua del grifo es gratis, siempre y cuando sea para acompañar una comida.

**Al encargar la comida:** muchos restaurantes se niegan a servir a un cliente cuando consideran insuficiente lo que ha encargado para comer. Sin embargo, obligaros a pedir más sería ilegal.

**Anticipos por la reserva:** al reservar habitación, tanto por teléfono como por carta o fax, es probable que os pidan una cantidad a cuenta como garantía. Legalmente, ninguna ley especifica la cuantía, pero no debéis pasar de una cantidad razonable. Por ejemplo, el 25 o 30 % del importe total, y siempre teniendo en cuenta que se trata de un anticipo en firme. Es decir, que no os será devuelto si después anuláis la reserva, salvo en caso de fuerza mayor (accidente o enfermedad) o previo acuerdo con el establecimiento, avisando con suficiente antelación. En cambio, si la anulación la hace el hotel, os tendrá que reembolsar el doble de la cantidad abonada.

**Cambio y propinas:** algunos listillos utilizan una treta ingeniosa. El procedimiento consiste en devolver el cambio poniendo en el platillo las monedas debajo, luego la nota y encima los billetes. Así, si el cliente tiene prisa, coge solo los billetes.

**Hoteles:** no os pueden obligar a reservar varias noches de habitación si vosotros solo pensáis pasar allí una. Tampoco pueden obligaros a desayunar o comer en el hotel; esta norma es ilegal y es una «subordinación de prestación de servicios», que se sanciona con multa. Ahora bien, el hotel puede ofrecer media pensión o pensión completa. Si es un hotel-restaurante, antes hay que informarse. En cambio, si vais a dormir acompañados por algún hijo, os podrán cargar un suplemento.

**Lista de precios:** hoteles y restaurantes deben exponer los precios a la vista del público. Si los precios son exorbitantes, en caso de que no estén claramente indicados tendréis derecho a reclamar.

**Menús:** en general, los económicos solo se sirven entre semana y, a menudo, hasta ciertas horas. El horario debe estar claramente indicado.

**Recepción:** según la profesionalidad y la disposición de cada persona, el recibimiento puede ser desde inmejorable hasta pésimo... Solo una obligación se impone a estos establecimientos: informar a los clientes, incluso por teléfono, de los precios, la categoría del local y, en su caso, del tipo de cocina que ofrecen.

**Vinos:** las cartas de vinos no siempre son muy claras. Por ejemplo, uno pide una botella de buen vino y, al pagar, le cargan el doble de lo que figura en la carta, pues el precio especificado era ¡de media botella! Además, es obligación descorchar las botellas delante de los clientes, ya que es la única forma de saber que su contenido corresponde a la marca etiquetada.

Bizkaia
(Vizcaya)

Si no existiera Bizkaia, no habría vizcaínos, como diría Perogrullo; lo cual es verdad, porque la gente de aquí tiene un sentimiento de pertenencia a su provincia tan fuerte como el que siente por la comunidad vasca; o sea, que sus habitantes son tan vizcaínos como vascos.

Bizkaia es la provincia de los superlativos en el País Vasco: la que tiene la ciudad más grande, la más poblada, la más rica, la más industrial. Es la provincia de Bolívar y del BBV (Banco Bilbao Vizcaya) que, desde su fusión con Argentaria, se ha convertido en uno de los bancos más importantes a nivel europeo. Aquí tienen muy presente la reputación de los marinos vizcaínos, la eficacia de los banqueros vizcaínos, el arrojo de los soldados vizcaínos. Y cultivan la historia del mismo modo que apuestan por el futuro.

Ese doble afán por preservar el patrimonio cultural y por asegurar el porvenir en el nuevo siglo está simbolizado naturalmente por el museo Guggenheim de Bilbao y, sobre todo, por su ubicación en la frontera del sector industrial de la ría del Nervión, abandonado por la industria siderúrgica. No olvidemos que cuando el gobierno vasco decidió la creación del Guggenheim, Bilbao padecía una tasa de paro del 23% de la población activa. A los sindicalistas de Altos Hornos les costó aceptar la idea de que la cultura y el turismo podían sustituir a la industria pesada como motor del desarrollo.

Hoy, Bilbao se ha convertido en una de las ciudades más visitadas de España. Todo el mundo va al Guggenheim. Pero no podemos permitir que este museo se convierta en el árbol que oculta el bosque y nos haga olvidar las otras riquezas turísticas de Bizkaia, tanto de la costa, espléndida y subequipada desde el punto de vista turístico (y, por consiguiente, con un bajo índice de ocupación), como de los valles del interior. En ninguna otra provincia vasca hemos visto tantas ermitas que jalonan el Camino de Santiago. En este país de larga historia, recorreréis itinerarios y atravesaréis ciudades que conservan amorosamente el patrimonio arquitectónico de su pasado y se abren al futuro con una fuerte conciencia de su propia identidad que se aprecia, entre otras cosas, en la recuperación del euskera, la lengua de los antepasados.

## Un poco de historia

Santimamiñe es el lugar de Vizcaya donde el primo de Cro-Magnon se instaló y se dedicó a pintar caballos y bisontes. Pero después hay un largo periodo de tiempo, de varios miles de años, del que no se sabe nada. ¿Estuvieron aquí los celtas o los íberos? La única pista que nos ha llegado son unas palabras de Estrabón sobre el pueblo de los autrigones, que vivía en la desembocadura del Nervión. Es bastante poco. Mientras se encuentran restos romanos en casi toda España, en Vizcaya hay pocos y se limitan esencialmente a la costa.

La primera mención de Vizcaya se remonta al siglo IX, cuando formaba parte del reino de Navarra. Estaba reducida a un pequeño núcleo costero, ya que los documentos distinguen entre un «conde de Vizcaya» y un «conde de Durango», testigos ambos de las actas de Sancho el Grande. Todo lo cual tiene su importancia porque, por aquella misma época, en Navarra y Álava ya existía una nobleza estructurada, con castillos, tierras, abadías. Ya en el siglo XI, el señor de Vizcaya y de Rioja, prestó juramento de fidelidad al rey de Castilla. Lo cual supuso que Vizcaya saliera de la órbita navarra. A cambio, el rey de Castilla colmó de honores y riquezas a la familia, que a partir de entonces pasó a llamarse de Haro, pero su condado se instaló en La Rioja. Esta familia desempeñó durante siglos un papel primordial en la historia de toda la Península. Los Haro, con grandes posesiones no solo en La Rioja sino también en Castilla y Andalucía, dejaron que los vizcaínos se las arreglaran solos.

Cuando los Haro quisieron desarrollar el comercio marítimo en el siglo XIII, consiguieron la concesión de fueros a numerosas localidades vizcaínas, Orduña en 1229, Bermeo y Plentzia en 1236, Bilbao en 1300 y, ya en el siglo siguiente, Lekeitio en 1325, Markina en 1355, Gernika en 1366, Durango en 1372. Los Haro, que eran más bien conciliadores, reconocían en los fueros que los vecinos serían «francos, libres y estarían exentos, ellos y sus descendientes, de cualquier gravamen». Ser libres y no tener que pagar impuestos era un buen plan, debieron de pensar los vizcaínos. Pero los Haro, que no tenían un pelo de tontos, decretaron que los comerciantes que acudieran a Bilbao tenían que «utilizar nuestra aduana de Sevilla», o sea, la Casa de Contratación que gravaba todo el comercio con América. Precisamente, dicha medida propició un desarrollo fulgurante de la costa. Bilbao construyó fortificaciones y comenzó a urbanizarse. Su situación geográfica era buena: las mercancías del Mediterráneo les llegaban por el valle del Ebro y después las enviaban hacia el norte de Europa y, más tarde, hacia América. La lana de Castilla que compraban los flamencos para fabricar tejidos se exportaba desde Bilbao. Guipúzcoa y Durango producían un hierro muy apetecido por los franceses y británicos, que se exportaba desde Bilbao. Por su puerto transitaron también a partir del siglo XVIII los vinos de La Rioja, las maderas de Álava.

En el siglo XVIII, bajo la dirección de Joaquín de Munibe, la Real Sociedad Bascongada de Amigos del País se convirtió en un centro liberal, defensor de las ideas de los enciclopedistas y de los fisiócratas. Los bilbaínos se convirtieron en acérrimos partidarios de la exención fiscal foral y de las libertades. Bueno, casi, porque cuando se presentó el proyecto de crear un puerto franco en Abando que les haría la competencia, se organizó un buen lío. La historia también registra algunas tensiones entre las ciudades de la costa y las del interior.

Bilbao fue el principal foco liberal del País Vasco a lo largo del siglo XIX y la presa siempre codiciada por los carlistas desde que el pretendiente quiso arrebatar el trono a Isabel II. La cúpula del carlismo vizcaíno estuvo compuesta en gran medida por ricos propietarios y comerciantes de Bilbao. Y, para colmo, Zumalacárregui murió en el asedio de Bilbao.

## MAPA DE BIZKAIA (VIZCAYA)

Tras la conclusión de las guerras carlistas, Vizcaya experimentó un desarrollo excepcional. Se crearon fábricas, se fundaron bancos (el Banco de Bilbao en 1857 y unos años después, en 1901, el Banco de Vizcaya). Bilbao se expandió y anexionó las ciudades limítrofes, creó su propia Bolsa y la Cámara de comercio que sustituyó al Consulado. El ferrocarril llegó a los valles industriales, principalmente al de Ibaizábal. Aunque había una fuerte emigración, como en el resto del País Vasco, también se produjo una intensa corriente inmigratoria por la fuerte demanda de mano de obra existente, de modo que no hubo pérdidas de población. Así nació un proletariado que no tardaría en organizarse.

Vizcaya fue también uno de los primeros objetivos de las fuerzas franquistas durante la guerra civil; allí había mucha riqueza, muchas fábricas, muchos combatientes. Con el final de la guerra civil, llegaron los años negros de la dictadura y, después, los años difíciles de las reconversiones industriales. De todo ello se resintió la metalurgia y muchas fábricas cerraron.

Ahora, Vizcaya ha cambiado de rumbo. El turismo ha sustituido a la metalurgia, y los museos a los altos hornos. En todas partes se están instalando fábricas de tecnología punta, y las ciudades se descontaminan. Todavía se necesitarán unos cuantos años para que el cambio sea completo, pero se lo están montando bien.

# >La costa vizcaína

Con esta denominación hemos agrupado, para simplificar, todos los parajes importantes situados al norte de la autopista A8, en la zona de la ría de Gernika-Lumo. Este conjunto geográfico tiene una doble unidad, ecológica y humana, que es muy real. Buena prueba de ello es la Reserva de la Biosfera de Urdaibai, creada por la Unesco, que se extiende por las cuencas fluviales y las montañas hasta el balcón de Bizkaia.

Su centro económico e histórico es Gernika-Lumo. Esta ciudad, simbólica desde marzo de 1937, es ante todo una gran población industrial y agrícola, que se mantiene un poco al margen del movimiento turístico de la costa. Y es que allí no se ha producido ningún fenómeno de masificación turística, y los pescadores y agricultores del lugar han conservado su propio estilo de vida.

En cambio, los senderistas, que muchos llaman aquí *caminantes*, forman parte del paisaje desde hace siglos, desde que el Camino de Santiago dio lugar a la creación a lo largo de la montaña de innumerables ermitas (*baselizak* en euskera) a las que iban a rezar los peregrinos y los lugareños (aquí hemos reseñado las que nos parecen más interesantes o más conmovedoras, pero, si os interesa el tema, podréis descubrir muchas más por vuestra cuenta).

## ¿CÓMO DESPLAZARSE POR LA COSTA?

### En tren

➤ *Eusko Tren* (☎ 902-54-32-10. 🖥 www.euskotren.es) tiene una línea regular Bilbao-Gernika-Mundaka-Bermeo, cada 30 minutos.

### En autobús

➤ *Bizkaibus* (☎ 902-22-22-65. 🖥 www.bizkaia.net) explota varias líneas regulares que salen de Bilbao (estación de Abando). Para ir a la parte oeste de la costa, utilizad las líneas Bilbao-Munguía-Bakio y Bilbao-Gorliz-Armintza. Para el centro, la línea Bilbao-Bermeo también tiene parada en Gernika y Mundaka. Por último, las líneas Bilbao-Lekeitio y Bilbao-Durango-Ondarroa cubren la costa este. También hay una línea Bilbao-Éibar-Zarautz que permite enlazar con los autobuses de Guipúzcoa.

# BERMEO

17 200 HAB. (C. POSTAL 48370, *C1*)

Situado en la Reserva de la Biosfera de Urdaibai, Bermeo es un importante puerto de pesca cuya antigüedad y la reputación de sus marinos son emblemáticos en la costa vasca. Fundada en el siglo XIII, Bermeo fue utilizada por los marinos castellanos para enviar sus productos por barco hacia el norte de Europa, por lo que los Reyes Católicos otorgaron a la ciudad el título de Cabeza de Vizcaya. La ciudad fue escenario, durante varios siglos, de algunas disputas entre las grandes familias. Hasta que la situación se tranquilizó en el siglo XVII y Bermeo se convirtió en el primer puerto pesquero de España, compitiendo con Bilbao en el tráfico de barcos mercantes. Pero la cosa no duró porque el puerto, encajonado entre dos acantilados, no podía soportar un importante desarrollo industrial, más allá de algunas conserveras.

Nos encantan las callejuelas en pendiente de su casco antiguo, situado sobre un promontorio rocoso, y las murallas, casas e iglesias medievales que dominan su pintoresco puerto antiguo. Y, a un paso de allí, el gran puerto de pesca con sus modernos barcos y almacenes.

## TRANSPORTES E INFORMACIONES ÚTILES

### En tren
**Estación de ferrocarril** *Eusko Tren* *(plano C2):* situada al fondo del puerto pesquero, justo delante del astillero. ☎ 902-54-32-10. 🖥www.euskotren.es
➤ **Bilbao** (estación de Atxuri), **Gernika, Mundaka:** 1-2 trenes/hora 6-22 h (línea Bilbao-Bermeo).

### En autobús
**Parada de Bizkaibus** *(plano C2):* en el puerto pesquero, cerca del parque de la Lamera, junto al casino. ☎ 902-22-22-65. 🖥www.bizkaia.net
➤ autobuses frecuentes a **Bilbao**, algunos directos (línea A 3527), otros vía **Mundaka** y **Gernika** (línea A 3515).

➤ **Bakio:** 1 autobús/hora en verano, cada 2 h en invierno.

### Oficina de turismo
*(Plano C2):* Lamera. ☎ 946-17-91-54. 🖥www.bermeokoudala.net
Delante del parque de la Lamera dando al puerto pesquero. Todos los días excepto domingo por la tarde en temporada baja. Folletos con el plano de la localidad y de su barrio antiguo.

### Internet
Conexión gratuita en la biblioteca municipal *(plano C1-2)*, justo al lado de la Oficina de turismo. Lun-vie 9.30-14 h y 15.30-20 h; sáb 9.30-13 h.

## BERMEO

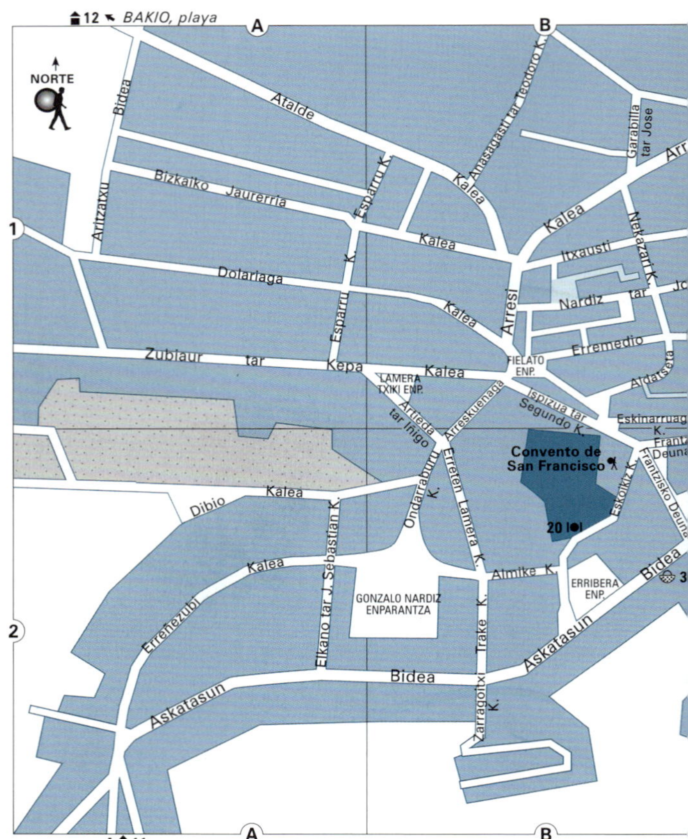


# ¿DÓNDE DORMIR EN BERMEO Y ALREDEDORES?

### Torre Ercilla

*(Plano C1, 10):* Talaranzko, 14.
☎ 946-18-75-98.
✉ barrota@piramidal.com
Dobles con baño 55-61 € según temporada, desayuno 7 €. Encantadora pequeña pensión en pleno casco antiguo, con 4 pequeñas habitaciones, coquetas y bien mantenidas; con parqué. Nos gusta mucho la Gaztelu, con su mirador. Muy simpática.

### Casa rural Artiketxe

*(Fuera de plano por A2, 11):*
Artike auzoa, 16. ☎ 946-88-56-29.
🖥 www.nekatur.net/artiketxe
Vacaciones: de mediados de octubre a mediados de noviembre. A unos 2 km del puerto. Carretera señalizada desde la rotonda del centro de la localidad. Doble 54 €, desayuno incluido. En el fondo de un verde valle, esta casa rural dispone de 6 habitaciones limpias y coquetas,

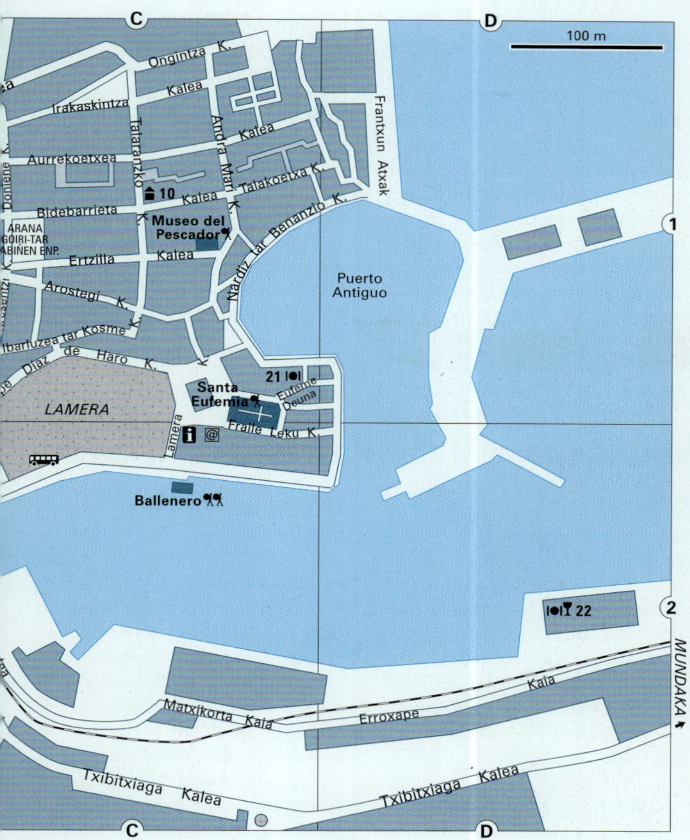


---



con cuarto de baño pero sin TV ni una decoración particular. Relación calidad-precio razonable y trato agradable de los propietarios.

### 🏠 Agroturismo Lurdeia

*(Fuera de plano por A2, 11):* Artike auzoa, a 6 km al sur de Bermeo. ☎ 946-47-70-01. 📧 lurdeia@lurdeia.

com 🖳 www.lurdeia.com Dobles 83-105 €, con desayuno. Wifi. Una gran y magnífica casa de piedra situada en el monte con vistas sobre Bermeo y el mar. En el interior todo está muy cuidado, empezando por las habitaciones, de buen tamaño (las más caras con salón), con vigas, gruesas baldosas, TV, cuarto de baño resplandeciente y excelente ropa de cama. Desayuno con música, servido por los proprietarios que, para la ocasión, visten el traje tradicional vasco, con calzones y txapela. Cocina y lavadora. Alojamiento de categoría, que nos gusta mucho pero indicado para parejas que viajen sin niños porque no se admiten menores de 12 años.

### 🏠 Pensión Gaztelu-Begi

*(Fuera de plano por A1, 12):* San Pelaio, 86. ☎ 946-19-49-24. A 8-9 km de Bermeo, por la carretera de Bakio, en el lugar donde se aparca para ir a la ermita de San Juan de Gaztelugatxe. Vacaciones: de mediados de diciembre a mediados de enero. Doble con baño y TV unos 54 €, desayuno 4,50 €. La incluimos en la guía sobre todo por su ubicación, sobre la ermita de San Juan (ver «Alrededores de Bermeo»). Muy bella vista sobre la localidad y, en lo que respecta a las habitaciones, son bastante confortables, con suelos y techos con vigas de madera. También tiene restaurante.

## ¿DÓNDE COMER? ¿DÓNDE TOMAR UNA COPA?

### 🍴 Beitxi

*(Plano B2, 20):* Eskoikiz, 6. ☎ 946-88-00-06. ✉ beitxijatetxea@euskalnet.net Abierto todos los días excepto sábados. Menú de mediodía 11 €, por la noche 26-36 €. Un clásico de Bermeo, con un sólido menú a mediodía. Por la noche es más caro. Ambiente popular en una sala cerrada al lado bar. Trato franco y directo.

### 🍴 Jokin

*(Plano C1, 21):* Eufeme Deuna, 13. ☎ 946-88-40-89. 🖳 www.reservas@restaurantejokin. com Abierto todos los días en verano, Cerrado los lunes y los días laborables por la noche en temporada baja. Menú 22 €, platos 16-26 €. Por una escalera se accede al comedor que da al puerto deportivo, frente a los edificios de pisos del casco antiguo. Desde las mesas, con manteles, se disfruta de una muy bella vista y, en el plato, de una buena cocina vasca, centrada en productos del mar. Menú a mediodía y por la noche a buen precio. Servicio profesional. Un establecimiento prestigioso.

### 🍴 🍸 Asador Cofradía San Pedro

*(Plano D2, 22):* muelle Erroxape. ☎ 946-88-35-64. Rodead el puerto pesquero pasando delante del astillero. Abierto todos los días excepto sábados. Menú de mediodía 10 €; a la carta hay platos de todos los precios. Situado en el puerto pesquero, en un viejo edificio que desentona entre los modernos almacenes, es el restaurante de los «trabajadores del mar». Cocina sencilla y buena, basada en el pescado, con platos como tortilla de bacalao, sopa de pescado o sencillamente la pesca del día. También se puede tomar un vaso de vino con algún pintxo, en una de las mesas situadas en el muelle. Ambiente auténtico.

🍸 Por supuesto, en el puerto antiguo *(plano C2),* hay bares como **Café Loidxie, Kaialde** y **Batun-Batun,** que ofrecen pintxos y raciones, para tomar con un zurito (corto de caña) o un txikito (vaso de vino). La terraza es ideal al atardecer cuando el sol se refleja en las hermosas fachadas de colores del casco antiguo.

## COMPRAS

### Geuzetxuek

*(Plano B2, 30):* Askatasun bidea, 1. ☎ 946-88-25-42. Amplia selección de productos locales, sobre todo de las marcas **Campos** y **Zallo,** especializadas en anchoas y bonito.

## FIESTAS

### Fiesta de San Pedro

El 29 de junio. Es una bonita fiesta de pescadores, con procesiones de barcas en el puerto.

### Fiesta de la Magdalena

El 22 de julio. Se conmemora el día en que, según una leyenda, una trainera de Bermeo llegó a la isla de Izaro antes que la de Mundaka, para reivindicar su propiedad. El alcalde y su séquito llegan en barca a la isla y tiran al mar una teja, acompañados por los habitantes de Bermeo que lo deseen. Tras colocar la ikurriña se trasladan a Elantxobe, donde se baila el aurresku y se celebra la fiesta hasta la tarde, cuando se regresa a Mundaka y, después, a Bermeo para seguir con la fiesta.

### Fiestas patronales

Desde el 8 de septiembre (Fiesta de la Virgen de Almike) hasta el 16 de septiembre (Fiesta de Santa Eufemia).

## ¿QUÉ VISITAR? ¿QUÉ SE PUEDE HACER?

**Museo del Pescador** *(plano C1):* Torre Ercilla. ☎ 946-88-11-71. Acceso por una escalinata que arranca del puerto antiguo. Abierto todos los días, excepto domingo por la tarde y lunes, 10-14 h y 16-19 h. Entrada: 3 €; descuentos; gratuito hasta 12 años y el último jueves de cada mes.

Instalado en una «casa-torre» del siglo XV, la única que se conserva en la localidad, este pequeño museo didáctico, de 3 plantas, está dedicado a la pesca de ayer y de hoy. Maquetas más o menos grandes de barcos, redes, una reconstrucción del taller de un pescador, una colección de latas de conservas de pescado, caracolas gigantescas y, por supuesto, una sección dedicada a la caza de la ballena.

**Ballenero Aita Guria** *(plano C2):* detrás de la Oficina de turismo. ☎ 946-17-91-21. En principio, abierto todos los días de mediados de junio a mediados de septiembre, 11.30-12.30 h y 17-18 h (telefonead por si acaso); el resto del año solo con cita previa. Entrada: 2 €; descuentos.

El ballenero *Aita Guria* está amarrado detrás de la Oficina de turismo, pero desde que perdió su arboladura en 2010, a causa de una tormenta, apenas se le ve... Es una pena porque la primera impresión decepciona un poco, pero en su interior todo continúa igual: se trata de una fiel reconstrucción de un ballenero del siglo XVII (excepto su anchura, porque fue construido a partir de un barco de pesca). La visita guiada es apasionante y revela un montón de cosas sobre las expediciones vascas a lo largo de la costa de Terranova, en las que participaban 70 hombres de 14 años o más, y duraban unos 8 meses (solo en el viaje empleaban 4 de ellos). Se visitan las diferentes partes del barco: la cabina del capitán, que medía la velocidad del barco con un reloj de arena y una cuerda pautada con nudos, el puente, la sala de cañones, siempre en la parte de atrás para defender la parte más vulnerable del barco y donde dormía también toda la tripulación en hamacas, por turnos; a continuación, las bodegas, donde se almacenaba todo, hasta ganado vivo...Para terminar, algo sobre la propia caza de la ballena: duraba una media de 2 horas y se empezaba lanzando un arpón al pulmón del animal para fatigarlo, cuando terminaba por salir a la superficie se le remataba asestándole golpes con picas. Una vez muerta, los cazadores se subían a su lomo y ataban cuerdas alrededor de su cola para poder remolcarla hasta la orilla donde era despiezada y preparada para su transporte en la bodega del barco.

**Iglesia de Santa Eufemia** *(plano C1-2):* al final del parque de la Lamera, detrás de la Oficina de turismo. De estilo gótico tardío (siglo XV), en ella está el sepulcro de mármol blanco de los Mendoza de Arteaga.

**Convento de San Francisco** *(plano B2):* a un paso del parque de la Lamera. Se visita pasando por la iglesia.

Construido en los siglos XIV y XV y utilizado sucesivamente como convento, cuartel, prisión o escuela, este conjunto monástico cuenta con una iglesia gótica y sobre todo con un claustro realmente hermoso. Cabe destacar la imagen que hay delante del claustro: el escultor ha puesto en sus manos una corona que los vecinos del pueblo cubren con flores durante las fiestas.

**La playa** está un poco alejada de la población. Coged la carretera de Bakio y aparcad enfrente del cementerio. El camino bordea el cementerio y desciende a la izquierda. Es una playa muy pequeña, más bien una cala con unas aguas resplandecientes, pero no tiene mucha arena. Llevad calzado de excursionista para no lastimaros al andar por encima del filo de las rocas.

► **Excursiones a pie:** con salida desde Bermeo, hay una decena de circuitos, graduados según niveles (2-13 km), a lo largo de la costa o surcando los campos del interior. Información en la Oficina de turismo.

## ALREDEDORES DE BERMEO

**Cabo Matxitxako:** a medio camino entre Bermeo y Bakio. Es una zona natural protegida, cubierta de helechos y coníferas. La pequeña carretera que llega hasta el faro es el punto de reunión de la gente que hace jogging. La verdad es que es una bonita excursión, bien sombreada. El cabo está rematado por dos faros. El pequeño, en el lado más bajo del acantilado, es el antiguo y data del siglo XVI, mientras que el otro, más nuevo, es más grande y tiene 300 años menos. Disfrutaréis de una soberbia vista panorámica.

**🏃 Ermita de San Juan de Gaztelugatxe:** al noroeste de Bermeo, poco antes de llegar a Bakio. Cuando se divisa desde lejos por vez primera, produce una gran impresión. Esta minúscula península que se adentra en el mar azul, con la pequeña ermita colocada encima como la cereza de un pastel, es soberbia. La carretera llega hasta la cala y, desde ella, hay que seguir andando. La subida por la escalera, de 230 escalones, lleva un buen cuarto de hora, pero es un esfuerzo que vale la pena para poder ver la iglesia cerrada (solo abre con ocasión de la romería de san Juan el 24 de junio) y disfrutar de una magnífica vista panorámica.

**🏃 Ermita de San Pelaio:** un poco más allá de la ermita de San Juan, a la izquierda, en dirección a Bakio. Es un hermoso edificio románico con un campanario completamente cuadrado, rodeado por un atrio.

# MUNDAKA

1 900 HAB. (C. POSTAL 48360, *C1*)

Un encantador puertecito de pesca conservado en su jugo entre su acantilado, su malecón, sus casitas y su muelle bordeado por una terraza a la sombra de los plátanos, en la que los pescadores juegan al mus y se toman un trago al lado de los turistas... Mundaka es un lugar de moda, que todavía no ha sido invadido por el cemento y donde es imposible amarrar yates de lujo y barcos de pesca deportiva... Situado en la Reserva de la Biosfera de Urdaibai, en la desembocadura de la ría de Gernika, el lugar también es propicio a las grandes olas para placer de los surfistas, para quienes Mundaka es el lugar favorito de Bizkaia.

## TRANSPORTES

### 🚆 En tren
**Estación de ferrocarril *Eusko Tren*:** en la entrada del pueblo, junto a la BI 2235, a unos 300 m del puerto ☎ 902-22-22-65. 💻 www.bizkaia.net
➤ **Bilbao** (estación de Atxuri), **Gernika** y **Bermeo:** 1-2 trenes/hora 6-22 h (línea Bilbao-Bermeo).

### 🚌 En autobús
**Parada de Bizkaibus:** en la entrada del pueblo, junto a la carretera BI 2235, a unos 300 m del puerto ☎ 902-22-22-65. 💻 www.bizkaia.net
➤ Enlaces muy frecuentes con Bermeo, Gernika y Bilbao.

> **> AVISO**
>
> La *guía del Trotamundos* defiende valores como los derechos del hombre, la solidaridad entre los pueblos, la biodiversidad cultural y la protección del medio ambiente.

# DIRECCIÓNES E INFORMACIONES ÚTILES

**Oficina de turismo**
Kepa Deuna kalea.
☎ 946-17-72-01.
🖥 www.mundaka.org
En el puerto. Todos los días por la mañana y por la tarde en verano; solo mar-dom por la mañana en temporada baja. Proporciona información, folletos y acceso gratuito a Internet.

**Mercado:** los martes por la mañana, delante de la iglesia.

## ¿DÓNDE DORMIR?

### Cámping

#### Cámping de Portuondo
Ctra Gernika-Bermeo, km 47.
☎ 946-87-77-01.
✉ recepcion@camping portuondo.com
🖥 www.campingportuondo.com
A 1 km de Mundaka, en dirección a Gernika, a la izquierda. Vacaciones: mediados diciembre-final enero. 2 pers, tienda y coche 26-34 €; bungalows 2-6 pers 70-143 €, según temporada. Internet y Wifi. Cámping agradable pero un poco caro, situado en un lugar privilegiado, verde y tranquilo, dominando el estuario salvaje de la ría de Gernika. Pocas parcelas con vistas y sombra escasa, pero los aseos están limpios. Más de 20 bungalows bien equipados y ubicados, aunque pegados unos a otros. Piscina, tienda y restaurante. Un camino conduce en 10 minutos a la playa de Mundaka.

### De precio medio a selecto

#### Hotel El Puerto
Portu kalea, 1.
☎ 946-87-67-25.
✉ info@hotelelpuerto.com
🖥 www.hotelelpuerto.com
66-99 € según habitaciones y temporada, desayuno 10 €. Aparcamiento 10 €. Wifi. Situado en el puerto, es un pequeño y acogedor hotel familiar, con cortinas en las ventanas y acuarelas por todas partes. Habitaciones agradables y confortables, las más caras tienen vistas al puerto. Trato detallista. En la planta baja tiene una simpática terraza a la sombra de los plátanos, ideal para tomar algo con unos pintxos.

#### Hotel Mundaka
Florentino Larrinaga, 9.
☎ 946-87-67-00.
✉ info@hotelmundaka.com
🖥 www.hotelmundaka.com
Vacaciones: de mediados de diciembre a finales de febrero. Dobles 62-86 € según temporada, desayuno 8,50 €. Aparcamiento (de pago). Wifi. Instalado en una casa antigua, a un paso del puerto, ofrece habitaciones sobrias, todas con cuarto de baño, TV y radiador. Las del segundo piso, abuardilladas y tapizadas de madera, son las más agradables. Bar en la planta baja. Trato jovial.

## ¿DÓNDE COMER? ¿DÓNDE TOMAR UNA COPA?

Hay varios bares en la calle principal y en la plaza del Ayuntamiento que ofrecen menús a mediodía por unos 10 €.

#### Casino
Kepa Deunaren kalea, 1; en el puerto.
☎ 946-87-60-05.
Menú de mediodía 11 €, por la noche

25 €; platos 12-20 €. Situado en el primer piso de un pintoresco edificio que domina el bonito puerto, es un restaurante popular del tipo «sala de fiestas», con parqué y ventanales acristalados que dan al mar. Cocina tradicional, abundante y sabrosa, elaborada con product[...] Servicio un poco afectad[...] Recomendamos tam[...] bares del puerto, entre [...] hotel El Puerto, por sus agradables y sombreadas terrazas con vistas a los barcos.

## FIESTAS

### Carnaval

El domingo todas las jóvenes de Mundaka se disfrazan de brujas (vestido negro, pañuelo rojo y peluca blanca). Los chicos, que simbolizan el Bien, totalmente de blanco. Se canta, se baila, hay música, se ríe; ¡estamos en fiestas!

### Fiesta de San Juan

La noche del 23 de junio. Se quema la bruja entre el regocijo general. Hay hogueras y bailes en la playa y comienzan unas fiestas que enlazan con la fiesta grande de San Pedro cinco días después...

### Fiestas patronales

Por San Pedro (el 29 de junio). No hay que sorprenderse por la gran cantidad de fiestas que se celebran en toda la costa con motivo de la festividad de san Pedro. Porque es el patrono de los pescadores desde la pesca milagrosa.

### Fiestas vascas (Euskal Jaïak)

A comienzos de agosto. Por supuesto, con música y bailes, pero la actividad se centra sobre todo en la ría de Gernika, destacando las regatas de traineras.

## ¿QUÉ VISITAR? ¿QUÉ SE PUEDE HACER EN MUNDAKA Y EN LOS ALREDEDORES?

**El puerto:** es un minúsculo y encantador puerto de postal, con sus barcos deportivos y su pequeña flotilla de pesca. Desde él parte un sendero que recorre la ría de Gernika y permite disfrutar de un magnífico y salvaje panorama.

**Ermita de Santa Catalina:** al norte del pueblo. Aislada en la espléndida y salvaje costa, justo en la entrada de la ría de Gernika, esta pequeña ermita fue construida en 1855 sobre un antiguo edificio del siglo XVI. Servía de lugar de reunión a la hermandad de pescadores, de lugar de cuarentena a los enfermos de alguna epidemia y, también, de polvorín, que abastecía a una fortaleza contigua de la que se conservan algunos restos. La fiesta de Santa Catalina se celebra el 25 de noviembre.

Si la **playa de Mundaka** se queda un poco pequeña en verano, una buena opción es tomar el barco que hace el trayecto entre Mundaka y la **playa de Laida,** mucho más grande, que está enfrente, al otro lado de la desembocadura (ver más adelante «Entre Gernika-Lumo y Lekeitio»).

⊘ ♛ **La playa de Busturia:** entre Mundaka y Gernika (señalizada). Dejad el coche en el aparcamiento y haced los últimos 500 m a pie. Es una gran playa acondicionada y vigilada, al abrigo de las olas. Muy adecuada para ir con niños.

► **Tomar una lección de surf:** en **Mundaka Surf Shop,** Txorroko-punta, 8-10. ☎ 946-87-67-21. ⌨ www.mundakasurfshop.com Varias opciones de cursos según la duración de la estancia. También alquilan tablas.

# GERNIKA-LUMO

16 290 HAB. (C. POSTAL: 48300, *C1*)

Gernika-Lumo, nombre oficial de esta población conocida popularmente por Gernika a secas, no tiene una personalidad muy acusada. No tiene nada relevante desde el punto arquitectónico, unas cuantas casas antiguas y ni rastro del bombardeo de 1937. Bien es verdad que cuarenta años de régimen franquista borraron bastantes cosas. En realidad, Gernika, por encima de todo, es el cuadro de Picasso y lo que éste inspira. Y también es la oportunidad de visitar la Reserva de la Biosfera de Urdaibai, pues la villa está en su centro geográfico.

## Un poco de historia

La fundación oficial de Gernika data de 1366, cuando varios caseríos se agruparon para formar juntos un municipio. En el siglo XV, Gernika se convirtió, por su situación geográfica en el lugar donde se reunían las Juntas de Vizcaya, que eran la asamblea representativa de Vizcaya. En cuanto a los representantes de los pueblos, se reunían en una pequeña ermita, junto a un roble. Allí juraban defender las libertades y discutían sobre los asuntos de Vizcaya, resolvían los conflictos entre los pueblos y decidían en materia de impuestos.

La ermita fue sustituida, en el siglo XIX, por un edificio que aún se puede visitar en la actualidad, y los nacionalistas de la primera hora escogieron el roble, llamado «árbol de Gernika» (Gernikako arbola), como símbolo de las libertades vascas. Eso ocurrió poco después de que en 1876 el gobierno de Madrid aboliera los fueros, decisión que sentó muy mal a los vizcaínos. El árbol de Gernika se convirtió en el símbolo de la oposición al gobierno central.

Después, cuando estalló la guerra civil, Franco decidió acabar a toda costa con la resistencia del País Vasco. Así se explica el enorme impacto del

■ **Direcciones útiles**
🛈 **Oficina de turismo**
   KZ Gunea
**1 Errekamendi**

🛏 **¿Dónde dormir?**
**10 Gernika Aterpetxea**

**11 Pensión**
   **Akelarre Ostatua**
**12 Hotel Boliña**

🍽 **¿Dónde comer?**
**20 Gernika Jatetxea**
**21 Jatetxe-Zaharra**

# GERNIKA-LUMO



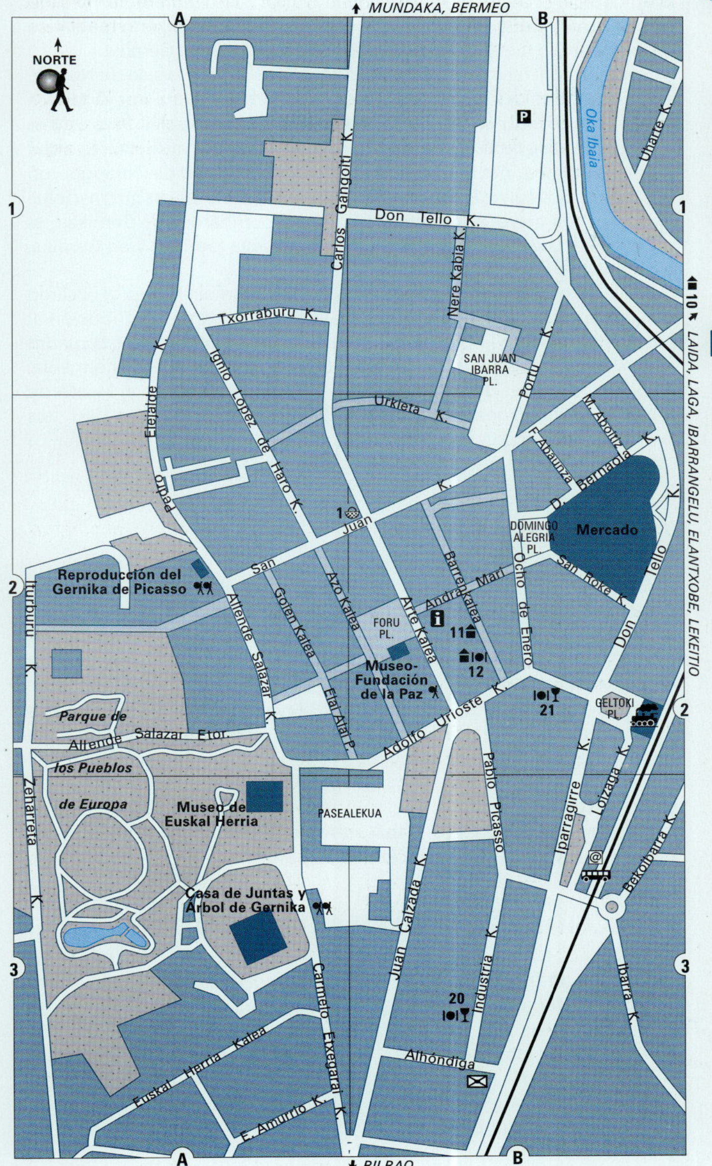

bombardeo del 26 de abril de 1937. Ese día, los aviones de la legión Cóndor, la unidad aérea alemana al servicio de Franco, descendieron en picado sobre Gernika y dispararon sobre la población civil. El impacto mediático del bombardeo fue enorme por el carácter simbólico de Gernika.

Se ha dicho (y el mismo Goering lo reconoció en el proceso de Nuremberg) que Gernika sirvió como banco de pruebas de una nueva táctica consistente en volar en picado para atacar a la población civil. Pero esto es algo que ya sabe todo el mundo. En realidad, ésa fue la misma táctica que se utilizó un mes antes, el 31 de marzo, contra la ciudad de Durango, con unos resultados aún más sangrientos. Curiosamente, la prensa internacional reaccionó con mayor contundencia contra el bombardeo de Gernika que contra el de Durango. Y es que en Durango había fábricas, y en Gernika, símbolos.

A raíz del bombardeo Picasso pintó el Gernika, cumpliendo así el encargo que había recibido del gobierno de la República, como contribución al pabellón español en la Exposición Internacional de París de 1937. El cuadro se exhibió en París solo un mes después del ataque aéreo. Y, posteriormente, en distintos lugares del mundo hasta que en 1939 recaló en el MoMA de Nueva York. Según deseo de Picasso, el cuadro llegó a España en 1981, tras la muerte de  Franco y el restablecimiento de las libertades en España. La obra se exhibe hoy en el museo Reina Sofía de Madrid.

## TRANSPORTES

### En tren

**Estación de ferrocarril *Eusko Tren*** *(plano B2):* Geltoki plaza.
☎ 946-25-11-82 o 902-54-32-10.
💻www.euskotren.es
➤ **Bilbao** (estación de Atxuri), **Bermeo** y **Mundaka:** 1-2 trenes/hora 6-22 h en la línea Bilbao-Bermeo.

### En autobús

**Parada de *Bizkaibus*** *(plano B3):* Iparragirre kalea, cerca de la estación del tren. ☎ 902-22-22-65.
💻www.bizkaia.net
➤ **Bilbao, Mundaka** y **Bermeo:** autobuses muy frecuentes (líneas A 3514 y 3515).
➤ **Playas de Laida y Laga:** unos 2 autobuses/hora (línea A 3526), solo en julio-agosto
➤ **Lekeitio:** 1 autobús/hora y algunos (la línea A 3513) vía Gautegiz-Arteaga, Ibarrangelu, Elantxobe, Ea e Ispaster.

## DIRECCIONES E INFORMACIONES ÚTILES

### Oficina de turismo

*(Plano B2):* Arte kalea, 8.
☎ 946-25-58-92.
💻www.gernika-lumo.net
En la calle principal, frente al ayuntamiento. Abierta todos los días excepto el domingo por la tarde. Organiza, previa solicitud diferentes visitas guiadas (sobre todo sobre el bombardeo), pero es preferible hacerla en un pequeño grupo. También se puede comprar el billete combinado para el Museo-Fundación de la Paz y el Museo de Euskal Herria. Disponen de un folleto con las excursiones que se pueden hacer por la zona. Trato simpático, como de costumbre.

### Correos

*(Plano B3):* Iparragirre kalea, 26 A (esquina calle Alhóndiga). Lun-vie 8.30-14.30  h y sáb 9.30-13 h.

### Internet

Conexiones gratuitas en *KZ Gunea (plano B3),* Iparragirre kalea, 5. Al lado de la parada del Bizkaibus. Lun-vie 9-13 h y 16-20 h. Cerrado en agosto.

### Errekamendi

*(Plano A-B2, 1):* Carlos Gangoiti kalea, 1. ☎ 946-25-29-08.
Esta tienda os equipará de la cabeza los pies para salir de excursión: calzado, vestido, tiendas, sacos de dormir, navajas... Y también buenos consejos sobre los itinerarios de la zona.

### Mercado

*(Plano B2):* Lunes, martes y primer sábado de mes, de junio a diciembre. Un gran mercado agrícola que no hay que perderse. El más grande del año se celebra el último lunes de octubre. Es la locura, con toda la localidad invadida por comerciantes y agricultores.

## ¿DÓNDE DORMIR?

### Albergue juvenil

Gernika Aterpetxea *(fuera de plano por B1, 10):* Kortezubi bidea, 9.
☎ 944-65-07-75.
gernika@suspergintza.net
www.suspergintza.net
Dormitorios 17,50-25 €/pers, desayuno incluido. Wifi. Tiene 40 camas en habitaciones de 4 a 10 camas.

### De barato a precio medio

### Pensión Akelarre Ostatua

*(Plano B2, 11):* Barren kalea, 5.
☎ 946-27-01-97.
akelarre@hotelakelarre.com
www.hotelakelarre.com
Dobles con baño 45-55 € según temporada. Internet y Wifi. En una calle peatonal del centro de Gernika. Nos gusta mucho esta pequeña y acogedora pensión con habitaciones niqueladas, pintadas en tonos verdes o azules y con parqué. No sirven desayuno, pero, en el último piso, tiene un pequeño espacio –que da a una agradable terraza– con máquina de café y distribuidor de bollería. Un muy buen alojamiento.

### Hotel Boliña

*(Plano B2, 12):* Barren kalea, 3.
☎ 946-25-03-00.
recepcion@hotelbolina.net
www.hotelbolina.net
Dobles con baño 45-60 € según temporada, desayuno incluido. Menús de mediodía 10-12 €. Wifi. En la misma calle que la **Pensión Akelarre Ostatua,** un hotel con edcoración funcional, pero con pequeñas habitaciones limpias y agradables, equipadas con TV. La mayoría dan a la calle peatonal. Tiene también restaurante con una cocina del país, sencilla, buena y a precios asequibles.

## ¿DÓNDE COMER? ¿DÓNDE TOMAR UNA COPA?

### Gernika Jatetxea

*(Plano B3, 20):* Industria kalea, 12.
☎ 946-25-07-78.
jatetxegernika@hotmail.com
Menú de mediodía 11 €, platos 12-20 €. No admite tarjetas de crédito. Se pasa por delante de apetitosos pintxos y jamones colgados por encima del bar, antes de sentarse en una sala con decoración rústica: manteles de cuadros en las mesas y antiguos relojes de péndulo colgados de las paredes de piedra. En el plato, deliciosa cocina vasca tradicional, abundantemente servida y con una sonrisa. Realmente hemos disfrutado. También es agradable tomar una copa con los parroquianos habituales.

### ✵❂ Jatetxe-Zaharra

*(Plano B2, 21):* Adolfo Urioste, 1. ☎ 946-25-05-87.
Menú del día 10 €. Es el más antiguo de la villa, llevado por la misma familia desde 1939. Ambiente muy popular, los lugareños acuden para comer a mediodía el abundante menú del día a un precio módico. Sala separada del bar por una puerta de doble batiente, como las de antes. Trato sin ceremonias y servicio eficaz.

## FIESTAS Y MANIFESTACIONES

### ☾ Fiestas patronales de San Roke

Del 14 al 18 de agosto. Son las principales fiestas de la localidad, muy populares, con bailes, conciertos, deporte rural y mucha animación en las calles.

### ☾ Los Marijeses

Del 15 al 25 de diciembre. Son una especie de corales tradicionales vascas que cantan un novenario antes de Navidad. Realizan su recorrido por las calles entre las 4 y las 5.30 h de la madrugada.

## ¿QUÉ VISITAR?

**El árbol de Gernika** *(plano A3):* en la Casa de Juntas, Allende Salazar kalea. ☎ 946-25-11-38. Todos los días 10-14 h y 16-19 h (18 h octubre-mayo). Entrada libre.

Verdadero símbolo de las libertadaes vascas, este roble presidía las asambleas de los jefes de aldea de Vizcaya, que se celebraban a su vera desde la Edad Media. En el jardín se puede ver un viejo tronco seco protegido por un quiosco con columnas. No se trata del primer árbol pero es el más antiguo (siglo XVIII) que ha llegado hasta nosotros.

Al lado se encuentra la **Casa de Juntas (Jaunako Etxea)**, edificio neoclásico construido en el siglo XIX para albergar las famosas asambleas de dirigentes de Vizcaya. En su interior hay una gran sala decorada con pinturas alegóricas y los escudos de las respectivas villas bordados en las sillas de sus representantes. También hay pinturas de Maeztu y algunos objetos históricos... La institución de las Juntas se mantuvo hasta 1876, fecha de la abolición de las leyes de Vizcaya, y fue relanzada en 1979 para seguir siendo, junto con el Árbol de Gernika, símbolos vivos y activos del pueblo vasco.

Una vez realizada esta peregrinación obligada, podréis ir a pasear por el **parque de los Pueblos de Europa** *(plano A2-3),* donde hay una escultura de Henry Moore y la escultura *Gure autaren etxea* (la casa de nuestro padre), de Chillida.

**Gernikako Bakearen Museoa Fundazioa (Museo-Fundación de la Paz;** *(plano B2):* Foru plaza. ☎ 946-27-02-13. 🖥 www.museodelapaz.org Frente a la Oficina de turismo. Abierto todos los días, excepto domingo por la tarde y lunes, 10-14 h y 16-19h (sin interrupción, 10-19 h marzo-septiembre). Entrada: 5 €; descuentos; gratuito para menores de 12 años y, para todos, el primer domingo de cada mes.

Este museo dedicado a la cultura de la paz, está inspirado en el bombardeo de Gernika del 26 de abril de 1937. El concepto de paz se desarrolla de diferentes maneras: entre los hombres, consigo mismo, con la naturaleza... se pueden ver imágenes emocionantes y símbolos conmovedores vehiculados por personalidades emblemáticas. Pero lo esencial sigue siendo la representación del bombardeo, con un gran apoyo en fotografías antiguas, películas, objetos militares, gravados... Una interesante puesta en escena, bien ambientada en la época.

**Guernica de Picasso** *(plano A2):* Pedro Elejalde kalea, frente al centro médico. Es una reproducción, en azulejos de cerámica y a su tamaño, del famoso cuadro de Picasso. Aunque el cuadro está expuesto en el Museo Reina Sofía de Madrid, es imprescindible ver el *Guernica* en Gernika.

# Reserva de la Biosfera de Urdaibai

*(D1)*

En 1984, la Unesco creó, en pleno corazón de Bizkaia, la Reserva de la Biosfera de Urdaibai: un territorio bastante amplio en el que se deben compaginar las actividades humanas sin perjudicar a la naturaleza, con el objetivo de un desarrollo sostenible.

Urdaibai tiene 220 km$^2$ (un 10 % de Bizkaia), y agrupa casi 45 000 habitantes de 22 municipios (entre ellos Bermeo, Mundaka, Gernika-Lumo, Gautegiz-Arteaga, Ereno, Elantxobe e Ibarrangelu) en torno a la ría de Gernika, estuario de gran interés ecológico. Entre playas, acantilados, bosques, prados, cultivos agrícolas tradicionales, colinas, torrentes, ríos, valles fluviales, marismas y el estuario que une los medios marino y rural, se descubre una gran cantidad de hermosos paisajes donde la vegetación y la fauna evolucionan armónicamente.

Hay también multitud de pintorescos lugares de interés cultural (aldeas, ermitas, iglesias, casas antiguas...) que se pueden visitar explorando la reserva de Urdaibai a pie, en bici de montaña, en kayak (ver más arriba «¿Qué visitar? ¿Qué se puede hacer? en Mundaka y alrededores» y más adelante «Entre Gernika-Lumo y Lekeitio. La playa de Laida») y hasta en coche los menos deportistas. También se puede practicar la escalada, el tiro con arco, el surf (ver también Mundaka y la playa de Laida)... En resumen, un lugar muy adecuado para unas «vacaciones verdes»

## DIRECCIÓN E INFORMACIONES ÚTILES

**Punto de información**
En el Centro Busturialdea-Urdabai, Elexalde auzoa, en **Mendata**. ☎ 946-25-72-04. 🖥 www.mendata. es Al sureste de Gernika. Tomad, al norte de la villa, la carretera BI 3224 y luego, a la derecha, la BI 3222 hasta Mendata. Abierto mié-dom, por la mañana y por la tarde abril-oct, solo por la mañana el resto

. Alquiler de bicis de montañas e informaciones sobre la decena de itinerarios balizados que hay en la reserva. También es albergue juvenil.

➤ Ver también 💻 www.turdaibai.com

## ¿QUÉ VER? ¿QUÉ HACER ENTRE GERNIKA-LUMO Y LEKEITIO?

➤ Desde Gernika, tomad la carretera BI 2238 en dirección a Lekeitio, a la altura de Gautegiz-Arteaga, girad a la izquierda hacia Laida para llegar a Lekeitio por la pequeña carretera costera BI 3234 con grandes playas, impresionantes acantilados que caen a pico sobre el mar y pequeños y pintorescos pueblos de pescadores. Una bonita excursión en perspectiva...

**🥾 Castilo de Gautegiz-Arteaga:** se ve a la izquierda al salir de Gernilka. No se visita porque alberga un hotel y un restaurante. Construido en el siglo XIX para complacer a la emperatriz Eugenia de Montijo, es un auténtico pastiche. De lejos, da el pego.

**🏠 Casa rural Ozollo**

Barrio Ozollo, 3,
48314 **Gautegiz-Arteaga.**
☎ 946-25-10-13 y 666-70-57-21.
📧 casaruralozollo@gmail.com
💻 www.casaruralozollo.com
Desde Gernika, tomad la carretera BI 2238 hacia Lekeitio, a la altura de Gautegiz-Arteaga, girad a la izquierda (señalizado); está 800 m más adelante. Dobles 46-50 € según temporada, desayuno 4 €. No admite tarjetas de crédito. Wifi. En una aldea situada en plena naturaleza, este bello caserío, de paredes con entramado de madera del siglo XIX, ofrece 4 habitaciones impecables con cuarto de baño, TV y calefacción. Cocina común a disposición. Buen trato. Al final de la ría, el lugar es magnífico, tranquilo, bastante salvaje y la playa de Laida solo está a 5 km.

**🥾 ◆ Cueva de Santimamiñe:** coged la pequeña carretera a la derecha según se va de Gernika a Lekeitio (señalizado). El aparcamiento está a 2 kmm con un área de descanso, y una hermosa escalera de 256 escalones que sube a través de un robledal. Se recomienda reservar en el ☎ 944-65-16-57 o 60; o por mail en 📧 santimamine@bizkaia.net o incluso en la taquilla. Visitas guiadas de martes a domingo, 10-13.30 h y 15.30-18.30 h (hasta 12.30 h y 17.30 h en invierno). Entrada: 5 €; descuentos. Duración de la visita: 1.30 h.

Inscritas en el Patrimonio Mundial de la Unesco en 2008, estas cuevas tienen galerías de concreciones calcáreas con unas vistosas irisaciones y son un importante yacimiento de la prehistoria vasca por sus pinturas rupestres, descubiertas en 1917. Pero, como en la mayoría de las cuevas en las que las pinturas rupestres son muy frágiles, el acceso está limitado al vestíbulo original. La ermita vecina alberga una exposición-reconstrucción de las pinturas más emblemáticas, así como una animación en 3D que permite una visita virtual de la cueva.

**Ermita de San Miguel de Erenozar:** está señalizada desde la aldea de Ereno. Hay una subida bastante empinada (500 m *ad pedibus*) para llegar hasta ella. Encaramada en una montaña, esta pequeña ermita medieval ofrece una magnífica vista sobre la verde reserva de Urdaibai y su ría. Alberga también algunos restos arqueológicos.

**Playa de Laida:** amplia playa de arena fina, Muy agradable, bien acondicionada (id a tomar unos pintxos en el **bar Atxarre)** y preferida por los habitantes de Gernika. Para llegar hasta ella a partir de Mundaka se puede tomar un barco regular. En ella están los mejores miradores sobre el estuario de la ría de Gernika, que también se puede recorrer en kayak a partir de esta playa con **Laida Kanoak** (☎ 946-27-65-15; www.laidakanoak.com) o Urdaibai (☎ 946-27-66-61; www.urdaibai.com). También ofrece escalada, tiro con arco, surf, etc., siempre en la reserva de Urdaibai.

**Cabo Ogoño:** al este del estuario, hay que ir a verlo cuando se llega de Laida. Es como un inmenso y poderoso espolón gris, que se sumerge en el mar. La vista es impresionante.

**Playa de Laga:** al pie de las rocas del cabo Ogoño. Una preciosa playita en un paraje salvaje, poco frecuentada, pero con el equipamiento mínimo indispensable (aseos y chiringuito).

**Ibarrangelu:** este pueblo está la iglesia barroca de San Andrés, con un retablo barroco y artesonado de casetones plateresco, sobre la que se ha colocado un Cristo bendiciendo de al menos 5 m de altura, un poco como el de Rio de Janeiro. Curioso, pero no del mejor gusto. En los alrededores, la pequeña ermita del monte Atxarre ofrece un panorama sublime sobre la reserva de Urdaibai, del lado del mar y del lado del campo.

**Elantxobe:** del otro lado del cabo Ogoño. Es un pueblo sorprendente, literalmente colgado del acantilado. Aunque el minúsculo puerto no tiene demasiado encanto, la visión de las casas pegadas a la roca gris y bordeadas de abruptas callejuelas es impresionante.

**Itsasmin Ostatua**
Nagusia kalea, 32, 48310 **Elantxobe.** ☎ 946-27-61-74. info@itsasmin. com www.itsasmin.com
En la parte alta, junto a la parada de Bizkaibus. Cerrado en enero. Dobles con o sin vistas 40-55 €, desayuno 6 €. Menús 19-29 €; carta 25-30 €.

## AGUA DE VIDA

Es costumbre lavarse las manos y la cara con el agua que cae del tejado sobre el sarcófago que hay en la ermita de San Miguel de Erenozar y darle tres veces la vuelta para que se seque. Así se curan las enfermedades de la piel.

Pequeño hotel instalado enu na encantadora casa antigua. Se incluye aquí por las habitaciones que tienen un pequeño balcón y una vista vertiginosa sobre el puerto. Las demás no tienen especial interés. A 30 m de allí, en la plaza, está su restaurante que ofrece buenos platos típicos en un  marco sobrio... con la misma vista a pico sobre el mar. Un estable- cimiento muy apreciado por la gente del pueblo.

### Itxas-Etxea

En el puerto de Elantxobe.
☎ 946-27-66-27.
Cerrado martes en temporada baja. Vacaciones: enero. Carta unos 25€. Es el bar-restaurante de los pescadores. Cocina del mar sencilla y auténtica.

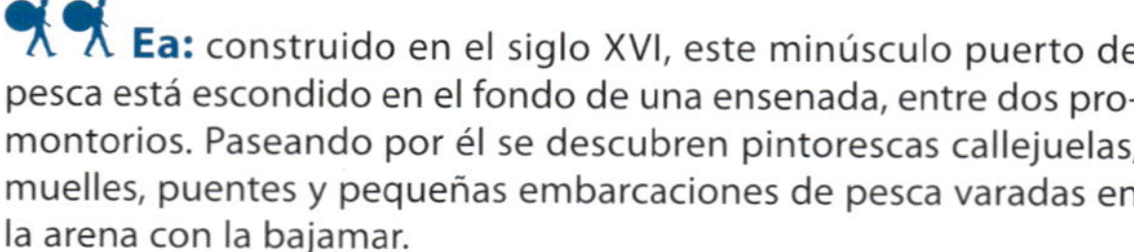

**Ea:** construido en el siglo XVI, este minúsculo puerto de pesca está escondido en el fondo de una ensenada, entre dos promontorios. Paseando por él se descubren pintorescas callejuelas, muelles, puentes y pequeñas embarcaciones de pesca varadas en la arena con la bajamar.

### Hotel Ermintxo

Barrio Eleixalde, 30, 48311 **Natxitua-Ea.** ☎ 946-27-77-00.
✉ ermintxo@euskalnet.net
💻 www.euskalnet.net/ermintxo
En el pueblo, justo antes de Ea, llegando desde Elantxobe. Restaurante cerrado lunes por la noche y martes, excepto en julio-agosto. Doble 60 €, desayunos 5-6 €. Menú del día 12 €, platos 17-18 €. Wifi. Sobre una colina que domina el mar y el interior, es un hotel nuevo, limpio y funcional, con algunos toques rurales en su decoración, como la chimenea, la madera del bar... 8 habitaciones muy limpias y modernas, con colchas de flores, cuarto de baño, TV, radiador y, en algunas, un balcón sobre el océano (las número 7 y 8 tienen una vista magnífica). Tiene también restaurante. Una buena referencia.

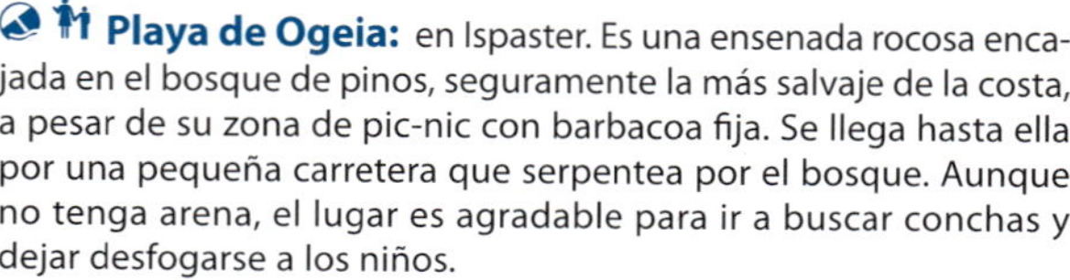

**Playa de Ogeia:** en Ispaster. Es una ensenada rocosa encajada en el bosque de pinos, seguramente la más salvaje de la costa, a pesar de su zona de pic-nic con barbacoa fija. Se llega hasta ella por una pequeña carretera que serpentea por el bosque. Aunque no tenga arena, el lugar es agradable para ir a buscar conchas y dejar desfogarse a los niños.

# LEKEITIO

7 290 HAB. (C. POSTAL: 48280, *D1*)

Acurrucada en el hueco de una bahía rodeada de verdes colinas, Lekeitio es un importante puerto de pesca de la costa de Bizkaia. Tiene un bonito casco histórico atravesado por callejuelas, acogedores muelles y, a un tiro de piedra, una península cubierta de pinos marítimos que le da un aire mediterráneo. Pero la ciudad es muy vasca, como puede advertirse en cuanto se llega al puerto y a la gran plaza que separa el ayuntamiento de la iglesia, donde ondean innumerables ikurriñas.

# TRANSPORTES

### En autobús

**Parada de los autobuses:** Larrotegi kalea, en la salida sur de la villa, por la carretera de Markina-Xemein.

➤ Con *Bizkaibus* (☎ 902-22-22-65. 🖳 www.bizkaia.net), 1 enlace/hora con **Bilbao** (línea A 3512) y **Gernika** (líneas A 3523 y 3513, esta última pasa por Ispaster, Ea, Elantxobe, Ibarrangelu y Gautegiz-Arteaga).

➤ Con la compañía *Pesa* (☎ 902-10-12-10. 🖳 www.pesa.net), 4 enlaces/día (bien distribuidos) entre **Lekeitio** y **Donostia-San Sebastián** vía todas las pequeñas localidades de la costa.

# DIRECCIONES ÚTILES

### Oficina de turismo

Independantzia enparantza. ☎ 946-84-40-17. 🖳 lekeitio.org 🖳 www.faro-lekeitio.com En pleno centro, haciendo esquina con el puerto. Abierta todos los días de mediados de junio a mediados de septiembre; el resto del año cierra el domingo por la tarde y el lunes. Proporciona plano e información de la ciudad.

### Internet

Conexiones gratuitas en el *KZ Gunea,* Resurrección Maria Azkue, 5. Cerrado el fin de semana.

# ¿DÓNDE DORMIR?

## Cámping

### Cámping Leagi

Barrio Leagi, 48289 **Mendexa.** ☎ 946-84-23-52. 📧 leagi@campingleagi.com 🖳 www.campingleagi.com En la salida de Lekeitio, en dirección a Ondarroa, pasado el puente, seguid todo recto hacia Mendexa (señalizado); está a 1 km. Vacaciones: de noviembre a febrero. Marzo-junio abre fines de semana. Pequeña parcela para 2 pers con coche 21,50-27,50 €, según temporada. Bungalows 4 (pers), 65-116 €. Wifi. Cámping bien situado en la cima de una colina dominando Lekeitio y el mar. Tiene un buen césped para plantar la tienda, pero poca sombra. Los aseos están impecables. Tiene también unos bonitos bungalows (4-6 personas) de madera bien equipados y con vistas. Restaurante, lavadora, juegos para niños, piscina, ping-pong, billar. Trato agradable.

### Cámping Endai

Ctra Lekeitio-Ondarroa, km 58, 48289 **Mendexa.** ☎ 946-84-24-69. 🖳 www.campingseuskadi.com/endai Desde Lekeitio, proseguid hacia Ondarroa; está aproximadamente a unos 3 km, en el lado de la colina. Abierto en Semana Santa y de mediados de junio a mediados de septiembre. 15 € por 2 pers con tienda y coche en verano. Junto a la colina, entre bosques y muy cerca del mar, es un agradable cámping tranquilo, limpio y barato. Bar-restaurante, lavadora y tienda.

## Albergue Juvenil

### Trinkete etxea

Eusebio Ma de Azkue, 5. ☎ 902-54-04-50. 📧 trinkete@suspergintza.net 🖳 www.trinkete.net Entre el puerto y el faro de Santa Catalina. Abierto todos los días junio-sept y fines de semana oct-mayo. 17,50-

25 €/pers según edad y temporada. Internet y Wifi. Dormitorios de 4 a 7 camas en la planta superior de un centro deportivo con piscina.

## Precio medio a más selecto

### Hotel Zubieta

Portal de Atea s/n.
☎ 946-84-30-30.
✉ hotelzubieta@hotelzubieta.com
💻 www.hotelzubieta.com
En la salida de la ciudad, en dirección a Markina-Xemein, a la izquierda. Vacaciones: noviembre-febrero. Reserva obligatoria en temporada alta. Dobles 89-108 € según temporada, desayuno-bufé 10 €. Internet y Wifi. En un gran parque a 10 minutos a pie del puerto, esta bella casa solariega del siglo XVIII, totalmente renovada, con vigas, puertas de roble y baldosas barnizadas, ofrece habitaciones confortables, y decoradas con buen gusto. Trato agradable.

### Hotel Metrokua

Playa de Karraspio.
☎ 946-84-49-80. ✉ info@metrokua.com 💻 www.metrokua.com
Vacaciones: nov-febrero. Dobles 80-110 € según temporada, desayuno 6 €. Aparcamiento de pago. Wifi. Al borde de la bonita playa de Karraspio. Hotel con 10 pequeñas habitaciones con decoración contemporánea, limpísimas y bien equipadas (bañera de hidromasaje, TV). Todas con terraza y la mitad están frente al mar y el islote de los pinos. Restaurante-bar al nivel de la playa. Una relación calidad-precio correcta solo en temporada baja porque en verano los precios se disparan.

# ¿DÓNDE COMER? ¿DÓNDE TOMAR UNA COPA?

### Lumentza

Buenaventura Zapirain, 3.
☎ 946-84-15-01. Abierto todos los días excepto lunes. Ambiente simpático, todo de madera y corcho, con algunas mesas altas y taburetes, el de este gastro-bar que sirve excelentes pintxos y raciones, y también algunos platos más consistentes. Buen vino por copas, tortilla, pulpe con patatas y suculentas *kokotxas*, todo servido con pan cocido allí mismo. También es posible sentarse más tranquilamente en la sala del fondo. Precios muy correctos y servicio sin florituras.

### Mesón Arropain

Arropain auzoa, 5.
☎ 946-24-31-83.
✉ arropain.restaurante@gmail.com
En la salida de Lekeitio, hacia Markina-Xemein, a la izquierda. Abierto todos los días a mediodía y por la noche. Vacaciones: dic-feb. Platos 20-24 €. Casa del siglo XVII, sobriamente restaurada. Si os lo podéis permitir, seréis seducidos por su cocina vasca, sencilla pero cuidada y sabrosa, que potencia la calidad de los productos. Aunque el pescado es la estrella de la carta, los carnívoros tampoco quedarán decepcionados. Hay incluso *momos,* porque la mujer del dueño es tibetana. Buena carta de vinos.

A lo largo del puerto hay varios bares de pintxos, para tomarse unas copas en la terraza, divagando mientras se ven los barcos pasar.

> ## > AVISO
>
> **Las tarifas que se indican en la guía corresponden al momento de la edición de la misma y, por tanto, son orientativas.**

# FIESTAS

### Fiesta de San Pedro

El 29 de junio. Lo más destacado es el sorprendente baile de la **kaxarranka:** un danzante baila sobre el arca de la Cofradía de pescadores portada a hombros por ocho marineros.

### Fiestas de San Antolin (o Día de los Gansos)

Del 1 al 8 de septiembre. El día 5 se denomina Día de los Gansos porque se cuelgan unos gansos por las patas a una maroma tendida de un muelle a otro del puerto; los participantes, que van en barcas, deben agarrar a un ganso por el cuello, mientras los de tierra tiran de la maroma para subirlo y dejarlo caer al agua desde mucha altura, repitiendo hasta que el participante se suelte o el cuello del ganso se rompa; gana el que más «alzadas» resista.

## ¿QUÉ VISITAR? ¿QUÉ SE PUEDE HACER?

**Playa de Karraspio:** un poco apartada de la localidad, por la carretera de Ondarroa. Muy bonita playa, bien cuidada, bastante larga, que se extiende a la derecha del bello islote de los pinos. El bosque baja desde la colina hasta la misma orilla de la playa. Más cerca del centro, la playa de Isuntza es un poco menos atractiva pero más tranquila y menos expuesta a la marejada.

**Basílica de la Asunción de Nuestra Señora:** detrás de la Independentzia Enparantza. Anclada en la orilla, fue construida en el siglo XVI en estilo gótico tardío y no tiene ni ventanas ni vidrieras en el lado que da al mar. Su retablo principal es uno de los más grandes de España: solo le superan en tamaño los de Toledo y Sevilla. Tiene veinte grupos de bajorrelieves esculpidos y veinte grandes tallas que representan a los grandes santos y apóstoles. No os perdáis tampoco el retablo del altar de San Joaquín (a la derecha de la nave) de estilo flamenco, ni una bonita talla gótica (siglo XIV) que representa a la Santísima Trinidad, con el Padre que tiene en la mano una paloma y una cruz sobre el regazo. Es una curiosa y hermosa pieza.

En el ábside hay varios retablos; el más interesante es el de San Pedro (siglo XVII), que ha perdido parte de sus dorados, pero eso le beneficia. Y no dejéis de mirar a la izquierda la talla de otro San Pedro, el primer mártir dominicano, con una expresión dulce y sonriente, a pesar de tener un cuchillo lleno de sangre clavado en la cabeza. En la sacristía se exponen objetos de culto y piezas de orfebrería religiosa.

En el casco viejo, la **Ezpeleta kalea,** paralela al puerto, alberga varias hermosas casas antiguas y, sobre todo, la **antigua sede de la Cofradía de pescadores de San Pedro,** magnífico edificio neoclásico. En las ventanas, se pueden ver todavía las enormes poleas de madera que servían para subir las redes a la planta superior.

**Playa de Ondarzábal:** en el puerto. ☎ 946-84-40-17. 🖥www.faro-lekeitio.com Solo visitas guiadas, mié-dom 17 h y 18 h y 19 h y 20 h de mediados de junio a mediados de septiembre (el resto del año solo con cita previa). Entrada: 4 €.

...e una playa sino de un barco de pesca de madera, ama-
...erto. Construido en 1966, ha navegado hasta 2002, antes
...formado en un museo que ilustra la vida a bordo, el tipo
...ue realizaba, etc. Para los que sueñan con la vida en el mar.

**...aro de Santa Catalina:** paseo de Santa Catalina. ☎ 946-
...7. 🖥 www.faro-lekeitio.com A 2 km al norte de la localidad.
...ediados de junio a mediados de septiembre, visita todos los
días a las 11 h y 12 h y 13 h y 17 h y 18 h y 19 h; el resto del año solo
con cita previa. Entrada: 6 €.

Es el único faro visitable de la costa vasca. En él se ha instalado
una exposición multimedia: después de ver una película sobre las
técnicas de navegación a lo largo de los siglos, se sube, con impermeable de marino, al puente de un barco ficticio para realizar un
viaje virtual por un mar desencadenado, con el cabeceo, el aire
frío, las salpicaduras y todo lo demás. Después se ve otra película
sobre el papel de las mujeres en la industria de la pesca, antes de
subir a la plataforma del propio faro, desde donde se disfruta de
una espléndida panorámica de la costa abrupta y recortada, contra
la que chocan las olas... Una experiencia simpática.

**➤ Paseo en kayak:** con **Dzanga,** en el extremo de la playa de
Isuntza, en la desembocadura del río Lea. Abierto de junio a agosto.
Alquiler, cursos de iniciación y paseos guiados a lo largo de esta
bonita costa.

**🥾 Ermita de San Martín:** a 2 km de Lekeitio por la carretera de
Gernika. Es del siglo XV y en ella se celebra una romería el primer
domingo de julio.

# ONDARROA

8 850 HAB. (C. POSTAL: 48700, *D1*)

Aunque un tanto exageradamente denominada «la Venecia de
Bizkaia», Ondarroa es una localidad portuaria con un encantador
casco antiguo, comprimido entre el mar y la montaña y rodeado por
un meandro del río Artibai, por el que pasear entre su sorprendente
iglesia suspendida, edificios medievales, dos pintorescos puentes,
callejuelas empinadas... Y, justo al lado, la parte moderna de Ondarroa
desfigurada por una urbanización caótica. El puerto de verdad, el que
reúne la más importante flota pesquera de altura del País Vasco, está
al final del casco antiguo. Al lado del puerto está la playa de Arrigorri,
muy pequeña. Nos ha gustado el ambiente de esta localidad.

> **> AVISO**
> El icono del trotamundos 🥾 os indica el interés de la visita.

# TRANSPORTES

## En autobús

**Parada de autobuses:** en el puerto, delante del puente de Calatrava.
➤ Con la compañía *Pesa* (☎ 902-10-12-10. 💻www.pesa.net), 4 enlaces al día (bien distribuidos) entre **Lekeitio** y **Donostia–San Sebastián.**
➤ Con *Bizkaibus* (☎ 902-22-22-65. 💻www.bizkaia.net), autobús a **Bilbao** cada 30 minutos.

# DIRECCIONES ÚTILES

## Oficina de turismo

Erribera, 9. ☎ 946-83-19-51.
💻www.ondarroa.eu
En el casco viejo, al lado del puente de piedra. Abierta todos los días, excepto los domingos por la tarde en temporada baja. Proporciona un plano de la villa y organiza visitas guiadas (gratuitas) de Ondarroa, pasando por el casco antiguo, la lonja del puerto moderno y una fábrica de conservas de pescado.

## Internet

☎ 944-03-33-97.
Conexión gratuita en *KZ Gunea*, Artibai, 5. Lun-vie 9-13 h y 16-20 h.

# ¿DÓNDE COMER? ¿DÓNDE TOMAR UNA COPA?

## Erretegi Joxe Manuel

Arana Tar Sabin, 23.
☎ 946-83-01-04.
En la orilla del río, junto a la iglesia de Santa María y al lado del viejo puente de piedra. Abierto todos los días, excepto domingo por la noche y lunes por la noche. Carta 25-30 €. Hay buen ambiente en este restaurante sencillo y acogedor, con grandes mesas de madera clara bajo un techo atravesado por vigas. Excelentes pescados, mariscos y carnes a la plancha. Ideal para conocer gente entre dos visitas al casco viejo .

La zona de los **bares de pintxos** está en la ciudad vieja (en la calle de la Oficina de turismo) y a lo largo del río, frente al puente de Calatrava.

# FIESTAS

## Fiestas patronales

Del 14 al 17 de agosto en honor a la Virgen de la Antigua, patrona de la localidad. Comienzan la noche del 14 con la bajada de **Leokadi,** personaje popular, desde la torre de la iglesia de Santa María, con fuegos artificiales; continúan con pasacalles, bertsolaris, tamborrada, gigantes y cabezudos, música y danzas populares. El otro día grande es el 17 **(Arrantzale Eguna), día del pescador:** la gente se viste con blusas de color azul mahón (las de pescador) y hay *txistularis*, pasacalles, comida a base de marmitako y bonito asado y, por la tarde, cucaña, juegos de gansos... para terminar con fuegos artificiales y la retirada de **Leokadi** hasta el año siguiente con gran pena de todos.

## Carnavales

Comienzan el sábado con la llegada del **Lantzoia,** un alevín del pez aguja, y se terminan el martes con un desfile de los niños del pueblo, por la noche se hace el entierro de la sardina y la quema del pez Lantzoia ya convertido en adulto.

## ¿QUÉ VISITAR? ¿QUÉ SE PUEDE HACER?

**Iglesia Santa María:** en la orilla del río. Abierta solo a las horas de misa. De estilo gótico tardío (finales del siglo XV), fue construida sobre pilotes para compensar el desnivel. Sus muros exteriores están coronados por un grupo de 12 estatuas de estilo flamenco-borgoñón, que representan un cortejo medieval, y decorados con una cenefa de motivos vegetales y animales, rosetones y gárgolas.

**Ermita de la Virgen de La Antigua:** está situada en lo alto del pueblo y desde ella se divisa una bella panorámica de Ondarroa, apreciándose muy bien su complicada estructura urbana, sus terrazas, sus escalinatas... En el interior de la iglesia, edificada en el siglo xv, destacan una *Virgen con el Niño* policromada y los exvotos (sobre todo maquetas de barcos).

➤ Se puede hacer una preciosa excursión entre Ondarroa y Lekeitio por una pequeña carretera costera, la BI 3438, desde la que se domina el mar y que serpentea entre bosques. **Atención:** por esta carretera caminan muchos senderistas que van a pie.

# MARKINA-XEMEIN

24 900 HAB. (C. POSTAL: 48270, *D2*)

Los vizcaínos la consideran la capital de la pelota. Pero, sorpresa, sorpresa, lo primero que se ve cuando se llega a Markina-Xemein es el enorme edificio de los carmelitas y el no menos enorme convento de los franciscanos. Pero, por fin, conseguimos llegar al trinquete, uno de los más antiguos del País Vasco (1798), en cuyo frontis se puede leer: «Universidad de la Pelota Vasca». O sea, el sitio que buscábamos.

## TRANSPORTES

### En autobús
**Parada de *Bizkaibus:*** Fray Bartolomé. ☎ 902-22-22-65.
🖳 www.bizkaia.net
➤ **Bilbao** y **Lekeitio:** 10-16 autobuses/día (línea A 3512) en los dos sentidos. O **Bilbao** vía **Ermua** (línea A 3516) con 15 autobuses/día.
➤ **Ondarroa:** unos 15 autobuses/día (línea A 3915, vía **Durango**) en los dos sentidos, Y lo mismo con la línea A 3916.

## DIRECCIONES ÚTILES

### Información turística
En el Ayuntamiento, Gorko Portala, 3.
☎ 946-16-74-54.
🖳 www.markina-xemein.com
Solo los días laborables.

### Internet
*KZ Gunea:*
Xemein etorbidea, 10.
☎ 946-16-66-11.
Conexiones gratuitas.

## ¿DÓNDE DORMIR EN LOS ALREDEDORES?

### ⌂ Casa rural Garro

Garro baserria, 33, 48381 **Munitibar-Gerrikaitz.** ☎ 946-16-41-36.
✉ ube12@hotmail.com
🖥 www.nekatur.net/garro
Dobles 49-52 €, desayuno 5 €. Internet y Wifi. Un lugar excepcional. Construida en el siglo xv, este magnífico edificio, la Garroko Etxeberria (nueva casa de Garro), estaba entre las casas señoriales con sede en la casa de Juntas de Gernika y, según la costumbre, su dueño tomó también el apellido de Etxeberria y lo transmitió hasta su descendiente María Etxeberria, la misma que os dará una cálida bienvenida en compañía de su hijo, escultor de talento que expone en muchos lugares del mundo y siembra la casa con sus obras y su coleción de arte popular. Ofrecen 6 habitaciones impecables y decoradas con mucho gusto, todas con cuarto de baño. Muebles antiguos, una magnífica terraza y un jardín con flores. Sin ninguna duda, un alojamiento con encanto. Acceso de pago a la cocina común.

## ¿DÓNDE COMER?

### Niko Jatetxe

Abesua, 2.
☎ 946-16-75-28.
Abierto a mediodía y de viernes a domingo por la noche. Menú 10 €, carta 30 €. En pleno centro, en la plaza triangular, este restaurante popular dispone de una sala con parqué de ambiente bastante elegante. Su menú del día es especialmente honesto: entrantes, 2 platos, postre, pan y vino incluidos. ¡Es lo mínimo que se necesita para calmar el apetito cuando se va a jugar a la pelota!

## FIESTAS

### Carnaval de Markina-Xemein

Domingo de Carnaval. Es uno de los más famosos de Bizkaia por la calidad de sus *kokoxak,* disfraces. Un grupo de jóvenes *dantzariak* (danzantes) invade las calles bailando la famosa *zagi-dantza,* danza típica de los carnavales vascos. El cortejo cuenta incluso con un terrible oso, Hartza, y su domador, que se dedican a asustar a los viandantes y a los niños. También destacan en el carnaval de Markina-Xemein el «juego de gansos a caballo», en el que 8 jinetes, de uno en uno, al galope, intentan arrancar el cuello de 6 gansos colgados.

## ¿QUÉ VISITAR?

### El trinquete (Pilotaren Unibersitatea): Abesua, 10.

☎ 946-16-91-14. En pleno centro. Abierto solo cuando hay partidos de pelota, los mejores se suelen jugar el fin de semana. Entrada cara: unos 15 €. Aunque el frontón ostenta el lema «Universidad de la Pelota Vasca», en él no hay ni clases magistrales ni teóricos del juego. Pero, para un joven vizcaíno, ser admitido a jugar en él es a la vez un honor y señal de que su carrera va por buen camino. Pues este trinquete ha producido más campeones del mundo que cuaquier otro y el ambiente es serio y sacramental.

⚑ En el centro de la localidad hay varias **casas nobles** (denominadas aquí *jauregia,* «palacio»), entre las que destaca el **Ansotegi Jauregia** frente al convento de los carmelitas. También el **Udaletxea (Ayuntamiento)** y sus arcadas (observad también el rótulo del peluquero, con su placa esmaltada y orgullosamente rotulada con la palabra «Figaro»).

⚑**Convento de los carmelitas:** Kermengo kalea, 5. En el centro, cerca del ayuntamiento. Construido en el siglo XVIII, es famoso por haber formado centenares de religiosos. Se puede visitar la iglesia para ver los distintos retablos dedicados a la Sagrada Familia o a Santa Teresa de Lisieux. Entre la multitud de tallas y dorados, destacamos un bonito grupo en el que San Joaquín y Santa Ana llevan de la mano a una Virgen niña.

## ALREDEDORES DE MARKINA-XEMEIN

➤ Al suroeste de Markina-Xemein por la carretera BI 633, se puede hacer una bonita excursión por la pequeña carretera BI 2224 entre Iruzubieta y Gernika. Así se atraviesan preciosos pueblos de montaña con iglesias fortificadas del siglo XV, como **Munitibar.** Se ven caseríos aislados con las fachadas adornadas con ristras de pimientos de un rojo resplandeciente y se cruzan sombríos bosques de pinos y eucaliptos, que desprenden un olor voluptuoso cuando hace mucho calor.

⚑ **El balcón de Vizcaya:** al suroeste de Markina-Xemein; acceso por las carreteras BI 633, después a la derecha la BI 2224 y a la izquierda la BI 3231. Un pequeño promontorio donde los forofos de la cámara se pueden poner las botas haciendo fotos. En teoría ofrece una excepcional vista panorámica de Gernika y toda la Reserva de la Biosfera de Urdaibai. Es un verdadero alud de bosques que descienden hasta el mar... tanto bosque que al final no se ve gran cosa. ⚙ **Atención:** el aparcamiento es minúsculo y resulta difícil mover el coche. Así pues, prudencia.

⚑ **Bolibar:** al suroeste de Markina-Xemein; acceso por las carreteras BI 633 y después a la derecha la BI 2224.

Es el pueblo natal de Simón Bolívar, el libertador de Venezuela, Colombia, Ecuador, Perú y Bolivia. Aunque lo cierto es que Bolívar nació en Caracas, también lo es que sus antepasados fueron una importante familia de este pequeño lugar. En la plaza del pueblo destaca el monumento al Libertador.

En el atrio de la **iglesia** (fundada por la familia Bolívar en el siglo X) hay un altar presidido por una talla de Nuestra Señora de Coromoto. Esta Virgen se apareció en el siglo XVII al cacique de los indios coromoto de Venezuela para pedirle que se convirtiera al cristianismo. Y, entonces, al gobernador de Venezuela no se le ocurrió otra cosa que enviar al pueblo una imagen de la Virgen.

En la callejuela de detrás de la iglesia está el **Museoa Simón Bolívar** (☎ 946-16-41-14; 🖥 www.simonbolivarmuseoa.com Abierto mar-vie 10-13 h y fines de semana 12-14 h y en julio-agosto también

17-19 h; gratuito). Lo encontraréis fácilmente: delante de la puerta hay otro busto del Libertador. En el interior, su retrato, su espada, su casa, sus condecoraciones...

### Zenarruza monastegia (monasterio de Zenarruza): en Ziortza, unos cuantos kilómetros al suroeste de Bolibar por la carretera BI 4401. ☎ 946-16-41-79. Llegando de Markina-Xemein, girad a la izquierda después de atravesar el pueblo de Bolibar. Abierto todos los días 10.30 -13.30 h y 16-19.15 h. Gratuito

Cuando se llega a lo alto de la montaña, se tiene una vista impresionante de sus altas murallas. El complejo conventual, de gres amarillo, tiene todo el aspecto de una pesada fortaleza. Esta primera impresión se disipa cuando se entra en el patio de lo que al principio debía ser un albergue para peregrinos. Los edificios de puertas bajas y el atrio de la iglesia forman un conjunto casi esbelto. Delante tenéis la puerta que da al exterior, por la que aparecían los peregrinos que se dirigían a Santiago. Cuando lleguéis delante de la iglesia, levantad la mirada para admirar el **pórtico** del siglo XVI, una estructura de madera tallada con símbolos solares vascos y el madero tallado en forma de cabeza de lobo. El interior, de estilo gótico, tiene una sola nave con dos capillas en el lado izquierdo. Bonito **retablo,** con muy pocos dorados, en el que se alternan pinturas del siglo XVI con pequeños bajorrelieves en los que están representados los evangelistas. Preciosa *Piedad* del siglo XVI, con un drapeado finamente tallado. Al salir de la iglesia, podréis visitar el **claustro plateresco,** al que dan las celdas de los siete monjes cistercienses que habitan el monasterio.

➤ **Excursión a pie:** también podéis ir en una hora **de Bolibar a Ziortza** siguiendo el antiguo camino de los peregrinos a través de la montaña. El camino, ancho y bien trazado, pasa a la derecha de la carretera que lleva de Bolibar a la abadía, a unos 50 m del cruce. Y sube por la ladera en medio de un paisaje de bosques y pastos, desde donde se tiene una hermosa vista del valle.

# >Bilbao y alrededores

La aglomeración de Bilbao nunca ha gozado de excesiva buena prensa. Si alguien iba, casi a regañadientes, a visitar el centro urbano, la verdad es que ya no le quedaban ganas de desplazarse a las afueras, llenas de fábricas y de humo negro. Y aunque a veces uno llegara hasta Santurtzi para encontrar el «pueblo bonito» de la canción popular vasca, lo cierto es que no se lo acababa de creer. Pero los tiempos cambian a gran velocidad y el centro de la ciudad se transforma, sobre todo tras la construcción del Museo Guggenheim, que ha dado a Bilbao un nuevo impulso, por no decir otro destino. Y, aunque los barrios y las playas de las afueras, como Getxo y Plentzia, sigan teniendo de un relativo interés, uno se puede alojar en ellos sin disgusto cuando la oferta hotelera de Bilbao se vea superada por el número de visitantes llegados para contemplar las nuevas riquezas de la ciudad.

## BILBAO (BILBO)

353 100 HAB. (C. POSTAL: 48000 , *B2*)

Bilbao ha sido durante mucho tiempo una ciudad que, encerrada como estaba en una hondonada polvorienta, olía a industria pesada, construcción naval y altos hornos. La ciudad no tenía entonces nada interesante que ofrecer y uno solo se detenía allí por causa de fuerza mayor. Pero, al parecer, la capital económica del País Vasco ha decidido dar un giro de noventa grados y ha puesto en marcha un ambicioso plan de rejuvenecimiento y rehabilitación de sus barrios.

El Museo Guggenheim es evidentemente su figura más emblemática. Ese gigantesco edificio, varado a orillas de la ría vizcaína (el Nervión), es a Bilbao lo mismo que la Ópera de Jorn Utzon a Sydney. Para los forofos de la arquitectura, Bilbao está cuajada de interesantes edificios, de galerías de arte y performances de todo tipo, muy tendance, en los terrenos abandonados por la industria.

El casco viejo también tiene su encanto, con sus casas antiguas y sus innumerables bares, uno al lado de otro.

Los gastrónomos tampoco quedarán defraudados porque, como en todo el País Vasco, la creatividad se manifiesta tanto en sus restaurantes como en sus bares de pintxos.

## Un poco de historia

Bilbao es uno de los principales puertos de España, aunque en términos de tráfico bastante alejado de los más grandes de Europa, como Hamburgo, Rotterdam o Amberes.

Fundada en 1300, cuando Don Diego López de Haro le concedió sus fueros, era una pequeña aldea apiñada en torno a la iglesia que más adelante se convertirá en catedral de Santiago, junto a la orilla derecha del Nervión. Era realmente una aldea pequeña, todavía hoy se denomina al casco viejo «las siete calles». Sus primeros siglos verán un desarrollo lento y mesurado y una tranquila colonización de las orillas de la ría, no sin dificultades, debido a las frecuentes inundaciones que periódicamente arrasaban la localidad. En el siglo XVI se construyó un primer dique, gracias al impulso del Consulado del Mar (una especie de cámara de comercio) creado en 1511. En aquella época Bilbao vivía esencialmente del comercio con la Europa del norte, sobre todo de la exportación de lanas y tejidos, y con América. Curiosamente no hay huellas de ninguna cofradía de pescadores como en otros puertos de la costa. El siglo XVIII y, sobre todo, el XIX son los de la explosión económica y demográfica de la ciudad debida al auge de la minería. En 1723 ya está construida la Plaza Nueva y comienzan a levantarse los primeros edificios del Ensanche. Bilbao, que tiene en sus puertas, el macizo de Triano, con las minas de hierro más importantes de España, se convierte rápidamente en una inmensa zona industrial. Naturalmente, su desarrollo se efectúa sobre todo en dirección a la desembocadura y las orillas del Nervión se convierten en una conurbación en la que se mezclan astilleros navales, siderurgias y toda la cohorte de industrias derivadas.

Tanta riqueza no puede por menos de despertar la codicia y Bilbao será asediada tres veces durante las guerras carlistas aunque nunca fue tomada y ostenta orgullosa el lema de «Invicta Villa». Su hegemonía económica durará hasta los años 1960.

Naturalmente, la crisis de la siderurgia europea también afectó a Bilbao. En la actualidad, después de años de dudas, la localidad cree de nuevo en su destino portuario. La liberación de suelo industrial no lejos del centro, la construcción de nuevos muelles cerca de la desembocadura con el fin de recibir los barcos portacontenedores y un nuevo plan urbanístico denominado Ría 2000 se parecen mucho a un plan de rejuvenecimiento. Es cierto que el Guggenheim es el símbolo pero los árboles no deben impedirnos ver el bosque ni Frank Gehry hacernos olvidar que la construcción del nuevo aeropuerto fue confiada a Santiago Calatrava y la del metro a Norman Foster.

# BILBAO (BILBO)

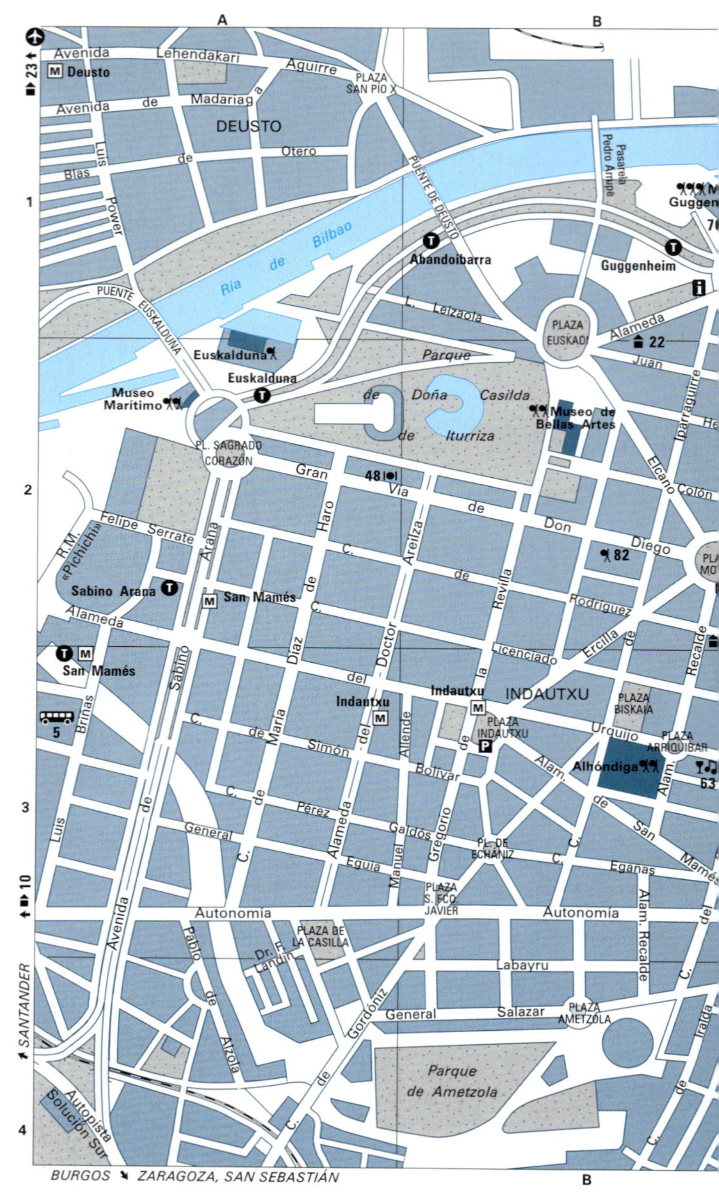

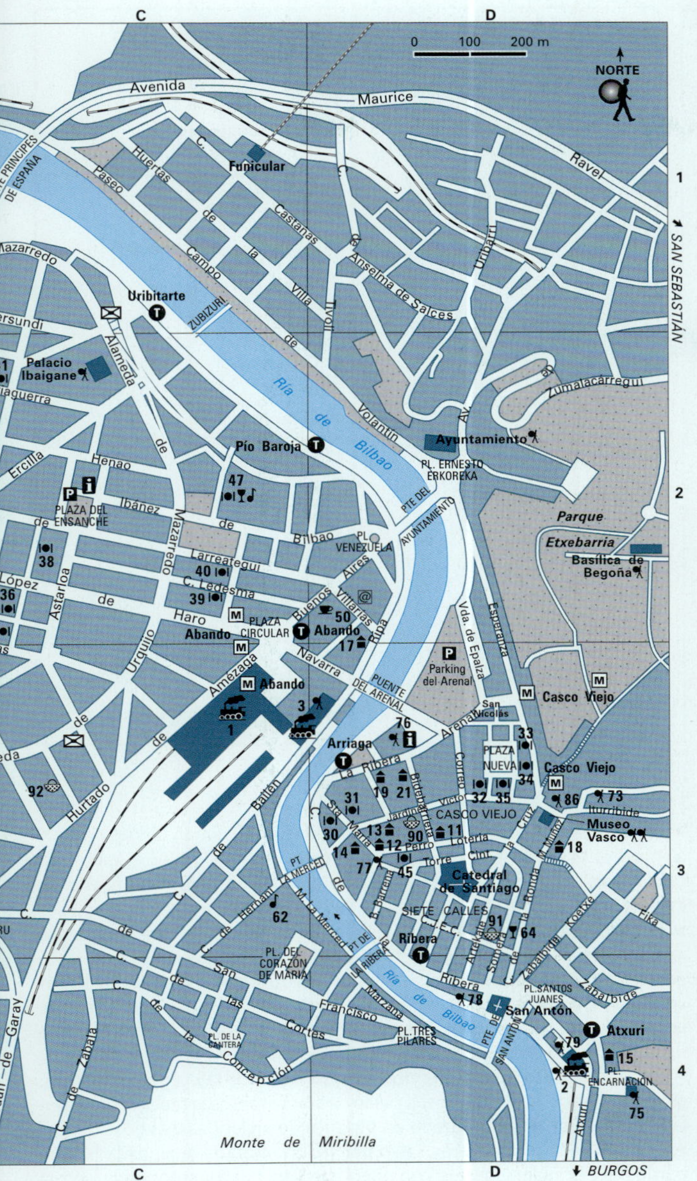
C
D
0   100   200 m
NORTE
Avenida
Maurice
Ravel
Funicular
C. Huertas
Paseo
Castañas
de
Villa
Tivoli
Anselma de Salces
Uribarri
SAN SEBASTIÁN
1
DE PRINCIPES DE ESPAÑA
Mazarredo
Uribitarte
ZUBIZURI
Alameda
Campo
de
la
de
Ría
de
Bilbao
Volantín
Ayuntamiento
PL. ERNESTO ERKOREKA
Av.
Zumalacárregui
Palacio
Ibaigane
ersundi
Ilaguerra
Ercilla
Henao
Ibáñez
Pío Baroja
PTE. DEL AYUNTAMIENTO
2
Parque
Etxebarria
Basílica de
Begoña
Plaza del
de Ensanche
47
Mazarredo
de
Bilbao
PL. VENEZUELA
Buenos Aires
Vda. de Epalza
Esperanza
Larreategui
40
López
38
Astarloa
de
Haro
C. Ledesma
39
Villarías
@
50
Parking
del Arenal
M
PLAZA
CIRCULAR
Abando
Abando
17
M
Navarra
PUENTE
DEL ARENAL
San
Nicolás
Arenal
M
Casco Viejo
M
36
Urquijo
de
M   Abando
3
1
Correo
33
34
PLAZA
NUEVA
Casco Viejo
M
73
Iturribide
92
Hurtado
Bailén
Arriaga
La Ribera
76
32   35
86
Museo
Vasco
31
19   21
Jardines
Bidebarrieta
Victor
Cruz
18
30
13
90
11
CASCO VIEJO
Sta. María
C.
14
12
Perro
Loteria
Torre
Cint.
77
45
Catedral
de Santiago
62
M. La Merced
de Hernani
PT LA MERCED
PT DE
LA RIBERA
Ronda
SIETE   CALLES
E.C.
91
64
Barrenc
Somera
Artekale
Ribera
T
PL. DEL
CORAZÓN
DE MARIA
La Marzana
Ría   de   Bilbao
Ribera
Zabalbide
Koexte
Fika
Francisco
Cortes
PL. TRES
PILARES
78
PL. SANTOS
JUANES
San Antón
PL. DE LA
CANTERA
Concepción
de   Garay
de Zabala
San
las
PTE. SAN ANTÓN
79
Atxuri
15
PL.
ENCARNACIÓN
2
75
Atxuri
Monte   de   Miribilla
C
D
BURGOS

## BILBAO (BILBO, *pág. 224-225)*



## Los barrios

➤ **El casco viejo** es el barrio histórico. El más tradicional, el más típico y siempre está lleno de gente. Lo caracterizan las Siete Calles que desembocan en el mercado cubierto de la Ribera. Muy animado durante el día y los fines de semana por la noche.

➤ **El Ensanche,** la zona «nueva». Este apéndice de la ciudad antigua no apareció hasta comienzos del siglo XVI y de ahí la existencia de numerosos edificios administrativos y pocas iglesias. No obstante, está lleno de bellas viviendas burguesas y hay también algunos edificios recientes bastante sorprendentes, que son un buen resumen de la tendencia vanguardista de la arquitectura de Bilbao en los últimos 15 años.

➤ **La margen derecha del Nervión** es la zona donde la burguesía de principios del siglo XX construía sus palacios con ostentosas fachadas, que en la actualidad se han convertido en bloques de viviendas de lujo.

➤ **Deusto:** tiene poco interés, salvo por su renombrada universidad. Es un barrio muy popular, aunque con poco encanto. Los amantes de la poesía urbana y los descampados industriales al estilo «Alemania, década de 1990» pueden ir detrás del canal de Deusto a montarse un recorrido imaginario.

# TRANSPORTES

Para direcciones y teléfonos, ver al principio de la guía el capítulo «Cómo ir».

## ☎ Aeropuerto

*(Fuera de plano por la A1):* en **Loiu**, a 12 km al nordeste de la ciudad.
☎ 913-21-10-00
🖥 www.aeropuertodebilbao.net
Terminal moderna con numerosos servicios: Oficina de turismo regional (en Llegadas, abierta todos los días 10-14 h y 15-21 h), alquiler de automóviles *(Hertz, Europcar,* etc.).
■ **Iberia:** ☎ 902-40-05-00.
■ **Madrid** y **Barcelona:** numerosos vuelos todos los días con diferentes compañías, entre ellas *Vueling* y *Ryanair.* Vuelos también a otras grandes ciudades españolas (Sevilla, Valencia, Málaga...).
➤ **Para ir al centro de Bilbao:** el autobús *Bizkaibus* que se coge en la planta de Salidas, a la derecha; cada 30 minutos, 6.15-24 h desde el aeropuerto, 5.25-21.55 h desde el centro de Bilbao; 15 minutos de trayecto y 1,30 €. En Bilbao, tiene paradas en la alameda Rekalde (esquina calle Barraincúa), plaza Moyúa (correspondencia con el metro), Gran Vía (esquina María Díaz de Haro), antes de llegar al **Termibús.** En el sentido Bilbao-aeropuerto hay las mismas paradas. En taxi, a partir de 20 €.
➤ Autobús directo a **Donostia-San Sebastián:** salidas cada hora 7.45-23.45, con la compañía *Pesa* (🖥 www.pesa.net). Trayecto 1.15 h y unos 16 €.

## ☎ Estación del Norte o de Abando

*(Plano C3, 1):* plaza Circular.
Ⓜ Abando.
☎ 944- 23-86-23.
☎ 902-320-320 (para **RENFE**).
➤ **Madrid Chamartín** (vía **Burgos**): 2 trenes/día los laborables (por la mañana y a media tarde desde Bilbao), y 1 el fin de semana. unas 5 h de trayecto (2.30 h hasta Burgos). Si no, hay otras dos posibilidades diarias con transbordo en Zaragoza.
➤ **Barcelona:** 2 trenes/día (solo 1 el sábado), por la mañana y por la tarde. Unas 6. 40 h de trayecto.
➤ Enlaces también con **Ávila, Valladolid, Palencia, Salamanca, Vigo, León:** con al menos 1 tren/día, a veces de noche.

## ☎ Estación de Atxuri

*(Plano D4, 2):* ☎ 944-33-95-00.
Trenes de *Eusko Tren* (☎ 902-54-32-10; 🖥 www.euskotren.es) con destino **Éibar, Bermeo** vía **Gernika, Durango** y **Donostia-San Sebastián.**
➤ **Irun:** 1 tren/hora y con un transbordo en **Donostia-San Sebastián.** En total, más de 3 h de trayecto. Es el único acceso ferroviario cuando se llega desde el norte.
➤ **Bermeo** (vía **Gernika** y **Mundaka**): 1-2 trenes/h. Trayecto: 1.15 h a **Bermeo,** 50 minutos a **Gernika.**

## ☎ Estación de La Concordia o de Santander

*(Plano C-D3, 3):* ☎ 944-23-22-66.
Los trenes de esta estación eran gestionados por FEVE, pero, al integrarse ésta en RENFE, los trenes dependen de esta última compañía.
➤ **Santander:** 3 trenes/día. Unas 2.45 h de trayecto.
➤ **León** (vía Balmaseda): 1 tren/día; salida, tanto de Bilbao como de León, hacia las 14 h. Unas 6.45 h de trayecto (50 minutos a **Balmaseda**).

## ☎ Termibús de Garellano

*(Plano A3, 5):* Gurtubay, 1.
☎ 944-39-52-05.
Ⓜ San Mamés.
Para los autobuses interurbanos e internacionales. Consignas, en frente de la cafetería (8-20 h; Barato).
➤ **Línea San Sebastián – La Coruña:** gestionada por *Alsa.*

# PARA MOVERSE POR BILBAO

### En metro

Información en ☎ 944-25-40-25.
💻 www.metrobilbao.net
Hay 2 líneas, la 1 y la 2, que en Bilbao no son más que una (por el Casco Viejo y el Ensanche), antes de desdoblarse: la línea 1 hasta Plentzia (vía Getxo) y la línea 2 hasta Santurtzi, una a cada lado de la ría. Funciona de 7 h a 2 h. Tiene diferentes precios según las zonas (hay tres). Un recorrido por la zona urbana de Bilbao cuesta 1,50 € y una tarjeta para toda una jornada 4,60 €.

### En Bilbobus

Información en ☎ 944-48-40-80. Es la red de autobuses urbanos de Bilbao. Billete: 1,25 €.

### En tranvía

Información en ☎ 902-54-32-10.
💻 www.euskotren.es
La línea de tranvía atraviesa toda la ciudad, desde La Casilla a la estación de Atxuri, bordeando la ría de Bilbao.

Frecuencia: cada 10-15 minutos, de 6 h a 22.45 h. 1 trayecto: 1,45 €; una tarjeta para toda una jornada 4,20 €. Atención: se valida el billete en la parada del tranvía, antes de subir, y no en el tren.

### En Bizkaibus

Información en ☎ 902-22-22-65. Bizkaibus es la red de autobuses interurbanos dentro de la provincia y se encuentran por todas partes. Funcionan de 6 h a 23 h.

➤ **Creditrans:** es un sistema de tarjeta de prepago y económica, que pueden utilizar varias personas y que permite acceder a todos los servicios de transporte enumerados más arriba y, además, al puente transbordador de Getxo, al ascensor de Begoña o al que une la playa de Getxo con el pueblo, etc. Se compra en los distribuidores automáticos de las estaciones de metro, del tranvía, en los estancos y en los quioscos; las hay de 5, 10 o 15 €. Es interesante si se van a utilizar esos medios de transporte.

# DIRECCIONES ÚTILES

### ⓘ Bilbao Turismo

*(Plano B1):* avda Abandoibarra, 2, al lado del museo Guggenheim.
☎ 944-79-57-60.
💻 www.bilbao.net
Todos los días (excepto domingo por la tarde en temporada baja). También en la plaza Arriaga, en la planta baja del teatro Arriaga *(plano D3, 76)* y en la plaza del Ensanche (solo lunvie; *plano C2).*

➤ Dispone de numerosos **folletos** y sugerencias de visitas. Pedid la *Bilbao Gida,* con la actualidad de Bilbao.
➤ Organiza **2 visitas guiadas** a la ciudad los fines de semana (también otros días en verano): merece la pena inscribirse; precio: 4,50 €; duración: 1.30 h. La visita del Casco Viejo comienza a las 10 h en el tea-

tro Arriaga; la del Bilbao moderno: a las 12 h desde la oficina que hay al lado del Guggenheim.
➤ Vende la **Bilbaocard** (incluye transportes urbanos, descuentos en los museos, visitas guiadas, etc.).
➤ La *Ría del Ocio,* que se distribuye en la mayoría de los hoteles, completará vuestra información.

### Correos

Alameda de Urquijo, 19 *(plano C3),* o alameda de Mazarredo, 13 *(plano C1).* Lun-vie 8.30-20.30 h y sáb 9.30-13 h.

### Internet

*(Plano D2):* @**Net House,** Villarías, 6. Lun-vie 10-14 h y 16.30-20.30 h. Si no, hay varios locutorios en la calle de San Francisco *(plano C3-4).*

# ¿DÓNDE DORMIR?

Todas las pensiones baratas están en el Casco Viejo y cerca de las estaciones de ferrocarril y de autobuses. En todo caso, si estáis motorizados, la cuestión del aparcamiento la tenéis cruda porque, a menos que tengáis la inmensa suerte de encontrar un sitio en la calle (de todas maneras de pago durante el día), tendréis que dejar el coche en un aparcamiento a razón de 18-20 € cada 24 horas. Para el Casco Viejo, la mejor solución es el aparcamiento subterráneo del Arenal *(plano D2-3)*. Si no, los hoteles selectos se han multiplicado como hongos, sobre todo en la parte de los siglos XIX-XX de la ciudad y a lo largo del Nervión, y, a pesar del efecto Guggenheim, no siempre están completos por lo que ofrecen descuentos y otras promociones. Si sabéis planificar, podéis encontrar algunas gangas.

## Cámping

Los adeptos del cámping tendrán que subir hasta Sopelana (ver más adelante «Alrededores de Gorlitz y Plentzia») para plantar su tienda, o hasta Gorliz, más allá de Sopelana. No obstante, todos los veranos desde finales de junio a mediados de septiembre, se habilita una zona para caravanas cerca del albergue juvenil que se cita a continuación, en un lugar denominado Kobetamendi.

## Albergue Juvenil

### Albergue Bilbao Aterpetxea

*(Fuera de plano por A3, 10):* ctra Basurto-Kastrexana, 70, 48002. ☎ 944-27-00-54. ✉ info@alberguebilbao.net 🖥 www.alberguebilbao.net

Desde el centro, se puede ir con los autobuses nº 58 (desde el Casco Viejo) y nº 80 (desde la estación de autobuses). Dormitorios 4-6 camas 15,70-19,35 €/pers, según edad y temporada. Dobles unos 40-45 €, desayuno incluido. Aparcamiento gratuito. Internet y Wifi. Este AJ domine Bilbao desde la margen izquierda del Nervión. En un gran edificio poco agraciado, dispone de 150 plazas en 8 plantas, en habitaciones de 2 a 7 camas. Todo está niquelado, con cafetería, lavandería, etc., y hasta un menú vegetarano en el restaurante. Está un poco lejos del centro, del que le separa la autopista de Santander.

## De barato a precio medio

### EN EL CASCO VIEJO

### Pensión Ladero

*(Plano D3, 11):* Lotería, 1, 48005. ☎ 944-15-09-32. 🖥 www. pensionladero.es

En el 4º piso sin ascensor. Se recomienda reservar. Doble 35 €. No admite tarjetas de crédito. Pequeña pensión con habitaciones sencillas y bien mantenida por Margarita, con armarios de madera, TV de pantalla plana y colchas de color azul claro. Son más o menos grandes, luminosas o tranquilas (o ruidosas, según). Tiene 4 cuartos de baño para 18 habitaciones.

### Pensión Méndez

*(Plano D3, 12):* Santa María, 13, 48005. ☎ 944-16-03-64. ✉ comercial@pensionmendez.com 🖥 www.pensionmendez.com

Recepción en el primer piso. Dobles con o sin baño 35-55 €. Wifi. Tiene 2 tipos de habitaciones: en el primer piso, con cuarto de baño privado, suelo de baldosas, TV de pantalla plana y mobiliario bastante neutro; y en el 4º, donde todo es más sencillo (solo hay aseos comunes) y más barato. Las habitaciones, la mayoría con balcón que da a la calle, son en éste más luminosas. Vosotros mismos...

### ⌂ Iturrienea Ostatua

*(Plano D3, 14):* Santa María, 14, 48005. ☎ 944-16-15-00.
✉ info@iturrieneaostatua.com
🖥 www.iturrieneaostatua.com
En el primer piso. Doble con baño 60 €; desayuno 6 € en temporada (incluido en invierno). Wifi. Una pensión que merece figurar en un «Lo mejor de...». Igone se las ha ingeniado para hacer resurgir el estilo de este viejo edificio, que ha decorado con obras de artistas. El resultado no ha podido ser mejor: vigas, decoración personalizada en las habitaciones, un agradable rincón para el desayuno. Uno se siente como en la casa de un amigo. Pedid las habitaciones n° 4 o n° 6, por sus paredes de piedra. O la n° 9, que da a un pequeño patio con tortugas. Las de los números 1 a 4 tienen balcón. Cuartos de baño limpísimos, TV y calefacción.

### ⌂ Hostal Mardones

*(Plano D3, 13):* Jardines, 4, 48005. ☎ 944-15-31-05.
✉ info@pensionmardones.com
🖥 www.pensionmardones.com
Aparcamiento 15 €. Dobles con o sin baño, de 1 o 2 camas, 35-75 €. Wifi. Hostal, inaugurado, según parece, en 1865, que dispone de una veintena de habitaciones impecables, con vigas y un bonito parqué moderno. Las hay con o sin cuarto de baño y más o menos grandes y luminosas, algunas dan a la bonita calle Jardines peatonal. Buena relación calidad-precio teniendo en cuenta su encanto y comodidades, incluso con la pequeña subida de precio del verano.

### ⌂ La Estrella

*(Plano D3, 18):* María Muñoz, 6, 48005. ☎ 944-16-40-66.
✉ laestrellabilbao@yahoo.es

En el primer piso. Dobles con baño 48-52 €, desayunos 3-4,50 €. Wifi. Habitaciones para 1 a 3 personas decoradas en tonos pastel, sin mucha decoración salvo algún que otro puzzle colgado de las paredes Desayuno con zumo de naranja natural. Trato jovial. En una zona bastante tranquiula del Casco viejo.

### ⌂ Hotel Arriaga

*(Plano D3, 19):* Ribera, 3, 48005. ☎ 944-79-00-01.
✉ info@hotelarriaga.es
🖥 www.hotelarriaga.es
En el primer piso. Dobles con baño 50-77 € según temporada. Aparcamiento 10 €. Internet (de pago) y Wifi. Pequeño hotel familial en el que dos generaciones colaboran en el buen mantenimiento y en la cordialidad del conjunto, aunque las habitaciones no tienen un encanto especial. Se puede elegir entre las que dan a la calle, con vistas a la ría y al teatro Arriaga o las, más tranquilas pero también más oscuras, que dan al patio interior. Ambiente algo bohemio. En la recepción, trato excelente. Aparcamiento a precio reducido.

## EN EL ENSANCHE

### ⌂ Hostal Central

*(Plano B2, 16):* alameda Recalde, 35 A, 48011. ☎ 944-10-63-39.
✉ reservas@hostalcentral.com
🖥 www.hostalcentral.com 🦺
En el centro del Ensanche. En el primer piso. Se recomienda reservar. Dobles con baño 50-54 €. Wifi. En un edificio de oficinas, es un pequeño hotel de 8 habitaciones espaciosas, en tonos pastel, camas con edredón, TV, hervidor *(kettle)*, en resumen, comodidades y trato profesional.

### ⌂ Hotel Ripa

*(Plano D2-3, 17):* Ripa, 3, 48001. ☎ 944-23-96-77.
🖥 www.hotel-ripa.com

Dobles con baño 50-75 €. Wifi. Cerca de la estación, en una calle tranquila. Habitaciones coquetas, con algún toque decorativo y fotos de Bilbao. Cuartos de baño perfectamente limpios. Funcional; está bien.

## De precio medio a selecto

### EN EL ENSANCHE

#### Hotel Sirimiri

*(Plano D4, 15):* plaza de la Encarnación, 3, 48006. ☎ 944-33-07-59. info@hotelsirimiri.es www.hotelsirimiri.es Dobles con baño 70-100 €, desayuno 5 €. Internet y Wifi. Este establecimiento tiene la ventaja de poseer un un aparcamiento gratuito, pero desgraciadamente no es suficiente para todos sus clientes. Está dividido en dos partes: Un antigua y otra nueva, con habitaciones más o menos recientes; las más recientes tienen una decoración bastante *design,* con gran pantalla plana y fotos en blanco y negro de Bilbao en las paredes. Entrada tipo sala de espera de consulta médica... prolongada por un gran salón moderno. Buen trato del recepcionista. En conjunto, un alojamiento conveniente.

### EN OTROS BARRIOS

#### Hotel Artetxe

*(Fuera de plano por A1, 23):* ctra. Enékuri-Artxanda, km 7, 48015. ☎ 944-74-77-80. info@hotelartetxe.com www.hotelartetxe.com No es fácil de encontrar desde Bilbao: grosso modo, tomad la dirección de Enekuri y después la BI 3741 hacia Artxanda; el hotel está algo más lejos a la derecha. Hay un camino que permite llegar en 20 minutos a la estación de metro Deusto. Vacaciones en Navidad. Dobles con baño 55-80 € según categoría y temporada, desayuno 7 €. También tiene 1 apartamento 120-130 € para 5 personas. Wifi. Magnífico y pequeño caserío restaurado, situado casi encima de Bilbao, y convertido en un hotel impecable y de lo más agradable. Dispone de 3 categorías de habitaciones, pero todas nos han parecido impecables y confortables, la mitad (todas en el caso de las de la categoría superior) con magníficas vistas de la ciudad. Desayuno en un espacio totalmente acristalado. Trato muy simpático. Uno de nuestros hoteles preferidos.

## De selecto a mucho más selecto

#### Petit Palace Arana

*(Plano D3, 21):* Bidebarrieta, 2, 48005. ☎ 944-15-64-11. arana@petitpalace.com www.petitpalace.com/hotel-arana-bilbao-en-bilbao/ Reserva indispensable. Dobles 75-120 € en general, desayuno 9 €. Aparcamiento 12 €. Internet y Wifi. En un emplazamiento ideal, a la entrada del Casco Viejo, pequeño y encantador hotel de lujo con bonitas habitaciones *design*. Las más caras están equipadas con ordenador y ¡bicicleta estática! Trato muy simpático y precios bastante atractivos excepto en julio y agosto.

#### Silken Gran Domine Bilbao

*(Plano B1, 20):* alameda Mazarredo, 61, 48009. ☎ 944-25-33-00. dircial.domine@hoteles-silken.com www.granhoteldominebilbao.com Dobles standard 130-367 € según ocupación, desayuno 26 €. Internet y Wifi. Al entrar, son chocantes el gran sofá rojo y la estatua de guijarros del lobby. Es uno de los hoteles selectos de la ciudad, situado justo enfrente del Guggenheim, con amplias habitaciones (evidentemente con todas las comodidades), las más caras con vista frontal al museo. Cafetería y, en

el último piso, un restaurante panorámico, ambos gestionados por Martín Berasategui. Una referencia muy estilosa para aquellos de nuestros lectores de presupuesto más desahogado.

### 🏠 Miró Hotel

*(Plano B1-2, 22):*
alameda de Mazarredo, 77, 48009.
☎ 946-61-18-80.
✉ reservas@mirohotelbilbao.com
💻 www.mirohotelbilbao.com 🐚
Doble 99-198 €, desayuno 18,50 €.

Internet y Wifi. Como podía esperarse, la decoración interior de este establecimiento, que se apunta a la moda de los hoteles *design,* ha sido creada por Antonio Miró, uno de los grandes estilistas españoles. Habitaciones de estilo minimalista, con cuarto de baño de mármol, todo en colores blanco y negro. Algunas dan a la calle, con el Guggenheim... a la derecha. Spa con suplemento pero sala de fitness gratuita... lo mismo que el café, la cerveza y la sangría del bar de la planta baja.

## ¿DÓNDE TOMAR TAPAS?

**Comer barato no es problema. Bilbao cuenta con innumerables bares, cafeterías y restaurantes (atención, casi todos cierran en domingo). Los ingredientes de los pintxos son de lo más variado y muchos bares presumen de su creatividad. Cada año participan en los concursos y exhiben sus diplomas en lugares bien visibles. Ofrecemos aquí nuestra selección, que pretende recoger tanto la innovación como la tradición.**

### EN EL CASCO VIEJO

#### 😋 Gatz

*(Plano D3, 30):* Santa María, 10.
☎ 944-15-48-61.
✉ gatz@bargatz.com
Abierto todos los días excepto los domingos por la noche. Vacaciones en septiembre. La decoración no es de las más típicas, pero eso no tiene importancia. Lo más importante son los pintxos (que se sirve uno mismo, pero hay que decírselo al camarero), que oscilan entre la creatividad y el clasicismo, frescos y a precios muy razonables. Su vecino, el **Irrintzi,** de ambiente más moderno, coloca en su barra tapas ostentosamente innovadoras pero nos gustan menos.

#### 😋 Txiriboga

*(Plano D3, 31):* Santa María, 13.
☎ 944-15-78-74.
Cerrado domingo por la noche y lunes. Nada de decoración en este bar-restaurante popular: aquí todo está en la croqueta, cada día distinta

pero siempre suculenta y, además, es barato. Otras especialidades son los boquerones y los calamares. El dueño es un personaje peculiar; en resumen, un lugar al que compensa acercarse, como demuestra la cantidad de clientes que están en la calle.

#### 😋 Zuga

*(Plano D3, 32):* plaza Nueva, 4 (esquina Cueva Goiko-Lau).
☎ 944-15-03-21.
Un pequeño local (su verdadera sala son los arcos de la plaza) en el que las tapas alineadas sobre la barra, llenas de ideas, resultan ser realmente sabrosas. No dudéis en pedir alguno de sus pintxos calientes, algo así como foie a la plancha con frutas... Joven y agradable.

#### 😋 Guretoki

*(Plano D3, 33):* plaza Nueva, 12.
☎ 944-15-80-37.
✉ begosiles@hotmail.com
Cerrado los miércoles. Vacaciones: de mediados de julio a mediados de agosto. Una barra, un puñado

de mesas modernas y sobre todo, sobre la barra, pequeñas maravillas, tan refinadas para las papilas como para la vista. Probad la sopa de queso Idiazabal. O tempura, terrinas... Aquí el pintxo se encuentra con la creatividad gastronómica y, además, no es más caro que en otros sitios.

### ☻ Victor Montes

*(Plano D3, **34**):* plaza Nueva, 8. ☎ 944-15-56-03. ✉ restaurante@victormontes.com Cerrado los domingos. Decoración muy Art Nouveau, con bellos azulejos de cerámica, baldosas blancas y negras en el suelo y una bonita fachada. Centenares de botellas antiguas en los estantes y algunos jamones colgados del techo completan el cuadro. Ofrece buenos pintxos clásicos en la barra y excelentes vinos. Tiene también un restaurante bastante elegante.

### ☻ Casa Pedro – Bar Bilbao

*(Plano D3, **35**):* plaza Nueva, 6. ☎ 944-15-16-71. ✉ info@bilbao-cafebar.com Aquí hay que venir sobre todo por lo auténtico del ambiente y el tipismo del local, con sus paredes cubiertas de azulejos y decoradas con fotos antiguas de Bilbao. De todos modos, buenos pintxos que se pueden acompañar con un vino o una caña.

## EN EL ENSANCHE

### ☻ El Globo

*(Plano C2, **36**):* Diputación, 8. ☎ 944-15-42-21. ✉ barelglobo@gmail.com Cerrado los domingos. Vacaciones: Semana Santa y 15 días en agosto. Pintxos desde 1,70 €. Se hace notar por su animado ambiente que se desborda hasta la calle. Y con razón, pues en su barra se alinean las mejores creaciones de la zona, a precios razonables y acompañadas de una etiqueta explicativa.

Entre sus especialidades destaca el txangurro (buey de mar), y entre los pintxos calientes, anunciados en la pizarra, foie gras fresco a la plancha (parece que está muy de moda en el País Vasco). También sirven algunos platos, sobre todo ensaladas, no muy caros, que se pueden consumir en el interior o en las mesas que hay bajo un toldo en la calle peatonal.

### ☻ La Viña del Ensanche

*(Plano C2, **37**):* Diputación, 10. ☎ 944-15-56-15. ✉ info@lavinadelensanche.com Cerrado domingos. Vacaciones: 1 mes en verano. Tapas 2-3,50 €; raciones mínimo 7-8 €. Mucho más tradicional que su vecino **El Globo,** es el lugar de cita de los aficionados a la charcutería ibérica, con una clientela tirando a fina. Excelente la calidad de sus productos, amplia selección de vinos y hasta tiene algunas mesas si estáis cansados. También hay que decir que el servicio es expeditivo y que la cuenta va aumentando con rapidez.

### ☻ Restaurante Lekeitio

*(Plano C2, **38**):* Diputación, 1. ☎ 944-23-92-40. Cerrado el domingo. Menú del día 12,50 €. Desde 1979, se viene aquí por sus suculentas raciones de tortilla, mixta, paisana, con chorizo, de espinacas, de bacalao... para consumir sentado a la barra o en la sala. Pero ofrece también otros pintxos, igualmente excelentes (y a precios bastante asequibles), como los pimientos rellenos de merluza y langostinos o las berenjenas fritas con bonito. Perfecto para el mediodía.

### ☻ El Molinillo

*(Plano C2, **39**):* Ledesma, 5. ☎ 944-24-22-76. Ocupando toda la barra, elaboraciones originales y llenas de frescura (bola de roquefort, pimiento relleno

de marisco, hojaldre con foie gras...), servidas exclusivamente por mujeres. Tiene varias mesas en la calle peatonal. Muy buen trato.

### 🕭 La Taberna Taurina

*(Plano C2, 39):* Ledesma, 5.
☎ 944-01-34-52.
Bar minúsculo, sin mesas, de color verde oscuro, dedicado totalmente a la tauromaquia. No falta nada: carteles de Manolete, la cabeza de un toro disecada, las banderillas... Suficiente para quitarse la gazuza con poco gasto, con un copioso bocadillo caliente.

### 🕭 Monty

*(Plano C2, 41):* Heros, 16.
☎ 944-23-63-36. A
A 10 minutos a pie del Guggenheim. Cerrado lunes. Vacaciones: Semana Santa y agosto. Pintxos 1,60 €. Simpático y pequeño bar de tapas de barrio, que ofrece una gran selección de pintxos a mediodía y que está muy animado las tardes en que hay partido de fútbol. Familiar y sin cursilería.

## ¿DÓNDE COMER SENTADO?

En algunos de los bares de pintxos que acabamos de citar más arriba también es posible sentarse a la mesa. Este es el caso de *El Globo,* de *La Viña del Ensanche* y del *Restaurante Lekeitio,* y también el de *Víctor Montes* en la parte de restaurante (bastante elegante). No lo dudéis.

### EN EL CASCO VIEJO

#### De barato a precio medio

##### 🕭 Bar Río Oja

*(Plano D3, 45):* Perro, 4.
☎ 944-15-08-71.
Abierto todos los días excepto los lunes. Vacaciones: 1 semana después de Semana Santa y 3 semanas en septiembre. Raciones 6,50-9 €. Un bar en forma de herradura cubierto de azulejos, que ofrece la especialidad de la casa: cazuelitas (ragús y otros platos elaborados), de conejo, rabo de toro, mejillones, bacalao, calamares en su tinta, etc. Todo «hecho en casa» y a precios muy asequibles. Sentaos a la mesa si encontráis sitio y, si no, siempre queda la barra... Clientela de todas las edades y pelajes, movimiento incesante y servicio al límite. Nos encanta.

### EN EL ENSANCHE

#### De barato a precio medio

##### 🕭 Bistró Guggenheim

*(Plano B1, 70):* avda Abandoibarra, 2.
☎ 944-23-93-33.
✉ info@bistroguggenheimbilbao.com
🖥 www.bistroguggenheimbilbao.com
Acceso desde la explanada. Abierto todos los días excepto lunes. Cafetería 9.30-20.30 h y restaurante 13-15.15 h, y jue-sáb también 20.30 -22.30 h. Platos combinados 9-12 € en la cafetería y 20-40 € en el restaurante. Un dos por uno: primero, en la entrada, une cafetería muy agradable para picar unas tapas o el excelente plato del día (a elegir entre una carne, un pescado o pasta); a continuación, un restaurante, más caro pero también muy recomendable por las diferentes opciones que ofrece de disfrutar una cocina de vanguardia a un precio razonable, en un ambiente moderno y agradable. Atención, se llena enseguida, por lo que es muy recomendable reservar, incluso para el mediodía (se puede hacer por la mañana, antes de visitar el museo). Finalmente, los más pudientes tienen también, al otro lado del museo, el restaurante **Nerua** (cerrado 15 días en enero), dirigido por el chef Josean Alija, con una estrella Miche-

lín y menús a partir de 66 €. Bonita vista sobre la ría.

### ☙ Café Iruña

*(Plano C2, 40):* Berástegui, 4; en la esquina de Colón de Larreategui.
☎ 944-24-90-59.
Menù del día 14-17 €. El café antiguo por excelencia. A un lado, viejas cerámicas desportilladas anunciando marcas de jerez, grifo de cerveza Art déco y, al otro, una gran sala con decoración neomudéjar. Especialidad en pintxos morunos de cordero (también para llevar), pero aquí se viene sobre todo por el local. Ejecutivos no muy jóvenes pero todavía dinámicos vienen a tomar un vino con su equipo o sus amigos antes de ir a cenar. No os lo perdáis.

### ☙ Kafé Antzokia

*(Plano C2, 47):* San Vicente, 2.
☎ 944-24-46-25.
Restaurante abierto solo a mediodía. Cerrado el domingo. Vacaciones: 15 días en agosto. Menú 11,50 €, bebida y pan incluidos. Este café-teatro (ver más adelante «¿Dónde tomar una copa? ¿Dónde escuchar música?») ofrece también,

a mediodía, un menú completo con una buena relación calidad-precio, en un ambiente algo chocante, con sus mesas y sillas de diseño bajo las cimbras y volutas.

### Muy selecto

### ☙ Guria

*(Plano A2, 48):* Gran Vía de Don Diego López de Haro, 66.
☎ 944-41-57-80.
✉ guria@restauranteguria.com
Abierto todos los días, excepto domingo por la noche. En el bistrot, menú de mediodía 24,50 €, menú bistrot 35 €; en el restaurante, menús a partir de 50 €. Perfección y clasicismo. Perfección del servicio (atento), de la decoración (discreta), clasicismo de los productos y su elaboración (hay 2 o 3 sopas en la carta). Guria es desde hace muchos años un monumento gastronómico. No obstante, conscientes de la situación económica, sus dueños han creado una especie de bistrot en la primera sala, la del bar, donde se puede comer a precios más democráticos una cocina más sencilla. Aunque seguro que veréis más maletines que mochilas.

## ¿DÓNDE TOMAR UN CAFÉ O DESAYUNAR?

### ☙ New York

*(Plano D2, 50):* Buenos Aires, 13.
☎ 944-23-25-17.
✉ newyork001@gmail.com
Abierto todos los días de la semana a partir de las 8 h (las 9 h los fines de

semana). Desayunos 2,50-5 €. Panadería-pastelería con un salón de té un poco kitsch pero muy concurrido cuando está nublado (y, como estamos en Bilbao...). Del productor al consumidor, sin intermediarios.

## ¿DÓNDE TOMAR UNA COPA?
## ¿DÓNDE ESCUCHAR MÚSICA?

### EN EL CASCO VIEJO

### ☙ Café Jaunak

*(Plano D3, 64):* Somera, 10.
☎ 944-15-99-79. A priori, no hay nada excitante en este café total-

mente rojo, con ventiladores hiperrevolucionados. Sin embargo, al llegar la noche, es una de las referencias de esta calle superanimada los fines de semana, que se transforma en un gran bar al aire libre.

## EN EL ENSANCHE

### Bilborock – La Merced

*(Plano C3, 62):* muelle de La Merced, 1.
☎ 944-15-13-06.
✉ bilborock@ayto.bilbao.net
Edificio barroco del siglo XVII, antiguo convento, transformado en lugar de encuentro, que alberga todo tipo de actividades, sobre todo musicales. De 1 a 2 conciertos a la semana, esencialmente de rock. pero también hay teatro, lucha (la escena se transforma en ring)... hay un pequeño puesto de bebidas.

### Twiggy

*(Plano B3, 63):* alameda de Urquijo, 35. Hasta las 23.30 h los días laborables y las 3 h el fin de semana. Un bar tanto de día (buena selección de tés)... como de noche (cócteles). Decoración orientalizante y ambiente zen, que un DJ despierta los fines de semana. Justo enfrente hay un pasaje en el que se suceden los bares donde los jóvenes van más a beber que a bailar.

### Kafé Antzokia

*(Plano C2, 47):* San Vicente, 2.
☎ 944-24-46-25.
🖥 www.kafeantzokia.com
Abierto de jueves a sábado solo por la noche. Es poco probable que encontréis este local en las guías oficiales. Anticonformista, este teatro alquilado a la diócesis es un trampolín para la cultura local. No la que se recluye en el polvo de los museos o en el folclore turístico, sino la cultura viva. En él hay teatro, lecturas, conciertos (los fines de semana) o veladas con DJ's. Aquí también ha habido grandes conciertos: desde la Charanga Habanera a Misfits (la leyenda del hardcore), pasando por Lluis Llach. Es inútil llegar demasiado temprano.

También podéis probar en **La Fundición** (Francisco Maciá, 1; ☎ 944-75-33-27), el **Congreso** (muelle de Uribitarte, 4; ☎ 944-24-73-82) y el **Pub Palladium** (Iparraguirre, 11; ☎ 944-24-61-65).

## COMPRAS

### Almacenes coloniales y bacalao Gregorio Martín

*(Plano D3, 91):* Artekale, 22.
☎ 944-15-37-07.
Cerrado sábados por la tarde y domingos. Aprenderéis todo sobre el pescado preferido de los iberos... El bacalao seco en todas sus formas, desde los lomos al bacalao enlatado. Grandes neones difunden una luz fría que no hace más que añadir autenticidad a esta tienda, en la que la cajera, dueña y administradora todavía se sienta en una pequeña garita al fondo de un almacén, que se ha conservado como a principios del siglo XX.

### Charcutería Dorita

*(Plano D3, 90):* Jardines, 8.
☎ 944-15-62-35.
Cerrado domingo por la tarde. Esta tienda-charcutería no tiene muy buen aspecto pero sí excelentes jamones a precios razonables, embalados o cortados en el momento. También vinos y conservas.

### La Casa de los Quesos

*(Plano D3, 90):* Jardines, 10.
☎ 946-79-33-72.
Una bonita tienda especializada en quesos y vinos. Trato excelente.

### El Rincón del Vino

*(Plano C3, 92):* Euskalduna, 5.
☎ 944-10-47-91.
✉ info@pasionporelvino.com
Abierto lun-sáb 9-14.30 h y 16-21 h. Este almacén de vino dispone de unas 3 000 referencias, la mayoría españoles pero no solamente. El dueño, loco por el vino, es encantador.

# FIESTAS Y MANIFESTACIONES

## ☞ Peregrinación de San Blas

El 3 de febrero, en la iglesia de San Nicolás. Se compran caramelos tradicionales.

## ☞ Semana Santa

El Lunes Santo se celebra una gran procesión de cofradías religiosas, que recorre el casco viejo yendo de parroquia en parroquia. Es el único día en que la Quinta Parroquia (San Francisco) se vacía de todo lo que podría ofender al Señor: ni un rufián ni una prostituta; los sex-shops y bares de mala fama cierran sus puertas. ¡Milagro!

## ☞ Procesión marítima

El 16 de julio. Procesión por el Nervión, en honor a la Virgen. Sale del pequeño puerto de Santurtzi.

## ☞ Semana Grande

La Semana Grande (Aste Nagusia) comienza el sábado siguiente al 15 de agosto. En ella se celebran numeroso festejos: bailes, procesiones, desfiles de gigantes, etc. Donde participan las comparsas y personajes como la Mari Jaia o la chupinera...

## ☞ Mercado de Santo Tomás

Hacia el 20 de diciembre, en el Casco Viejo. Todos los productores de la zona se instalan en la plaza Nueva (Berria), con todos los productos necesarios para celebrar las fiestas de Navidad y el Año Nuevo.

# ¿QUÉ VISITAR?

**Museo Guggenheim:** *(plano B1):* avda Abandoibarra, 2. ☎ 944-35-90-80. 💻 www.guggenheim-bilbao.es Ⓜ Moyúa. Tranvía: Guggenheim. En la orilla del Nervión, cerca del puente Príncipes de España. Abierto 10-20 h, en julio-agosto, todos los días; el resto del año, de martes a domingo. Cerrado 1 de enero y 25 de diciembre. Entrada: 8-13 € según exposiciones; descuentos; gratuito hasta 12 años. Audioguía incluida. *Bono Artean* (Guggenheim + Bellas Artes): 13,50 € (suplemento de 2 € si hay exposiciones importantes).

➤ Se puede reservar la **entrada por internet** y recogerla en una taquilla especial, evitando así las colas. El museo propone también **visitas guiadas gratuitas** a las 12.30 h y 17 h para grupos de 8 a 20 personas. Para participar hay que inscribirse en el mostrador de información a partir de 30 minutos antes del comienzo de la visita.

El Guggenheim ha provocado multitud de reacciones y comentarios, llegándose a comparar la cobertura mediática de su inauguración, en 1997, con la de los J.O. de Barcelona o de la Expo de 1992 en Sevilla. Lo cierto es que este edificio construido por el equipo del arquitecto californiano Frank O. Gehry es una maravilla. Esta especie de alcachofa de titanio, o de medio sirena que se ondula altivamente a orillas del Nervión o de la *ría*, como dicen los bilbaínos, se ha beneficiado de los últimos adelantos en materia de diseño aeronáutico.

Mientras que en la Edad Media las catedrales se construían en un espacio casi virgen en el centro de las ciudades, aquí han tenido que vérselas con un espacio muy reducido. Todo un palimpsesto. Después de haber arrasado la antigua fábrica-almacén de maderas, aún tuvieron que ocuparse de los raíles de la vía del tren y del espantoso puente de la Salve. Un verdadero rompecabezas, porque allí no había ninguna armonía. De modo que escogieron una caliza dorada de los alrededores de Granada para que el museo combinara con la universidad de Deusto en la otra orilla, y, por otra parte, se decidieron por las finas escamas de titanio, colocadas sin fijaciones en los flancos del monstruo. El metal, extraído en Estados Unidos, laminado en Francia y cortado en Italia en finas láminas de 0,38 mm de grosor, estaba destinado a recordar el pasado industrial de la ciudad. Así, el edificio se convierte sucesivamente en una masa de metal blanco incandescente, en una vieja ballena llorona bajo la lluvia contaminada y, a la puesta de sol, en un confuso resplandor de reflejos tornasolados y cobrizos. Sencillamente, espléndido. Pero la tarea no terminaba ahí.

La idea principal del arquitecto era conseguir que la luz natural penetrara en todas las salas de exposición. Para ello, había que dotar al museo de grandes vidrieras. Así pues, el corazón del museo es al atrio, un inmenso vestíbulo de 60 m de altura por el que se difunde la luz a las otras dieciocho salas de exposición. En total, unos 11 000 m² de exposición con los que proporcionar un verdadero balón de oxígeno a la fundación Guggenheim, ya que solo el 7 % de sus colecciones se presentan al público en todo el mundo. La pieza más importante es, sin duda, la larga sala que se extiende por debajo del puente de la Salve: 130 m de longitud sin un solo pilar. Otra particularidad del Guggenheim es la «modulabilidad» de sus salas que se pueden adaptar fácilmente al tamaño de la exposición.

El País Vasco soportó toda la financiación de este proyecto, que supuso una inversión colosal de más de 100 millones de euros, mientras que la explotación comercial del museo recae en la Fundación Guggenheim. De todos modos, Bilbao puede sentirse orgullosa de su inversión porque, aunque no haya terminado de recuperarla, ya ha sido indirectamente rentabilizada gracias al millón de visitantes anuales que atrae el museo. Se habla incluso del «efecto Guggenheim» porque, en los últimos 15 años, el museo ha arrastrado en su dinámica la rehabilitación y saneamiento de todo el barrio. Por ejemplo, en 2007, Daniel Buren, un artista francés, vistió de rojo el arco del puente de la Salve. Y eso no es todo: en él TVE rueda spots publicitarios, Paco Rabanne ha presentado maniquís metalizados, los sindicatos. Y a su verja de la entrada van a encadenarse los que quieren protestar por cualquier motivo. Y hasta los terroristas quisieron poner la nota con un atentado fallido poco antes de su inauguración. Gracias al Guggenheim, Bilbao se ha convertido en la segunda ciudad más visitada de España, después de Madrid. Está claro que el «puppy» ya no es solo el emblema del museo, sino que también defiende los intereses de este «business gringo» y ofrece un marco político de envergadura nacional a la ciudad.

La filosofía del museo es que nadie pueda decir «Yo he visto el Guggenheim». Así pues, las colecciones – casi exclusivamente de arte moderno y contemporáneo– cambian, incluso se podría decir que demasiado. Una exposición sustituye a otra y lo cierto es que no es nunca el mismo museo. Para resumir. por un lado está la **«colección permanente»,** que consiste en una parte de las obras, expuestas por rotación, de TODA la colección de la Fundación Guggenheim y, por otro lado, expsiciones temporales (que cambian cada 3 o 6 meses) con obras externas a la colección de la Fundación. Hay siempre obras de artistas vascos, que también cambian regularmente. Es lo que denominan «la rotación dinámica». Como dicen sus responsables: «¿Por qué exhibir siempre los mismos 10 Kandinsky, cundo tenemos 150 en la reserva? En el museo, siempre habrá un Kandinsky (bueno, casi siempre), pero nunca será el mismo». Lo único permanente es el «puppy», el perrito gigante y florido que hay a la entrada del museo,  los tulipanes (que nadie diría que son de acero) de Jeff Koons, la gran araña que responde al dulce nombre de Mamá, de Louise Bourgeois (en la parte de atrás del museo, los diodos luminosos de Jenny Holzer (bello efecto visual), las bolas de Anish Kapoor y, sobre todo, la «materia del tiempo», de Richard Serra, que son las ocho gigantescas «esculturas» de hierro que ocupan la inmensa sala de la planta baja. En conjunto, pesan unas 1 000 toneladas, la pieza maestra (la Serpiente) tuvo que ser instalada antes de colocar el techo del museo. El objetivo es penetrar en su interior... pero ¡cuidado con los mareos! Ah, todavía queda una obra permanente, la del Japonais Nakaya: vapor de agua que de vez en cuando surge de la pasarela del exterior del museo, envolviéndolo en una nube vaporosa de muy bello efecto.

Sería una pena que, estando en Bilbao, no pasaráis por el Guggenheim.

**Museo de Bellas Artes:** *(plano B2):* en el parque D. C. de Iturriza. ☎ 944-39-60-60. www.museobilbao.com Ⓜ Moyúa. Abierto todos los días excepto lunes 10-20 h. Cerrado 1 y 6 de enero y 25 de diciembre. Entrada: 6 €,; descuentos; gratuito hasta 12 años y los miércoles. Aaudioguía 1 €. *Bono Artean* (Museo de Bellas Artes + Guggenheim): 13,50 € (suplemento de 2 € si hay una exposición importante en el Guggenheim).

Construido en 1945 por los arquitectos del Ayuntamiento y ampliado con un ala moderna bien diseñada, alberga una buena colección de pintura de los siglos XIII al XIX: del románico al romanticismo, pasando por el renacimiento, el neoclasicismo y el barroco. Destacan, entre otros, lienzos de la escuela flamenca, los primitivos religiosos, El Greco, Murillo, Van Dyck, Zurbarán, Ribera, Gauguin y Ensor. Sin olvidar hermosa colección de artistas vascos: Arrúe, Zuloaga, Tàpies, Chillida, Ibarrola, Oteiza y, sobre todo, Arteta. Finalmente, el nuevo ala alberga una muy bella colección de arte contemporáneo, sobre todo unos notables Lipchitz. También realiza exposiciones temporales. Una visita didáctica, que complementa la del Guggenheim. Tiene una agradable cafetería con vistas al parque.

**Museo Vasco:** *(plano D3):* Miguel de Unamuno, 4 (en el Casco Viejo). ☎ 944-15-54-23. www.euskal-museoa.org Ⓜ Casco Viejo. Abierto mar-sáb 11-17 h y domingo 11-14 h. Entrada: 3 €; descuentos; gratuito hasta 10 años y los jueves.

Tras la expulsión de los jesuitas de España, el edificio que éstos ocupaban se utilizó, sucesivamente, como casa de misericordia, archivo del registro civil y sala de la Audiencia provincial. Hasta que, en 1921, se creó este interesante museo con el objetivo de presentar el pasado arqueológico y etnográfico del pueblo vasco.

Empezad por la tercera planta, donde se puede ver una maqueta en relieve de Bizkaia. Al lado, se ha reproducido la sala del Consejo del consulado de Bilbao, en la que se redactaban todos los documentos relacionados con el puerto. La segunda y primera plantas están dedicadas sobre todo a la etnografía, con bellas salas sobre los pastores, la porcelana vasca, el tejido y las industrias textiles, la vida cotidiana de los pescadores y, por supuesto, la caza de la ballena. Hay algunas piezas graciosas, como ese pescador de bacalao del siglo XVIII, vestido como un esquimal y metido en un tonel para no caer al mar. La planta baja está dedicada a las exposiciones temporales. En el claustro se exhibe el **Mikeldi,** misterioso ídolo primitivo vasco de la Edad del Hierro encontrado en Durango, cuya función o lo que representa, todavía no ha sido aclarada.

### **Museo Arqueológico:** *(plano D3, 86):* Calzadas de Mallona, 2. ☎ 944-04-09-90. Mar-sáb 10h-14 h y 16h-19.30 h; domingo 10.30 h-14h. Entrada: 3 €; descuentos.

Conservadas hasta hace poco en el Museo Vasco, las colecciones arqueólogicas de la provincia han sido transferidas aquí donde disponen de un  nuevo espacio museístico de dos plantas. El museo pasa revista a todos los periodos, desde la Prehistoria a los tiempos modernos, ilustrados con numerosas piezas.

### **Museo Marítimo - Ría de Bilbao:** *(plano A2):* muelle Ramón de la Sota. ☎ 902-13-10-00. ▣www.museomaritimobilbao.org Abierto todos los días excepto lunes 10-20 h (18 h mar-vie en invierno). Entrada: 6 €; descuentos; gratuito hasta 6 años y los martes.

Un museo que apreciarán sobre todo quienes se sientan atraídos o sueñen con el mar. Está dedicado principalmente a la aglomeración de Bilbao como ciudad marítima (documentos y grabados de la localidad en el pasado, una sección está dedicada a los astilleros navales de la zona, etc.), pero alberga también numerosas maquetas de barcos de diferentes épocas, viejos atlas, antiguos mapamundis, material de navegación y la reconstrucción de un despacho de compañía marítima. También se visita el exterior del museo, donde se ha conservado una parte del puerto antiguo, sus muelles, sus dársenas, una grúa y varios barcos en dique seco. A veces hay también barcos de los que navegan por la ría con ocasión de salidas al mar o de cruceros por los alrededores.

### **Funicular de Artxanda:** *(plano C1):* ☎ 944-45-49-66. Lun-sáb 7.15-22 h y domingo 8.15-22 h. Ticket: 1 €.

Casi centenario pero restaurado en 1983, os subirá, a la velocidad de 5 m por segundo, hasta el mejor mirardor sobre la localidad.

---

> **AVISO**

El icono del trotamundos  os indica el interés de la visita.

# ¿QUÉ VISITAR SI OS SOBRA TIEMPO?

## EN EL CASCO VIEJO



**Museo de Pasos:** *(plano D3, 73):* Iturribide, 3. ☎ 944-15-04-33. 💻 www.museode pasosbilbao.com Abierto mar-vie 11-13 h y 17-19.30 h; sáb 11-14 h y 17-20 h; domingo 11-14 h. Cerrado lunes, Semana Santa y las semanas anterior y posterior. Entrada: 2 €; jubilados y menores de 10 años gratis.

Este museo reúne los pasos de las cofradías que desfilan en Semana Santa. En la primera planta se exhiben los que componen el Vía Crucis de la Pasión, con algunas imágenes que datan del siglo XVII, aunque la mayoría son del siglo XX. En la planta baja hay algunas tallas y las andas de imágenes que durante el año están en sus respectivas iglesias, así como los hábitos y estandartes de cada cofradía.

**Museo diocesano de Arte sacro - Eleiz Museoa:** *(plano D4, 75):* plaza de la Encarnación, 9 B. ☎ 944-32-01-25. 💻 www.eleizmuseoa.com Abierto mar-sáb 10.30-13.30 h y 16-19 h; domingo 10.30-13.30 h. Entrada: 2 €; descuentos.

Todo sobre el arte estatuario de las iglesias vascas. Hermosa colección de orfebrería religiosa, vestimentas litúrgicas y hasta algo de arte moderno relacionado conl a religión.

**Teatro Arriaga:** *(plano D3, 76):* construido en 1890, es obra del arquitecto municipal Joaquín de Rucoba. Su silueta barroca es un punto de referencia en la ciudad.

**Palacio Yohn:** *(plano D3, 77):* en el cruce de las calles Pelota y Perro. Este edificio, situado en el corazón del casco viejo, alberga un centro cívico en el que se celebran numerosas conferencias de todo tipo. Según las excavaciones realizadas, está asentado sobre otros edificios de origen diverso. También se le llama «la bolsa», porque antiguamente fue la sede de la bolsa de comercio. Bonito patio interior, que merece que se le eche un vistazo..

**Mercado de la Ribera:** *(plano D4, 78):* de la Ribera. Abierto lun-vie 8-11 h y 16.30-19 h (19.30 h el viernes); sáb 8.30-14.30 h. Solo por las mañanas de mediados de junio a mediados de septiembre.

Este antiguo mercado de abastos, construido por Pedro Ispizúa en 1930, parece un barco amarillo amarrado al muelle. Con sus numerosos puestos de alimentación distribuidos en dos plantas, parece que es el mercado cubierto más grande de Europa. Permanece abierto a pesar de las enormes obras de renovación en curso. Hay más actividad por la mañana si queréis venir a hacer alguna compra.

**Escuelas Maestro García Rivero:** *(plano D4, 79):* Atxuri, 2. El edificio, construido por los mismos arquitectos que el mercado de la Ribera, pero dos años antes, pertenece al estilo «regionalista»: robustos torreones, tejado de tejas soportado por una estructura de madera, ladrillo rojo en las bóvedas.

**Estación Atxuri:** *(plano D4, 2):* en la esquina entre las calles Atxuri y 16 de Agosto. Antes hubo un restaurante que ocupaba el interior de esta estación y una terraza encima de la misma ría. Manuel María de Smith se inspiró en los patrones de la arquitectura de montaña. La torre-mirador y los materiales «rústicos» empleados resultan de lo más vistoso.

## EN EL ENSANCHE Y OTROS BARRIOS

**Alhóndiga:** *(plano B3):* plaza Arriquibar, 4. ☎ 944-01-40-14. 💻 www.alhondigabilbao.com Abierto: lun-vie 7-23 h; fines de semana y festivos 8.30 h-24 h. Acceso libre.

Curiosa mezcla esta de un almacén de vinos modernista de comienzos del siglo xx, donde el ladrillo y el cemento esculpido lo ocupan todo, con el diseñador Philippe Starck. El resultado es un «centro de ocio y cultura», una especie de gran plaza (43 000 m²) pública interior, a la manera de un foro romano..., apenas interrumpida por gruesas columnas de fantasía que evocan las diferentes culturas del mundo en diferentes épocas. Algunos bancos permiten sentarse a los paseantes y, en el exterior, curiosas sillas y mesas de ajedrez invitan a quedarse. El complejo alberga varios locales culturales y deportivos: una sala de espectáculos y exposiciones, una piscina elevada (impresiona verla desde abajo), un gimnasio, una tienda, dos restaurantes...

**Estación de La Concordia o de Santander:** *(plano C-D3, 3):* Bailén, 3. El edificio fue realizado por Severino Achúcarro en 1898, cinco años después de que lo diseñara Valentín Gorbeña. La estación resulta extraña tanto por su situación, casi en la orilla de la ría, como por su configuración interior, con las vías que están instaladas en la planta superior. Tiene un tímpano verde y amarillo que le da un vistoso aspecto.

**Ayuntamiento:** *(plano D2):* plaza Ernesto Erkoreka. el Ayuntamiento, instalado en su emplazamiento actual a finales del siglo XIX (como consecuencia de la exigüidad del casco viejo), parece que esté vigilando la rehabilitación de las márgenes de la ría. Construido por Joaquín de Rucoba, tiene un cierto aire neobarroco.

**Palacio Ibaigane:** *(plano C2):* alameda de Mazarredo, 23. Situado no lejos del museo Guggenheim, este edificio tradicional fue en tiempos una de las residencias de la familia Sota.

**Edificio de Ramón Sota:** *(plano B2):* Gran Vía de Don Diego López de Haro, 45. Uno de los edificios más impresionantes construidos en Bilbao por Manuel María de Smith. La mansión por excelencia, con sus balcones con arcadas, sus cinco plantas y sus reminiscencias regionalistas.

**Basílica de Begoña:** *(plano D2):* en el parque Etxebarria. Acceso a pie o en un ascensor (0,50 €) que hay detrás de San Nicolas *(plano D3).* Abierta 8-13.30 h y 17-20.30 h. Es la iglesia más antigua de la ciudad, reconstruida en estilo barroco. En su interior alberga la imagen románica de la Virgen de Begoña, patrona de la ciudad.

**Palacio de Congresos y de Ópera Euskalduna:** *(plano A1-2):* no lejos del Guggenheim, junto a la ría, en los terrenos que ocupaban los astilleros Euskalduna. Es un edificio grandioso, obra de los arquitectos Federico Soriano y Dolores Palacios. Detrás de su fachada cubierta de planchas metálicas oxidadas en recuerdo de los astilleros, alberga siete plantas en las que se distribuyen numerosas salas de distintos tamaños, una cafetería, restaurante una galería comercial... y la gran sala, con 2 164 localidades, que Montserrat Caballé ha calificado como la «sala de ópera más bella de Europa».

**Pasarela Pedro-Arrupe:** *(plano B1):* este puente peatonal es una magnífica flecha de acero, con el interior de madera. Proyectada por el ingeniero José Antonio Fernández Ordóñez e inaugurada en 2004, comunica las dos orillas del Nervión frente al Guggenheim.

# GETXO

82 190 HAB. (C. POSTAL: 48990 , *B1*)

Localidad «elegante» de los alrededores de Bilbao y playa que se da importancia para que no se repare en la proximidad del puerto industrial y comercial, Getxo tiene la ventaja de ofrecer un lugar agradable para alojarse no muy lejos del centro de Bilbao, con el que está directamente comunicada mediante el metro (1,60 € el viaje).

La localidad se organiza en torno a su frente marino, con el puerto viejo y el puerto deportivo a uno y otro lado.

## DIRECCIÓN ÚTIL

### Oficina de turismo

Playa de Erreaga s/n.
☎ 944-91-08-00.
www.getxo.net Pequeño edificio bastante discreto, en la playa.

Abierto todos los días. Hay también un anexo en el puente transbordador de Bizkaia, abierto Semana Santa-octubre (☎615-75-62-90). Plano de Getxo y buenos consejos.

## ¿DÓNDE DORMIR? ¿DÓNDE COMER?

### Precio medio a más selecto

### Pensión Salsidu

Avda de Salsidu, 21.
☎ 944-30-24-76.

info@salsidu21.com
www.salsidu21.com **M** Algorta.
Doble 49 €. Wifi. Pensión de 8 habitaciones sencillas pero muy bien mantenidas y agradables, que

comparten 4 cuartos de baño. Trato encantador de Merche. No sirven desayunos.

### Hotel Neguri

Avda Algorta, 14, en **Neguri**.
☎ 944-91-05-09.
✉ hotelneguri@hotelneguri.com
💻 www.hotelneguri.com Ⓜ Neguri. Aparcamiento. Dobles con baño 80 €, desayuno incluido. Internet y Wifi. Pequeño hotel de familia instalado en una gran villa de los años 1930. Decoración agradable y habitaciones de tamaño variable, con moqueta. Tiene la ventaja de que se puede ir a la playa a pie.

### Hotel Igeretxe

Muelle de Ereaga, 3.
☎ 944-91-10-09.
✉ info@hotel-igeretxe.com
💻 www.hotel-igeretxe.com
Ⓜ Neguri. En el frente marino, a un paso de la Oficina de turismo. Dobles 108-112 €; desayuno 13 €. Aparcamiento 10. Wifi. Este viejo hotel, que ha recibido un baño de juventud, ofrece 20 habitaciones, la mitad de elllas frente al mar. Decoración tirando a *design,* en tonos marrones, con todas las comodidades y una excelente ropa de cama. El desayuno se sirve en una galería frente almar. Tiene también un café-bar con terraza donde tomar excelentes pintxos, y una elegante cervecería.

### Itxas-Bide

Muelle de Ereaga, 42.
☎ 944-91-05-89.
En el puerto antiguo, cerca de la Oficina de turismo. Cerrado domingo por la noche y martes. Pintxos en la planta baja, menú 35 € en la planta superior, o platos 12-30 €. El bar de la planta baja está siempre muy animado, lleno de jóvenes que invaden el puerto, con el vaso en la mano, enzarzados en largas conversaciones. Sirve buenos pintxos, que renueva continuamente. En la planta superior hay un restaurante que no tiene nada que ver con el bar. La sala es un poco anodina pero el contenido del plato hará que os olvidéis de todo. En la carta casi exclusivamente pescado, en copiosas raciones. Un servicio rápido y una magnífica vista de la desembocadura de la ría.

## FESTIVALES

### Festival Getxo&Blues

Tercera semana de junio. Se celebra hace más de veinticinco años y es un festival famoso en el ambiente blues..

### Festival de Jazz

Primera semana de julio. Es el que tiene más tirón y reúne a mucha gente en Getxo. Se acerca ya a las cuarenta ediciones y en él actúan grupos y músicos de prestigio.

### Getxo Folk Festival

Segunda semana de septiembre. Grupos de músicas del mundo llegados de todas partes que dan conciertos al aire libre, unos gratuitos y otros no.

### Festival de habaneras y canción marinera

A mediados de septiembre. Tiene un ambiente distinto a los anteriores, con un público más maduro.

---

### > AVISO

**Las tarifas que se indican en la guía corresponden al momento de la edición de la misma y, por tanto, son orientativas.**

# ¿QUÉ VISITAR? ¿QUÉ SE PUEDE HACER?

**Las playas:** las más frecuentadas y céntricas son las de Ereaga, a la altura de la Oficina de turismo, y la de Arrigunaga, que no están mal. Según parece, la calidad de sus aguas ha mejorado mucho desde hace 10 o 15 años... comprobadlo vosotros mismos, siguiendo el ejemplo de los lugareños. Si no, bordead el cabo que marca la desembocadura del Nervión y acercaos hasta la playa de Gorrondatxe.

En el malecón del puerto deportivo hay un pequeño **aquarium** (abierto todos los días, excepto los lunes; Entrada: 3 €).

Las bonitas **villas** del frente marino y de Neguri (barrio de Getxo) llamarán la atención de los interesados en la arquitectura de finales del siglo XIX. Hay una lista de los edificios más representativos en el reverso del plano de Getxo distribuido por la Oficina de turismo.

**El puente transbodador de Vizcaya - Puente de Portugalete:** uno de los más antiguos de Europa, permite cruzar a Portugalete en la margen izquierda. Fue construido por el ingeniero Alberto Palacio en 1887. El puente, declarado Patrimonio mundial por la Unesco, fue inaugurado en 1893. En 1998 se instaló una nueva barquilla para el transporte de vehículos y peatones. Se puede cruzar a pie por la pasarela (6 €), en la parte más alta (bonita panorámica del puerto) o en coche (1,35 €) y a pie  (0,35 €) en la curiosa barquilla colgante que se desplaza por debajo del puente

# GORLIZ Y PLENTZIA

4 880 Y 3 940 HAB.  (C. POSTAL: 48630 Y 48620 , *B1*)

Son dos localidades gemelas que comparten una espléndida playa de arena fina. Hermanas pero sin rivalidad. Gorliz era un pueblecito de agricultores en la colina, y Plentzia, a orillas del río, tenía un activo puerto pesquero. Hoy parece como si Plentzia se hubiera adormecido, mientras que Gorliz intenta sacar partido de su único atractivo, la playa.

## TRANSPORTES Y DIRECCIÓN ÚTIL

### En metro y en autobús

Metro Bilbao: ☎ 944-25-40-25.
www.metrobilbao.com
El metro urbano de Bilbao (línea Etxebarri-Plentzia) llega en 45 minutos a la localidad de Plentzia. Billete barato. Desde allí, la línea A 3499 de **Bizkaibus** enlaza cada 20 minutos con Gorliz.

### Oficina de turismo

Iberrebari plaza, 4.
☎ 946-77-43-48.
www.gorliz.eu
www.plentzia.org
Abierta todos los días excepto los domingos por la tarde en temporada baja.

## ¿DÓNDE DORMIR?

### Cámping

#### ⏏ Cámping Arrien
Uresarantze bidea, en **Gorliz**.
☎ 946-77-19-11.
✉ campingarrien@gmail.com
💻 www.campinggorliz.com
Al lado del polideportivo que hay en la colina. Cerrado nov-feb. 2 pers, tienda y coche 22-28 €. Bungalows (2-8 pers) 88-118 € en verano. Internet y Wifi (de pago). No es uno de nuestros preferidos, pero en esta parte de la costa hay muy pocos. Organizado en terrazas sombreadas y aseos limpios. También bungalows de madera totalmente equipados. Supermercado.

### De barato a precio medio

#### ⌂ Pensión Artebikondo
Uresarantze bidea, 17, en **Gorliz**.
☎ 946-77-23-57.
✉ artebikondo@hotmail.com
En un segundo piso. Por encima del polideportivo. Dobles 40-60 € según temporada; desayuno 4 €. Wifi. En un edificio sin encanto alguno, a solo unos 800 m de la playa. Esta pequeña pensión dispone de una decena de grandes habitaciones muy limpias y decoradas con muy buen gusto. Todas tienen cuarto de baño, TV, calefacción y, algunas, terraza.

#### ⌂ Habitaciones Entrepinos
Uresarantze bidea, 17, en **Gorliz**.
☎ 946-77-00-14.
Están en el mismo edificio que la Pensión Artebikondo. Para la recepción hay que dirigirse al bar. Dobles 30-40 € según temporada. Dispone de una decena de pequeñas habitaciones sencillas e impecablemente mantenidas, con TV y calefacción. Cuarto de baño común.

## ¿QUÉ VISITAR? ¿QUÉ SE PUEDE HACER?

La playa de Gorliz está situada al fondo de una vasta bahía y es una de las más grandes de Bizkaia, la más grande si se junta con la de Plentzia. Hacia la mitad la bordea el inmenso edificio de un hospital. En el extremo norte (el más animado y agradable) se alinean unos cuantos restaurantes y en el lado sur, Plentzia.

➤ **Excursiones a pie:** Hay senderos de pequeño recorrido por los que se puede ir hasta el faro (hermosa vista panorámica de la costa) y dar la vuelta al cabo Villano. En la oficina de turismo encontraréis un buen mapa.

➤ **Surf y kayak:** en **Troka Aventura,** Itsasbide, 58, a Gorliz. ☎ 946-77-42-65. 💻 www.troka.com En el AJ de Gorliz. Propone lecciones de surf, excursiones guiadas en kayak de mar y de río y también tiro con arco, escalada, tirolina...

➤ **Fiestas patronales:** se celebran el 25 julio en Gorliz y el 2 de septiembre en Plentzia.

## ALREDEDORES DE GORLIZ Y PLENTZIA

**La playa de Sopelana:** a mitad de camino entre Plentzia y Getxo. Es una muy bonita playa de arena, rodeada de acantilados y de verdor. Apresuraos si queréis bañaros aquí porque el ladrillo ataca, la parte alta ya se está llenando de abonimables residencias de vacaciones... Oficina de turismo cerca de la estación de metro.

### ⛺ Cámping Sopelana

Playa Atxabiribil, 30,
48600 **Sopelana.**
☎ 946-76-19-81.
✉ recepcion@campingsopelana.com
Dos personas, tienda y coche: unos 28 €, en verano. Wifi (en el restaurante). Es el cámping más próximo a Bilbao. Está situado en lo alto, a solo 5 minutos a pie de su bonita playa. Está organizado en terrazas cubiertas de césped, ideales plantar la tienda. No es demasiado sombreado y su mantenimiento es insuficiente en verano, pero no hay muchos campings por la zona...

➤ Bonita **excursión entre Mungia y Larrabetzu** por la carretera BI 3102, en un hermoso valle cultivado, como otros muchos que hay en el norte de España. En el barrio Goicolexea de Larrabetzu hay una preciosa iglesia, con un interesante atrio pavimentada con losas antiguas. Se ha de destacar el cementerio en forma de columbario, en el que las sepulturas llevan los nombres de las casas, no de las familias.

# >Enkarterri

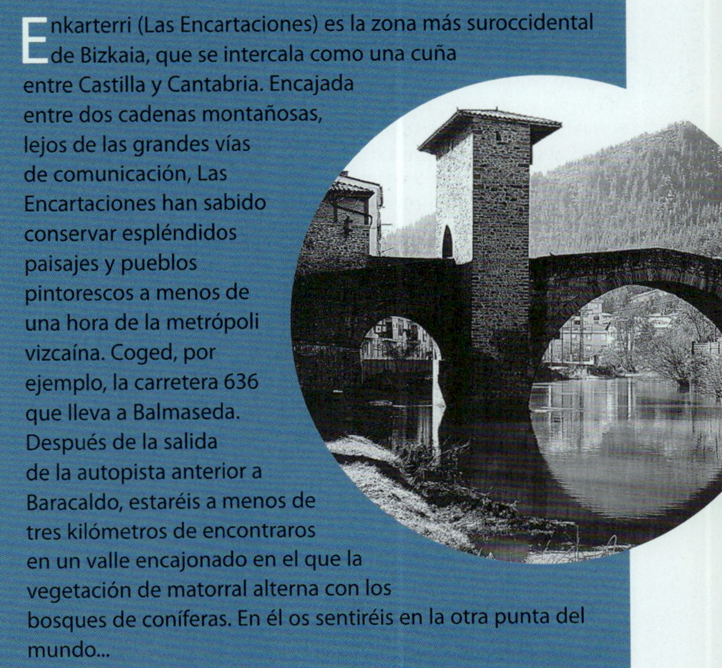

Enkarterri (Las Encartaciones) es la zona más suroccidental de Bizkaia, que se intercala como una cuña entre Castilla y Cantabria. Encajada entre dos cadenas montañosas, lejos de las grandes vías de comunicación, Las Encartaciones han sabido conservar espléndidos paisajes y pueblos pintorescos a menos de una hora de la metrópoli vizcaína. Coged, por ejemplo, la carretera 636 que lleva a Balmaseda. Después de la salida de la autopista anterior a Baracaldo, estaréis a menos de tres kilómetros de encontraros en un valle encajonado en el que la vegetación de matorral alterna con los bosques de coníferas. En él os sentiréis en la otra punta del mundo...

# BALMASEDA

7 540 HAB. (C. POSTAL: 48800 , *A-B2*)

Capital de la comarca de Enkarterri, la localidad de Balmaseda fue la primera villa fundada en el territorio de Vizcaya, en 1199, a orillas del río Kadagua, que era entonces la principal ruta comercial entre Castilla y el puerto de Bilbao. Por ello los señores de Vizcaya instalaron en ella un gran mercado y una aduana, contribuyendo así a la prosperidad de la villa hasta el siglo XVII. Una parte de esta riqueza tenía su origen en la existencia de una importante comunidad judía, hecho bastante raro en Vizcaya... y, aunque la apertura en el siglo XVIII de la carretera por el paso de Orduña hacia Castilla dio lugar a un lento declive económico, Balmaseda reencontró su camino un siglo después con la llegada del ferrocarril y el desarrollo industrial... Los bellos monumentos que ha conservado: sus iglesias, el puente medieval, el monasterio y el palacio ofrecen la ocasión de realizar un agradable y tranquilo paseo por su casco antiguo.

## TRANSPORTES

### En autobús

*Bizkaibus*: Plaza de los Fueros.
☎ 902-22-22-65. 🖥 www.bizkaia.net
A la altura de la gasolinera.
➤ **Bilbao:** 8-15 autobuses/día (línea A 0651), vía sobre todo Güeñes.
➤ **Avellaneda, Sopuerta** y **Galdames:** 5 autobuses/día (línea A 3334) por la línea Balmaseda-Santurzi.
➤ **Karrantza Harana/Valle de Carranza:** autobuses todos los días.

### En tren

**Estación de tren RENFE:**
☎ 946-80-19-64
o 944-25-06-15 (Bilbao).
🖥 www.feve.es
Al este del casco antiguo, del otro lado del río.
➤ **Bilbao:** 1-3 trenes/hora, en ambos sentidos por la línea Bilbao-Balmaseda que da servicio sobre todo a **Güeñes.**

## DIRECCIÓN ÚTIL

### Oficina de turismo (Enkartur)

Martín Mendia, 2.
☎ 946-80-02-26 o 29-76.
🖥 www.visitenkarterri.com
🖥 www.balmaseda.net
Abierta todos los días, excepto sábado y domingo por la tarde (abierta el sábado por la tarde en verano). Tiene conexión a Internet gratuita y proporciona plano de la localidad y de sus monumentos, lista de alojamientos, de restaurantes y de itinerarios de excursiones a pie por la zona. También toda la información sobre estos itinerarios y los del valle de Karrantza. Ofrece gratuitamente la *Enkarterri-Bizkaia Card,* que da derecho a descuentos en museos y atracciones de Las Encartaciones y del valle de Karrantza.

> **AVISO**
>
> **Los horarios que se indican en la guía corresponden al momento de la edición de la misma y, por tanto, son orientativos.**

## ¿DÓNDE DORMIR? ¿DÓNDE COMER?

### 🏠🍴 Hotel San Roque

Campo de las Monjas, 2.
☎ 946-10-22-68.
✉ info@hotelsanroque.es
💻 www.hotelsanroque.es 🌐 Cerrado en Navidad. Doble unos 80 €; desayuno incluido. Menús 16-28 € (solo los huéspedes del hotel); carta 30-35 €. Instalado en un antiguo convento del siglo XVII. Las dependencias comunes han sido resturadas con mucho gusto; tiene un encantador patio con un pozo en el centro, un bonito jardín y una bella escalera de madera que conduce a la pintoresca galería del primer piso, en la que se abren una veintena de habitaciones. Amplias e impecablemente mantenidas pero, desgraciadamente, están decoradas con poca gracia. Nos esperábamos un poco más de atrevimiento. Una sala, magníficamente abovedada alberga un elegante y romántico restaurante que elabora una delicada cocina tradicional, potenciada con algunos toques modernos. Una buena referencia.

### 🍴 Bar-restaurante Los Gemelos

Pio Bermejillo, 13.
☎ 946-80-16-22.
✉ reservas@restaurante losgemelos.com
Menú mínimo 20 €. No admite tarjetas de crédito. Pasad por la calle Bajera Martín Mendía y entrad por la terraza y su soberbio emparrado. para llegar hasta donde está el bar con varias mesas. En estrecho contacto con las gentes del lugar, se engulle una cocina familiar tradicional y abundante. En verano se puede comer en la terraza y entonces, con una botella de txakoli fresco se puede alcanzar la felicidad.

## FIESTA

### 🎭 Pasión Viviente de Balmaseda

La Semana Santa de Balmaseda es algo que vale la pena ver. El Jueves Santo y el Viernes Santo se celebra una representación de la Pasión, que es la más extraordinaria del País Vasco. Acude gente de todas partes, y conviene preparar el viaje con mucha antelación para encontrar sitio.

En ella participa toda la ciudad y actúan más de 500 actores voluntarios. Algunos cambian de papel de un año para otro (sobre todo el que hace de Jesucristo, que ha de ser joven, la Virgen, Pilatos, la Magdalena...), mientras que otros representan al mismo personaje durante lustros. La espectacularidad de la representación está garantizada por el soberbio vestuario, unos maquillajes asombrosos y los cánticos religiosos y las danzas tradicionales.

La Pasión empieza el Jueves Santo a las 9 de la noche en el campo de las Monjas (enfrente del hotel San Roque). Las gradas destinadas al público se llenan de gente desde mucho antes de que empiece la representación. Jesucristo y sus discípulos se reúnen para celebrar la «Última Cena» y después se reprsenta «La oración del Huerto de los Olivos» y el «Prendimiento de Jesús». El decorado es de un realismo impresionante, y los actores actúan con una gran naturalidad.

El viernes por la mañana, después de que Judas se suicide ahorcándose delante del público, se celebra el «Juicio de Jesús ante Pilatos». Y después empieza el vía crucis que recorre toda la ciudad. La presión ambiental se hace tan excepcional que se termina por no ver los anacronismos, de modo que Jesús no cae delante de la gasolinera sino en el camino que le lleva al Calvario. Las calles, que son estrechas, están repletas de gente, de modo que no podréis verlo todo. Seguid el paso de los demás y pasad por la calle Pío Bermejillo, en la que no hay nada, para ir a tal o cual estación del vía crucis. El Calvario está levantado al otro lado del río Kadagua, detrás del frontón de pelota. Allí es donde se crucifica a Jesús y a los ladrones (la escena puede afectar a las personas sensibles porque, aun sabiendo que solo se trata de una representación, es de tal realismo, con lágrimas y sangre inclusive, que entre el público que canta y reza los hay que lo viven como si ocurriera realmente). Y después, tras los lamentos de la Virgen, se desciende al crucificado y se celebra una solemne procesión.

Pero la cosa no termina ahí. Aún queda una última procesión que recorre las calles de Balmaseda en medio de un impresionante silencio. Es la procesión del Entierro.

⦿ **Atención:** es día de ayuno, y todo está cerrado. Llevad provisiones.

## ¿QUÉ VISITAR?

**Museo de Historia – Historioaen Museoa:** Martín Mendía, 27. ☎ 657-79-58-06. En invierno, oct-mayo, abierto todos los días, excepto lunes,10-14 h. El resto del año (junio-sept) abre todos los días, excepto lunes: mar-vie 10-14 h y 17-19.30 h, sáb-dom y festivos 10-14 h. Entrada: 1 €; gratuito menores de 16 años.

Instalado en el marco solemne y original de la antigua iglesia de San Juan del Moral (siglo XV), está estructurado en varias secciones: la historia de la primera villa de Vizcaya, con los grandes acontecimientos históricos de la villa; a continuación fotos, pinturas, retratos de personajes ilustres de la comarca; una sección dedicada a la increíble Fiesta de la Semana Santa; su patrimonio artístico, maquetas y planos del pueblo, con sus principales monumentos; oficios y tradiciones locales (fabricación de boinas, batido del cobre, carpintería o la gastronomía...); en una sala se exhibe mobiliario de una casa acomodada del siglo XIX. No hay que olvidarse de subir al campanario de la iglesia, desde cuya altura se divisa una bella vista del río y el puente.

**El casco antiguo** está adosado a la montaña, a lo largo del río Kadagua, que desciende hacia la ría de Bilbao. La plaza de San Severino es el corazón de la ciudad. En ella está la hermosa iglesia gótica de San Severino, cuyo pórtico está rematado por una talla del santo (el interior no tiene mucho interés, aparte de dos estatuas yacentes de piedra y una *Virgen con el Niño* de madera policroma) y el hermoso edificio barroco de la **casa consistorial,** que se levanta sobre unos soportales de gres amarillo. En la calle Pío Bermejillo hay varias casas muy hermosas.

**Palacio de Horcasitas:** antigua aduana de la ciudad que da a Pío Bermejillo y a la calle Bajera Martín Mendía. Si se mira desde esta última calle, se aprecia mejor la fachada barroca del palacio, con sus columnas y el pequeño parque anexo.

➤ Delante del palacio hay un moderno **reloj solar** de piedra frente al río.

**Puente viejo:** bonito puente medieval (siglo XV) de tres arcos. En uno de los lados del central tiene una antigua torre que protegía la entrada principal de la ciudad. Hay que lamentar la proximidad de mediocres edificios modernos.

**Campo de las Monjas:** situado al final de la población, recibe este nombre porque está enfrente del **Monasterio de las Clarisas.** Este hermoso edificio del siglo XVII, que alberga hoy el Hotel San Roque (ver «¿Dónde dormir? ¿Dónde comer?») y el **Centro de Interpretación de la Pasión Viviente** (mar-dom 10-14 h y viernes también 17.30-19.30 h; precio: 1 €).

**Museo de Boinas La Encartada:** barrio El Peñueco, 11. ☎ 946-80-07-78. 🖥www.laencartadamuseoa.com A unos 2 km al suroeste del centro, junto a la carretera BI 636. Semana Santa y de mediados de abril a mediados de octubre, mar-vie 10-14 h y 16-19 h; sáb 10.30-19 h; domingo 11-15 h. Resto del año, mismo horario pero cerrado por las tardes. Entrada (incluyendo visita guiada): 5 €; descuentos; gratuita menores de 6 años y parados.

Es una antigua fábrica de boinas vascas, fundada en 1892 y cerrada 100 años más tarde. El taller ha conservado sus impresionantes máquinas movidas por una turbina que utilizaba la fuerza del río vecino y la distribuía mediante un sabio juego de poleas. Se explica a continuación el proceso de confección: desde el esquilado de las ovejas al empaquetado de sus famosas boinas, que se vendían en toda España y hasta en los Estados Unidos, pasando por el tejido, el teñido... También se hace un pequeño recorrido por los despachos y la vivienda del director. Se pueden comprar boinas de todos los colores.

## ALREDEDORES DE BALMASEDA

**Gordexola:** bonito pueblo de casas dispersas. A la salida de la población, en el barrio de Sandamendi, está la pequeña iglesia de San Juan de Molinar, del siglo XV con un reloj de sol. Todo el barrio es una zona residencial de Bilbao, con mansiones antiguas rodeadas de verjas de hierro forjado y balcones labrados.

**Güeñes:** es un centro de tratamiento de la madera para la industria papelera, lo que explica la vegetación de los alrededores: pinos y eucaliptos. Este tranquilo pueblo tiene varias mansiones del siglo XIX, incluida una, bastante alucinante, situada a la entrada de la población. Es un verdadero pastiche arquitectónico, una mezcolanza de motivos decorativos con unas tejas polícromas en los tejados y unos muros de un color rosa que dan ganas de echarse a correr... en la actualidad alberga el Ayuntamiento, rodeado de un jardín botánico y de esculturas. También la iglesia resulta bastante curiosa por sus proporciones poco corrientes y su pórtico gótico flamígero, rematado por una Virgen con el Niño.

### 🎥 Torre de Loizaga – Museo de Coches Clásicos y Antiguos: castillo de Concejuelo, barrio Concejuelo, en **Galdamés.** ☎ 946-80-13-56. 💻www.torreloizaga.com A unos 5 km al norte de Güeñes por la carretera BI 3631. Abierto solo domingos y festivos, el 25 y el 31 de julio, 10-15 h. Entrada: 7 €; descuentos; gratuito para menores de 12 años.

En pleno campo, en un castillo construido en 1985 sobre las ruinas de una antigua torre de defensa del siglo XIII, se encuentra un sorprendente museo del automóvil que reúne más de 70 coches de 1899 a 1990, entre ellos todos los modelos de Rolls Royce – ¡42 en total! – construidos cuando la marca todavía era inglesa.

### 🎥 Museo de las Encartaciones: barrio de Avellaneda s/n, en **Sopuerta.** ☎ 946-50-44-88. 💻www.enkarterrimuseoa.net A unos 5 km al nordeste de Balmaseda. El museo está detrás de una curva, en lo alto de la cuesta. Seguid 60 m más y encontraréis la entrada del aparcamiento. Abierto mar-sáb 10-14 h y 17-19 h (16-18 h en invierno); domingo y festivos 10-14h. Gratuito.

Adosado a una casa-fortaleza del siglo XVI (quizá demasiado restaurada), este museo exhibe en primer lugar un bonito plano en relieve que describe perfectamente la geografía de Las Encartaciones. Después, planta a planta, numerosos objetos arqueológicosilustran la Prehistoria, los periodos romano y medieval, para terminar con una sección sobre la época reciente, donde se presentan los diferentes oficios de la zona.

### 🏠 ⚕ Hotel Batzarki

Barrio de Avellaneda, 12,
48190 **Sopuerta.**
☎ 946-50-42-01.
✉batzarki@gmail.com
💻www.batzarki.com
Justo detrás del museo. Vacaciones: 10 días en junio y septiembre. Restaurante cerrado los lunes. Dobles con baño 40-60 € según temporada. Carta 40 €. Internet. En una pequeña aldea situada en lo alto de una colina, esta bella casa del siglo XVIII dispone de 6 habitaciones con cuarto de baño y magníficamente decoradas con un gusto rústico exquisito. El restaurante, ofrece una cocina local auténtica y plena de sabor.

# >Karrantza Harana/ Valle de Carranza



Situado al noroeste de Balmaseda, es un magnífico valle montañoso, de un verde intenso y sembrado de aldeas y pequeños y auténticos pueblos, agrupados todos en el municipio de Karrantza. ¡Bienvenidos a esta Bizkaia profunda que tanto nos gusta!

## TRANSPORTES

### En tren
RENFE (Antigua FEVE): ☎ 944-25-06-15 (en Bilbao). 🖥www.renfe.es Con la línea Bilbao-Santander, descended en la estación FEVE de Carranza-Ambasaguas. Hay unos 3 trenes/día y 1 h de trayecto desde Bilbao. No hay comunicación directa desde Balmaseda.

### En autobús
*Bizkaibus:* ☎ 902-22-22-65. 🖥www.bizkaia.net Varios trenes/día a **Bilbao** y **Balmaseda.**

## DIRECCIÓN ÚTIL

### ⓘ Oficina de turismo del valle de Karrantza
Barrio de Ambasaguas, 22, por la carretera BI 630. ☎ 946-80-69-27. 🖥www.karrantza.org
En la entrada de Ambasaguas, cerca de la gasolinera. En julio-agosto abre todos los días; el resto del año, mar-dom por las mañanas. Cerrado 10 diciembre-31 enero. Proporciona planos de la zona, lista de alojamientos en casas rurales y toda la información sobre los pequeños secretos del valle, circuitos de senderismo, pequeños productores de queso, charcutería...

## ¿DÓNDE DORMIR? ¿DÓNDE COMER?

### ⌂ Casa rural Artetxea
Barrio Biáñez, 24,
48891 **Karrantza-Harana.**
☎ 946-10-68-53 y 688-61-12-52.
✉ casaruralartetxea@gmail.com
Para llegar a este establecimiento tomad la carretera que desciende frente a la iglesia de Biáñez y después la primera callejuela a la izquierda. Cerrado 10 dic-7 enero.

> **> AVISO**
>
> Únicamente el criterio independiente del autor ha determinado la selección de establecimientos incluidos en esta guía.

Habitaciones dobles 46-66 €, desayuno 4 €. Cena para los huéspedes solamente previa reserva 14 €. Posibilidad de media pensión. No admite tarjetas de crédito. Wifi. Intalado en una casa del siglo XIX totalmente renovada, con 6 habitaciones impecables, con o sin cuarto de baño, y decoradas en el estilo rústico del país. Trato amable y tranquilidad garantizada.

### 🍴 Restaurante Concha-Casa Garras

Plaza Concha, 6, 48891 **Karrantza Harana.** ☎ 946-80-62-80. Menú 12 €; carta 20-25 €. Se entra por el bar del pueblo para llegar al primer piso, donde hay un salón restaurante bastante coqueto y decorado con madera. Cocina vasca auténtica realmente sabrosa, elaborada con productos frescos de la zona.

## ¿QUÉ VISITAR? ¿QUÉ SE PUEDE HACER?

**Karpin Abentura:** desde la carretera BI 630, tomad la BI 4675 hacia Biáñez y atravesad el pueblo; está algo más lejos, en una curva. ☎ 946-10-70-66 o 944-47-92-06. 💻www.karpinabentura. com En Semana Santa y de julio a mediados de septiembre, abierto todos los días 11-19 h; de mediados de septiembre a finales de junio, vacaciones escolares, fines de semana y festivos 11-19 h (17 h noviembre-marzo); las taquillas cierran1 h antes. Entrada: 9,50 €; 6 € 4-16 años; gratuito hasta 3 años. Calculad 2.30 h de visita y no olvidéis las sillitas de los niños.

En un lado de la colina y perfectamente acondicionado con largas avenidas, este gran parque presenta la fauna y la flora de las montañas vascas: lobos, rapaces, muflones, gatos monteses, ciervos, etc.; pero también leopardos, avestruces, monos, caimanes y otros animales más bien exóticos. En total, unos 200 ejemplares de 55 especies diferentes, en grandes cercados bien cuidados y acompañados de paneles explicativos, claros y didácticos. La visita continúa por una frondosa vegetación donde grandes dinosaurios de plástico gesticulan y rugen. Una aventura sorprendente, durante la cual se os explica –con el apoyo de efectos especiales– la desaparición de estos grandes animales y la aparición del hombre prehistórico. Los niños están encantados. También hay juegos infantiles y un lugar para picar algo.

**Museo-iglesia de San Andrés de Biáñez:** llegando por la carretera BI 630, antes de entrar en el pueblo de Biáñez, a la izquierda. Visita previa reserva en el ☎ 946-80-69-28. Entrada: 1 €.

Bonita y pequeña iglesia románica fortificada, construida en el siglo XII y recientemente restaurada. En su interior se puede admirar un curioso fresco del siglo XVI, en el que Jesucristo es crucificado por soldados... ¡españoles! varias salas y una puerta claveteada con calaveras que lleva a la cripta, pero está cerrada con un candado.

> ### > AVISO
>
> **La *guía del Trotamundos* defiende valores como los derechos del hombre, la solidaridad entre los pueblos, la biodiversidad cultural y la protección del medio ambiente.**

**Cuevas de Pozalagua (Pozalaguako koba):** desde la carretera BI 630, tomad a la derecha la BI 4678 hasta el pueblo de Ranero; están unos 3 km más adelante (señalizadas) por una pequeña y sinuosa carretera (¡cuidado!). ☎ 649-81-16-73. 📷 Abiertas de abril a mediados de junio, mar-dom 11-17 h (19 h fines de semana y festivos); de mediados de junio a finales de octubre, mar-dom 11-19 h; noviembre-marzo, solo los fines de semana 11-15 h; la taquilla cierra 30 minutos antes. Entrada: 5 €; descuentos; gratuito para menores de 6 años. Visita de 45 minutos en grupos de 20 personas como máximo.

Descubiertas en 1957, estas cuevas, que se recorren sobre pasarelas, ofrecen un fabuloso espectáculo de estalactitas y estalagmitas que a veces se unen formando impresionantes columnas; o los innumerables cristales que centellean reflejando la tamizada iluminación. Además, el exterior ofrece magníficos miradores: promontorios de karst grisáceo y vegetación de maquis desde donde se domina todo Bizkaia.

➤ **Relajarse:** en las **termas El Molinar,** barrio del Molinar, 17. ☎ 946-80-60-02. Junto a la carretera BI 630.

Alimentada por un agua de manantial que brota a 31 °C y que, según parece, alivia el reumatismo y otros dolores de las articulaciones, su piscina es ideal para relajarse tras una buena jornada de senderismo. También ofrecen una amplia gama de masajes y tratamientos, y la posibilidad de alojarse allí mismo.

# >Ibaizabal Harana/ Valle de Ibaizábal

El valle de Ibaizábal ha sido siempre la principal vía de paso entre Gipuzkoa y Bilbao. Por él discurre el trazado de la autopista A8-E70 y la carretera N 634. Por la nacional se recorren zonas industriales y ciudades grises. Desde la autopista se pueden apreciar mejor los elementos de un paisaje que dan ganas de recorrer despacio para conocer bien los espléndidos monumentos de las ciudades esconden y las desérticas montañas del Duranguesado.

## TRANSPORTES

### En tren

*Eusko Tren:* ☎ 902-54-32-10.
💻 www.euskotren.es
Esta compañía dispone de una línea Bilbao/Donostia – San Sebastián que da servicio a Galdakao, Durango, Berriz, Ermua... con unos 18 trenes/día en los dos sentidos

### En autobús

*Bizkaibus:* ☎ 902-22-22-65.
💻 www.bizkaia.net
Varias líneas con salida de Bilbao dan servicio a Galdakao, Durango, Elorrio, Ermua... En cuanto a la sierra de Gorbeia, se encuentra en el trazado de la línea Bilbao/Vitoria-Gasteiz.

# GALDAKAO

29 590 HAB. (C. POSTAL: 48960 , *C2*)

Prácticamente está en las afueras de Bilbao. Y cuesta orientarse con tantos cruces de carreteras. Coged la dirección del centro y subid, en dirección al campanario de la iglesia de Santa María, en el barrio de Elijalde. Delante de la iglesia hay una gran rotonda con la estatua de un hombre que, para un suizo, tendría toda la pinta de Guillermo Tell con su gorro y su ballesta. Pero no es él ni mucho menos, sino Ballesteros (que para eso tiene una ballesta), fundador mítico de Galdakao.

➤ Web de interés: 💻 www.galdakao.net

## ¿DÓNDE DORMIR?

### Hotel Iraragorri Etxea

Txomin Egileor, 28.
☎ 944-36-36-01.
📧 hotel@iraragorri.com
💻 www.iraragorri.com
Según se llega de Bilbao, tomad a la derecha en la gran rotonda de Galdakao (el lado ouesto a la iglesia) y cruzad el río; está 100 m más adelante a la derecha, por debajo de la carretera. Doble 100 €, desayuno incluido. Wifi. Esta antigua casa tradicional alberga un pequeño hotel con encanto que dispone de una decena de habitaciones coquetas, cálidas y confortables, a mitad de camino entre el *boutique hotel* y la casa de muñecas. Además el desayuno se toma en el comedor de los propietarios (descendientes de un gran futbolista de los años 1930), decorado como una bombonera. Trato familiar y atento a los pequeños detalles, que enseguida hace que te olvides de la carretera y el tren (cristal doble) que pasan a cierta distancia. Un alojamiento ideal para resolver una noche.

## ¿QUÉ VISITAR?

**Iglesia Santa María de Eleizalde:** en la parte alta de Galdakao. Pedid la llave en las casas vecinas. Es una hermosa muestra de principios del gótico. En la entrada hay un bonito calvario tallado con los instrumentos de la Pasión (incluido el gallo de San Pedro) y hermosa galería cubierta con una estructura renacentista. La forma del pórtico preludia el gótico, pero las imágenes son aún de inspiración románica como, por ejemplo, el caballo arrodillado que encontraréis en la fachada oeste. En el interior, hermosa nave con una sola bóveda. El espléndido retablo, plateresco del siglo XVI, tiene veinticuatro paneles con bajorrelieves que representan las escenas de la Pasión y veneras de Santiago. Hermosas tallas polícromas, como la de San José con el Niño Jesús, que tiene un chupete en las manos, y la magnífica de San Miguel Arcángel, que derrota al demonio, un calvario y una preciosa Virgen dando de mamar al niño.

# PARQUE NATURAL DE GORBEIA

(C2-3)

Repartido entre Bizkaia y Araba, es una amplia zona montañosa de 20 016 km², que culmina en la cima del monte Gorbeia, de 1 481 m de altitud. Las vías principales para llegar hasta él son las carreteras N 240 y BI 625, que pasan por tranquilos y agradables pueblos que rodean el parque: Dima, Areatza, Artea, Zeanuri, Orozko, etc. Éstos constituyen otras tantas bases, con restaurantes y alojamientos en casas rurales, desde las que salir a recorrer el parque a pie, en bici de montaña, a caballo o a escalar. Porque, para surcar esta naturaleza salvaje y deshabitada, hay multitud de itinerarios balizados en los que una se queda extasiado ante paisajes increíbles: montañas cubiertas de vegetación que ocultan innumerables simas con estalactitas, grietas, precipicios y la espectacular cascada de Gujuli, de más de 100 m de altura.

La sierra de Gorbeia es también una zona de pastos para las ovejas, caballos y bovinos, que encuentran refugio en antiguos apriscos. La presencia del hombre se remonta aquí hasta hace mucho tiempo, como testimonian esos extraños megalitos o incluso esas ermitas aisladas del mundo. Todavñia es posible encontrar aquí ríos de aguas límpidas y bosques de robles y hayas, habitados por una fauna abundante y variada: desde el ciervo hasta la rana, pasando por rapaces, gatos monteses...

## DIRECCIONES ÚTILES

 **Oficina de turismo**
Telleri, 27, en **Dima**.
☎ 944-04-60-97.
www.gorbeialdea.com Abierta, de mediados de junio a mediados de septiembre, todos los días; en temporada baja, solo por las mañanas, todos los días, excepto lunes. Planos de la zona y de sus pueblos, todo tipo de información sobre las particularidades del parque de Gorbeia, alojamientos en casas rurales, restaurantes, pequeños productores de quesos, miel, charcutería, sidra, etc., sin olvidar los itinerarios de senderismo, bici de montaña y otras actividades. También proporciona información sobre el parque natural de Urkiola.

### ⓘ Centro de interpretación del parque

Gudarien plaza, 1, en **Areatza.**
☎ 946-73-92-79. ✉ parketxea@
hotmail.com Delante del Ayuntamiento. Abierto todos los días 10-14
h y 16-18 h. Como introducción a la
visita del parque, ofrece información sobre la flora y la fauna del
parque, su estructura geológica o
sus particularidades culturales, sin
olvidar los lugares de interés que no
hay que perderse y los circuitos de
senderismo.

## ¿DÓNDE DORMIR? ¿DÓNDE COMER?

### Casa rural Aramotz

Barrio Ugarana, 2,
48141 **Dima.**
☎ 946-31-60-05.
En el pueblo, detrás del ayuntamiento. Doble 35 €, desayuno 3 €.
Posibilidad de media pensión. Menú
8 €. No admite tarjetas de crédito.
Situada en la pequeña y tranquila
aldea de Dima, esta casa de pueblo dispone de 6 habitaciones con
cuarto de baño común; sencillas,
limpias y no son caras. Idóneas
para echar una cabezada entre dos
excursiones por el parque. En la
planta baja tiene un restaurante-bar
donde elaboran buenas especialidades tradicionales a precios muy
asequibles.

### Casa rural Garai

Beraza auzoa, 5,
48410 **Orozko.**
☎ 946-33-05-06.
🖳 www.nekatur.net/garai
Desde el centro del pueblo, tomad
la dirección de Artea y girad más
adelante a la derecha (señalizado).
Doble 62 €, desayuno 5,50 €. Piedras
y vigas antiguas, así es la decoración
de este bonito caserío del siglo XIX,
perdido en una aldea. Dispone de 5
pequeñas habitaciones abuhardilladas, con cuarto de baño y TV. Limpieza absoluta. Posibilidad de usar
la cocina (de pago). Buen trato por
parte de la dueña.

### Axpe Goikoa Erretegia

Barrio Iturrioa, 11,
48141 **Dima.**
☎ 946-31-72-15.
En la carretera de Areatza a Dima, a la
izquierda. Abierto solo a mediodía.
Menús 22-29 €, carta 30-35 €. Aislado
en los alto de una verde colina, con
una buena vista sobre los caballos
que retozan en grandes cercados,
este excelente restaurante –uno
de los mejores de la zona según
las gentes del lugar– sirve buena
cocina vasca, delicada y sabrosa. Se
nos hace la boca agua al recordarla.

### Casa rural Goikoetxe

Barrio Uribe Zelai, 36, 48144 **Zeanuri.**
☎ 944-73-94-80.
✉ goikoetxe2@euskalnet.net
🖳 www.nekatur.net/goikoetxe
A 2 km al norte del pueblo (señalizada). Dobles con baño 46-53 €,
desayuno 4 €. Plantado sobre una
tranquila colina, entre bosques y
pastos, este hermoso caserío (vigas

---

### > AVISO

La *guía del Trotamundos* defiende valores como los derechos del
hombre, la solidaridad entre los pueblos, la biodiversidad cultural y
la protección del medio ambiente.

antiguas y sillares de piedra) restaurado ofrece 6 habitaciones limpias y con una decoración sencilla. Cocina común (de pago) y comedor con chimenea y TV. Posibilidad de participar en las labores del caserío de los propietarios, que está al lado, y de comprar productos de la zona (quesos...). Además es lugar de paso de varios itinerarios pedestres.

### Restaurante Arrugaeta

Zubiaur plaza, 8,
48410 **Orozko.**
☎ 946-61-00-01.

✉ info@restaurantearrugaeta.com
Está situado frente al ayuntamiento. Vacaciones en agosto. Menú del día 10 €; carta 25-30 €. No admite tarjetas de crédito. Es a la vez un bar de pueblo, donde se puede comer con los trabajadores de la zona un menú del día sencillo y energético, y, en la sala de al lado, un restaurante más selecto para degustar platos más elaborados, pero solamente a la carta. Y, como la cocina es la misma para las dos mesas, resulta que este restaurante es una buena referencia para todos los bolsillos.

## ¿QUÉ VISITAR?

**Orozko:** en la N 625. A la entrada de la población hay varios caseríos antiguos, muy hermosos. Dentro del pueblo, bonitas casas blasonadas y la **casa consistorial** de piedra gris, del siglo XVIII. En el barrio de Jauregia (Jauregia auzoa), hay una pequeña ermita con espadaña y una gran casa blasonada que ha dado nombre al lugar (*jauregia* significa palacio en vasco).

**Ibarra:** en la ladera de la sierra. Encantador pueblecito de montaña con preciosas casas de piedra, una pequeña iglesia del siglo XV, un antiguo convento y una ermita del camino de Santiago del siglo XII. En el vecino caserío de Ugalde hay un pequeño molino antiguo con su saetín. Da la impresión de que aquí la vida se ha parado hace tres siglos.

**Puerto de Oikotxe:** desde la cumbre se tiene una espléndida vista panorámica de toda la cadena del Gorbeia y de los montes de Bizkaia. La mirada se pierde siguiendo el trazado de innumerables senderos en centenares de hectáreas de un bosque muy bien conservado.

**Artea:** situada al pie del puerto. La población es conocida por su **ermita** del camino compostelano, con una talla policroma del apóstol Santiago Matamoros, montado en su caballo blanco, pero también tiene una curiosa **iglesia de San Miguel,** con un campanario de madera, en la que nadie se fija, lo cual es injusto. Tiene una notable estructura, con una nave muy simple en la que hay un vía crucis del siglo XVI, un retablo pintado, un antiguo tabernáculo polícromo y una talla de San Miguel del siglo XIII, que por sí sola ya merece la visita. El santo lleva un escudo como los que se ponían en la alta Edad Media, y el dragón no deja de ser un perro grande. Las llaves de la iglesia las tiene la dueña de la casa nº 2. Pedidle también que os enseñe la bonita fuente de cerámica antigua que hay en la sacristía.

**➤ Museo del Nacionalismo Vasco – Fundación Sabino-Arana:** Herriko plaza, 39. ☎ 946-31-72-86. 💻 www.sabinoarana.org Abierto mar-sáb 11-14 h y 16-19 h; domingo 11-14 h. Entrada y visita guiada libres.

Esta fundación es una demostración de la voluntad del gobierno vasco de implantar establecimientos de este tipo en las pequeñas localidades aisladas (en Artea solo viven seiscientos habitantes) con objeto de mantener y desarrollar una serie de actividades relacionadas con la cultura.

En él se conservan los archivos del Partido Nacionalista Vasco (PNV), y se ha abierto una biblioteca. La visita del museo es muy interesante, aunque tiene un tufo hagiográfico que huele de lejos. Se expone la actuación a finales del siglo XIX de Sabino Arana, pionero del nacionalismo vasco todavía impregnado de los principios de 1848. Él fue quien inventó la ikurriña en 1894, quien creó el primer partido de la juventud vasca y quien sentó las bases del renacimiento de los estudios vascos. Se describe el proceso de constitución de la autonomía durante la II República y la intensa actividad antifranquista del PNV durante la dictadura de Franco. También se hace mención del batallón Gernika, formado por gudaris, que participó en la Resistencia francesa durante la Segunda Guerra Mundial. Se pueden ver imágenes muy duras, como la de los condenados a muerte en la prisión de Burgos, y otras más anecdóticas (en la foto del primer coro mixto vasco aparece la madre de Plácido Domingo). En un divertido mapa del siglo XIX, la zona de difusión del euskera llega hasta Sangüesa y Tafalla (o sea, casi toda Navarra). Y una multitud de fotos, armas, música, carteles y objetos de propaganda defendiendo la causa vasca.

**Areatza:** tiene un minúsculo centro antiguo, con una pequeña iglesia del siglo XV, con curiosas imágenes en el pórtico: la Virgen es casi obesa y san Pedro tiene pinta de gnomo.

**Dima:** bonito pueblecito, enclavado en el llano entre dos montañas. Tiene una bonita **ermita de la Piedad,** con una columnata clásica y una verja de hierro forjado, tras cual hay una talla polícroma de la *Piedad*. La **iglesia de San Pedro,** barroca, tiene un retablo de madera sin dorados (toda una sorpresa) y una talla polícroma de San Pedro que data del siglo XVII.

**Oba:** situado en lo alto del valle según se sale de Dima, también tiene una pequeña ermita dedicada a San Antolín, con una hermosa talla de Santiago Peregrino (que nos gusta más que la de Matamoros).

> **> AVISO**
>
> La *guía del Trotamundos* defiende valores como los derechos del hombre, la solidaridad entre los pueblos, la biodiversidad cultural y la protección del medio ambiente.

# Durango y alrededores

26 270 HAB. (C. POSTAL: 48200 , *D2*)

PAÍS VASCO

IBAIZABAL HARANA/VALLE DE IBAIZÁBAL

**B**aluarte de la clase obrera durante la etapa de industrialización, Durango adquirió a lo largo del siglo XX una reputación de ciudad dura y politizada. La verdad es que en Durango las ideas marxistas y el internacionalismo proletario hicieron buenas migas con la ideología nacionalista. El aspecto industrial de la localidad oculta un encantador casco histórico, agrupado en torno a la basílica  y atravesado por un pequeño río. Y a unos kilómetros la naturaleza, tenaz, reclama sus derechos en el parque natural de Urkiola. que no hay que perderse

## Un poco de historia

Hasta el año 1095 el condado de Durango perteneció al reino de Pamplona primero y al de Navarra después, pero a partir de esa fecha quedó incorporado al Señorío de Vizcaya, aunque manteniendo un cierto grado de independencia. En 1195, el rey Alfonso VIII de Castilla ocupó el condado de Durango, y la ciudad pasó a formar parte de la Corona de Castilla.

Entre los muchos acontecimientos que se produjeron en los siglos siguientes, uno de los que tuvo más repercusión fue el movimiento «herético» del franciscano Alonso de Mella que conmocionó la ciudad en el siglo XV. La herejía de Mella, al igual que otros muchos movimientos populares surgidos de las órdenes mendicantes, propugnaba la comunidad de bienes y de mujeres. Ello dio lugar a una cruel represión en Durango y a que la hoguera funcionara sin parar. Y, como remate, se levantó la cruz de Kurutziaga para implorar el perdón divino.

Por la misma época la localidad era conocida por la habilidad de sus tejedores. A continuación se instalaron en Durango los fundidores y trabajadores del hierro. Durante gran parte del siglo XVII se produjo el florecimiento de la manufactura del hierro para abastecer de «chuzos, alabardas, guarniciones de espadas, dagas y picas» a los ejércitos castellanos. La difusión de la arquitectura barroca también favoreció la artesanía del hierro, hasta tal punto que la ciudad se hizo célebre por la calidad de sus balcones de hierro forjado y por la armería. Esta actividad empezó a declinar a principios del siglo XIX, por la competencia de la cercana Guipúzcoa. Con la inauguración del ferrocarril a Bilbao en la década de 1880 mejoraron las comunicaciones, lo que se tradujo, a principios del siglo XX, en un nuevo florecimiento de la industria.

Mientras tanto, la ciudad vivía todos los grandes acontecimientos del siglo XIX. Así, en septiembre de 1813 se proclamó en Durango la Constitución de Cádiz, más tarde, la ciudad aclamó a Fernando VII cuando éste visitó Durango en junio de 1828. Las guerras carlistas tuvieron una gran repercusión en Durango. El 31 de marzo de 1937, durante la guerra civil española (1936-1939), Durango sufrió el bombardeo indiscriminado y sistemático de los aviones de la legión Cóndor contra la población civil. Nunca hasta entonces se había producido en el mundo un suceso de esas características. El resultado de ese bombardeo y los realizados los días posteriores fue de más de 500 muertos. Poco después se produciría el bombardeo de otra ciudad vasca, Gernika, que conmocionó al mundo entero.

Finalizada la guerra, a mediados de la decada de 1950, Durango volvió a cobrar una gran actividad económica gracias al desarrollo de su industria, que generó una gran afluencia de emigrantes procedentes principalmente de Extremadura y Andalucía. Y los 4 000 habitantes que tenía Durango en 1900 se convirtieron en 26 000 un siglo después.

La localidad siempre ha sido progresista. Durante la primera guerra carlista se posicionó a favor de los liberales. Republicana en 1936, se convirtió en autonomista en los años 1950. El punto culminante será la Fiesta de San Fausto en 1976: una inmensa manifestación convocada por la legalización del uso de la ikurriña dará lugar a una dura represión y a la dimisión del alcalde.

En la actualidad Durango sigue siendo una ciudad de trabajadores del metal; fundiciones y talleres mecánicos son los grandes creadores de empleo.

## TRANSPORTES

### En tren

**Estación de *Eusko Tren*:** Geltoki, 8. ☎ 946-20-25-51. 💻 www.euskotren.es En pleno centro, cerca del casco viejo.
➤ **Bilbao** (estación de Atxuri) y **Donostia-San Sebastián** (estación de Amara): unos 18 trenes/día en los dos sentidos por la línea Bilbao / Donostia – San Sebastián. Duraciones respectivas: 45 minutos y 2 h.

### En autobús

**Parada de autobuses:** Landako etorbidea, a la altura de Madalena plaza, a uno u otro lado de la avenida según vuestro destino. Estas 2 paradas son atendidas por 3 compañías :
■ *Bizkaibus:*
☎ 902-22-22-65.
💻 www.bizkaia.net

➤ **Bilbao:** 1 autobús/hora, 7-21 h (línea A 3933) en los dos sentidos, solo días laborables. Los fines de semana, tomad la línea siguiente.
➤ **Elorrio:** 15-16 autobuses/día (línea A 3923) en los dos sentidos (terminal en Bilbao).
➤ **Markina-Xemein** y **Ondarroa:** 1 autobús/hora, 6-20 h (línea A 3915) en los dos sentidos (terminal en Bilbao).
■ *Autobuses Pesa:*
☎ 902-10-12-10. 💻 www.pesa.net
➤ **Bilbao:** 5-6 autobuses/día.
➤ **Donostia-San Sebastián:** 2-3 autobuses/día en los dos sentidos.
■ *Autobuses Alsa-Continental:*
☎ 902-42-22-42. 💻 www.alsa.es
➤ **Puerto de Urkiola** y **Vitoria-Gasteiz:** 4-7 autobuses/día, en los dos sentidos.

## DIRECCIONES E INFORMACIONES ÚTILES

### Oficina de turismo

Lariz Torre kalea, 2.
☎ 946-03-39-38.
💻 www.durango-udala.net Todos los días por la mañana, lunes, jueves y viernes también por la tarde. Plano de la villa, bastante información sobre el parque natural de Urkiola, y organiza visitas guiadas de la ciudad.

### Internet

En *Katxorro,* plaza Balbino Garitaonandia. ☎ 946-21-50-60. En el centro histórico, junto a la plaza de Santa Ana.

### Erreka Mendi Kirolak

Ermodo, 17. ☎ 946-03-33-00.
💻 www.errekamendi.com Aquí se puede comprar todo tipo de equipamiento para realizar excursiones a pie: calzado, ropa, navajas, tiendas, sacos de dormir... También buenas informaciones sobre itinerarios por la zona.

### Mercado

De lunes a sábado por las mañanas en la Azoka plaza, detrás de la basílica de Santa María.

## ¿DÓNDE DORMIR? ¿DÓNDE COMER?

### Pensión Errota

Intxaurrondo, 54.
☎ 946-21-60-21.
Al sur del casco viejo. Cama en dormitorio 15 €; doble 53 €; desayuno 4 €. Es al mismo tiempo albergue juvenil dividido en dormitorios (10-20 personas) muy limpios y un hotel que ofrece habitaciones (2-4 personas) limpias, con cuarto de baño, TV y radiador. Tiene cafetería. Agradable ambiente joven. Buena relación calidad-precio a solo 5 minutos a pie del casco viejo.

### Hotel Kurutziaga

Kurutziaga, 52. ☎ 946-20-08-64.
✉ info@kurutziaga.net
💻 www.hoteldurango.es
Dobles con baño 85-110 €, según los días, desayuno incluido. Wifi. Bonito hotel con encanto en un antiguo edificio a un paso del centro. Decoración bastante elegante de estilo inglés. Habitaciones impecables, con TV y radiador. Pequeño jardín y bar con terraza que da a la calle. Más barato los fines de semana. Trato amable.

### Anboto Jatetxea

Goien kalea, 14. ☎ 946-81-10-20.
Abierto todos los días a mediodía y de jueves a sábado también por la noche. Menú 10 €, carta 30 €. En una callejuela del casco viejo, se atraviesa primero un bar con jamones colgados del techo, para llegar a la planta superior, donde hay un salón restaurante bastante acogedor. Deliciosa cocina vasca familiar, sencillamente elaborada con productos frescos de temporada. Hemos disfrutado. Buena relación calidad-precio-trato.

## ¿DÓNDE TOMAR UNA COPA?

### Bodegón Azoka

Uribarri, 15.
☎ 946-81-15-96.
En la calle que hay detrás de la basílica de Santa María, un perfecto bar típico, limpio y un poco kitsch, con azulejos y mesas de formica. En él se toman txikitos (1-2 €) acompañados de pintxos y bocadillos (3-4 €). Ambiente con sabor auténtico.

Los bares de Durango se concentran en Goien kalea, en pleno casco viejo. En ellos se puede tomar vino del país con pintxos y bocadillos para empapar, en compañía de los parroquianos; todo a precios razonables. Pero en una localidad obrera. los días laborables, todo o casi todo cierra a las 22 h. Para compensar, el fin de semana hay fiesta hasta las tantas.

## FIESTAS Y MANIFESTACIONES

### Euskal Astea (Semana vasca)

A mediados de junio. En torno a una feria agrícola, se producen multitud de manifestaciones folclóricas, música, deporte rural, bertsolaris, teatro, etc.

### Fiesta de San Fausto

El 13 de octubre. Es la fiesta principal: txupinazo, pasacalles, txistu, gigantes y cabezudos, txosnas (casetas de las peñas), pregón con aurresku de honor, deportes rurales vascos, partidos de pelota, música e instrumentos populares, conciertos, concursos de marmitako, de paellas, de tortillas...

### Festival del Libro Vasco

La 1ª semana de diciembre. Creada en 1965, es la reunión de artistas, músicos, escritores y editores vascos.

# ¿DÓNDE COMPRAR PRODUCTOS DE CALIDAD?

### 🍄 Oka

Andra Mari, 3. ☎ 946-81-79-36. Inmediatamente a la izquierda de la basílica de Santa María. Un verdadero diluvio de vinos, conservas, charcutería y quesos de la zona.

## ¿QUÉ VISITAR?

🎒 **Calle Kurutziaga:** donde podréis ver, en el nº 38, el pequeño **Museo Kurutzesantu** (abierto vie-sáb 12-14 h y 18.30-20.30 h), que alberga la sorprendente **cruz de Kurutziaga,** calvario gótico típico. En el monumento, las brujas talladas por el escultor no tienen pinta de pasárselo muy mal... En la misma calle está la **biblioteca municipal,** que parece un pastiche de cualquier mansión burguesa del siglo XIX, pero no lo es. La iglesia de los jesuitas es reciente y se parece a sus constructores por su rigidez, pulcritud y tristeza.

🎒 **Basílica de Santa María:** construida en el siglo XVI, ofrece un fuerte contraste entre su fachada, rodeada por un atrio de madera bastante bajo con una soberbia estructura antigua, y su interior, con una imponente nave gótica y un retablo renacentista que chorrea de dorados. Por lo demás, el atrio es el lugar de reunión de gente de todas las edades: los niños que juegan y corretean, sus jóvenes madres que los vigilan de reojo y los viejos que conversan tranquilamente. Así se respeta la tradición, porque en ese sitio estaba el mercado durante la Edad Media.

🎒 **Centro histórico:** está bien restaurado. Detrás de la basílica de Santa María, en la Azoka plaza, está el bonito **mercado,** adosado a las antiguas puertas fortificadas de la ciudad. Frente de la oficina de Correos, en Zehar kalea, está el **Ayuntamiento (Udaletxea),** hermoso edificio blasonado y con arcadas. Su fachada está completamente cubierta de estucos y pinturas al fresco del siglo XVIII, con unos angelotes mofletudos y drapeados impresionantes. Al lado del Museo de Arte e Historia hay una preciosa **casa blasonada,** con una lápida que recuerda el nacimiento en este lugar de Bruno Mauricio Zabala, fundador de Montevideo (que, además, da nombre a la calle).

🎒 **Museo de Arte e Historia:** San Agustinalde, 16. ☎ 946-03-00-20. Abierto todos los días, excepto domingo por la tarde, 11-14 h y 16 h (17 h sam)-20 h. Entrada libre.

Instalado en el palacio de Etxezarreta (siglo XVIII), este pequeño museo recoge, en sus tres plantas, documentos históricos, pinturas antiguas, grabados y vestidos. También te enteras de que el inventor de la tipografía española, Juan de Yciar, nació en Durango. En el último piso se puede ver su bella cubierta de madera.

🎒 **Iglesia y plaza de Santa Ana:** en el casco histórico. Es desde luego uno de los lugares más hermosos de Durango. Allí se encuentran, además de la iglesia con su preciosa estructura del siglo XVI, una de las puertas antiguas de la ciudad, un puente antiguo, un molino y el río que lo alimenta. Justo al lado, bonitas casas en Balbino Garitaonaindia plaza. Después del puente hay un jardincillo en el que los jóvenes se reúnen por la noche.

**Eskurdi plaza:** es el centro neurálgico de la ciudad, justo al lado del casco antiguo, al otro lado del río, que da a la estación y a los barrios modernos. Contemplad la fachada de la **Caja laboral** y sus estatuas sobredimensionadas.

**Iglesia San Pedro de Tabira:** después de la plaza de Santa Ana, pasad el puente, y, después, en la rotonda siguiente, coged la calle de Tabira y seguid el vía crucis.

## ALREDEDORES DE DURANGO

**Ermita San Juan de Momoitio:** en la carretera que va de Berriz a Goiuria. Tiene un bonito calvario del siglo XIV, en el que el escultor ha esculpido una Virgen con el Niño en lugar de Jesucristo. En el interior de la ermita hay tres tallas polícromas. Sobre las bonitas columnas que sostienen el atrio, algunas pintadas anticlericales, pero con retranca. Magnífica vista sobre el valle.

**Garai:** encantador y tranquilo pueblo de montaña. Desde el promontorio se disfruta de una preciosa vista del valle de Durango. Tiene una hermosa casa antigua del siglo XVII y una iglesia gótica fortificada que domina el valle.

**Herriko Jatetxea**
San Migel auzoa, 20.
☎ 946-81-25-80.
Abierto todos los días, excepto lunes. Menú 10 €; platos 14 €. Instalado en el ayuntamiento del pueblo, este albergue ofrece un magnífico observatorio sobre el valle. Sirve una muy buena cocina de la zona a precio medio. La única pega, los manteles de papel que protegen la bonita mantelería vasca.

# PARQUE NATURAL DE URKIOLA

Declarada Parque Natural en 1989, la sierra de Urkiola es una zona magnífica y especialmente salvaje, casi despoblada y encerrada entre dos carreteras: la N 240 y la GI 627. Con 5 955 ha de valles, bosques, pastos, lagos, despeñaderos, cuevas, puertos y montañas calcáreas que culminan a 1 330 m, este verdadero santuario de una naturaleza resplandeciente se distingue también por sus recursos culturales, históricos y arqueológicos. El puerto de Urkiola está situado en el centro exacto de la línea divisoria de aguas entre el Atlántico y el Mediterráneo. Y, aunque la oferta de alojamientos y restaurantes es reducida, los itinerarios para realizar excursiones son muy numerosos y permiten elegir el grado de dificultad según el nivel de cada uno: a pie, en bici de montaña, a caballo, para escalar...

## DIRECCIÓN ÚTIL

### ⓘ Casa del Parque – Centro de Interpretación Toki Alai

Puerto de Urkiola.

☎ 946-81-41-55 o 944-06-68-49.

🖥 www.urkiola.net

Frente al santuario de Urkiola, tomad el camino que asciende a la izquierda del restaurante Bizkarra. Abierto todos los días: mayo-septiembre, 10-14 h y 16-18 h; octubre-abril, 10.30-14.30 h y 15.30-17.30 h. Proporciona todo tipo de información sobre el parque natural de Urkiola, horarios de autobuses, lo que no hay que perderse, alojamientos, restaurantes, sin olvidar los itinerarios de excursiones a pie, hípica, bici de montaña, escalada... todo eso con una sonrisa. Venta de guías topográficas, mapas, libros sobre la flora y la fauna (baratos). A la altura del aparcamiento, un centro de interpretación presenta de manera interactiva la geografía (maqueta) y la geología del parque, les especies vegetales y animales encontradas, etc.

## ¿DÓNDE DORMIR? ¿DÓNDE COMER?

### ⌂ Casa rural Imitte Etxebarria

Barrio de San Juan, 24, 48291 **Atxondo.**

☎ 946-23-16-59.

✉ imitte@euskalnet.net

🖥 www.nekatur.net/imitte-etxebarria

Doble con baño 60 €, desayuno 4,50 €. Wifi. Encaramada en lo alto del bonito pueblo de Atxondo y rodeada por praderas y riscos, esta bonita casa antigua dispone de 4 habitaciones decoradas en el estilo rústico del país todas con TV y teléfono. Las más simpáticas están en la parte abuhardillada. Gran salón del mismo estilo con chimenea.

### ⌂ Casa rural Kerizara

Barrio Kerizara, 2, 8210 **Otxandio.**

☎ 945-46-14-12.

🖥 www.nekatur.net/kerizara

Doble 42 €; apartamento 4 pers 77 €; desayuno 4,40 €. Una hermosa casa tradicional, la de los propietarios, rodeada de un bonito césped. Justo detrás, una dependencia del mismo estilo alberga varias bonitas habitaciones impecables y 2 apartamentos (4-8 personas) equipados con cocina, salón-comedor y chimenea. Cada alojamiento tiene cuarto de baño, TV, calefacción y una agradable terraza que da al jardín. Juegos para niños. Buena relación calidad-precio.

### ⌂ Hotel Lagunetxea

Puerto de Urkiola.

☎ 944-65-60-10.

✉ info@lagunetxea.com

🖥 www.lagunetxea.com ♿

Doble con baño y TV 75 €, desayuno 3-4 €. Wifi. Justo al lado del santuario de los santos Antonios de Urkiola, habitaciones organizadas en torno a un patio de luces, muy limpias y decoradas en tonos cálidos, con teléfono, calefacción y hasta una Biblia.!

### ✕ Huri-Barrena Jatetxea

Huribarrena kalea, 8, 48210 **Otxandio.**

☎ 945-45-01-25.

Pasad delante de la iglesia; está un poco más lejos a la derecha. Todos los días, excepto dom-mar por la noche. Menú 9,50 €; carta 20-27 €. No admite tarjetas de crédito. A un paso de la plaza del pueblo, una sala alargada donde se sirve una muy buena cocina del país a precio muy asequible. Bien para recuperar fuerzas después de visitar el parque.

## ¿QUÉ VISITAR?

**Santuario de Urkiola:** en el puerto de Urkiola. También denominado «santuario de los santos Antonios», por San Antonio Abad y San Antonio de Padua, esta gran iglesia tiene una mezcla de estilos, desde el siglo XVI a nuestros días. Siempre se ha estado en obras, como muestra de un fervor inquebrantable, y todavía parece que no está terminado... Ceremonias importantes el 17 de enero (San Antonio Abad), el de 13 junio (San Antonio de Padua) y el segundo domingo de julio, día de la bendición de los niños de la comarca.

# ELORRIO

7 110 HAB. (C. POSTAL: 48230, *D2*)

Rodeado de montañas y colocado sobre un tapiz de verdor, Elorrio merece que realicéis un pequeño desvío para admirar su patrimonio arquitectónico –único en Bizkaia–, fundamentalmente constituido por magníficas iglesias y sorprendentes palacios blasonados de los siglos XVII y XVIII.

## TRANSPORTES

### En autobús
**Parada de *Bizkaibus:*** San Pío X, en la entrada del casco histórico. ☎ 902-22-22-65. ⬛ www.bizkaia.net

➤ **Durango** y **Bilbao:** 1 autobús/hora, 6-20 h laborables, 8-21h el fin de semana (línea A 3923) en los dos sentidos (terminal en Bilbao).

## DIRECCIONES ÚTILES

### Información turística
En el ayuntamiento, Gernikako Arbola plaza. ☎ 946-58-27-12. ⬛ www.elorrio.net Enfrente de la basílica. Abierta solo laborables. Proporciona algunas informaciones y un plano de la villa.

### Mendi Kirolak
Erreka, 30. ☎ 946-82-06-11. En esta tienda se encuentra todo el equipo del perfecto senderista: calzado, ropa, navajas, tiendas, sacos de dormir... y también buenos consejos sobre los circuitos de la zona.

## ¿DÓNDE DORMIR? ¿DÓNDE COMER?

### Casa rural Ibarluze
Iguria auzoa, 18. ☎ 946-58-29-74 y 635-71-20-30. ✉ baserri-ibarluze@hotmail.com A unos 2 km al sureste de Elorrio. Desde el centro, salid por la carretera BI 632 y tomad un camino a la derecha (señalizado). Doble con baño 45 €, desayuno 3 €. No admite tarjetas de crédito. Sobre la colina, rodeado de bosques y pastos, este encantador caserío del siglo XVII, perfectamente mantenido por amables criadores de vacas, ofrece

5 hermosas y grandes habitaciones con una cuidada decoración rústica. Todas con TV, canapé y calefacción. Posibilidad de usar la cocina (de pago). Un alojamiento realmente tranquilo y ¡ah, la vida al aire libre...!

### Tánger

Berriotxoa, 57.
☎ 946-82-00-52.
Abierto todos los días excepto domingo y lunes por la noche. Vacaciones: agosto. Menú de mediodía 10 €, si no 23-30 €; carta 30 €. En un extremo de la «calle de los palacios», se pasa bajo una pérgola para entrar en este restaurante de aires campesinos. En el plato, cocina vasca típica, bien elaborada y servida con amabilidad. Una buena referencia a precios razonables.

### Restaurante del Hotel Elorrio

San Augustín auzoa.
☎ 946-23-15-55.
✉ info@hotelelorrio.com
En la entrada de la localidad según se llega de Durango; al lado de la iglesia de San Agustín de Etxebarria. Cerrado por vacaciones en Navidad. Menú a mediodía y por la noche 12 €. Wifi. Una gran sala bastante cálida, un punto elegante y *design,* que sirve un muy buen menú que cambia cada día. Cocina típica cuidadosamente elaborada y muy sabrosa.

## FIESTAS

### Fiesta de San Valentín de Berri-Otxoa

El 4 de julio se celebra las fiestas en honor del patrón de Elorrio y copatrón (ayuntamiento)de Bizkaia.

### Fiestas de los Errebonbillos

El primer domingo de octubre se realiza el tradicional «alarde» durante el que se disparan al aire tiros de fogueo en distintos lugares del pueblo.

## ¿QUÉ VISITAR?

**Basílica de la Purísima Concepción:** Gernikako Arbola plaza, frente al ayuntamiento. Hermosa muestra de iglesia vizcaína con un atrio sobre columnas de gres lisas. Fue construida en los siglos xv y xvi adoptando sucesivamente los estilos gótico y renacentista. En su interior, si no os impresiona la bóveda de nervaduras cruzadas en forma de estrella, lo hará el retablo, uno de los que tiene más dorados del País Vasco. No hay que olvidar el altar, de estilo pseudo-oriental, dedicado a San Valentín de Berri-Otxoa, martirizado en 1861 y canonizado en 1988.

**El casco antiguo:** paseando por el centro podréis admirar la bonita **Udaletxea (Ayuntamiento)** con arcadas en la plaza Gernikako Arbola, donde hay varios bares con terraza. En la otra esquina de la plaza, interesante casa blasonada. Según se coge la calle San Barandinberrio auxoa kalea (que significa «calle del barrio nuevo de San Barandino») se pueden ver varios edificios muy hermosos, empezando por el de la sede de la **Caja laboral** (con una admirable puerta labrada) y el de la **Biblioteca municipal.** En la otra punta de la calle, hacia la salida de la ciudad, hay un hermoso palacio, más gris y menos luminoso, pero tan impresionante como los otros. Continuando hacia la calle mayor, veréis también un **Calvario** del siglo

XV, con una impresionante columna salomónica. Justo al lado, otro hermoso palacio, con el detalle divertido de la cabeza de caballo que adorna la puerta de las caballerizas.

**Iglesia de San Agustín de Etxebarria:** en la entrada de Elorrio según se llega desde Durango. Podéis pedir la llave a la señora que vive en la casa de ladrillo que hay detrás del bar. No os perdáis este magnífico conjunto construido en el siglo XI, y restaurado en los siglos XIV y XVIII. Lo que más llama la atención no es el atrio, con sus bonitas columnas de piedra y su armazón de madera, sino la sencilla arquitectura de la nave y el retablo con tallas de San Agustín y de su madre Santa Mónica. En un muro hay fragmentos de pinturas murales medievales.

## ALREDEDORES DE ELORRIO

**Ermita de San Adrián y necrópolis de Argiñeta:** en el barrio Zenita, a 1,5 km del centro de Elorrio. Desde la plaza de la basílica, tomad la calle Buzkantz y después Argineta etorbidea; la pequeña carretera sube a través de la montaña hasta llegar a la ermita.

La antigua **ermita de San Adrián** es célebre, sobre todo, por su romería del primer domingo de agosto, en la que, tradicionalmente, todos los participantes deben llevar consigo el pan, la cuchara y el tenedor. Lo cual explica que se haya acondicionado el terreno de los alrededores. Hay una barbacoa y un juego de bolos. Ése es el único día en que la ermita está abierta.

Al lado, la **necrópolis** al aire libre contiene 23 sarcófagos de piedra de los siglos IX y X, de origen visigótico, y estelas discoides vascas, una de ellas, muy rara, de forma triangular, relacionadas con ritos funerarios. Algunos sarcófagos tienen inscripciones con fechas, apenas legibles. Uno de los sarcófagos es de dos plazas, algo poco habitual; seguramente sería de un matrimonio. Explicaciones muy claras en euskera y castellano.

➤ **La vía verde de Arrazola:** desde Elorrio, tomad la carretera BI 632 hasta Apatamonasterio y girad a la izquierda en la BI 4332 para llegara Arrazola. Este sendero de 5 km, para recorrer a pie o en bici, atraviesa el sublime valle de Arrazola, que se extiende a los pies del monte Anboto. El camino sigue el trazado de una antigua vía férrea que se usaba para evacuar los minerales de cobre, hierro y plomo explotados en las minas de los alrededores, cuya actividad cesó hacia 1925. Hoy permite realizar una encantadora excursión entre prados y bosques.

Araba (Álava)

Araba es la única provincia (o, mejor, dicho, territorio histórico) del País Vasco que no tiene mar y también el menos visitado por los turistas. Y eso a pesar de que allí hay muchas cosas que ver, desde los parques naturales hasta las iglesias románicas, las cascadas y los palacios renacentistas, así como cosas que hacer. Pero lo cierto es que Araba ha sido siempre un lugar de paso. Todavía hoy la provincia está atravesada en sentido sur-norte por la N1 (Madrid-Irun), desde la provincia burgalesa hasta Vitoria-Gasteiz, y por la misma carretera en sentido oeste-este, desde Vitoria-Gasteiz hasta Navarra. Aparte de esta gran vía, un entramado de carreteras secundarias unen las zonas rurales.

Así las cosas, lo mejor que podéis hacer es salir de la autovía y adentraros por los caminos que os llevarán a descubrir los eremitorios escondidos en cuevas recónditas o a conocer unos pueblos en los que nada ha cambiado en los tres últimos siglos o a disfrutar de la naturaleza en los parques nacionales. Y si os parece provinciano o anticuado, estáis muy equivocados. En cuanto se llega a Vitoria, la capital, el primer edificio público que se ve es el que albergaba la oficina del objetor de conciencia y cualquier villorrio, por pequeño que sea, cuenta ya con su dirección en Internet.

## Un poco de historia

Un poco de historia, y un mucho de geografía. Araba es una llanura aluvial rodeada de montañas en las tres cuartas partes de su perímetro. Al norte, las sierras de Gorbea, Arangio y Urkiola se imbrican en la cordillera Cantábrica y en los Pirineos hasta el punto de que uno ya no sabe muy bien en cuál de ellas se halla. Ésta es la primera barrera natural entre Navarra y Castilla y León. Al este hay otras tres sierras que separan Araba de Navarra; son las de Urbasa, Lokiz y Codés. Al oeste existe una configuración idéntica, con las sierras de Arkamo, Salvada y Árcena. Al sur se extiende el valle del Ebro.

Esta situación topográfica explica muchas cosas, como por ejemplo, que ya en el neolítico se hubieran asentado grupos humanos en esta fértil llanura. Las montañas desempeñaban el papel de murallas defensivas. Aunque no lo suficiente como para evitar la llegada de pueblos celtas e íberos durante la Edad del Hierro. Estos pueblos se instalaron en todos los cerros de la llanura. El carácter guerrero de aquellas gentes no fue óbice para que unos cuantos siglos más tarde los romanos conquistaran Álava.Éstos se instalaron en la llanura y tendieron por ella el trazado de una de sus grandes vías, la que unía Astorga con Burdeos, y levantaron una ciudad en el antiguo asentamiento de Pamplona. A principios de la era cristiana, Álava estaba completamente romanizada y era una rica región dónde se cultivaba el trigo y la vid.

Los **visigodos,** que eran un pueblo sagaz, llegaron y se apoderaron de todo eso. El rey Leovigildo arrasó la romana *Pampaelo* y, entre otras empresas que llevaron a cabo, estuvo la de fundar Vitoria. Cuando se deshizo el reino visigodo con la invasión musulmana, y se inició la Reconquista, Álava pasó a formar parte del reino de Asturias y se convirtió en campo de muchas batallas, en una dinámica de la cual el territorio que un día estaba en poder de los musulmanes pasaba al día siguiente a estar en manos de los castellanos, cosa que definitivamente llegó a un termino en el siglo X. En 1023 se convirtió en un condado y una diócesis dependiente de la autoridad del rey **Sancho el Mayor.** Tras la muerte de éste, sus hijos se repartieron el reino y empezaron a disputarse la herencia. Resultado de lo cual fue que, durante un siglo, Álava estuvo unas veces en poder de los navarros y otras en manos de los castellanos, hasta que pasó a formar parte definitivamente del reino de Castilla.

Álava tenía mucha importancia para los castellanos porque constituía una salida hacia los puertos de Vizcaya y Guipúzcoa. También trasladaron allí la sede del obispado de Calahorra, en La Rioja, y confiscaron las tierras de la Iglesia para ofrecérselas a los nobles castellanos y alaveses fieles a la Corona. Sin embargo esto no fue suficiente y, a finales del siglo XII, Álava pasa de nuevo a manos del rey de Navarra, que otorgó fueros a la mayoría de sus ciudades. Un siglo más tarde, Álava volvió a ser definitivamente castellana. De aquella época data la creación del Condado de Treviño, en el corazón de Álava, que, administrativamente, aún depende hoy de Burgos. Esta situación provoca el descontento de muchos vascos, que reivindican la incorporación de Treviño al País Vasco con la consigna «Treviño, Gibraltar de Álava» (así como suena) que veréis en muchas pintadas.

Por último, la base del funcionamiento legal de Álava en la era moderna fueron sus leyes y ordenanzas, cuyo primer exponente escrito se encuentra en el Real Privilegio que la Corona castellana otorgó a la provincia en 1417.

En las fértiles tierras de la Rioja alavesa y de la llanura, los alaveses construyeron una economía esencialmente agrícola, que permitió el enriquecimiento de algunas grandes familias –como los Mendoza, los Guevara, los Ayala– y la prosperidad de toda la provincia, como se advierte por sus numerosas casas blasonadas y sus iglesias ricamente decoradas. Esta riqueza se repartió sin demasiados enfrentamientos gracias a una serie de acuerdos establecidos a lo largo de los siglos XV al XVIII entre las grandes familias nobles y las hermandades (asociaciones de habitantes de las ciudades).

El siglo XIX pasó sin apenas dejar rastro, excepto en Vitoria-Gasteiz y en el norte, donde la zona de Llodio se industrializó por la proximidad de Vizcaya.

La instalación de la capitalidad de la comunidad autónoma vasca en Vitoria ha dado una nueva dimensión administrativa y universitaria a esta provincia de economía esencialmente rural. En la actualidad, Araba cuenta con numerosas ventajas, entre las que destaca la de disponer de una red de comunicaciones que la ha convertido en el principal corredor entre Madrid y el norte de España.

PAÍS VASCO

ARABA (ÁLAVA)

## MAPA DE ARABA (ÁLAVA)

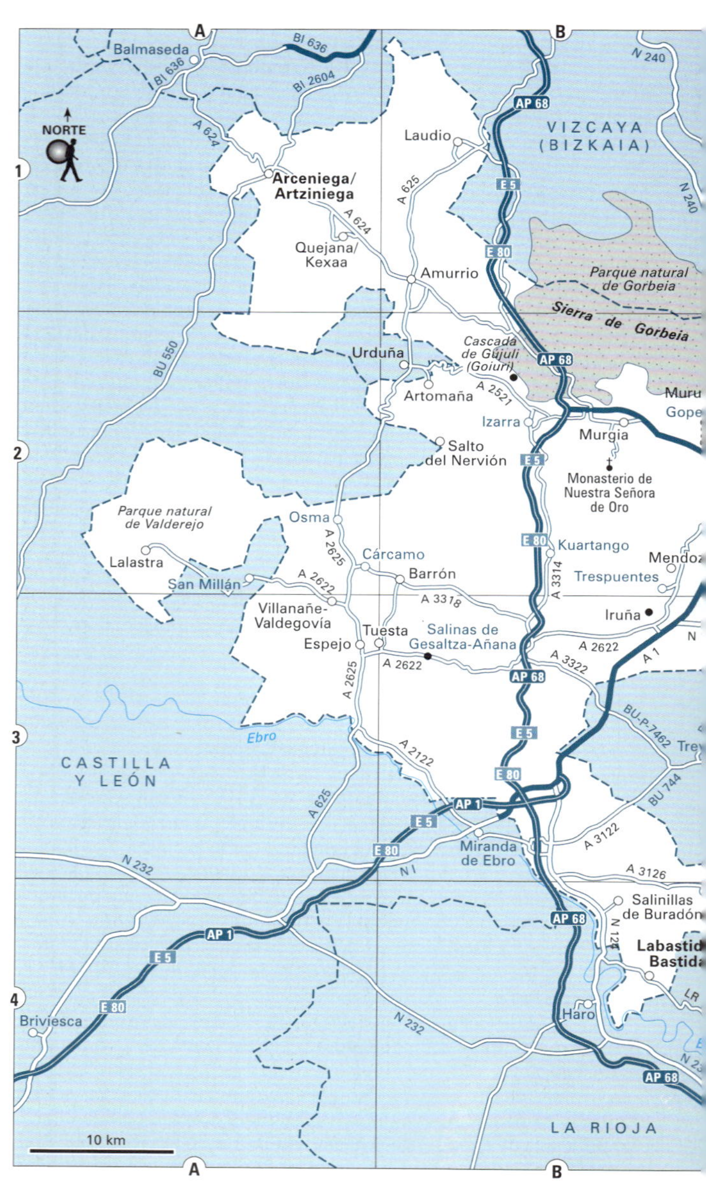

Artziniega Lugares con entrada propia en la guía
Laudio Lugares descritos como alrededores
Egino Lugares de referencia
A 8
E 80
34
Durango
BI 632
BI 623
Otxandio
GI 2632
GI 627
AP 1
Bergara
GI 627
GI 632
Arrasate-Mondragon
GI 627
AP 1
Aretxabaleta
Legutian
GI 627
GIPUZKOA
(GUIPÚZCOA)
N I
N I
1
Embalse de Ullíbarri
San Adrián
3012
Maturana
Gebara
Araia
Mendixur
Zalduondo
Egino
A 1
A 1
A 1
A 1
Elorriaga
N 104
Argómaniz
Salvatierra/
Agurain
Bikuña
Muniain
Estibaliz
Gaceo
Okariz
Arkaia
Argandoña
Alegria-Dulantzi
Alaiza
Opakua
ORIA-STEIZ
Gereñu
A 3110
SIERRA DE ENTZIA
A 132
Kontrasta
A 2128
San Vicente
de Arana
Valle de Arana
(Harana)
ondado
Treviño
Maeztu
A 2128
Korres
Parque Natural
de Izki
Antoñana
BU 741
A 124
A 3136
A 132
Urturi
NA 132a
NA 743
NAVARRA
Bernedo
A 3130
NA 129
Kripan
niego
A 124
La Hoya
A 3228
Elvillar
Lantziego
Laguardia
A 3220
4
buena/
ernaga
Salinas
de Laguardia
Asa
N 111
A 12
NA 129
Elciego
Logroño
C
D
2
3

# >Vitoria-Gasteiz y alrededores

La llanura que rodea Vitoria-Gasteiz en un radio de 15 km, así como también la sierra de Gorbeia, son el terreno donde se ubica la mayoría de los itinerarios que se pueden hacer en un día, tanto en coche como en autobús o en bicicleta.

Designada Capital verde europea en 2012, Vitoria ha visto recompensados los esfuerzos realizados para preservar y mejorar su medio ambiente, entre los que destacan sus numerosos espacios verdes y arbolados, un tranvía ecológico, una red de carriles bici, barrios periféricos poco contaminados y una llanura y un campo en su entorno apropiados para realizar excursiones a pie y visitar sus humedales.

## VITORIA-GASTEIZ

214 200 HAB. (C. POSTAL: 01000, *C2-3*)

Es una ciudad que ha sabido crecer rápidamente conservando su calidad de vida. En cuatro décadas Vitoria se ha convertido en una gran ciudad moderna que se ha desarrollado en torno a su antiguo casco viejo (la parte más interesante para visitar).

Cuando se pusieron en marcha las instituciones nacidas de la promulgación del estatuto de autonomía del País Vasco, una de las cuestiones que se plantearon fue la capitalidad. En este marco, para zanjar el problema de la antigua rivalidad entre San Sebastián y Bilbao, se optó por Vitoria-Gasteiz como capital de la comunidad autónoma. Vitoria ha sabido aprovechar esa fabulosa oportunidad histórica. Por eso no os sorprendáis al ver sus barrios periféricos con bloques de viviendas que se extienden por los prados y campos de su llanura.

Las plazas de España y de la Virgen Blanca, que permiten ir desde la antigua calle de la Cuchillería a la moderna de Eduardo Dato, suavizan la transición entre los barrios antiguos y modernos.

## Un poco de historia

Situada en plena Llanada alavesa, la colina de Vitoria debió ser el único refugio disponible para los campesinos y, en su momento, debió albergar un *oppidum* celta. El plano de la ciudad refleja perfectamente la estructura de un *oppidum:* las calles, paralelas, siguen las curvas de nivel formando una especie de óvalo cuyos extremos están ocupados por la catedral y la plaza de España. Tras la conquista romana, la vía Burdeos-Astorga pasaba junto a este *oppidum,* cerca de la ciudad-etapa de Iruña, que todavía hoy es uno de los yacimientos arqueológicos (Iruña-Veleia) más bonitos del País Vasco.

Las crónicas no mencionan nada reseñable hasta el siglo XI cuando Sancho III el Mayor, rey de Navarra, toma posesión del pueblo de Gasteiz y funda la ciudad de *Nova Vitoria,* la rodea de murallas y le concede un fuero. La ciudad vuelve a ser castellana un siglo más tarde pero no pasa de ser granero y vía de paso de la Corona de Castilla.

Vitoria quedará al margen de los grandes movimientos políticos y bélicos de los siglos posteriores hasta 1813, cuando se convierte en escenario de la victoria de Wellington y las tropas españolas sobre Napoleón. No será ocupada por las tropas carlistas y se esforzará por quedar al margen de los disturbios que dividen España en aquella época. La pequeña ciudad de provincias vivirá bastante apartada de los grandes acontecimientos históricos hasta 1976, cuando se convierte en capital del País Vasco.

## > DATOS ÚTILES

- Araba (3 047 km$^2$) está dividida en siete agrupaciones de municipios llamadas *cuadrillas.* La de Vitoria-Gasteiz comprende 242 000 habitantes del total de 322 000 que suma la provincia. De donde se deduce que en el resto de la provincia no os encontraréis con grandes muchedumbres.

- Araba tiene un patrimonio religioso excepcional, con centenares de iglesias, algunas espléndidas, otras curiosas y otras conmovedoras, construidas entre los siglos XI y XV. Lo malo es que, por regla general, solo se pueden visitar durante la celebración de las misas que tienen unos horarios que varían bastante de un lugar a otro.

- En toda la provincia solo hay tres campings y la acampada libre está prohibida.

- La provincia tiene dos páginas web muy bien diseñadas y completas, www.alavaturismo.com y www.alava.net En ellas se encuentra de todo, desde los lugares que merece la pena visitar hasta informaciones culturales y prácticas (sobre todo de transportes).

- Los museos que dependen de la Diputación foral son gratuitos.

- El territorio y las carreteras de Araba se pueden recorrer cómodamente en bicicleta.

PAÍS VASCO

VITORIA-GASTEIZ Y ALREDEDORES

# VITORIA-GASTEIZ

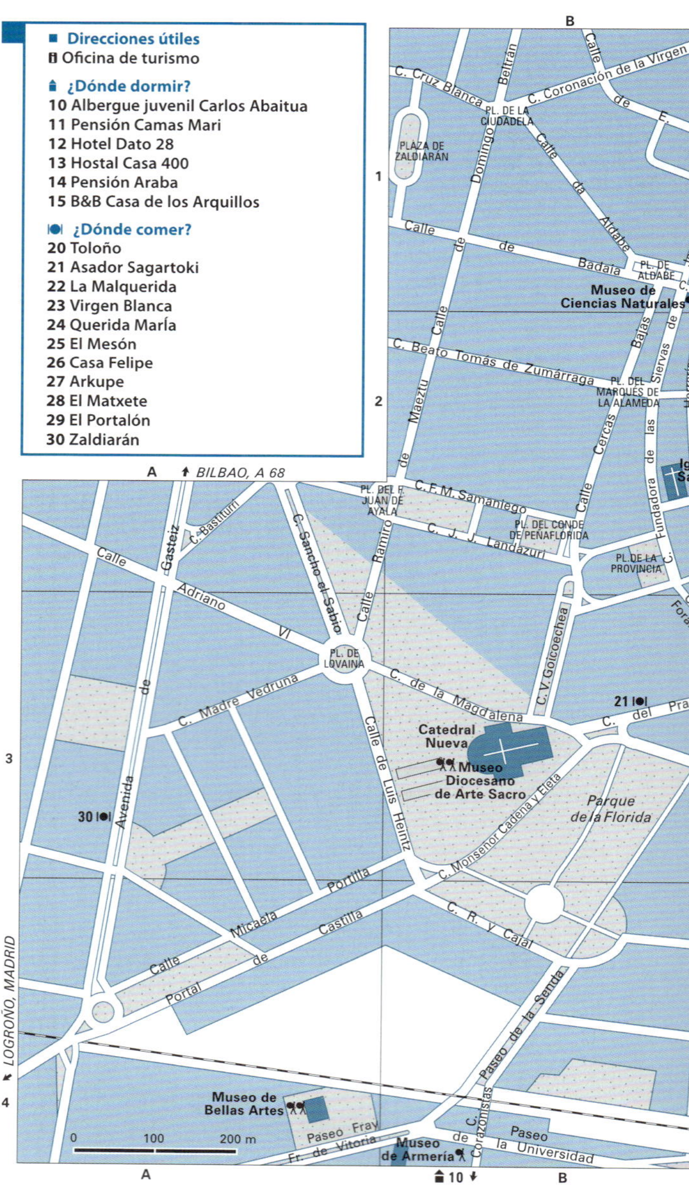

PAÍS VASCO

VITORIA-GASTEIZ Y ALREDEDORES

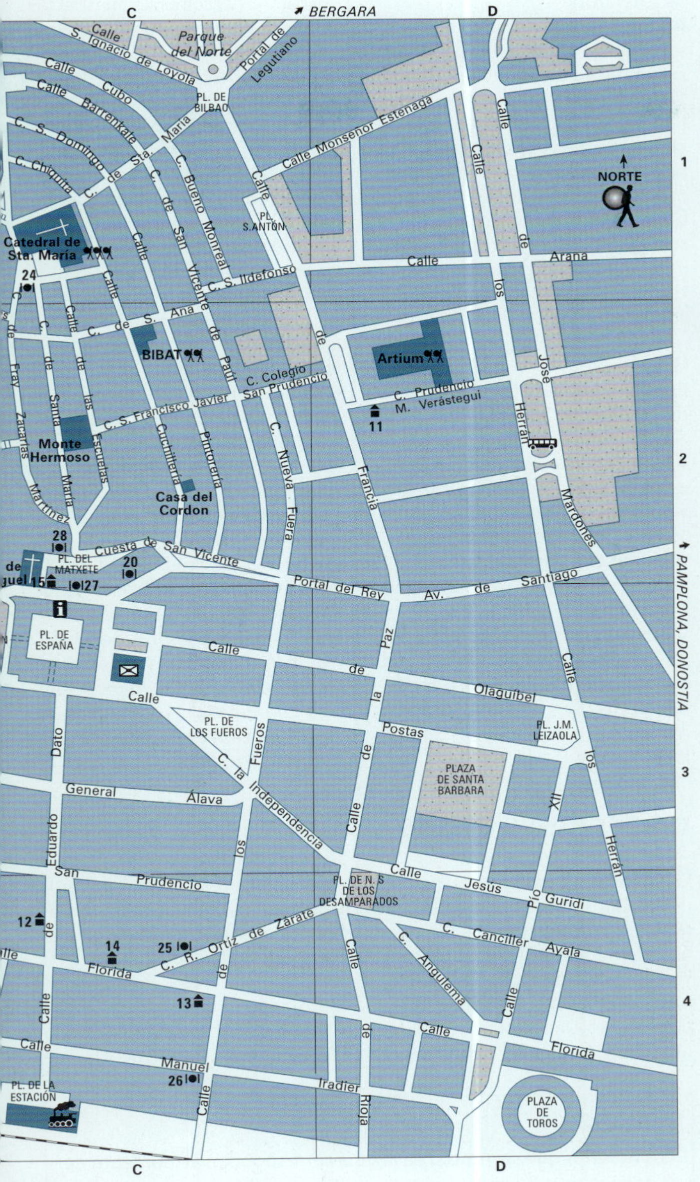

# ¿CÓMO LLEGAR?

## En avión

**Aeropuerto de Vitoria:** en Foronda, a 8 km del centro de la ciudad; carretera N-624; ☎ 902-40-47-04, 💻 www. aena-aeropuertos.es Hay una pequeña oficina de información que abre todos los días 13-16 h. Tiene poco tráfico, lo utiliza solamente Iberia. Hay un pequeño problema, y es que el único medio de transporte existente entre la ciudad y el aeropuerto es el taxi. El precio del trayecto hasta el centro oscila entre 15 y 18 €.

## En tren

**Estación de RENFE** *(plano C4):* Plaza de la Estación. ☎ 902-32-03-20, 💻 www.renfe.es
➤ **Irun:** unos 8 enlaces/día en Intercity o en Alvia. Duración: 2-2.15 h.
➤ **Pamplona:** 4-6 enlaces/día, 10.05-19.05 h. Duración: 54-65 minutos.
➤ **Donostia-San Sebastián:** 7-10 enlaces/día (mejor que en autobús). Duración: 1.30-1.50 h.
➤ **Burgos:** unos 12 trenes/día, 6.40-20.45 h. Duración: 1.10-1.30 h según el tipo de tren. Se llega a la estación de Burgos-Rosa de Lima, estación moderna situada a 6 km al norte de la ciudad.

➤ **Bilbao:** no hay comunicación directa en tren. Hay que coger un autobús.

## En autobús

**Estación de autobuses** *(plano D2):* Los Herrán, 50. ☎ 945-25-84-00. Consigna abierta con horario reducido. La estación abre lun-sáb 8-20 h, domingo y festivos 9-20 h. En 💻 www.alava.net podréis averiguar si desde vuestra localidad hay alguna compañía que viaje hasta Vitoria. En cualquier caso, os avanzamos que desde Madrid lo hace *Continental Auto*, desde Galicia *Vibasa* y desde Barcelona *Alsa*.
➤ **Bilbao:** unos 40 autobuses/día, una salida cada 30 minutos con *La Unión* (☎ 945-26-46-26). 💻 www.autobuseslaunion.com Duración: 1.15 h.
➤ **Donostia-San Sebastián:** unos 10 autobuses/día, 5-23.30 h con *Alsa* (☎ 913-27-05-40; 💻 www.alsa.es). Duración: 1.15-1.40 h. Unos 17 autobuses/día, 5.45-22.45 h con *Pesa* (☎ 902-10-12-10; 💻 www.pesa.net).
➤ También hay enlaces con **Madrid** y **Burgos** con *Continental Auto* y *Alsa;* **Vigo** con *Vibasa* (💻 www.vibasa.com); **Barcelona** y **Salamanca** con *Alsa* (💻 www.alsa.es).

# DIRECCIONES ÚTILES

## ⓘ Oficina de turismo

*(Plano C3):* plaza de España, 1. ☎ 945- 16-15-98 y 99. 💻 www.vitoria-gasteiz.org/turismo Wifi. En verano, todos los días 10-20 h; fuera de temporada, lun-sáb 10-19 h y dom 11-14 h. Una oficina de máximo nivel. Trato excelente y abundante y variada documentación sobre visitas (temáticas, teatralizadas...), alojamientos, excursiones a pie, acontecimientos, fiestas y espectáculos.

## Correos

*(Plano C3):* 9 Posta kalea. Lun-vie 8.30-20.30 h, sábado 9.30-14 h.

> **> AVISO**
>
> **Los horarios que se indican en la guía corresponden al momento de la edición de la misma y, por tanto, son orientativos.**

# ¿DÓNDE DORMIR?

## Cámping

### ⛺ Cámping Ibaia

Ctra N 102, 01195 **Zuazo de Vitoria (Zuhatzu)**. ☎ 945-14-76-20.
✉ info@campingibaia.com
🖥 www.campingibaia.com
A unos 7 km del centro, en la N 102 en dirección a Burgos/N 1 en dirección a Madrid. No hay autobús. Abierto todo el año. Unos 22 € 2 personas con tienda y coche. Al suroeste de la ciudad, un poco apartado de una carretera nacional, junto a una gasolinera. Por suerte, una vez dentro el terreno verde y sombreado invita a plantar la tienda o aparcar la caravana. Trato cordial. Aseos correctos. Bar, restaurante y tienda de ultramarinos. Posibilidad de alquilar caravanas.

## Albergue Juvenil

### 🏠 Albergue Juvenil Carlos Abaitua

*(Fuera del plano por B4, 10)*: Escultor I. Díez, s/n, 01007.
☎ 945-14-81-00.
✉ carlosabaitua@ifj.alava.net
A 5 minutos a pie de la estación, en el barrio de la Universidad. Un AJ recién estrenado, de ladrillo, al lado del polideportivo de Mendizorroza. No está indicado. Calculad 14-19 € diarios en dormitorio, según la edad (más o menos de 30 años), desayuno incluido. Internet y Wifi. Cierra un mes al año (que podría ser agosto o septiembre). Dormitorios de 2 a 12 camas (normalmente no mixtos), un poco exiguos pero el conjunto huele a limpio. Hay que tener el carnet REAJ.

## Barato

### 🏠 Pensión Araba

*(Plano C4, 14)*: Florida, 25, 01005.
☎ 945-23-25-88 y 628-994-458.
🖥 www.pensionaraba.com

Recepción en el primer piso. Dobles con baño 38-40 € según temporada. Wifi. Situado sobre un bazar chino, en un elegante edificio decorado con vidrieras. Por unos pocos euros más podréis disfrutar de esta pequeña y bonita pensión familiar, entre la plaza de España y la estación del tren. Os recibirá la dueña, una simpática señora, o su hijo. En cualquier caso, la pensión está muy limpia, bien cuidada y es muy confortable. Las habitaciones (TV) dan a la calle pero hay poco ruido.

### 🏠 Pensión Camas Mari

*(Plano D2, 11)*: Prudencio María Verástegui, 6, 01002. Recepción en Francia 23.
☎ 945-27-73-03.
✉ pension@camasmari.com
🖥 www.camasmari.com
En el 2º piso. Doble sin baño 31 €. No sirven desayunos. Uno de los establecimientos más baratos de la zona, junto a la explanada del centro de arte contemporáneo *Artium*. En un edificio de ladrillo, junto a la discoteca *People* (no se la oye). Trato familiar. Bastante limpia, algunas habitaciones luminosas, aunque el mobiliario y la ropa de cama son solo correctos.

## Precio medio

### 🏠 Hotel Dato 28

*(Plano C4, 12)*: Eduardo Dato, 28, 01005. ☎ 945-14-72-30.
✉ info@hoteldato.com
🖥 www.hoteldato.com
Se recomienda reservar. Dobles con baño 50-65€ según temporada y habitación. Aparcamiento cercano. Wifi. Hotel con encanto, a un precio razonable, situado en una calle céntrica y peatonal. No os dejéis deslumbrar por la alucinante decoración de la entrada a base de espejos por todas partes, odaliscas venecianas y estatuas de mármol. Se trata de un

pequeño hotel, decorado y amueblado con mimo y buen gusto. Las habitaciones están impecables y son bastante claras. Una de ellas tiene un mirador a la calle peatonal. Las demás dan a un patio tranquilo en la parte de atrás del hotel. Es un establecimiento muy conocido, por lo que conviene reservar. Si está completo, os enviarán a la calle paralela, a la **residencia Dato 2**, del mismo dueño pero más sobria, algo menos céntrica y tan impecable como el primer establecimiento.

### Hostal Casa 400

*(Plano C4, 13):* Florida, 46, 01005. ☎ 945-23-38-87 y 678-61-70-51. ✉ pgandiaga@telefonica.net 🖥 www.pensioncasa400.com En el 3er piso; recepción, saliendo del ascensor, a la izquierda. Habitaciones dobles con baño 43-47 € según temporada. No aceptan tarjetas de crédito. Wifi En un edificio antiguo reformado, ofrece grandes habitaciones muy bien mantenidas y confortables (pero sin aire acondicionado), con una decoración bastante moderna y elegante. Pequeña cocina en cada una de ellas. Dan a una calle pero las ventanas tiene doble cristal. Trato jovial. Muy buena relación calidad-precio.

## De precio medio a más selecto (60-90 €)

### B&B Casa de los Arquillos

*(Plano C2-3, 15):* paseo de los Arquillos, 1. ☎ 945-15-71-70. ✉ info@lacasadelosarquillos.com 🖥 www.lacasadelosarquillos.com Dobles 60-90 € según temporada y confort. Internet y Wifi. En una antigua casa con arcos, cerca de la iglesia de San Miguel. Antigua sastrería transformada en B&B con encanto por una mujer enamorada de su trabajo. Trato excelente. Decoración *design* pero con viejas paredes de piedra, cálida y de buen gusto, con bellas pinturas. La combinación de lo antiguo y lo moderno es casi perfecta. Las habitaciones abuhardilladas tienen AC, las demás no. La 1, 4 y 5 dan a la plaza. Establecimiento de calidad en el corazón del casco viejo. Pensad en reservar porque suele estar lleno.

## ¿DÓNDE COMER?

Hay numerosos restaurantes por toda la ciudad. Como de costumbre, un mismo local puede ofrecer dos opciones: una comida completa en el salón comedor o un surtido de tapas y raciones en la barra.

### Tapas y pintxos

### Toloño

*(Plano C2, 20):* Cuesta de San Francisco, 3. ☎ 945-23-33-36. ✉ info@tolonobar.com Pintxos 2-3 €. En un emplazamiento ideal, junto a la iglesia de San Miguel y detrás de la plaza de España, en el corazón del casco viejo. Si hubiera que clasificarlo, sería el mejor bar de pintxos de la ciudad. Un local a la medida del hombre, un trato cordial, un servicio rápido, pintxos suculentos, el ambiente del bar, unos vinos bien seleccionados y unos precios razonables: no se puede decir más, ¡es casi el lugar perfecto!

### Asador Sagartoki

*(Plano B3, 21):* Del Prado, 18. ☎ 945-28-86-76. ✉ siprado@sagartoki.com Abierto todos los días hasta las 23 h. Pintxos 2,25 € de media, platos 4,50-16 €. Entre la plaza de la Virgen Blanca y la Catedral Nueva. No hay que perdérselo: sus mesas altas y

taburetes ocupan toda la acera. En la sala se nota enseguida el aliento creativo y genial del chef. Ha ganado el premio a los mejores pintxos del País Vasco. Son excepcionales por sus ingredientes y presentación. También sabrosas tortillas. Y además tiene una bodega (sobre todo riojas) climatizada. Aquí todo es exquisito.

### La Malquerida

*(Plano C2, 22):* Correría, 10.
☎ 945- 25-70-68.
Pintxos a partir de 2 €, tapas 3,50 €. Muy bien situada, en una calle muy animada los fines de semana por la noche, esta «mal querida» es para nostros «bien querida» por sus deliciosos «pintxos creativos». También por sus raciones, tostas y croquetas. Un local excelente.

## De barato a precio medio

### Virgen Blanca

*(Plano C3, 23):* plaza de la Virgen Blanca, 2. ☎ 945-28-61-99.
Platos 2-8 €, menú de mediodía unos 16 €, raciones a la carta por la noche. En un emplazamiento increíble, en la esquina entre la plaza de la Virgen Blanca y una de las calles más animadas (la de la Correría), flanqueada por multitud de bares de pintxos. La terraza exterior tiene 8 niveles. El interior suele llenarse tanto a mediodía como por la noche. Se puede comer de pie o sentado, pintxos o raciones. Trato excelente, servicio rápido, ambiente sociable y alegre hacen de este bar-restaurante, no una trampa para turistas sino un recomendable establecimiento céntrico.

## Precio medio

### Querida María

*(Plano C1, 24):* plaza de Santa María, 2. ☎ 945-20-56-59. 🖅 restaurante-queridamaria@gmail.com
Menú completo 25 € (vino incluido) o 29 €, platos 12-18 €. Abierto todos los días excepto domingo por la noche y lunes. Situado en una pequeña plaza adoquinada donde borbotea una fuente a la sombra de la Catedral de Santa María, este pequeño restaurante, dividido en dos salas por una cortina de plástico transparente, constituye una auténtica sorpresa. Para su precio, la calidad de su cocina es excepcional. Se inspira en la tradición vasca pero el chef la moderniza y aliña a su manera con mucho talento. Entre sus especialidades destacan el risotto de hongos y el bacalao al pil-pil... Trato atento.

### El Mesón

*(Plano C4, 25):* R. Ortiz de Zárate, 5.
☎ 945-14-61-91.
Abierto todos los días excepto lunes por la noche y martes. Cerrado 15 días en febrero y 15 días en septiembre. Menú los días laborables a mediodía 15 €, carta 45 €. Podemos contentarnos con saborear unos pintxos acodados en su bonita barra de madera y mármol. Para comer sentado hay que subir a una sala más confortable, donde los más glotones disfrutarán de platos típicos bien elaborados y a precios razonables.

### Casa Felipe

*(Plano C4, 26):* De los Fueros, 28.
☎ 945-13-45-54.
Abierto todos los días menos domingos noche y lunes. Vacaciones: 10 junio-15 julio. Menú de mediodía 14 €, a la carta unos 30 €. En el bar, pintxos máximo 2 €. Un clásico de Vitoria y más bien nocturno si queréis disfrutar de su mejor ambiente. Cocina de temporada basada en las legumbres pero con otros platos bastante sencillos, como los *litiruelos* (mollejas de cordero empanadas). El vino de la casa lo elabora Felipe en su viñedo de La Rioja. Para picar algo, los pintxos de su bar, que tiene el mismo ambiente simpático.

## Más selecto

### 🍴 Arkupe

*(Plano C2-3, 27):* Mateo de Moraza, 13.
☎ 945-23-00-80.
✉ oficina@restaurantearkupe.com
Bajo los soportales, en una calle situada detrás de la plaza de España, cerca de la iglesia de San Miguel. Menús 29 y 40 €, carta 25-35 €. Abierto todos los días, excepto lunes, 13.30-15.30 h y 20.30-23 h. Suele estar lleno, tanto a mediodía como por la noche. Nos gusta mucho *Arkupe,* su pequeña sala bien decorada, sus paredes de piedra, su bien provista bodega, su sabrosa cocina, anclada en la tradición, con sus productos de mercado y de temporada. Entre sus numerosas especialidades: merluza con chipirones, manitas de cordero, atún rojo a la brasa. Trato variable.

### 🍴 Asador El Matxete

*(Plano C2, 28):* plaza del Matxete, 4-5.
☎ 945-13-18-21.
En una bonita plaza situada detrás de la iglesia de San Miguel. Abierto todos los días excepto domingo por la noche y lunes. Cerrado 15 días en agosto. Se recomienda reservar. Platos 7-17 €, comidas 30-35 € o más, dependiendo de los vinos. En pleno casco viejo, en una plaza encantadora, este restaurante tiene una bella sala abovedada, paredes de piedra y mesas y bancos de madera. Un elegante estilo rústico. El chef elabora una buena cocina, honesta y trabajada, inspirada en la tradición vasca y mejorada con su toque personal. Postres de la casa. Muy conseguida.

### 🍴 El Portalón

*(Plano C1, 29):* Correría, 151.
☎ 945- 14-27-55.
✉ reservas@restauranteelportalon.com En la casa del mismo nombre, tras una gran puerta claveteada. Abierto todos los días excepto domingo por la noche. Cerrado en Navidad. Menú del día 35 €; otros menús 45-61 €, carta 40-45 €. No admite tarjetas de crédito. En el barrio de la Catedral de Santa María. En una venerable mansión del siglo XV (antigua casa de postas), con oscuras vigas, paredes de entramado, ladrillos rojos, artesonados y salas medievales con la pátina del tiempo. Con este aire de museo histórico, es en realidad un buen restaurante que ofrece una cocina clásica servida con el estilo de un gran restaurante gastronómico.

## Muy selecto (mínimo 50 €)

### 🍴 Zaldiarán

*(Plano A3, 30):* avda de Gasteiz, 21.
☎ 945-13-48-22.
✉ contacto@restaurantezaldiaran.com Abierto todos los días excepto domingo y martes por la noche. Menú degustación aproximadamente unos 60 €, carta 50-70 € dependiendo del apetito. Es el imprescindible de la Vitoria gastronómica y el templo de lo que los periodistas denominan «cocina de autor» de alto voltaje. El chef Patxi Eceiza se distingue por potenciar los sabores sin desnaturalizarlos. Este gran artista vasco prepara el bacalao confitado o presenta la caza en *carpaccio.* Algunas combinaciones os resultarán chocantes, como el foie gras con peras, por ejemplo, pero no os dejarán indiferentes. Una comida en Zaldiarán es algo que se recuerda durante mucho tiempo... Elegante y caro, pero estamos hablando de arte de verdad.

## EN LOS ALREDEDORES

### 🏠🍴 Hotel Palacio de Elorriaga

01192 **Elorriaga.**
☎ 945-26-36-16.
✉ info@hotelpalacioelorriaga.com
🖥 www.hotelpalacioelorriaga.com
📷 En la entrada occidental de Vito-

ria, un poco apartado de la N 104. Dobles con baño 60-100 €, según comodidades, desayuno incluido. Menús 22-45 €. Wifi. El hôtel cierra 1 semana a principios de agosto. El restaurante cierra los lunes. Antiguo palacio del siglo XVI (clasificado como monumento nacional) nota- blemente restaurado. Vigas oscuras, tapices, suelos encerados y muebles antiguos que le dan mucha perso- nalidad y carácter. Habitaciones amplias y confortables (con AC). Mejor las que dan al jardín. Excelente restaurante gastronómico, con una magnífica carta de vinos. Trato cálido.

## ¿DÓNDE TOMAR UNA COPA? ¿DÓNDE IR DE MARCHA?

La ciudad, tranquila durante el día, se anima un montón cuando cae la noche, sobre todo los fines de semana. La animación se concen- tra en torno a las plazas de España y la Virgen Blanca (*plano C2-3*) y las calles aledañas (Correría y Zapate- ría). Más al sur, hacia la estación del tren, en las calles de San Prudencio y Eduardo Dato (*plano C3-4*), apenas se puede dar un paso sin encon- trar una terraza con un ambiente familiar. Para encontrar la clientela joven y estudiantil hay que remontar hasta la calle Cuchillería pasando por delante de la iglesia de San Miguel.

## FIESTAS Y MANIFESTACIONES

### Fiestas de San Prudencio

Se celebran los días 27 y 28 de abril. Se inician con las tamborradas en la plaza de la Provincia, en las que participan cocineros y sociedades gastronómicas (en esta fiesta es típico comer revuelto de perretxikos y caracoles). El día 28 se realiza una romería en la basílica de Armentia.

### Fiesta de Santiago

El 25 de julio, durante la cual se celebra también la **feria del Ajo**.

### Fiestas de la Virgen Blanca

Del 4 al 9 de agosto. Empiezan con el «descenso de Celedón». Desde la iglesia de San Miguel se hace des- cender por un alambre un muñeco cubierto por una especie de para- guas. Es divertido, pero dura poco. Los demás días hay feria, conciertos, procesión de gigantes... Los «blusas», cuadrillas de amigos que se distin- guen por su atuendo, unos blusones anudados a la cadera, son los prota- gonistas populares de estas fiestas.

### Festival de Jazz

Durante una semana en la segunda quincena de julio. 💻 www.jazzvi- toria.com.

## ¿QUÉ VISITAR?

👁 Los museos de la ciudad, excepto el museo de arte contem- poráneo Artium, tienen el mismo horario: de martes a viernes, de 10 a 14 h y de 16 a 18.30 h; sábado, de 10 a 14 h; domingo y días festivos, de 11 a 14 h. Todos cierran los lunes. También tienen el mismo precio: 3 €; descuentos; gratuito para los menores de 12 años y, para todos, el primer miércoles de cada mes. Hay un bono para dos museos por 5 € y otro para cuatro museos por 9 €.

**El Casco viejo** es el corazón de la ciudad, el núcleo a partir del cual se fue desarrollando. Su trazado tiene una curiosa forma oval, que recuerda una almendra, formada por calles paralelas que indican la manera en que se ha producido la expansión de la ciudad a lo largo de los siglos (como los anillos de un tronco de árbol). Al Casco viejo se llega a pie por la **plaza Virgen Blanca,** la escalera de la **iglesia de san Miguel** y la bonita **plaza del Matxete,** triangular, de hermosas proporciones, con la particularidad de estar rodeada de casas antiguas con miradores acristalados. Éstos fueron instalados a principios del siglo XX para agrandar las casas y dar más luz a las dependencias interiores. Entre la plaza de España y la plaza del Matxete, la pequeña **calle Mateo de Moraza** destaca entre el paisaje urbano porque sus casas reposan sobre una serie de arcadas **(Paseo de los Arquillos).** Al igual que en otras muchas ciudades de Álava y Navarra, las calles perpendiculares se llaman cantones. Hay cantidad de casas blasonadas, en mejor o peor estado, aunque muchas están siendo restauradas.

El barrio histórico (casco viejo) se organiza en torno a dos plazas clásicas: la **plaza de España** *(plano C3),* cuadrada, con soportales, construida en el siglo XVIII siguiendo el mismo modelo que en la mayoría de ciudades españolas (cuyo ejemplo más conocido es la plaza Mayor de Madrid). En ella se celebraban los festejos taurinos hasta que se construyó la plaza de toros en el siglo XIX. La plaza de España está unida a la **plaza de la Virgen Blanca** *(plano C3)* mediante un pasaje. Esta última es el centro de la animación nocturna, con numerosos cafés y terrazas muy agradables cuando hace buen tiempo. En su centro se levanta un gran **monumento** en homenaje a los generales Álava y Wellington, vencedores de los franceses en 1813. Detrás del general a caballo, el escultor representó con realismo a los soldados napoleónicos, de rodillas, derrotados por sus adversarios.

**Iglesia de San Miguel** *(plano C2):* domina desde un extremo la plaza de la Virgen Blanca. Entrada libre. En su interior destacan el gran retablo del presbiterio y las capillas laterales, una de las cuales está dedicada a la Virgen Blanca. Cerca de la iglesia se encuentra el **palacio de Villa Suso** (no se visita), con una galería en el último piso y un blasón restaurado. Fue construido en el siglo XVI por Martín de Salinas, delegado imperial de Carlos V. Está adosado a las murallas de la ciudad y hoy se utiliza como sede de congresos y otras actividades.

➤ En el n° 24 de la calle Cuchillería está la **casa del Cordón (Kordoi Etxea;** en la que está escrito el «Ave María» cerca de la puerta), donde se celebran exposiciones temporales *(abierto de lunes a viernes, 8.30-14 h y 16.30-19 h).* El edificio está construido con piedra, en la planta baja, y pequeños ladrillos finos en el resto y tiene dos puertas gemelas, una de ellas decorada con un cordón en relieve, que simboliza la humildad de los monjes franciscanos. La casa alberga la Fundación Mejora de Caja Vital Kutxa. Un poco más adelante, en el **cantón de San Francisco Javier,** hay una casa del siglo XVII con una fachada de bonito efecto óptico. A esta altura hay unas escaleras mecánicas exteriores cubiertas por una galería de plexiglás.Detrás de la catedral, la plaza de la Burullería y las calles adyacentes cuentan con buenos ejemplos de casas antiguas. La **casa Portalón,** en la esquina de la plaza, es un antigua casa de postas del siglo XV con una fachada muy armoniosa. Alberga un buen restaurante (ver ¿Dónde comer?).

➤ Por la calle de las Escuelas, ascendiendo hacia el norte del casco viejo, se se llega al palacio renacentista de Montehermoso, construido en el siglo XVI, sede del **Centro Cultural Montehermoso,** dependiente del Ayuntamiento (abierto martes-domingo 11-14 h y 17-21 h. Entrada gratuita 🖥 www.montehermoso.net). Continuando un poco más hacia el norte se llega a la Catedral de Santa María.

### 🎥🎥🎥 Catedral de Santa María *(plano C1):* plaza de la Burullería s/n. Visitas guiadas reservando previamente en el Centro de Atención al Visitante, situado en el lado norte del monumento, telefoneando al ☎ 945-25-51-35 o en la página 🖥 www.catedralvitoria.com Abierto todos los días 11-14 h y 17-20 h. Duración de la visita: 1 h, cada hora en punto. Entrada: 8,50 € (catedral) o 10,50 € (catedral y torre); descuentos a menores, jubilados y estudiantes.

La visita guiada es la única manera de entrar en esta catedral cerrada al culto por obras de restauración. Se proporciona a los visitantes un casco que deben llevar durante todo el recorrido para disfrutar del espectáculo de una catedral en obras, como en el siglo XIII. ¿Pero cuál es realmente su historia?

Situada en el extremo norte de la ciudad, fue fundada como iglesia-fortaleza por el rey castellano Alfonso VIII hacia 1200. Adoptó su aspecto de catedral gótica en el siglo XIII, durante el reinado de Alfonso X. Su portada gótica está ilustrada con bajorrelieves que representan escenas de la vida de la Virgen y santos. Su muy **bello campanario cuadrado** con reloj solar solo data del siglo XIX.

Debido a la oxidación de la piedra (creta), el edificio había envejecido mal y amenazaba con derrumbarse en diferentes lugares. En 2000 se inició un gran proyecto de salvamento y restauración. Las obras ocupan regularmente a unos 80 obreros, equipados con la tecnología más avanzada, y se desconoce la fecha de finalización. La catedral ha recibido visitantes ilustres, como Mario Vargas Llosa, el brasileño Paulho Coelho y el británico Ken Follett que se inspiró en ella para su best-seller *Mundo sin fin.* La ciudad de Vitoria-Gasteiz ha erigido una estatua en su honor.

### 🎥🎥 Museo de Bellas Artes *(plano A4):* al final del paseo Fray Francisco de Vitoria. ☎ 945-18-19-18. Horario general de los museos más el sábado de 17 a 20 h.

Ocupa el **palacio de Augusti,** construido entre 1912 y 1916 por Ricardo Augustín Ortega y Elvira Zulueta Ruiz de Gámiz, marquesa de Álava. Los dos eran descendientes de familias ricas con antiguas raíces en Álava. Los Zulueta hicieron fortuna en Cuba, sobre todo con la trata de esclavos. La pareja quiso edificar la casa más bella de Vitoria. Es un edificio de estilo ecléctico con detalles neobarrocos, que alberga hoy este bello museo dedicado al arte español de los siglos XVII-XIX y al arte vasco desde 1850 a 1950. En él se pueden ver obras de pintores vascos más o menos conocidos, como Ignacio

Díaz Olano, o Aureliano Arteta, muy influenciado por el cubismo, y de muchos otros más convencionales, como los hermanos Zubiaurre, Elías Salaverría o Gustavo de Maeztu. En la segunda planta se exhiben las obras legadas por el artista vasco Fernando de Amárica. Como la colección del museo va aumentando año a año, las obras se exponen de manera rotatoria (completadas por colecciones de otros museos españoles) mediante exposiciones temporales.

### **Museo de Armería de Álava** (*plano B4*): paseo Fray Francisco de Vitoria, 3. ☎ 945-18-19-25.

En los años 1960, Félix Alfaro Fournier, rico burgués y coleccionista, donó a la Diputacion Foral de Álava una bella colección de armas y numerosos objetos que constituyen el núcleo inicial de este museo que ha ido creciendo a lo largo de los años. Su fondo es bastante ecléctico y hay un poco de todo: una armadura milanesa del siglo XVI tan bien labrada que uno se pregunta si alguien se atrevería a luchar con ella, armaduras de samurái, espadas de todos los tamaños, recuerdos de la Guerra de Independencia...

### **Museo Diocesano de Arte Sacro** (*plano B3*): parque de la Florida. ☎ 945-15-06-31.

Está instalado en la Catedral Nueva, edificio neogótico construido en los años 1920 y terminado en1969. Destacan las salas dedicadas a la escultura policromada medieval (siglos XIV-XV), con la Virgen de Eskibel vestida de aragonesa con un pañuelo delicadamente esculpido, o un San Miguel pesando las almas el día del Juicio Final. El punto culminante de la visita es el cuadro de Luca Giordano *Predicación de San Juan Bautista:* llaman la atención las cabezas de los campesinos que le escuchan. Tambiéntiene una sección con bellas piezas de orfebrería.

### **ARTIUM (Centro-Museo Vasco de Arte Contemporáneo)** (*plano D2*): Francia, 24. ☎ 945-20-90-20. 🖥 www.artium.org
Mar-vie 11-14 h y 17-20 h, fines de semana 11-21 h, lunes cerrado excepto si es festivo. Entrada: 6 €; los miércoles y el fin de semana posterior a una exposición «Tarifa Tú Decides» si pagas y cuánto.

Fundado en 2002, este museo posee un importante fondo de más de 1 800 obras de artistas españoles, desde los años 1920 hasta la actualidad, entre los que figuran maestros consagrados, como Picasso, Miró, Dalí, Tàpies, Clavé, Saura, Viola, Gordillo, Palazuelo, Eduardo Arroyo, José Caballero, Antonio López, Óscar Domínguez, Equipo Crónica, Miquel Barceló..., a los que hay que añadir figuras tan destacadas del arte vasco como Oteiza, Chillida, Ortiz de Elgea o Ruiz Balerdi.

Además de la colección permanente, los fondos se exhiben a través de importantes exposiciones temporales, elaboradas en colaboración con otros grandes museos españoles. Suele haber varias exposiciones al mismo tiempo, centradas en un artista, un movimiento o una idea. Hay que destacar el gran trabajo llevado a cabo para dar algunas de las claves de acceso al arte contemporáneo. La exposición principal va normalmente acompañada de una audioguía incluida en el precio de la entrada.

## ✕ ✕ ﹟ BIBAT – Museo de Arqueología de Álava y Museo Fournier de Naipes de Álava *(plano C2):* Cuchillería, 54. ☎ 945-20-37-00. Abierto mar-vie 10-14 h y 16-18.30; fin de semana 10-14 h.

Dos museos en uno. Visto desde el exterior, el nuevo edificio vanguardista yuxtapuesto al antiguo edificio (el palacio renacentista de Bendaña) tiene un aspecto frío, sombrío y casi herrumbroso… El contraste entre las dos partes del complejo museístico no es muy armonioso. Pero, por suerte, lo más importante está en el interior.

➤ **Museo Fournier de Naipes:** este museo dedicado a los naipes fue fundado por Félix Alfaro Fournier (1895-1989), que se inspiró en el Museo de Naipes de Bielefeld en Alemania.

Todo comenzó en el siglo XVIII cuando un antepasado de los Fournier salió de Francia para crear una imprenta en Burgos. El más joven de sus dos hijos, Heraclio Fournier (1849-1916), abandonó la empresa familiar en 1868 e instaló en Vitoria una imprenta especializada en cartas de juego. A diferencia de sus competidores, produjo tanto naipes franceses como españoles y, en poco tiempo, la imprenta Fournier se convirtió en una especie de líder europeo.

Naturalmente, Heraclio conservaba un ejemplar de todos los juegos que fabricaba. Ampliada mediante compras en el extranjero y enriquecida por sus descendientes (entre los que se encuentra su sobrino Félix Alfaro), esta colección inicial se ha ido ampliando todavía más tras ser adquirida en 1986 por el Ayuntamiento de Álava. Hoy el Museo Fournier es el primer museo de naipes del mundo con más de 20 000 piezas.

En él se sigue la evolución de las cartas de juego a través de la historia (la presentación es cronológica), ilustradas con dibujos basados en todo tipo de motivos: geográficos, caricaturescos, morales o religiosos. Por ejemplo, entre las barajas francesas hay una napoleónica en la que los regimientos británicos son los diamantes, los rusos las picas, los prusianos los tréboles y los franceses los corazones. Entre las **cartas más raras** destaca un tarot milanés de 1497 pintado a mano sobre pergamino, un juego de cartas francés bordado en seda, cartas italianas con ribetes de oro… También hay juegos chinos, japoneses e hindúes de los siglos XVIII y XIX, que, junto con antiguos naipes alemanes y holandeses (el más antiguo data del siglo XIV), son el orgullo del conservador.

En la planta baja, hay una exposición de maquinaria de imprenta, de piedras litográficas y grabados de madera.

➤ **Museo de Arqueología:** este museo reúne los hallazgos realizados en las excavaciones realizadas en diferentes lugares de Álava. Destacan los del Neolítico (cerámica del poblado de La Hoya) y los de la ciudad romana de Iruña-Veleia (miliario, estatuas…). Las salas son amplias, las vitrinas están muy bien presentadas y los cuadros explicativos son muy claros. En el jardín hay una pequeña colección de estelas discoidales, características de las tumbas vascas.

**Museo de Ciencias Naturales** *(plano B1):* Fundadora de las Siervas de Jesús, 24. ☎ 945-18-19-24.

Está situado en la Torre de Doña Ochanda, mansión nobiliaria del siglo xv adosada a la antigua muralla de la ciudad. El palacio fue reconstruido en el siglo XVI por don Andrés Martínez de Iruña para su hija doña Ochanda. El museo está dividido en diferentes secciones dedicadas a la zoología, geología, botánica, mineralogía y paleontología. Los textos de las cartelas son muy interesantes y muy didácticos en todo lo referente al medio ambiente. De todos modos, la pieza más preciosa es el pterodáctilo enano de la colección de fósiles.

## EN LOS ALREDEDORES

Vasta llanura por la que discurren las autopistas y demás vías rápidas. Hay que salir de ellas para poder descubrir lugares tan interesantes como los yacimientos arqueológicos y algunos preciosos castillos, aunque pocos paisajes resultan especialmente atractivos.

**Santuario de Nuestra Señora de Estíbaliz:** ☎ 945-29-30-88. Para llegar en coche, lo más sencillo es seguir la A 132 en dirección a Estella. En autobús hay que tomar uno de la línea Vitoria-Estella (compañía Autobuses Hermanos; unos 7 autobuses diarios) y bajarse en Argandoña; quedan unos 2 km hasta el monasterio, por la carretera o por un sendero. La iglesia abre para celebrar misa: lun-vie a las 19 h, sábados a las 18 h y domingos a las 11 h (en euskera), 12 h y 13 h. Al lado del aparcamiento hay una zona de picnic y juegos para niños. El sendero GR 38 pasa por el lugar.

En un altozano plantado de árboles con una buena vista del campo circundante, es uno de los principales hitos de la historia y el arte de Álava. Fue edificado en el siglo XI, en el emplazamiento de un edificio religioso anterior y alberga una comunidad de monjes benedictinos.

Desde el aparcamiento hay que subir a pie hasta la cima de la colina (5 minutos). El monumento más interesante es la iglesia románica, modesta pero muy bella. El pórtico es de una sencillez conmovedora. En los fustes de las columnas, en lugar de las habituales esculturas humanas, se ve un verdadero entramado de símbolos geométricos que recuerdan mucho el simbolismo tradicional celta. El interior de la iglesia es austero, desnudo, impresionante, iluminado solamente por cuatro ventanas estrechas como saeteras. Si os colocáis en la zona del fondo, podréis admirar en la penumbra el coro que sirve de marco a la Virgen policroma del siglo XII. Y en las esculturas de los capiteles y las pilas bautismales podréis descubrir todo un mundo simbólico de diablos, pecadores y figuras del Antiguo Testamento.

> **> AVISO**
>
> El icono del trotamundos os indica el interés de la visita.

La misa dominical del mediodía que se canta en vasco, puede ser una experiencia memorable.

El monasterio moderno, ocupado por los benedictinos desde 1923, no resulta muy interesante, pero tiene el mérito de que su arquitectura no ha desfigurado el lugar.

### Oppidum romano de Iruña-Veleia: ☎ 945-40-30-44. 🖥 www.veleia.com

Se encuentra a unos 12 km al oeste de Vitoria-Gasteiz, en el municipio de Iruña Oka (Iruña de Oca), entre Trespuentes y Villodas. Para ir en coche hay que tomar la autovía de Madrid y salir en Mendoza. Abierto de junio a octubre, mar-vie 11-14 h y 16-18 h; fines de semana 11-14 h. De noviembre a finales de abril, lun-sáb 11-15 h; domingo 10-14 h. Entrada gratuita. Visita guiada.

El oppidum de Iruña-Veleia ocupaba en la época romana una posición estratégica en la via Aquitania, de Astorga a Burdeos. A partir de la primera mitad del siglo I (final del reinado de Augusto) ya existe una pequeña ciudad en el lugar. Hoy es un vasto campo de excavaciones que requiere un poco de imaginación para hacerse una idea de lo que había allí. Desde luego, no es Pompeya ni Mérida pero el paraje es magnífico y se presta para hacer una bonita e instructiva excursión. Los objetos encontrados en las excavaciones se exhiben en el museo Arqueológico de Vitoria. El recorrido de la visita está señalizado con flechas y paneles explicativos. Todo lo que se puede ver data de los siglo III-V de nuestra era, aunque el lugar estuvo ocupado desde mucho tiempo antes, probablemente desde finales de la edad del Bronce.

En 2006 los arqueólogos descubrieron un conjunto epigráfico del siglo III, formado por 270 inscripciones con palabras en latín tardío, euskera y celta e incluso jeroglíficos egipcios. La dudosa autenticidad del hallazgo generó una virulenta polémica que ha finalizado con la destitución del equipo directivo de las excavaciones y la toma de su control por la Diputación Foral de Álava.

### Torre de Mendoza:

a unos 10 km al oeste de Vitoria-Gasteiz. Para ir en coche hay que tomar la autovía de Madrid y salir en Mendoza. No se visita, solo se puede ver desde el exterior. Se trata de una muy bella torre fortificada del siglo XIII, antigua residencia de los Mendoza, minuciosamente restaurada. En el patio se han reunido escudos de piedra procedentes de grandes mansiones de Álava.

# >La región de Salvatierra

**A**guraingo Eskualdea (cuadrilla de Salvatierra) se extiende a lo largo de la N1 entre Navarra y Vitoria. En cuanto se sale de la autovía se llega, al cabo de unos cuantos kilómetros, al pie de las montañas. Hay pueblecitos preciosos, un parque natural y varios monumentos de interés, distribuidos al azar, a los que se llega por pequeñas y tranquilas carreteras. Un campo sencillo lejos del bullicio de las ciudades...

## SALVATIERRA/AGURAIN

3 800 HAB. (C. POSTAL: 01200, *D2*)

**S**ituada a 26 km al este de Vitoria-Gasteiz, en medio de una fértil llanura, al lado de la autopista Vitoria-Pamplona, Salvatierra/Agurain está estratégicamente situada sobre un altozano a la salida del desfiladero de Altsasu/Alsasua. No es casual que el casco viejo esté rodeado de unas vistosas murallas y que las iglesias tengan aspecto de fortaleza. Su casco viejo está formado por tres largas calles paralelas, que atraviesan la villa de este a oeste, desde la iglesia de Santa María hasta la de San Juan Bautista, y están flanqueadas por bellas casas blasonadas.

## TRANSPORTES

### En tren

Salvatierra/Agurain se encuentra situada en las líneas Vitoria-Irún y Vitoria-Pamplona. Hay aproximadamente 6 enlaces diarios desde Vitoria (duración: 14 minutos).

### En autobús

A Vitoria con *La Unión* y *La Burundesa* (☎ 948-22-17-66; 🖥 www.autobuseslaunion.com). Uno cada 2 h, de 6.15-22 h. Duración del trayecto: 30 min.

# DIRECCIONES ÚTILES

## Oficina de turismo

Mayor, 8 (esquina de la plaza Mayor, casi enfrente de la iglesia de San Juan Bautista). ☎ 945-30-29-31. 💻 www.cuadrillasalvatierra.org 💻 www.agurain.com Abierta en julio, agosto y en Semana Santa todos los días, de 10 a 14 h y de16 a 20 h; el resto del año, mar-dom 10-14 h. Organiza visitas guiadas al casco histórico y a iglesias de Agurain, Gaceo y Alaiza (solo en temporada alta; 3 € por persona).

# ¿DÓNDE COMER?

## Jose Mari

Calle Mayor, 69.
☎ 945-30-00-42.
Abierto todos los días excepto domingo noche. Menú 13 €, carta 20-25 €. Situado en pleno centro. Sirve pintxos y bocadillos en el bar y comidas en el comedor de atrás. Normalmente lleno de clientes del lugar. Cocina casera y abundante, a base de productos frescos. Muy buen trato.

# ¿QUÉ VISITAR?

Durante el fin de semana la ciudad vieja está cerrada al tráfico. Pero es fácil encontrar aparcamiento gratuito a pocos minutos a pie del centro.

**Iglesia de Santa María:** en un extremo de la Calle Mayor. Accesible solo durante las visitas guiadas de Tura Agurain.

Espléndida iglesia fortificada del siglo XV, que posee un camino de ronda con buenas vistas de los alrededores. En el interior, un impresionante retablo y un escudo de los Austrias que recuerda la fidelidad de la villa a Carlos V, tras la rebelión de Pedro López de Ayala en 1519.

**Calle Mayor (Nagusi Kalea):** destacan sus casas blasonadas (en los nᵒˢ 40 y 42) y la pequeña plaza que la corta con los dos aleros que sobresalen de los tejados. En el nᵒ 79 de la calle Mayor, cerca de la iglesia de Santa María, se encuentra la muy bella **Casa Azkarraga,** mansión señorial de la familia Azkarraga, que cuenta entre sus miembros con Joseba Azkarraga Rodero, banquero y político vasco y miembro del gobierno de la comunidad autónoma. En el edificio destacan una ventana en esquina, el pórtico y los dos escudos. Si el casco que remata el escudo mira hacia la derecha indica que se trata de una familia noble, si mira hacia la izquierda significa que hay algún hijo ilegítimo…, como es el caso del de la izquierda.

**Iglesia de San Martín:** Zapatari, 15. Está ubicada en el Ayuntamiento, un imponente edificio rosado, situado en el punto más alto de la ciudad. Se puede visitar en las horas de oficina.

Esta sorprendente y pequeña iglesia románica fue construida en el siglo XIII, se le adosó una prisión en el siglo XV y, posteriormente, el ayuntamiento. Finalmente los tres edificios se encuentran bajo el mismo techo. Las obras llevadas a cabo entre 2001 y 2005 han permitido recuperar esta iglesia que se encuentra literalmente en medio de los despachos. Es un caso curioso y, aunque su interior alberga una sencilla sala de reuniones, se puede ver su tejado desde arriba, subiendo al segundo piso construido con esta finalidad.

**Iglesia de San Juan Bautista:** en un extremo de la calle Mayor. Solo está abierta a la hora de la misa (diarios a las 10 h, sábado 19 h y domingo 20 h; abre media hora antes de la misa).

Se halla en una pequeña plaza rodeada de soportales. Importante etapa compostelana, esta iglesia-fortaleza de estilo gótico tiene una fachada barroca que recuerda la del Santuario de Loiola en Guipúzcoa. El muro del ábside está dentro de las fortificaciones. El gran retablo del siglo XVII muestra influencias de la pintura flamenca.

**➤ Fiestas patronales:** por San Juan, el 24 de junio, y el primer domingo de octubre, por la celebración de la Virgen del Rosario; el martes siguiente se celebra una antiquísima Feria de Ganado.

## ALREDEDORES DE SALVATIERRA/AGURAIN

**Iglesia de Gaceo:** a 3 km al oeste por la carretera A3100. Se puede ver solamente durante las visitas organizadas por la oficina de turismo (ver «Direciones útiles»). Dedicada a San Martín de Tours, no destaca por su aspecto exterior, macizo, sencillo, sin campanario y flanqueada por un antiguo muro, pero contiene un excepcional conjunto de pinturas góticas del siglo XIV. Descubiertas en 1967 y cuidadosamente restauradas, son una de las muestras más hermosas del estilo gótico primitivo en España. Las pinturas que cubren la bóveda del presbiterio son obra de un gran maestro desconocido. Las escenas representadas, como el *Juicio Final* y el excepcional *Calvario,* están inspiradas sobre todo en el Nuevo Testamento. El centro del presbiterio está ocupado por un pantocrátor.

**Iglesia de Alaiza:** Alaiza es una minúscula aldea situada 3 km al sur de Gaceo. Visitas guiadas a la iglesia organizadas por la oficina de turismo de Agurain. Es una iglesia románica del siglo XI, muy pequeñita, que conserva frisos con pinturas del siglo XIV. En su interior un pintor aficionado pintó extraños frescos de un crudo realismo. Podría tratarse de un soldado que habría utilizado estas paredes para contar la guerra de la que había sido testigo, representando escenas de batalla y violaciones, ¡nada menos!. Podría tratarse de la guerra mantenida en 1367 por el rey de Castilla, Pedro el Cruel , aliado con el príncipe de Gales Eduardo, conocido como «el príncipe Negro», contra Enrique de Trastámara, hermano bastardo del rey castellano. «El mural bárbaro», «Guerra y Paz» o «Un teatro de sombras chinescas» son algunos de los nombres dados a estas pinturas extrañas y terribles por algunos historiadores del arte. El término *gehenne* aparece inscrito en alguna parte, significa infierno, el infierno de la guerra...Las piedras agujereadas que hay en el suelo son lápidas sepulcrales. Los objetos encontrados en el interior de la iglesia están en el Museo Arqueológico de Vitoria.

## Señorío de Alaiza

A la entrada de Alaiza, a la izquierda ☎ 945-31-26-28. Abierto todos los días excepto los lunes. Vacaciones: 15 días durante el mes de agosto. Carta aproximadamente 30-35 €. Se recomienda reservar. «Restaurante-museo », en realidad se trata de un caserío-albergue instalado en una mansión del siglo XVII cuidadosamente restaurada. Alberga un excelente restaurante, con elegante decoración de estilo rústico, donde se elabora una cocina vasca muy clásica (merluza, cogollos, entrecot, rodaballo...), servida con amabilidad. Los precios están en consonancia con su calidad. Para comer en el campo, éste es el sitio.

**Araia:** a unos 10 km al nordeste de Salvatierra/Agurain por la autopista, salida 385.

Es un pueblo grande sin gran interés, situado al pie de la Sierra de Urkilla, por el que pasan los senderistas para subir a San Adrián (ver más adelante), ermita situada en la cima de la montaña.

## Casa rural Mendiaxpe

Salsamendi, 22, 01250 **Araia.**
☎ 945-30-42-12 y 646-10-45-84.
✉ mendiaxpe@gmail.com
💻 www.nekatur.net/mendiaxpe
En la salida norte del pueblo (señalizado), a 1 km del centro de Araia. Doble con baño 50 €, desayuno aparte. Apartamentos 4-6 personas 130-150 €. No admite tarjetas de crédito. Wifi. En el centro de un delicioso jardín plantado de frutales y bañado por un arroyo, un lugar bucólico y muy verde, sobre todo en primavera. El interior de la casa puede resultar un poco oscuro pero las habitaciones son frescas, grandes y están bien decoradas, con una limpieza casi maníaca y suelos de madera relucientes. Muy bella vista del campo circundante. Trato adorable.

## Umandi Jatetxea

Andoni Urrestarazu, 4, en **Araia.**
☎ 945-31-46-15.
Abierto todos los días a mediodía y las noches de los viernes y sábados. Vacaciones en Semana Santa, segunda quincena de agosto y 25-31 de diciembre. Menú 11 €; 14 € el fin de semana; carta 15-20 €. Aproximadamente a 100 m de la iglesia. Según se llega desde la farmacia y el supermercado, continuad derecho hasta una calle sin salida rodeada de edificios corrientes. El restaurante está en la planta baja de uno de ellos. Tiene un bar en la entrada y un bonito salón comedor. La carta propone una buena selección de platos de la comarca, a precios razonables. Servicio muy amable.

**Excursión a San Adrián:** la excursión completa Araia-San Adrián-Araia dura 4.15 h, tiene 11 km y unos 500 m de desnivel. Para subir a San Adrián desde Araia hay que pasar junto a la iglesia y girar a la derecha al llegar a su plaza. Continuad hasta una granja fortificada con una gran tapia y seguid a la izquierda la señal hacia «Marutegui». La carretera (en mal estado pero se puede pasar) asciende entre pastos. En la segunda bifurcación (la primera va hasta unas granjas) girad a la derecha en dirección a Zumarraundi. La pequeña carretera de montaña termina en un aparcamiento (a 3 km de Araia); dejad ahí el coche y continuad por el sendero que atraviesa un bello bosque. La ascensión es bastante fácil (llevad buen calzado porque el terreno es resbaladizo) y requiere aproximadamente 1.30 h para llegar al túnel natural de San Adrián desde el aparcamiento. Al principio puede daros algo de reparo meteros en la boca del túnel, estrecha y pequeña como una puerta excavada en la montaña. Pero enseguida se va agrandando y en menos de 50 m llegaréis al valle del Oria, al otro lado de la sierra, ya en plena Guipúzcoa.

Al final del túnel está la pequeña ermita de San Adrián, de la que se saben muy pocas cosas. ¿Acaso vivía allí un ermitaño? Es posible que no, pero a juzgar por los grafitis que se ven, ya ha habido gente que ha dejado testimonio de sus sentimientos estético-religiosos. Todos los años se celebra una misa en la ermita. El paso es tan estrecho que cuesta creer que se tratara de la vía romana, la de Astorga a Burdeos, muy transitada en su tiempo.

**Zalduondo:** a unos 4 km de Araia y Ordoñana. Más pequeño que Araia, este pueblo (en realidad una aldea grande) no puede ser más sencillo: una pequeña fuente que borbotea bajo los árboles, las casas son de piedra amarilla y no tiene comercios, solo un bar. Es conocido por su iglesia que alberga un retablo del siglo XVII, y, sobre todo, por el **palacio de los Lazarraga,** un singular edificio del siglo XVI, bastante pequeño, pero cuya entrada está enmarcada por dos atlantes que sostienen el escudo de la familia Lazarraga. Las estatuas son de un tamaño desproporcionado con respecto a la fachada, y producen una sensación extraña.

➤ El palacio contiene un pequeño **museo etnográfico,** abierto solo los domingos, de 12 a 14 h. Para visitarlo fuera de ese horario, hay que formar un grupo o ser un especialista en etnografía, y telefonear al ☎ 945-30-43-74 o 945-31-45-69.

El museo tiene su interés: se pueden ver reproducciones de una cocina vasca con el *zuzulu* (banco-arcón con una tapa que se levanta), aperos agrícolas, estelas en forma de disco, trajes del carnaval de Zalduondo, una colección de cerámica tradicional vasca (francamente rústica) y, sobre todo, los espléndidos frescos murales que antaño decoraban la casa.

➤ En Zalduondo se celebra todos los años un **carnaval** que atrae a la gente de toda la región; en él se juzga y quema a Markitos, un gran muñeco vestido con un atuendo estrafalario. La gente se parte de risa durante toda la ceremonia.

**Gebara:** a unos 15 km al este de Vitoria-Gasteiz, 2 km al norte de la salida 367 de la autopista. El pueblo está dominado por las ruinas de un bonito castillo medieval del siglo XV, que solo conserva la torre y las paredes. Aparece mencionado ya en el siglo II d.C. por el geógrafo Claudio Ptolomeo, con el nombre de *Gebara*. El topónimo dio lugar al patronímico Guevara que llevaba Che Guevara, el revolucionario argentino, probablemente de lejano origen vasco.

> **> AVISO**
> El icono del trotamundos os indica el interés de la visita.

**Parque de Garaio y Reserva Ornitológica de Mendixur:** a 15 km al nordeste de Vitoria-Gasteiz. Hay que tomar la carretera A 3012, y enseguida el parque de Garaio está señalizado. Información: ☎ 945-18-18-18.

La construcción del embalse de Ullibarri ha permitido la creación del parque y la reserva para la conservación y estudio de los humedales. Podéis aprovechar las playas habilitadas en las orillas del lago para daros un chapuzón o tomar el sol. También hay zonas de picnic y de juegos bien equipadas, así como senderos para pasear a pie o en bici.

➤ De **Mendixur,** principal acceso a la reserva, salen dos senderos que conducen a los puntos de observación. No olvidéis llevar prismáticos para disfrutar del espectáculo: los patos posan y las cigüeñuelas deambulan con las patas en el agua.

## ¿DÓNDE DORMIR? ¿DÓNDE COMER?

**Casa rural Sagasti Zahar**
Sagasti Zahar, 10,
01206 **Maturana.**
☎ 945-31-71-58 y 610-03-36-78.
🖥 www.casarural-vitoria.com.
Doble con baño 59 €, desayuno 5 €.
No admite tarjetas de crédito. Wifi. Está situada a 2 km al norte de la autopista Vitoria-Pamplona, en la ladera de una colina, cerca de la iglesia del pueblo. Es una bella casa de piedra del siglo XVI, transformada en un alojamiento rural muy bien acondicionado y rodeado de un gran jardín. Consta de 6 habitaciones dobles cuidadosamente decoradas y amuebladas y de una bonita sala de estar. La habitación del palomar es una pequeña maravilla. Los propietarios no siempre están allí. Telefonead antes para reservar.

# >La montaña alavesa

En realidad, no se trata de una zona muy montañosa: los puertos culminan a 800 o, como máximo, 900 m. Pero conducen a unos valles encajonados que antaño eran las vías de paso hacia Navarra. Así se explica que en las estrechas gargantas se levantaran burgos fortificados siguiendo una sutil estrategia. Para muestra un botón: el río Ega, que nace poco después del puerto de Azáceta, sigue su curso hasta Estella en Navarra. Para proteger esa vertiente de la montaña, los navarros, y después los castellanos, fortificaron localidades como Antoñana y Atauri. Ésta es también una tierra de caballos, en la que se cría una raza de *pottoks* de mayor tamaño que los del País Vasco francés, pero es sobre todo la tierra del roble pirenaico, el árbol simbólico de los vascos. Precisamente, la carretera A132 que lleva al puerto de Azáceta serpentea por en medio de un inmenso robledal.

## SIERRA DE ENTZIA

*(D3)*

Espléndida excursión por la carretera A2128, con punto de partida en Salvatierra/Agurain, que primero cruza la llanura y, enseguida sube hacia Harana/Valle de Arana bordeando por caóticas afloraciones rocosas en medio de un bosque mixto, donde los aficionados a la botánica verán mezclados tejos, robles, enebros silvestres y fresnos. Conforme uno se acerca al puerto de Opakua (1 020 m), a 5 km al sur de Salvatierra/Agurain, se descubre una espléndida vista panorámica de la llanura de Álava.

Nuestra excursión preferida es: continuar la carretera A2128 por les pueblos de Kontrasta, San Vicente de Arana y Antoñana; a continuación entrar en el parque natural de Izki para llegar a Urturi, Bernedo y finalmente al puerto de Bernedo (La Aldea 1 000 m) que desemboca en la Rioja Alavesa en medio de un paisaje magnífico.

## ¿DÓNDE COMER? ¿DÓNDE TOMAR UNA COPA?

### Café-restaurante Obenkun

Plaza Juegabolos, en **San Vicente de Arana.**

☎ 945-40-61-23. Abierto todos los días en verano (mayo-sept), pero cierra a las 17 h los lun-mar-jue. Miércoles y domingo abre 9-17 h y 19-22 h (24 h el miércoles). Abre también en invierno. Platos 8-20 €. Por fin un café-restaurante de pueblo, acogedor y cordial, gestionado por el jovial Jose Jabier San Vicente, alcalde del pueblo, y su mujer. Merluza al horno, cogollos de Tudela, chuleta de vaca… cocina vasca rústica y natural a precios asequibles. La salvación del viajero.

## ¿QUÉ VISITAR?

**Valle de Arana:** es un «valle colgante» (un vasto altiplano excavado por la erosión). Sus fértiles tierras han permitido el asentamiento de varias aldeas muy antiguas y próximas. Todas tienen la misma estructura, con las casas apiñadas en torno a un lugar de culto.

**Kontrasta:** a 12 km al sur de Salvatierra/Agurain. Es un antiguo pueblo fortificado rodeado de montes y campos. Aparcad en la plaza de la fuente para visitar, por un lado, la **iglesia fortificada** del siglo XIII, con una pequeña torre y ventanas en forma de troneras, y, por otro, la **ermita de Nuestra Señora de Elizmendi** (Nuestra Señora de la Montaña de la Iglesia), una pequeña ermita prerrománica construida, según reza el panel explicativo, con piedras «romanas», aunque los elementos más visibles son símbolos solares y grabados en las piedras que evocan claramente a los celtíberos. Situada sobre un promontorio, ofrece una bonita vista de las colinas de los alrededores.

**San Vicente de Arana (Done Bikendi Harana):** a 8 km de Kontrasta, en la carretera A2128. Tiene una iglesia fortificada del siglo XVI, con una estructura y una decoración interior bastante sorprendentes. Para visitarla, dirigíos a la calle Uriondo, 1, enfrente de la iglesia, para pedirle las llaves a Vicente Pérez de Leceta. No se os ocurra darle propina, porque se enfadará, ya que, como él mismo nos ha dicho, se siente orgulloso de su iglesia, cuidada amorosamente por los vecinos desde hace siglos, y de mostrarla a los visitantes.

Una parte de la iglesia (a la izquierda, según se entra) está ocupada por un soberbio balcón de piedra labrada, sostenido por unas arcadas góticas cuyas claves de bóveda están adornadas con las llaves de San Pedro y una flor de lis.

La parte más interesante es el coro, que está dividido en dos partes. La inferior está trabajada en forma de cueva. El arco románico, las esculturas de animales quiméricos y los símbolos geométricos parecen corresponder al estilo románico primitivo. En esa capilla hay tres tallas de madera polícroma del siglo XIV que representan a Jesucristo, San Emeterio (a la izquierda) y San Celedonio (a la derecha).

Por encima dela capilla, dominando el coro, hay un retablo polícromo de principios del siglo XV, que está encima del altar, sostenido por dos tallas que representan a un demonio y una «demonia», testimonio excepcional del arte popular de la época. En él aparecen la Cena, el Calvario, el martirio de San Sebastián, el juicio de Santiago y el de Jesucristo. Es raro tener la oportunidad de ver un retablo tan de cerca y poder admirar la expresividad chocante y grotesca a veces de los personajes (como esos dos soldados con armadura, la boca abierta y cara de susto). Según parece, los personajes del retablo habrían sido tallados por los propios lugareños.

**Antoñana:** en la A 132, a unos 5 km al norte de Santa Cruz de Campezo, en el valle del río Ega. Es una preciosa localidad fortificada, levantada en el siglo XII por Sancho el Sabio para controlar el valle del río. Sus **murallas,** discretas y poco visibles están clasificadas como Monumento Nacional del País Vasco. El pueblo es muy pequeño y está formado por una sola gran calle, la Calle Mayor. Al comienzo de ella se encuentra la **iglesia de San Vicente,** cuadrada, con un pórtico que se abre en el interior de las murallas. La portada es gótica y está coronada por un Santo Entierro. En el nº 7 hay una casa blasonada con una estrecha bóveda que conduce al camino de ronda, ocupado hoy por unos jardines.

# Parque Natural de Izki

*(C3)*

Situado al sur de Vitoria (unos 50 km por la carretera A132 y el puerto de Azáceta), en el límite suroccidental de la provincia de Álava, este parque natural, constituido en 1998, alberga y protege un antiguo bosque de castaños (de la variedad pirenaica) y un castañar con los castaños más antiguos de Euskadi. Un hábitat disperso, el terreno verde y ondulado, el río Izki, el bosque rodeado por una corona de montes (de 600 a 1 175 m) y de barrancos, la fauna (jabalís, corzos, gatos monteses, ciervos, águilas…) y la flora, los embalses, los refugios de aves acuáticas, todo contribuye y justifica la salvaguarda de este territorio salvaje, creando el parque de Izki.

## DIRECCIÓN ÚTIL

**ℹ Casa del Parque de Izki)**
En el pueblo de **Korres,** en la A 4124. ☎ 945-41-05-02.

✉ parqueiski@parques.alava.net
En la entrada del pueblo. Abierta abril-sept, mar-dom 10-19 h. Oct-

marzo, mar-vie 9-15 h; los fines de semana10-18 h. Proporciona información y documentación sobre los senderos para realizar excursiones a pie. Hay 15 senderos, para caminatas de 3 a 10 km (de 1 h a 3 h de duración). También informa sobre excursiones en bici o a caballo.

## ¿DÓNDE DORMIR? ¿DÓNDE COMER?

### Aitonaren Etxea

Abajo, 6, 01118 **Urturi.**
☎ 945-37-81-47 y 605-72-65-86.
info@aitonarenetxea.com
www.aitonarenetxea.com
Vacaciones: nov-marzo. Doble con baño 42 €, desayunos 3-4 €. No admite tarjetas de crédito. El trato de Cristina es adorable. Los ciclotouristas agradecerán su garaje para bicis. La casa está muy bien cuidada, en el centro del pueblo. Las habitaciones, confortables y decoradas con sencillez, dan a la calle o a un lateral. Acogedora y sin pretensiones.

### Habitaciones en casas particulares, Nekazalturismoa

La Plaza, 4 en **Urturi.**
☎ 945-37-81-74.

Dobles 35 €. Luisa Martínez de Alegría recibe a sus huéspedes con amabilidad. Su bonita casa destaca enseguida por su antigua y florida fachada, en el centro del pueblo. Las habitaciones, que dan a un lateral de la casa, están limpias y bien cuidadas.

### Garimotxe

Eduardo Urarte, 15, en **Urturi.**
☎ 945-37-82-12.
Abierto todos los días excepto los lunes. Menú del día 11-12 €. Pequeño y encantador albergue ubicado cerca de la plaza del pueblo. Tiene una terraza exterior que invade el césped del jardín. Nos ha gustado su cocina rústica y fresca, que se adapta al ritmo de las estaciones.

## ¿QUÉ HACER?

➤ **Korres:** la visita a Izki puede empezar por este bonito pueblo, situado 6 km al sur de Arraia-Maeztu, en la carretera A 3136. Aislado en medio de un paisaje suavemente ondulado, Korres (706 m de altitud) está dominado por su imponente iglesia. En él está la Casa del Parque.

➤ **Urtiri:** A unos 10 km de Korres. Continuad por la carretera A 3136, pasando por los pueblos de San Román de Campezo y Quintana, hasta llegar a Urtiri, sencillo pueblo del que parten algunos de los senderos que atravieasn el parque. También hay dos alojamentos y un albergue. Desde Urturi, una muy bella carretera de montaña permite llegar hasta la Rioja Alavesa pasando por el puerto de Bernedo (La Aldea 1 000 m). Es, sin ninguna duda, la forma más bonita de llegar a La Rioja. Desde lo alto se disfruta de una bellísima panorámica.

➤ **Excursiones a pie:** se puede recorrer el parque de muchas maneras y por distintos senderos. En la Casa del Parque de Korres venden mapas del parque y de los senderos. Algunos paseos fáciles y familiares salen del propio pueblo. Justo por debajo de Korres, en dirección sur, encontraréis un aparcamiento con una inmensa zona de juegos y de pic-nic muy bien acodicionada (aseos, y varias barbacoas).

# >Los valles del Oeste

Los valles situados al oeste de Vitoria se han mantenido al margen de la modernidad, con la única excepción del valle del Nervión, en el extremo noroccidental, en la zona de Laudio (Llodio), que ha sufrido la atracción industrial de Bilbao. Son unos valles aún rurales, con unos pueblos venerables, en los que se conservan las tradiciones de tiempos pretéritos. Ésta es una región protegida por las montañas, y en ella abundan los parques naturales.

## LA SIERRA DE GORBEIA Y LA REGIÓN DE ZUIA

*(B1-2)*

Esta pequeña región montañosa y despoblada, situada al norte de Vitoria, separa Álava de Vizcaya, acogiendo algunos bonitos pueblos en sus laderas. Verdes y boscosas colinas se ondulan y ascienden desde Vitoria hasta los pies de la montaña que forma una barrera natural (la sierra de Gorbeia, con su pico más alto 1 481 m) entre las dos provincias vascas. La puerta de entrada al parque natural de Gorbeia (unas 20 000 ha) es la pequeña localidad de Murguia, situada en un valle a unos 20 km al noroeste de Vitoria-Gasteiz.

➤ Ver también el apartado dedicado al parque natural de Gorbeia en «El valle de Ibaizábal», en el capítulo «Vizcaya».

> **> AVISO**
>
> La *guía del Trotamundos* defiende valores como los derechos del hombre, la solidaridad entre los pueblos, la biodiversidad cultural y la protección del medio ambiente.

# TRANSPORTES

## En coche

➤ Por la N 240 hacia **Bilbao,** y después la A 3608 hacia **Murua;** o bien por la N 622 (también hacia Bilbao) saliendo por la A 3608 o la A 3610 en **Murguia.**

## En autobús

➤ Etxaguen-Murua-Gopegi-Vitoria: unos 3 autobuses/día con la compañía *Alegría Hnos* (☎ 945-20-01-00).
➤ **Elosu:** 1 autobús/día por la línea **Vitoria-Bilbao,** gestionada por *La Unión-Burundesa* (☎ 948-22-17-66; 🖥www.autobuseslaunion.com).
➤ **Murguia:** con salida de Vitoria, unos 13 autobuses/día los laborables, 7.10 a 20.15 h. 3-4 autobuses/día el fin de semana. Duración: 40 minutos.

# DIRECCIONES ÚTILES

## ℹ Oficina de turismo de Murguia

Domingo de Sautu, 20.
☎ 945-43-04-40.
🖥www.cuadrillazuia.com
En la carretera, junto al ayuntamiento, cerca de la plaza principal. Cerrado nov-mediados de marzo. Semana Santa y julio-agosto, Abierta todos los días 9.30-14 h (12.30 h junio y sept-oct), 15.30-19 h (17 h junio y sept-oct); marzo-mayo, solo el fin de semana 9.30-12.30 h y 15-17 h. Muy bien documentada y trato muy amable.

## ℹ Casa del Parque Natural de Gorbeia

En **Sarria,** pequeño pueblo situado 3,5 km al norte de Murguia. Está indicado.
☎ 945-43-07-09.
Abierto abril-sept, todos los días, excepto los lunes, 10-19 h. Oct-marzo, mar-vie 10-14.30 h y 15.30-17 h; los fines de semana 10-14.30 h y 15.30-18 h. Vende los mapas del parque con detalles sobre los itinerarios a pie. En el parque también se admiten bicis y caballos.

# ¿DÓNDE DORMIR? ¿DÓNDE COMER?

## De barato a precio medio

## 🏠 Guikuri

Guikuri, 1, Zigoitia, 01138 **Murua.**
☎ 945-46-40-84.
✉ guikuri@euskalnet.net
🖥 www.guikuri.com
🚲 En la N 240 o la N 622 hacia Bilbao, tomad la pequeña carretera A 3608 (dirección Gorbeia) hasta Murua. Si llegáis por la N 240, la casa está indicada a la salida del pueblo; si llegáis por la N 622, hay un cartel bien visible a la entrada de Murua. Apartamentos (mínimo 2 noches) 200 € por 2 noches/2 pers, 250 € por 4 pers. Wifi. Una gran casa cubierta por una parra, en una aldea tranquila, situada en la ladera de una suave colina, al borde de un bosque. Excelente acogida por parte de los propietarios que han añadido un anexo en el gran jardín. Se duerme en apartamentos de 2 a 6 personas. Todo está bien decorado y acogedor, con materiales de la zona. Hay un espacio para los niños, aire fresco y mucho verde, y , además, el jacuzzi y las saunas. Una referencia excepcional.

## 🏠 Habitaciones en el Caserío Izpiliku

Mendia, 6, Zigoitia, 01138 **Acosta/Okoizta.** ☎ 945-46-41-54.
✉ izpilikuetxea@yahoo.es
🖥www.nekatur.net/izpiliku

En la A 3608, en Gopegi, tomad la dirección de Okoizta; al llegar solo un discreto cartel de madera en la pared de la casa señala el lugar. Doble con baño 54 €, desayuno 5 €. Cocina disponible por 5 €. Internet y Wifi. Un muy buen alojamiento en un auténtico caserío de 1848. Los propietarios crían vacas, cerdos y gallinas siguiendo las pautas de la agricultura biológica. Os recibirá el hijo o su madre, que lleva la casa con gran mimo. Acogedor salón común, muebles rústicos, habitaciones familiares impecables, decorados con gusto en el estilo rural vasco. Para las comidas hay también un albergue en el pueblo.

## De precio medio a selecto

### 🏠🍽 La Casa del Patrón
San Martín, 2, 01130 **Murguia.**
☎ 945-46-25-28.

✉ hotel@casadelpatron.com
🖥 www.casadelpatron.com
Cerrado en Navidad y Año Nuevo. Dobles con baño 60-65 € según temporada, triple 73-79 €. Menú del día (a mediodía los laborables) unos 19 € (servido también por la noche a 17,50 €, solo para los huéspedes). Aparcamiento gratuito al lado. Wifi. Situada en la plaza principal del pueblo, esta bella mansión antigua ha sido ampliada con una terraza acristalada que alberga un restaurante. En la planta baja hay un bar frecuentado por parroquianos habituales. En los pisos, habitaciones bastante standard pero confortables y limpias. Tienen doble ventana contra el ruido de la calle y de la plaza. En el restaurante, buena cocina local a precios razonables, en un ambiente de bar de pueblo. Tanto en el bar como en el restaurante, trato excelente y personal sonriente y dinámico.

## ¿QUÉ VISITAR? ¿QUÉ SE PUEDE HACER?

🚶🚶 **Ollerias - Museo de Alfarería Vasca:** B° Ollerias, 9. En **Elosu.** Al borde de la N 240 en dirección a Bilbao, entre las salidas hacia Elosu y la A 3608 hacia Gorbeia. ☎ 945-45-51-45. 🖥 www.euskalzeramika.com Lun-vie 10-13 h y 16-19 h; sáb 10-14 h. Entrada libre.

Instalado en una antigua fábrica (1711), este interesante museo merece una visita. Os recibirá la encantadora Blanka Gómez de Segura, una apasionada que conoce bien su oficio. Con su compañera, Blanka todavía trabaja la cerámica allí mismo, en un taller de producción, fiel al oficio y la tradición iniciada antaño por la familia Ortiz de Zárate. Se visita el horno tradicional (declarado Monumento Histórico) que estuvo en funcionamiento hasta1958, fecha en la que la construcción de dos embalses y el consiguiente anegamiento de los terrenos privaron a la fábrica de su arcilla. En la planta superior, está el museo sobre la cerámica y sus usos: tazones, copas, cántaros, jarrones, jarras… y una pequeña tienda donde se puede comprar cerámica tradicional.

🚶 **Santuario de Nuestra Señora de Oro:** a 3,5 km de Murgia. Tomad la carretera de la salida este de Murguia, que pasa por Bitoriano; el santuario está señalizado. La iglesia solo abre cuando hay romería (15 agosto-8 septiembre aprox.) y para la misa (domingos 12-14.30 h).

Levantado junto a un saliente rocoso (841 m), el santuario ofrece una magnífica vista de la zona. Es un edificio de época románica tardía, que ya aparece citado en un pergamino de 1138, pero en su arquitectura actual no queda nada de románico. El monumento fue incendiado y reconstruido dos veces durante el siglo XVIII. Su nombre contiene la palabra «oro» que no se refiere al metal sino a una eminencia, un lugar elevado, en la toponimia vasca.

➤ **Excursión en coche** por la carretera A 2521 entre **Murguia y Urduña/Orduña:** precioso itinerario de montaña, que permite llegar hasta el valle alto del Nervión. Antes de llegar a Urduña, se puede hacer un pequeño desvío hasta el pueblo de **Artomaña,** rodeado por un hermoso circo de rocas.

**Cascada de Gújuli (Goiuri):** en el pueblo de **Goiuri-Ondona** (municipio de Urkabustaiz), en la carretera A 2521 en dirección a Urduña, A unos 7 km al oeste de Murguia. Acceso a pie por un pequeño camino (aprox. 1 km) a la derecha según se llega desde Murguia. La cascada, de 100 m de altura, cae sobre el río Oiardo. Todo el mundo os hablrá de ella pero solo tiene agua en primavera, cuando el espectáculo realmente vale la pena. Excepto algunos años, al comienzo del verano ya está seca. Da la impresión de que la cascada brota del inmenso bosque de hayas de Altube.

# Artziniega y el Valle de Ayala/Aiara

*(A1)*

**A**rtziniega está a 28 km al suroeste de Bilbao, en el interior de los montes vascos (con una altitud de 600 m), en los límites de Vizcaya, Álava y la provincia de Burgos. Es una pequeña y pintoresca localidad (1 843 hab.) con un casco antiguo peatonal, que se puede visitar paseando por sus empedradas calles y plazas. El pueblo tiene 47 casas blasonadas, lo que demuestra su antigüedad y su importancia estratégica. Fue fundado en 1272 por el rey de Castilla, Alfonso X El Sabio, para contrarrestar la creciente influencia de los señores de Vizcaya. Hasta comienzos del siglo XIX los poderosos duques de Ayala (y después los de Veragua, Berwick y Liria) tenían la última palabra en la administración de justicia en la villa, una herencia del pasado.

En el siglo XIX numerosos habitantes huyen de la pobreza y emigran a América, sin olvidar nunca su tierra natal. En la actualidad, Artziniega ve como aumenta su población gracias su ubicación (cerca de Bilbao, calidad de vida y alquileres poco elevados).

## TRANSPORTES

**En autobús**
**La Unión** (☎ 945-26-46-26; 🖳www.autobuseslaunion.com) une Artzi-niega con **Vitoria** y **Amurrio** unas 4 veces/día, laborables (6.30-11.45 h) y 2 veces/día el fin de semana.

Duración: 1.15 h. Las localidades de **Izarra** y **Murguia** están comunicadas 1-2 veces/día con esta misma línea. Para dirigirse a **Bilbao,** hay que transbordar en Murguia (atención porque hay pocos autobuses y es posible que haya que esperar mucho tiempo).

## DIRECCIONES ÚTILES

### Información turística

No hay Oficina de turismo en el pueblo pero los empleados del Museo etnográfikoa (Museo etnográfico) informan y proporcionan documentación sobre la localidad y sus alrededores. Ver dirección más adelante.

### Oficinas de turismo

En **Laudio/Llodio** (☎ 944-03-49-30) y **Quejana/Kexaa** (☎ 945-39-94-14).

## ¿DÓNDE DORMIR? ¿DÓNDE COMER?

### Hotel Torre de Artziniega

Cuesta de Luciano, 3, 01474 **Artziniega.** ☎ 945-39-65-00. hotel@torredeartziniega.net www.torredeartziniega.net
Se recomienda reservar. Dobles con baño 75-80 €, desayuno aparte. Menús 11-33 €, carta 25-35 €. Wifi. Instalado en la antigua torre del homenaje de la localidad fortificada, este hotel dispone de habitaciones con una decoración «rústico-elegante». La encantadora habitación nº 302 tiene cama con baldaquino y 2 ventanas, la 204 es de color rosa, la 301 bastante azul y la 401 está bajo la antigua cubierta de madera. En el primer piso, la sala del restaurante, agradable y bastante amplia ofrece una cocina vasca tradicional, honesta y cuidada: brochetas de rape y langostinos, jamón serrano, morcilla con pimientos de Lodosa. De postre probad, el **goxua,** especialidad vasca a base de nata, bizcocho, crema pastelera y caramelo. A veces organiza cenas medievales. Trato agradable.

### EN LOS ALREDEDORES

### Hotel Arcos de Quejana

Ctra Beotegui s/n, 01477 **Kexaa (Quejana).** ☎ 945-39-93-20. info@arcosdequejana.com www.arcosdequejana.com
Indicado a la derecha, antes de llegar al castillo de Ayala. Vacaciones: mediados dic-mediados enero. Dobles con baño 87-102 €, desayuno incluido. Menú de mediodía 15 y 25 €, carta 30-40 €. Wifi. Está situado sobre una colina, en medio de un paisaje ondulado, en un apacible rincón de la campiña. En la antigua casa noble están las salas del restaurante, las habitaciones se encuentran en una ala moderna. Están bien decoradas, son de tamaño medio y dan al jardín y al campo. En el restaurante, cocina vasca bien elaborada.

### Arenalde Maitea

Cerrajería, 1, en **Amurrio.** ☎ 945-89-24-26. arenaldemaitea@arenaldemaitea.com
Situado a la izquierda según se sale del pueblo, en dirección a Laudio (Llodio), está indicado. Abierto lunes-jueves 12-19 h y viernes y sábado hasta la 1 h de la madrugada, domingo 11-21 h. En la planta baja, bar de pintxos 2-4 €; en los pisos 1º y 2º, restaurante más gastronómico: menús 11,50-47 €. Gran mansión típica vasca, con terraza y aparcamiento, situada a las puertas de la villa. Cocina clásica pero

muy abundante, un poco más sofisticada en el primer piso. Oca confitada al oporto, entrecot con pimiento, cochinillo al Rioja, y buenos postres. Servicio atento y muy rápido.

## ¿DÓNDE DORMIR Y COMER EN UN CASERÍO?

### Agroturismo Restaurante Guzurtegi

En **Maroño.** ☎ 945-39-94-38. 💻 www.guzurtegi.com Dobles 55 €. carta 25-30 €. Vacaciones: las 3 primeras semanas de agosto. Restaurante abierto a mediodía y por la noche viernes y sábado; de domingo a jueves solo a mediodía. Nuestro preferido en Álava. Es apenas un pueblo, una aldea olvidada 3 km al sur de la carretera A624, entre Amurrio y Artziniega, que casi no se ve en el mapa de carreteras. La carretra va ascendiendo, pasa cerca de un embalse y se descubre un amplio circo de colinas, campos y bosques, dominados por una alta muralla de roca. A este paisaje espléndido corresponde un albergue único. Las cocineras, con gorro blanco se afanan en la cocina. La sala, que tiene chimenea, es acogedora y el servicio de una gran jovialidad. Trato excelente. La carta es breve pero todo muy bueno: la especialidad son las carnes, sobre todo chuletas a la parrilla. Hay también un sabroso *magret de canard* con boletos. Un montón de postres exquisitos.

## FIESTAS

### Fiestas medievales en Laudio (Llodio)

A finales de agosto. Mercado medieval, y toda la localidad y sus habitantes se engalanan con los atavíos de antaño...

### Fiestas patronales en Artziniega

Durante 8 días alrededor del 8 de septiembre. En honor de la Virgen de la Encina. Pasacalles y comida popular en la campa de la ermita.

## ¿QUÉ VISITAR?

**Paseo por las calles de Artziniega** apreciando su arquitectura renacentista. De esta época es la maciza **iglesia de la Asunción,** cuadrada, con atrio y un frontón triangular que anuncia el siglo XVIII.

**Artziniegako Museo Etnografikoa:** Arteko Aldapa, 12, en Artziniega. ☎ 945-39-62-10. 💻 www.artziniegamuseoa.org En el casco antiguo seguid la dirección de Balmaseda, está a 400 m a la derecha de la carretera. Abierto mar-sáb 11-14 h y 16.30-19.30 h; domingo y festivos 11-14 h. Entrada: 4 €; descuentos. La visita se hace acompañados y guiados por una de las guías de recepción.

«El ser humano es nuestra razón de ser» es el lema de este bello museo instalado en una imponente mansión de 1 700 m² (más el espacio exterior que acoge las exposiciones temporales y manifestaciones diversas). Objetivo: salvaguardar el patrimonio local y la memoria de la comarca. En sus 17 salas, a través de numerososs objetos y reconstrucciones de lugares, el museo documenta las artes, los oficios antiguos, las tradiciones populares, las costumbres particulares y los modos de vida de antaño.

➤ **En la planta baja** hay 9 salas dedicadas a las tradiciones populares y los oficios antiguos: el tejedor (telar, fabricación de alpargatas), la bebida (la miel, el lagar, la sidra y la viña), más adelante se muestra el trabajo del herrero, del picapedrero, del panadero o del agricultor. Todo indica la autarquía en que vivían sus antiguos habitantes.

➤ **En el primer piso:** una farmacia, un aula de una escuela antigua, explicaciones sobre la historia de la ciudad, sobre los deportes vascos (el frontón, la pelota vasca, el juego de la soga…). La reconstrucción del interior de una casa burguesa de finales del XIX.

## ALREDEDORES DE ARTZINIEGA

### Hacia el sur

**Kexaa (Quejana):** a unos 8 km al sur de Artziniega, por la carretera de Amurrio. Está indicado por un cartel a la derecha de la A624. Esta aldea aislada en una ladera de la colina es conocida sobre todo por ser la cuna de la poderosa familia Ayala, que ha dado nombre al valle. El castillo fortificado está en un extremo del pueblo sobre un altozano que domina el valle (visita de la **iglesia** y de la **torre-capilla** solo previa cita con el cura ☎ 945-39-92-64; entrada libre al **Museo de Arte Sacro,** abierto todos los días 10-14 h y 16-19 h julio-septiembre; todos los días, excepto lunes, 10-14 h octubre-junio).

Es un magnífico edificio cuadrado con torres (la más grande data de 1399), almenas y una iglesia-monasterio fortificada inserta en las murallas. La capilla alberga los bellos sarcófagos de Pedro López de Ayala (1332-1407) y de su esposa Leonor de Guzmán. Un ala del castillo, denominada palacio de los Ayala, acoge el Museo de Arte sacro, muy bien instalado e interesante. Ilustra la historia de la poderosa familia Ayala, que fue la más importante de Álava y de Castilla desde el siglo XIV al XVI. Su historia continúa con la alianza con los duques de Veragua, descendientes de Cristóbal Colón y en el siglo XVIII la rama Ayala se fusiona con la famosa dinastía de los duques de Alba. Muestra también pinturas y documentos, así como algunas obras de arte celosamente conservadas en el convento durante más de 600 años.

Pedro López de Ayala (el «canciller») fue hombre de guerra y de letras, y alamirante de la flota de Pedro I de Castilla. Su hijo Fernán Pérez de Ayala asistió al concilio de Constanza en 1414-1418. En 1749, Antonio de Ayala fue nombrado Tesorero Real de las Finanzas de la Nueva Granada (que englobaba las actuales Colombia, Ecuador, Panamá y Venezuela). Uno de sus descendientes, Luis de Ayala y Vergara se unió a la causa de Simón Bolívar (otro vasco) y firmo la declaración de independencia de Colombia en 1813…

### En los límites de Álava y Vizcaya

**Urduña/Orduña (en Vizcaya):** a 7 km al sur de Amurrio, y 22 km al este de Artziniega. Urduña es una pequeña localidad que se extiende en el centro de una fértil llanura, dominada por la inmensa muralla que forman las rocas calcáreas que separan Vizcaya de la provincia de Burgos. Esta barrera natural e histórica es también una línea divisoria entre las aguas que vierten al Atlántico y las que lo hacen a la cuenca mediterránea, increíble pero cierto. Si se viaja en coche, lo mejor es llegar por la carretera BU 556 que cruza el puerto de Urduña (900 m, ver más adelante «Salto del Nervión»).

La zona céntrica de Urduña se organiza en torno a la **Plaza de los Fueros** o **Foru Plaza** y su iglesia, que destaca con sus dos campanarios trinitarios (espadañas con tres puntas como símbolo de la Trinidad)).

Si queréis comprar sabrosos chocolates, dirigíos al n°12-14 de la plaza, frente a la iglesia, a la **Confitería de Pantaleón de Larrea.** Con columnas, un antiguo mostrador y escaparates amarillos, esta pastelería conserva la hermosa tradición familiar que se remonta al siglo XIX.

**Salto del Nervión y cañón de Délica:** no hay que perderse una de las carretras más bonitas de la zona. Si se llega desde Urduña, hay que tomar la A 2625 hacia Burgos. La carretera asciende hacia la cima de la vertiginosa barrera rocosa describiendo numerosas curvas en lazo. Desde el puerto hay una espléndida panorámica sobre la llanura y a lo lejos, rodeada de campos, la localidad de Urduña. Tras el puerto de Urduña, girad a la izquierda hacia el monumento natural de Monte Santiago, parque natural en la provincia de Burgos. Desde el aparcamiento, dirigíos hacia el **mirador del Nervión** (2 km a pie), un balcón suspendido por encima del cañón de Délica (Delika). Magnífico observatorio sobre la cascada del río Nervión, de 222 m de altura (una de las más altas de España).

# LOS VALLES DEL SUROESTE

Estos valles desconocidos y surcados por tranquilas carreteras, se encuentran al suroeste, entre Urduña/Orduña y Miranda de Ebro, en el límite entre Álava y la provincia de Burgos. Una muy bella manera de llegar hasta ellos consiste en tomar la carretera A 2625 saliendo de Urduña y dirigirse hacia el sur. La carretera, que al principio es sinuosa y de montaña, va descendiendo entre bellos parajes hasta el pequeño pueblo de Osma y su puente medieval, y comunica con pueblos encantadores, como Espejo, Tuesta y Barrón. En el extremo occidental de Álava, en el nacimiento del río Omecillo, se encuentra el Parque natural de Valderejo, el más aislado de la provincia pero no por ello el menos frecuentado.

## ¿DÓNDE DORMIR? ¿DÓNDE COMER?

### Cámping

**Cámping Angosto**
Ctra Villañane-Angosto, 2, 01426 **Villañane-Valdegovía.**
☎ 945-35-32-71.

✉ info@Cámping-angosto.com
🖥 www.camping-angosto.com
A unos 15 km del parque de Valderejo. Abierto marzo-nov. 2 pers con tienda y coche 24 €. Bungalows 93 € para 4 pers y 112 € para 6 en

temporada alta. Menú 15 € y pintxos. Wifi. En un valle rodeado de colinas y bosques, éstees el 2º cámping (familiar) de Álava, en el que bungalows y caravanas ocupan la mejor parte del terreno, aunque las tiendas tienen su propio espacio sombreado y separado mediante setos. Piscina, pequeña tienda de alimentación y restaurante barato. Numerosas actividades para niños.

## De barato a precio medio

### Valderejo Etxea Mesón y Casa rural)

Real, 2, 01427 **Lalastra,** en la entrada del pueblo.
☎ 945-35-30-85.
💻 www.valderejoetxea.com
El restaurante cierra los lunes. Vacaciones: septiembre y Navidad. Se recomienda reservar (solo 6 habitaciones). Doble 44 €, desayuno 4 €. Menú del día 18 € a mediodía y por la noche; carta 30 €. Es la única posibilidad de alojamiento y restaurante en Lalastra y en el parque. Las habitaciones, limpias y rústicas, se encuentran

en una casa de piedra de 1700, en el centro del pueblo. El restaurante Mesón Valderejo está en otra parte, también en el centro, cerca de la Casa del Parque. Sirve una buena cocina local, bien elaborada, en una sala agradable. Los propietarios, Bea y Rafa, son muy hospitalarios. Pueden informaros sobre excursiones, sobre todo a caballo.

### Hotel rural Amona

La Iglesia, 9, 01423 **Tuesta.**
☎ 945-35-14-96.
✉ rural@hotelamona.com
💻 www.hotelruralamona.com
Dobles 60 €, con desayuno. Comidas por encargo. A 2 km al este de Espejo. Une casa a lam izquierda de la iglesia en un pueblo tranquilo y encantador. Trato cordial. Las habitaciones están impecables, limpias, sencillas y bien aondicionadas, además dan al valle. Tres de ellas disponen de un balcón común. Los propietarios tiene un pequeño zoo privado (entrada gratuita para los clientes) situado en el valle a 300 m del hotel: gallinas, cerdos, conejos, ovejas, pájaros…

## ¿QUÉ VISITAR POR LA ZONA?

**Tuesta:** a 2 km de Espejo. Este pequeño y bonito pueblo (solo 50 hab. ) posee una muy bella iglesia románica en cuya portada está representado un Cristo en majestad rodeado de la Virgen y reyes de Israel. Desde la parte de atrás de la iglesia se disfruta de una espléndida vista sobre el valle... y el pequeño zoo del hotel rural Amona. También hay un Vía crucis del siglo XIII.

**Salinas de Gesaltza-Añana (valle salado de Añana):** a 2,5 km de Tuesta, por la A 2622. Hay un Centro de visitantes y una tienda en la entrada. ☎ 945-35-11-11. Abierto del 1 de abril a mediados de octubre, todos los días 9.45-14.30 h y 15.45-19.30 h. Visitas guiadas de las salinas: 7 visitas al día. Duración: 1 h. Tarifa: 5 €. En temporada baja solo los fines de semana. Posibilidad de darse baños salados: 1 €. También se puede visitar por libre, caminando sobre una pasarela y hacerse una idea del lugar.

Las salinas están situadas en la ladera de un valle y están escalonadas en distintos niveles y compartimentadas en multitud de terrazas, que contienen depósitos de sal (o eras, de madera; algunas están apoyadas en pilotes). La explotación de la sal en Añana se remonta a tiempos inmemoriales. Se capturan los manantiales del pueblo y se lleva el agua canalizada hasta amplios depósitos de cemento poco profundos donde se evapora, dejando una capa de sal. El periodo de explotación, muy corto, se concentra en unas pocas semanas al principio del verano, cuando los manantiales tienen agua y hay suficiente sol. En el lugar, declarado Monumento Histórico, se han realizado obras de acondicionamiento y restauración.

➤ En lo alto del pueblo está el edificio del **convento** de las Madres Comendadoras de San Juan de Acre. Desde él, un pequeño **sendero** permite divisar una preciosa panorámica de la localidad y las salinas.

**Parque Natural de Valderejo:** situado en el extremo suroccidental de la provincia, es el primer parque natural que se creó en Álava, con solo 3500 ha de territorios protegidos. Desde Espejo, tomad la carretera A 2622 en dirección a Villanañe y Villanueva de Valdegovía y después a San Millán; la bifurcación sale a la derecha después de San Millán. Desde este pueblo hay que ir hasta San Zadornil y seguir todavía unos 10 km hasta el final del valle. Los caravanistas deben tener en cuenta que la travesía de Arroyo de San Zadornil es muy estrecha. Hay que aparcar los coches en la entrada de Lalastra.

Se llega entonces al fondo de una cubeta rodeada de colinas cubiertas de bosques y de crestas rocosas. El clima, híbrido de mediterráneo y atlántico, produce veranos muy cálidos e inviernos muy fríos durante los cuales nieva con frecuencia.

➤ En temporada alta, el pueblo de **Lalastra** a 900 m de altitud (7 habitantes) se convierte en un pequeño museo viviente. Se ha restaurado con sumo cuidado, en torno a la iglesia del siglo XI, el horno del pan, el molino, el viejo juego de bolos y hasta el cobertizo para herrar los bueyes. El **Museo Etnográfico** de Lalastra, instalado en el antiguo ayuntamiento, en el centro del pueblo (acceso libre, mismos horarios que la Casa del Parque) presenta la historia del valle, sus tradiciones agrícolas y sobre todo la transhumancia de antaño, la matanza del cerdo y el cultivo del lino que estuvo muy extendido.

➤ Hay 9 senderos de excursiones por el parque (información en la Casa del Parque), que permiten visitarlo entre campos y colinas. Se pasa por bosques de pinos silvestres, hayas, robles perennes… hasta llegar al desfiladero de Purón, la ermita de San Lorenzo, el puerto de la Sierra o el puerto Barrerón, por las líneas de cumbres. Las aldeas de Lahoz y de Villamardones antaño habitadas están hoy abandonadas. Con un poco de suerte se puede divisar un corzo, una garduña y a veces buitres.

**ⓘ Casa del Parque de Valderejo**
Al final del pueblo de Lalastra.
☎ 947-35-31-46. Abierto 1 abril-30 sept, todos los días, excepto lunes, 10-19 h. El resto del año todos los días, excepto lunes, 10-15 h y fines de semana 10-18 h. Trato excelente. Tienen los itinerarios de las excursiones a pie y los folletos o guías publicados sobre la flora y fauna del parque. Hay numerosos senderos adaptados para pasear con niños, pero llevad buen calzado. La acampada está prohibida en el parque; caballos y bicis están autorizados a circular.

# >La Rioja alavesa

A medida que se va hacia el sur, después de la llanura de Vitoria se asciende a los primeros contrafuertes de la cordillera Cantábrica para descender a La Rioja, una región conocida por la calidad de sus vinos y sus tradiciones gastronómicas. En nuestra opinión, la mejor solución para descubrir la Rioja Alavesa (Arabako Errioxa) es seguir la carretera A2124 que va de Vitoria/Gasteiz a Laguardia franqueando el puerto de Herrera. Una vez superado el puerto, a la derecha hay un altozano llamado el balcón de La Rioja, donde hay un panel informativo con indicaciones precisas sobre la llanura que se contempla hasta Haro y Logroño.

La Rioja Alavesa no es una verdadera llanura, sino el resultado de un proceso de erosión de las tierras calcáreas que ha dado lugar a la formación de elevaciones en forma de pequeñas mesetas. Esas mesetas calcáreas, orientadas hacia el sur, son un terreno muy adecuado para el cultivo de la vid. El tipo de viñedo es arbustivo, y la variedad más abundante es la de uva tempranillo. Pero ya os hemos hablado de todo eso en el apartado «Bebidas, bares», correspondiente al capítulo «Generalidades». En La Rioja aseguran que la vid existe desde la época romana. Es probable. Pero también es verdad que fue en los siglos XIII y XIV cuando se empezó a explotar esta parte de Álava. Hoy el 77% de los habitantes de La Rioja trabajan en la viticultura. De esta época data la espléndida ciudad de Laguardia, así como la fundación de Labastida/Bastida.

# VISITA DE BODEGAS Y COMPRA DE VINOS

➤ **Compra en vinotecas:** En las ciudades grandes son una buena solución, porque tienen un gran surtido. Pero con el riesgo de comprar el vino sin haberlo probado

➤ Habida cuenta de que hay unas 200 bodegas en la Rioja Alavesa, que no todas abren al público y que no las hemos visitado todas, he aquí una selección de nuestros proveedores preferidos. Algunas sirven comidas. Preparad dinero en efectivo porque no siempre aceptan tarjetas de crédito.

➤ **Visitas y horarios de las bodegas:** en la zona de Laguardia hay más de 20 bodegas abiertas al público los días laborables y dan a probar su producción. Algunas bodegas cierran en agosto. En todo caso hay que pedir cita previa por teléfono. Para informar de los horarios y precios de las visitas a las bodegas, la Oficina de turismo de Laguardia distribuye una lista completa con todos los detalles prácticos. En cuanto a los precios de las botellas, son entre un 20 y un 25% más bajos que en las tiendas.

## Bodegas Eguren Ugarte

Ctra Nacional Vitoria-Logroño, km 61, en **Páganos.**
☎ 945-60-07-66.
💻 www.enoturismoegurenugarte.com
Fuera de la ciudad vieja de Laguardia (aprox. 1 km al sur). Entrada: 10 €/persona. Visita lun-vie, 10.30 h-18 h. Duración: 1.15 h. Visita y comida: 39 €. Desde lejos se divisa esta explotación con su torrecilla a manera de vigía por encima de los viñedos. Aquí todo es interesante: el lugar, la historia de la familia vasca Eguren Ugarte, el tamaño familiar de la bodega o el trato. Ni demasiado pequeña ni demasiado grande, la bodega, situada por debajo del hotel, alberga vinos de muy buena calidad que se exportan a 20 países. Tienda in situ.

## Marqués de Riscal

En **Elciego,** a la salida de la ciudad en dirección a Cenicero.
☎ 945-18-08-88.
💻 www.marquesderiscal.com
La tienda abre lun-vie 9.30-11.30 h y 15-16 h. Visitas guiadas previa reserva, por la tarde 16 h, 16.30 h, 17 h, 17.30 h y 18 h. Duración: 1.30 h. Visita + degustación: 10,50 €. La ciudad del vino se ve de lejos por la arquitectura futurista de su hotel, obra del arquitecto Frank Gehry (creador del museo Guggenheim de Bilbao). Su silueta, metálica y ondulada, con colores que van del rosa al dorado o al plateado, refleja el sol. La visita de la bodega incluye una película (15 mn), la visita exterior de este hotel futurista, un corto paseo por una parcela de viñedo muy próxima, las bodegas y los almacenes así como la embotelladora. Los viñedos ocupan 1 500 ha (de las que 500 pertenecen a la marca), y el 65% de la producción se exporta. A pesar de su tamaño industrial, la bodega conserva las tradiciones: la vendimia se hace a mano y el vino se conserva en barricas y toneles de madera de roble.

## Bodegas Ysios

Ver también nuestro comentario en el apartado «¿Qué visitar? ¿Qué se puede hacer? en los alrededores de Laguardia».
Camino de la Hoya, a 1,5 km al norte de **Laguardia.**
☎ 945-60-06-40.
💻 www.ysios.com
Visitas, previa reserva, lun-dom, 11 h y 13 h. Entrada: 12 €. Diseñada por Santiago Calatrava, es sin duda la cave más *design* de la Rioja Alavesa, como una ola ondulada y plateada por encima de los viñedos. Es una pequeña bodega que produce unas 200 000 botellas al año en sus 75 ha. Vendimia manual, fermentación

en depósitos de acero inoxidable y crianza en barricas de roble. No elabora vinos jóvenes ni crianzas, solo reservas.

### ⚲ Granja Nuestra Señora de Remelluri

Ctra Rivas de Tereso, en **Labastida/ bastida.** ☎ 945-33-18-01.
💻 www.remelluri.com
En la salida del pueblo hacia Laguardia, seguid la dirección del monasterio de Remelluri y Riva de Tereso. La tienda abre lun-vie 8-17 h (15 h el viernes). Visita gratuita previa reserva solo mar-sáb a las 10 h, 11 h y 12 h. Lun y sáb: visitas a las 13 h y 13.45 h. En un antiguo monasterio, esta bodega depende de un terreno de 150 ha, propiedad de la familia Solís, originaria de Guipúzcoa.

### Las bodegas subterráneas de Laguardia

➤El subsuelo de la localidad de Laguardia alberga una amplia red de cuevas y galerías en las que los viticultores almacenan las barricas y botellas de sus viñedos desde hace siglos. Hay 5 bodegas que se pueden visitar. A diferencia de las bodegas situadas en el campo, no se visitan viñedos sino solo las oscuras y frescas bodegas. Las visitas se terminan con una degustación.

### ⚲ Bodegas El Fabulista

Plaza San Juan, **Laguardia.**
☎ 945-62-11-92.
💻 www.bodegaelfabulista.com
Visitas a las 11.30 h, 13 h, 17.30 h y 19 h (los domingos solamente por la mañana). Entrada: 7 €. Duración 1h. Esta bodega subterránea data del siglo XVI. Pertenece a la familia del fabulista Samaniego. La visita es comentada por una persona en traje de época.

### ⚲ Bodegas Mayor de Migueloa

Mayor, 20, **Laguardia.**
☎ 945-62-11-75.
💻 www.mayordemigueloa.com
Visitas mar-dom 11 h y 12 h. Sáb 17.30 h y 18.30 h. Duración: 45 minutos. Entrada: 5 €. Situada bajo un palacio transformado en hotel con encanto (ver el apartado «¿Dónde dormir?» en Laguardia ).

## FIESTA

### ⚲ Fiesta de la vendimia de la Rioja Alavesa

A mediados de septiembre en uno de los pueblos de la Rioja. Hay que informarse a partir de mediados de agosto en el ☎ 945-20-01-00. Muchísima gente, espectáculos de jota y deportes vascos. El pueblo designado cada año está obligado a ofrecer degustaciones. Por la mañana salen de Vitoria-Gasteiz, Bilbao y Hondarribia tres autobuses, que traen y llevan de vuelta a casa a los agotados juerguistas (por unos 11 €).

# LAGUARDIA

1 480 HAB. (C. POSTAL: 01300, *C3*)

Situada sobre un promontorio, a 19 km al noroeste de Logroño y al pie de la barrera rocosa de la cordillera Cantábrica, Laguardia es un muy bonito pueblo medieval ubicado en una colina que se divisa desde muy lejos. Excepto a mediodía, cuando la luz es demasiado intensa, sus murallas de un tono dorado parecen reclamar la visita del viajero. ¡Y qué visita! Laguardia es una de las ciudades más agradables de Álava y un excelente punto de partida para recorrer los viñedos.

## Un poco de historia

El nombre actual de la ciudad es una abreviación de su nombre medieval, La Guardia de Navarra. Fue uno de los primeros bastiones que levantó Sancho el Sabio de Navarra para proteger su reino, al que concedió el fuero en 1164. Pero treinta años después, Laguardia pasó a formar parte del reino de Castilla. En cualquier caso, la proximidad del yacimiento arqueológico de La Hoya y los numerosos vestigios del Neolítico demuestran que el lugar ya estaba habitado desde hacía mucho tiempo; pero como siempre ocurre en esta región, se considera que la verdadera fecha de la creación de la ciudad coincide con la concesión del fuero. En el siglo XV, Isabel la Católica creó la Tierra de Laguardia y la incorporó a Álava.

La ciudad, que fue saqueada por los franceses durante la guerra de la Independencia, aplica desde hace veinte años una estricta política de conservación y restauración que le ha permitido recuperar todo su encanto medieval.

## TRANSPORTES

### En autobús

➤ **Alsa** (☎ 913-27-05-40; 🖥 www.alsa.es) comunica **Salinillas,** **Labastida, Samaniego** y **Laguardia** 4 veces/día (3 veces/día el fin de semana).

## DIRECCIÓN ÚTIL

### Oficina de turismo

Casa Garcetas, Mayor, 52. ☎ 945-60-08-45. 🖥 www.laguardia-alava.com A 50 m de la plaza del Ayuntamiento. Lun-vie 10-14 h y 16-19 h; domingo 10.45-14 h. La oficina está instalada en la casa natal de Félix María Sama- niego, fabulista preocupado por la educación de las clases populares. Un bonito espacio, buen servicio, excelente documentación e informaciones prácticas sobre las visitas a las bodegas de la Rioja Alavesa.

## ¿DÓNDE DORMIR?

### De barato a precio medio

### Agriturismo Larretxori

Portal de Páganos. **Laguardia.** ☎ 945-60-07-63. ✉ larretxori@euskaltel.net 🖥 www.nekatur.net/larretxori Casa de ladrillo rojo, al lado de los aparcamientos, en la explanada oeste de la villa. Doble 50 €, desayuno 6 €. Wifi. Esta buena casa, situada fuera de las murallas, tiene modestas y limpias habitaciones, con una decoración sencilla. Pero lo encantador del lugar es la impresionante vista de los viñedos. Precios razonables, cerca del casco viejo. Los propietarios poseen un viñedo y una bodega muy cerca de la casa rural: la **bodega Lamioga** que se puede visitar.

## Precio medio a más selecto

### ⌂ Hotel Marixa

Sancho Abarca, 8.
☎ 945-60-01-65.
✉ hotelmarixa@terra.es
🖳 www.hotelmarixa.com
En la explanada este. Vacaciones: 25 dic-1 enero. Este hotel solo tiene10 habitaciones, así que reservad. Dobles 52-85 € según comodidades, temporada y vistas. Aparcamiento. Wifi. Pequeño hotel familiar situado cerca de la muralla (en el lado este de Laguardia), por encima de la llanura vitícola. Bien acondicionadas, luminosas y agradables, las habitaciones disponen de terraza con vistas al valle o a la ciudad. Marixa tiene también un excelente restaurante (ver «¿Dónde comer?»), que recomendamos tanto por las vistas como por la cocina, el servicio o el trato, muy cordial.

## Más selecto

### ⌂ Posada Mayor de Migueloa

Calle Mayor, 20.
☎ 945-62-11-75.
🖳 www.mayordemigueloa.com
Doble mínimo 100 €, desayuno incluido. En el centro de la villa, este palacio rústico de 1619 alberga un hotel, un muy buen restaurante (ver más adelante), y en el subsuelo una bodega familiar abierta al público (ver más arriba). Mucho carácter, una antigua escalera, paredes de piedra y, sobre todo, la dueña (Meri) una personalidad tan atractiva como autoritaria. Habitaciones amuebladas a la antigua y confortables, que dan a la calle o a la parte de atrás de la vivienda. No son muy luminosas pero tienen la pátina del tiempo.

### ⌂ Hotel Castillo El Collado

Paseo El Collado, 1.
☎ 945-62-12-00.
✉ hotel@hotelcollado.com
🖳 www.hotelcollado.com
Seguid las murallas desde la explanada este. Aparcamiento gratuito. Vacaciones: Navidad y Año Nuevo. Doble con baño 137 €, suite 192 €; desayuno aparte. Menús 30-45 €, carta 40-45 €. Internet y Wifi. Hotel con encanto de tamaño humano, en una pequeña casa solariega, dirigido por un distinguido y adorable caballero. Para parejas en luna de miel o enamorados románticos… En la entrada os recibirá un gran retablo de estilo plateresco, completamente de plata… Todas las habitaciones están decoradas en un estilo diferente y cada una tiene su propio nombre. Os recomendamos la nº 8, «Amor y Locura», por su decoración al estilo del siglo XVIII y su instalación de hidromasaje. La habitación Neptuno posee un jacuzzi y una cama con baldaquino.

# ¿DÓNDE DORMIR? ¿DÓNDE COMER EN LOS ALREDEDORES?

## Precio medio

### ⌂🍴 Casa rural Bodegas Señorio de las Viñas

**Laserna.** A 9 km de Laguardia, en la carretera de Logroño, a la derecha de la carretera A124 (señalizada).
☎ 945-62-11-10.
✉ bodega@senoriodelasvinas.com
🖳 www.senoriodelasvinas.com
Dobles 51-61 €, desayuno aparte. Menús 15-30 €. Una casa moderna en las viñas de una pequeña explotación que pertenece a la misma familia desde hace cuatro generaciones. Trato franco, directo y jovial. Sencillas y sin decoración (algunas con cuarto de baño a compartir), las habitaciones dan a un lado de la casa, la fachada que da a los viñedos está ocupada por las instalaciones de la bodega (visita previa petición). Comidas en un sala del tipo «bodas y banquetes». Falta un poco de intimi-

dad pero el trato cordial compensa. Sabrosa cocina familiar.

## Más selecto

### Hotel Eguren Ugarte

Ctra A-124, de Laguardia hacia Vitoria-Gasteiz,
01309 **Páganos-Laguardia.**
☎ 945-60-07-66.
✉ reservas@egurenugarte.com
💻 www.egurenugarte.com
Fuera de la ciudad vieja de Laguardia (aprox. 1 km al sur). Dobles 92-132 € según comodidades y temporada. Nuestro preferido. La familia Eguren Ugarte está en el mundo del vino desde 1870. Además del viñedo, tienen un elegante y chocante hotel con una insólita torrecilla de ladrillo, estilo garita de guardia. El conjunto domina un vasto paisaje de colinas ondulantes. Gruesas paredes de pierre, y grandes habitaciones muy confortables que disfrutan de vistas admirables sobre las viñas. Trato excelente. Posibilidad de comer in situ y de visitar la bodega.

### Hotel Palacio de Samaniego

Constitución, 12, 01307 **Samaniego.**
☎ 945-60-91-51.
✉ recepcion@palaciosamaniego.com
💻 www.palaciosamaniego.com
A unos 8 km al oeste de Laguardia. Vacaciones: mediados diciembre-mediados enero. Restaurante Abierto (al público pero previa reserva) solo de viernes noche a domingo mediodía. Dobles 66-99 € según comodidades y temporada, desayuno no incluido. Menú 32 € para los huéspedes; al

## ¿DÓNDE COMER?

### Restaurante del Hotel Marixa

Ver «¿Dónde dormir?». Abierto todos los días hasta las 2 h de la madrugada.

público 45 €. Los días laborables se puede picar algo en el bar. Wifi. En un pueblo de la Rioja, donde el tiempo parece haberse detenido, soberbio palacio del siglo XVII, restaurado. Decoración cuidada. Las habitaciones son confortables (pero sin aire acondicionado). Vistas al pueblo. En el restaurante, un joven cocinero, antiguo alumno de Berasategui. La cocina es notable, con un menú que ofrece pequeñas maravillas. Trato amable y atento.

## Especial *design*

### Hotel Viura

Mayor, 01307 **Villabuena de Álava/ Eskuernaga.**
☎ 945-60-90-00.
✉ info@hotelviura.com
💻 www.hotelviura.com
Dobles 122-153 €, desayuno incluido, precios variables según comodidades y temporada, ofertas interesantes en su web. Internet y Wifi. Uno de los hoteles *design* más bonitos de la Rioja. La arquitectura exterior y la decoración del interior han sido confiados a una arquitecta originaria del pueblo. Los pasillos son negros, las habitaciones son claras, pero te tiene que gustar el estilo postmoderno, y las paredes de cemento en bruto. La mayoría de las habitaciones, espaciosas, muy confortables y decoradas con mucha imaginación, dan al pueblo. Tiene también restaurante. Hay una piscina (la del pueblo, accesible a los clientes del hotel), una vinoteca que vende vinos de pequeños productores locales. Hay que ver la bodega subterránea que antaño comunicaba con la iglesia.

Menús 10 € (mediodía), 17-27 €, carta 30-35 €. Nuestro restaurante preferido en Laguardia. Gran sala acristalada con magníficas vistas a la llanura vitícola y a la cordillera Cantábrica. Trato excelente. De la cocina se ocupa la propietaria, que prepara deliciosos pasteles de puerros y gambas, ensaladas de ventresca con pimientos, patatas con chorizo,… Los vinos (solo riojas) son espléndidos.

### Restaurante de la Posada Mayor de Migueloa

Remitíos al apartado «¿Dónde dormir?». Menús 28-30 €, carta 30-35 €. Instalado en un antiguo palacio de 1619, este hotel cuenta también con un restaurante. Muchas veces es la patrona (Meri) quien toma la comanda y os orienta en la elección de los platos. Sabrosa cocina de temporada, servida en un marco rústico y elegante, siempre con buen gusto. Chuletas de lechal, *tournedos* de buey, pimientos de piquillo al aceite de oliva… Delicioso vino de la bodega familiar.

## FIESTAS Y MANIFESTACIONES

### Día del Gaitero

El 2º o 3er domingo de mayo. Se celebra en Laguardia la mayor reunión de gaiteros de todo el País Vasco.

### Fiestas patronales

Del 23 al 29 de junio (San Juan y San Pedro). Empiezan el 23 con el txupinazo que marca el comienzo de la fiesta y la danza del Catximorro por las calles del pueblo. El momento culminante es el encierro de vaquillas por las calles de Laguardia. El último día la fiesta termina con «el entierro de la barrica», una ceremonia donde el vino es protagonista.

## ¿QUÉ VISITAR?

➤Todas las visitas se hacen a pie. Lo más sencillo es aparacar en el gran aparcamiento que hay por debajo de la explanada del oeste, pero también podéis probar suerte en la propia explanada del oeste o en la del este (por donde comenzamos nuestra visita).

**Plaza de San Juan:** entramos por la puerta más bonita de la villa, la Puerta de San Juan. Situada al sureste, esta puerta pasa bajo la iglesia de San Juan y desemboca en una plaza sombreada.

**La puerta de Carnicerías,** construida en el siglo XV. Cabe destacar el pequeño azulejo con una bonita leyenda llena de buenos deseos de paz para los que se van, de salud para los que se quedan y de buena suerte para los que están de paso.

**Plaza Mayor:** pequeña plaza donde conviven los dos Ayuntamientos, el antiguo (donde hay una cafetería y están las armas de Carlos V) y el nuevo. La atracción de la plaza es el carillón con figuritas móviles que suena en verano a las 12, 13, 14, 20 y 22 h. A esas horas se abren dos ventanas, suenan las campanas y una serie de personajes con trajes vascos salen de sus nichos y bailan como autómatas bien sincronizados. En invierno, el carillón suena solo a las 12 h y 20 h.

**Calle Mayor:** a la derecha de la plaza, os llevará hasta la iglesia de Santa María de los Reyes. Claro está que encontraréis numerosas

**casas antiguas** y comercios. Todas están restauradas, impecables, con sus puertas antiguas, escudos, zaguanes abiertos a la calle y con el suelo empedrado con pequeños guijarros. La mayoría datan de los siglos XVI y XVII y están construidas sobre bodegas subterráneas.En el nº 28 se halla la **casa natal de Samaniego,** el autor de las célebres fábulas. En el nº 20, la **Posada Mayor de Migueloa** alberga una bodega subterránea que se puede visitar.

**Iglesia Santa María de los Reyes (torre abacial y pórtico):** al final de la Calle Mayor, rodeada por dos pequeñas plazas. Al este de la iglesia, en una pequeña plaza, la torre abacial está abierta a las visitas. Entrada: 1 €. Todos los días 10.30-14.30 h y 16.30-20 h (última entrada a las 19.45 h). Lo más interesante de Santa María es su pórtico del siglo XV, policromado en una época más tardía.

**Atención:** este pórtico está situado en el interior de un porche (cerrado). Hay que aprovechar las visitas guiadas ofrecidas por la Oficina de turismo (30 minutos; 2 €) para verlo. Si no, la iglesia está abierta durante las misas (junio-septiembre, mar-sáb a las 20 h y domingo a las 12.30 h).

Es un pórtico pintado –junto con el de Toro (Zamora), uno de los pocos que se conservan en España– que data de 1380. Al principio estuvo en la calle pero, para protegerlo de las inclemencias del tiempo, se decidió construir el porche. Las pinturas que recubren los personajes esculpidos nunca han sido retocadas desde el siglo XVIII, solo se han limpiado. El resultado es sorprendente. En la columna central, una Virgen con el Niño (es de admirar el drapeado del vestido) y en el tímpano, en tres bandas, escenas de la vida de la Virgen. En las jambas, los doce apóstoles. Algunos os miran de cara, otros miran a la Virgen. La calidad de las imágenes, la expresión de los rostros y la finura de los detalles ornamentales demuestran la gran calidad artística del escultor, de la escuela realista influido por el estilo italiano.

La iglesia tiene el tamaño de una pequeña catedral, lo que sorprende en una localidad de menos de 2 000 hab. En el interior destaca el gran retablo dorado del siglo XVII, de estilo renacentista apuntando al barroco, rematado por una bóveda en forma de concha.

**Centro temático del Vino «Villa Lucía»:** en Villa Lucía, ctra de Logroño. ☎ 945-60-00-32. 🖥 www.villa-lucia.com Abierto mar-sáb visitas a las 11 h, 12.30 h, 17 h y 18.30 h; domingo,11 h y 12.30 h. Visita guiada: 6,50 € (Reserva recomendada), o 11 € con degustación.

Piedra, adobe y madera son los materiales de esta casa típica de la Rioja. Alberga un museo muy didáctico que presenta a la vez la tierra, los hombres y las técnicas del vino en la Rioja, con numerosas comparaciones con las demás regiones vinícolas. Exhibe algunas bonitas máquinas antiguas, maquetas sobre la geología y los paisajes, y una interesante presentación de las variedades de uva. El centro acoge congresos, veladas temáticas, cursos de enología, bodas y banquetes...

y una tienda donde se puede comprar vino, algo más caro que en las bodegas pero menos que en las vinotecas.

## ¿QUÉ VISITAR? ¿QUÉ HACER? EN LOS ALREDEDORES DE LAGUARDIA

**Bodegas Ysios:** camino de la Hoya. ☎ 945-60-06-40. 🖥 www.ysios.com A 1,5 km al norte de Laguardia. Descender desde el casco viejo hasta la intersección con la carretera A 124 en dirección a Logroño, a la altura de las bodegas Casaprimicia, tomad una pequeña carretera rural y seguid los carteles. Visita con cita previa. Abiertas lun-dom, 11 h y 13 h. Entrada: 12 €. Ver también más arriba el apartado «Visita de bodegas y compra de vinos en la Rioja» que trata un poco más de los aspectos vitícolas de Ysios.

Al pie de la cordillera Cantábrica, en medio de los viñedos, surge de repente un sorprendente edificio futurista de aluminio ondulado bajo el cielo de la Rioja, evocando insólitas ondas, olas báquicas... ¿Un centro de recepción para extra-terrestres? ¿Un horno solar? ¿Un museo de arte moderno extraviado entre los racimos de uvas? No, una magnífica bodega construida para el grupo Domecq por Santiago Calatrava. Sin lugar a dudas, la arquitectura moderna y la viticultura hacen buena pareja.

**Salinas de Laguardia:** son de libre acceso y se divisan perfectamente desde la terraza este de Laguardia, sobre todo la más grande, denominada Prado o Prao de La Paúl. Las salinas son cuatro grandes «cubetas endoreicas» (la palabreja quiere decir simplemente que no hay ni manantiales ni cursos de agua; las hondonadas se llenan con el agua de lluvia y se vacían por la evaporación). Tras las lluvias de otoño e invierno, alcanzan el máximo nivel de agua en primavera, y después se van secando poco a poco. En verano, dos de las pequeñas, Carralogroño y Carravalseca, se convierten en sendas costras de sal, mientras que la Prao, la mayor, nunca se seca del todo. La más pequeña de todas es la de Musco, reciente mente recuperada. Todas conforman el llamado Biotopo del Conjunto Lagunar.

Evidentemente, en este biotopo crece una gran cantidad de plantas raras, principalmente juncos adaptados a las aguas salobres. En ellos abundan las aves acuáticas, y sobre todo las limícolas (las que viven en el fango), como becadas, garzotas y avefrías. Las salinas son un paraje muy frecuentado durante los meses de invierno por las aves migratorias, principalmente patos.

➤ La **oficina de turismo** os dará un pequeño mapa que os permitirá recorrer las cuatro lagunas. Tan solo tened en cuenta que para visitar el Prao hay dos senderos que salen de la carretera 3216 en dirección a Lapuebla de Labarca. Los senderos están señalizados.

**La Hoya – Museo prehistórico y poblado:** justo en las afueras de la ciudad (700 m), al otro lado de la carretera de Logroño. El museo se encuentra en la entrada del campo de excavación. Abierto de abril a septiembre, mar-vie 11-14 h y 16-20 h; sáb 11-15 h; domingo 10-14 h. De octubre a marzo, mar-sáb 11-15 h; domingo 10-14 h. Gratuito.

El emplazamiento de La Hoya estuvo ocupado desde finales de la Edad del Bronce hasta finales de la segunda Edad del Hierro (más o menos, desde 1500 hasta 250 a.C.). Se sabe que pueblos llegados de Europa central de origen indoeuropeo se instalaron aquí mezclándose con la población autóctona. No se sabe por qué fue abandonado el poblado hacia el III siglo a.C.

La maqueta del poblado celtibérico es mucho más informativa que las excavaciones que se pueden ver en el exterior. El ajuar de las excavaciones que se expone en las vitrinas permite hacerse una idea de cómo era la vida de aquellos pueblos celtas. Hay objetos, como las piezas de cerámica, que son de una simplicidad conmovedora, y también los hay que tienen un gran sentido artístico, sobre todo los relacionados con los caballos.

➤ Hay varios dólmenes de época céltica en la carretera de Laguardia a Cripán (Kripan) así como entre Laguardia y Samaniego. Son dólmenes del tipo «de corredor», formados por un recinto vertical coronado por una gran piedra plana.

**Puerto de Bernedo:** al norte de Laguardia, por la carretera A 3220 que conduce a Navarra a través de la sierra de Kodes. El lugar merece la pena sobre todo por la carretera que lleva hasta allí y el paisaje que lo circunda: un circo de paredes calcáreas grises que domina el valle de la Rioja. Desde Laguardia la carretera asciende hacia Kripan, Meano y Lapoblación, pueblos situados en alto con muy hermosas vistas. Desde **Lapoblación,** hay que seguir subiendo hasta Bernedo por la carretera A2126. Se llega entonces al puerto de Bernedo (992 m) desde donde hay una espléndida vista de la Rioja Alavesa. En este punto la barrera calcárea forma una especie de brecha en forma de U, un paso estrecho en la roca. La carretera pasa por allí y de repente cambia el paisaje. Del otro lado está la vertiente norte de la montaña, más verde y húmeda, con bosques y campos cultivados (ya no hay viñedos).

➤ Se puede hacer una **excursión,** un poco larga (4 h ida y vuelta) pero fácil, **desde Kripan a Elvillar/Bilar.** Desde la plaza del Coso, la plaza central del pueblo, seguid la calle de la Matilla que da a la antigua vía romana. Desde allí el itinerario está balizado. El trazado desciende suavemente hacia Elvillar en medio de un paisaje de llanura desecada, dominada por paredes rocosas grises.

➤ En **Elvillar,** se puede ver el dolmen de la Hechicera, muy bien conservado con su cúpula de piedra.

## ELCIEGO

A 6 km al sur de Laguardia, esta localidad tiene una sorprendente concentración de grandes sociedades vitícolas. Aquí hay catorce bodegas, entre ellas algunas de las más célebres como Marqués de Riscal, Domecq, Paternina, Luberri y Salceda.

➤ Fiesta patronal del pueblo: el 8 septiembre.

Elciego alberga sobre todo la «faraónica» sede social de la **bodega Marqués de Riscal.** Para visitarla ver más arriba el aparttado «Visita de bodegas y compra de vinos en la Rioja». www.marquesderiscal.com

Fundada en 1858, esta casa es la más antigua y la mayor de la Rioja. Aunque no se visiten sus bodegas, se puede admirar su sorprendente **hotel Ciudad del Vino,** que está al lado de los viñedos y de la parte dedicada a la «vinoterapia». Es un edificio futurista formado por gruesas bandas de chapa metálica coloreada, diseñado por el arquitecto Frank Gehry, creador del museo Guggenheim de Bilbao. Sus formas evocan cepas de viña ondulantes sobre el terreno. El estilo vanguardista de este edificio se inspira en la tradición pero tiene un carácter totalmente contemporáneo. Nos gusta y no nos gusta. Bajo el sol y con el cielo azul, el hotel estalla y refleja modernidad por los cuatro costados. Con el cielo gris y lluvioso, cambia de aspecto, evocando más bien el arte del reciclaje, de los chatarreros y de las chapas arrugadas... las habitaciones magníficas y los precios en consonancia. En torno al hotel se encuentran las bodegas abiertas al público, la cafetería y la tienda.

## VILLABUENA DE ÁLAVA/ESKUERNAGA

A 6 km al oeste de Elciego, este pueblo situado en el fondo de un valle, con sus 42 bodegas y… 320 habitantes, ostenta el récord de botellas y barricas por habitante. La vida transcurría lentamente al ritmo de las estaciones y las vendimias, y nada habría cambiado durante siglos. Hasta que un hombre de negocios del pueblo tuvo la idea de construir un hotel de diseño de estilo vanguardista en pleno centro de la villa. Una revolución para los viticultores, pero lo cierto es que en Elciego, el pueblo de al lado, el audaz marqués de Riscal ya había recurrido al futurismo...  Esta repentina irrupción de la modernidad en un pueblo medieval ha transformado este pueblo en una obra de arte contemporánea. Se trata del **Hotel Viura,** un insólito inmueble cubista, una acumulación irregular de cubos y rectángulos rojos y blancos de cemento que recuerda vagamente a Le Corbusier. Qué contraste entre lo antiguo y lo moderno... Para más detalles. ver más arriba el apartado «¿Dónde dormir en los alrededores de Laguardia?».

# LABASTIDA/BASTIDA

1 390 HAB. (C. POSTAL: 01330, *B4*)

Situado entre las localidades de Haro (6 km) y Briones, y perteneciente a la Rioja Alavesa, este gran pueblo está adosado a una poderosa colina. En este caso la localidad reivindica también el título de capital del vino de Rioja. Pero ese mismo título también lo reivindican Laguardia, Elciego y otras ciudades de menor importancia... De todos modos, en Labastida hay una impresionante cantidad de vinotecas, donde podréis comprar todo el vino que os apetezca. Recorriendo sus calles podréis contemplar algunas mansiones antiguas y bellos palacios blasonados en los que predomina el color ocre de la piedra...

# DIRECCIÓN ÚTIL

## ℹ Oficina de turismo

Palacio de los Salazar (casa de cultura), plaza de la Paz, 1. ☎ 945-33-10-15. 💻 www.labastida-bastida.org

Abierto de martes a viernes de 10 h a 14 h y de 17 h a 20 h (los sábados hasta las 19 h). Domingos cerrado por la tarde.

# ¿DÓNDE COMER?

## ✴ Ariño

Frontin, 26.
☎ 945-33-10-24.
Abierto todos los días, excepto domingo por la noche, 13-16 h y 21-23 h (en verano). Menú del día 11 € (lun-vie). Platos a la carta 6-15 €. Casi enfrente del restaurante **El Bodegón,** es una casa de grandes piedras con una sala que se llena enseguida. Sirve una buena cocina local apreciada por los habitantes del lugar. Especialidades: chuletillas de cordero, pimientos rellenos y solomillo de buey.

## ✴ El Bodegón

Frontin, 31.
☎ 945-33-10-27.
Al final de la calle principal, casi en la carretera. Menú del día 10 € días laborables, 11 € el fin de semana. Es típico, auténtico, rústico y económico. Cocina franca y sencilla sin pretensiones, en una sala oscura y normalmente llena por los lugareños.

# ¿DÓNDE DORMIR EN LOS ALREDEDORES?

## ⌂ Casa rural Areta-Etxea

Mayor, 17,
01212 **Salinillas de Buradón.**
☎ 945-33-72-75 y 657-73-50-34.
✉ aretaetxea@hotmail.com
💻 www.areta-etxea.com
Se encuentra a unos 7 km al noroeste de Labastida. Es la primera casa tras la puerta medieval. Doble con baño 55 €, desayuno 6 €. Mesa de huéspedes (solo por la noche excepto los miércoles) 15-25 €. Por 5 € se puede utilizar la cocina. Bella mansión del siglo XVII, cuidadosamente restaurada y amueblada. Habitaciones en la planta superior, sencillas, frescas y agradables. Piscina. Trato cálido. Como en muchas casas rurales, los propietarios no viven en esta. Así que hay que telefonear antes si no se quiere encontrar la puerta cerrada.

# FIESTAS

## ❂ Fiestas de las Reliquias

El primer domingo de agosto que caiga entre el 6 y el 12.

## ❂ Fiesta de la Vendimia de Rioja Alavesa

A mediados de septiembre. Es una fiesta itinerante que cada año se celebra en una localidad de la cuadrilla.

## ❂ Fiestas de los Pastores

El 24 y el 25 de diciembre. Se trata de una gran procesión en la que los Reyes Magos van en busca del portal de Belén donde están los pastores. Todo el pueblo participa con fervor en esta búsqueda. El itinerario recorre las dos calles principales y termina en la iglesia y el ayuntamiento.

## ¿QUÉ VISITAR?

➤ Hay que aparcar en el exterior de la villa, donde se pueda. Evitad la entrada principal con sus vinotecas a lo largo de la carretera y el aparcamiento de los autobuses y subid a pie hasta la Calle Mayor.

**Calle Mayor:** es notable por su gran cantidad de casas antiguas, blasonadas o no. Fijaos sobre todo en la del nº 15, con un voladizo labrado y balcones de hierro forjado y la del nº 16 que es una casa solariega blasonada.

**Iglesia Nuestra Señora de la Asunción:** a veces está cerrada durante el día y ningún cartel indica las horas de apertura.

Situada frente a la plaza Mayor, es una iglesia de estilo barroco, aunque de construcción tardía (siglos XVI-XVIII). Llaman la atención su alta torre (53 m) cuadrada con cuerpo superior octogonal y la portada meridional donde predominan los elementos clásicos. En su interior destacan: el coro, que conserva un impresionante órgano barroco del siglo XVIII y una sillería con tallas de estilo churrigueresco; y el gigantesco retablo mayor, de nogal dorado y policromado, de estilo barroco bastante recargado y presidido por la imagen sedente de Nuestra Señora de los Ángeles de Toloño, procedente de un monasterio jerónimo de la sierra de Toloño.

# CÓDIGO DEL TROTAMUNDOS

Cuando salimos de nuestro país, los extranjeros somos nosotros. Con este refrán en mente, una actitud correcta caerá por su propio peso.

**Los usos y costumbres del país:** respetad sus costumbres o creencias aunque os sorprendan. La discreción y la humildad permiten a menudo evitar algún malentendido. Bastará con observar las actitudes de los demás y adaptarse a ellas. Informarse de las tradiciones religiosas resulta siempre interesante. Un atuendo discreto, una sonrisa, algunas palabras en el idioma local, son detalles que facilitan el intercambio y el establecimiento de una verdadera relación. Estos pequeños gestos constituyen un paso hacia el otro. Y somos los visitantes quienes debemos darlo. La consigna: tolerancia y derecho a la diferencia.

**Visitante/visitado:** una relación de fuerzas desequilibrada: el pasado colonial o las abismales desigualdades económicas pueden conllevar tensiones. La diferencia de poder adquisitivo es enorme entre el Norte y el Sur. No exhibáis vuestro dinero, sobre todo billetes grandes, que muchos no habrán tenido jamás entre las manos.

**El turismo sexual:** es inadmisible que los occidentales utilicen sus medios económicos para aprovecharse sexualmente de la pobreza. Nuevas leyes permiten perseguir y juzgar en sus países de origen a aquellos culpables de abusos sexuales, especialmente a menores. Apelamos a la conciencia personal y al simple respeto al prójimo. Combatir estos comportamientos es fundamental. Boicotead los establecimientos que favorecen este tipo de relaciones.

**¿Foto o no foto?:** hay que informarse bien sobre la relación que los habitantes del país establecen con esta cuestión. Algunos pueblos consideran que la fotografía roba el alma. Limitaos a fotografiar paisajes o pedid permiso antes de apuntar con vuestro objetivo. No ignoréis la opinión de la gente. No dudéis en apuntar la dirección de la persona retratada para enviarle una copia. Un objeto mágico: dejadle una foto polaroid.

**Cada uno, su traje:** querer comprender un país para apreciarlo mejor es una actitud encomiable, pero a veces conviene mantener cierto distanciamiento (que no distancia), permaneciendo en el lugar que nos corresponde. No es preciso llevar un traje beréber para demostrar que nos gusta el país. La idea misma de «imitar» a los habitantes locales será mal recibida. Asimismo, los atuendos demasiado escuetos les resultan a menudo molestos.

**Cada uno, su ritmo:** los viajeros tienen siempre demasiada prisa. No puede verse ni hacerse todo. Hay que aceptar los imprevistos, a menudo más ricos en recuerdos que los periplos sin sorpresas. Las mejores relaciones humanas nacen con el tiempo y no con el dinero. Tomaos tiempo para sonreír, hablar, comunicaros... Ahí radica el secreto de un viaje memorable.

**Evitar las actitudes moralistas:** el trotamundos «aleccionador» resulta molesto. Observad, comparad e informaos antes de expresar opiniones. Y, sobre todo, escuchad.

**El exotismo adulterado:** denunciad a las empresas turísticas que tratan a los autóctonos de forma degradante y rechazad las excursiones que suponen el disfrute de una curiosidad malsana. No alentéis los espectáculos turísticos que adulteran las tradiciones y pervierten a los habitantes.

# Índice

# Índice de mapas y planos